운명의 열쇠는 성격, 성격의 열쇠는 사주

운명의 열쇠는 성격,
성격의 열쇠는 사주

김재철 지음

지혜의나무

머리말

세계 2차 대전이 끝나면서 동북아시아에는 산업화의 물결과 함께 서양 문화가 사회 모든 분야에 서서히 스며들어 작은 변화를 시작으로 시간이 지나면서 큰 변화를 일으켰습니다. 해마다 빨라지는 사회환경 변화의 속도에 충격을 받으면서도 미래에 대한 아름다운 꿈과 희망을 가지게 되었습니다.

산업화의 물결과 서양문화는 '나는 누구인가?'라는 물음표를 우리 사회에 이야기의 말머리가 되게 하였습니다. 개인은 특정 공동에 소속된 구성원이었을 뿐인 동양문화의 틀에서 벗어나 개인은 독립적이고 개별적인 존재임을 스스로 깨닫게 하는 전환점을 만들어 주었습니다.

서양에서 400여 년간 산업사회가 발전하고 성장하면서 사회의 변화에 따른 개인의 삶의 질, 행복, 성공적인 삶에 대한 연구가 계속되어 왔습니다. 그러나 동양에서는 최근까지 벼농사가 중심이 되는 농업사회가 이어져 개인의 삶, 행복, 성공적인 삶보다 공동체의 행복한 삶이 중요하였습니다. 벼농사는 자연의 기후 조건에 따라 풍년과 흉년이 결정됩니다. 풍년과 흉년을 운명이 아닌 숙명으로 받아들였습니다. '자연의 순리에 거역하는 자(도전하는 자)는 망하고, 순응하는 자는 흥(번영)한다.'는 격언이 이것을 대변하고 있습니다.

농업사회는 서로 협력하는 상생의 사회지만 산업사회는 경쟁과 협력을 조화롭게 이루어 성장, 발전해 나갑니다. 농업사회의 생활습관으로 산업, 정보화 사회에 적응하는 데는 교육과 훈련이 필수적입니다. 생물이 생존경쟁의 결과, 그 환경에 적합한 것만이 생존 번영하고, 적합하지 않는 것은 도태되어 쇠퇴 멸망하는 현상, 즉 적자생존을 주장한 영국의 철학자 스펜서(Herbert spencer, 1820~1903)의 언급은 진리에 가깝습니다. 스펜서 주장을 증명하듯 대부분 농업사회 사람들은 산업사회 생활에 적응하는데 어려움이 많지는 않았지만, 적응에 어려움을 드러내어 말하는 사람들도 적지 않았습니다. 한 번도 만나본 일이 없어 도무지 모르는 사람들과 같은 일터 또는 일상생활에서 만나게 될 때 '저 사람은 어떤 사람일까? 친구가 될 만한 사람일까? 내가 먼저 말을 걸어볼까?' 등등 긴장되는 생활의 경험을 말하고 있습니다. 외향적인 사람(양의 성격)은 산업사회에 쉽게 적응하고 내향적인사람(음의 성격)은 적응에 시간이 필요했습니다. 내향적인 성격을 선호하던 농업사회에서 외향적인 성격이 선호되는 산업·정보화 사회로 들어서고 있음을 경험하게 되면서 성격의 중요성을 어렴풋이 느끼게 되었습니다.

　'산업사회에 빠르게 적응하는 이유는 어디에서 찾을 수 있을까요?' 동양 사람들은 자연환경을 자신에 맞추어 바꾸기보다 자신을 자연환경에 맞추어 생활하는게 익숙해져 있습니다. 사회환경 변화에 자신의 생활태도를 맞추는 것도 이와 비슷합니다. 이와 같은 생각의 틀은 음양오행설에 있습니다. 음양오행설에서 명리학(사주학)을 발전시켜 미래의 운명을 알고자 하는 성격을 설명하는 내용으로 이곳저곳에 흩어져 있었습니다. 이것은 성격이 운명을 좌우하는 핵심요인임을 암시하는 것으로 집필자는 받아들였습니다. 그러나 성격에 대해 체계화 되어 있지 않아 독자들이 명리학을 이해하고 활용하기가 쉽지 않은 아쉬움이 있었습니다. 집필자가 심리학자들이 연구 개발한 형식체계를 모방하여 사주학 안에 성격들의 체계화를 시도하였습니다. 무모한 도전이라는 비판도 감수하려고 합니다.

1장은 성격의 역사에 대해 요약하였습니다. 성격의 기원과 동·서양의 성격 이야기를 서술하였습니다.

2장은 사주와 성격형성에 관하여 설명하였습니다. 사주의 이해를 돕고, 태아환경과 성격형성에 대하여 서술하였습니다.

3장은 동양과 서양의 성격유형을 비교하였습니다. 성격의 밑바탕인 음양성격을 칼 구스타프 융의 내향성과 외향성 특성과 비교하였습니다. 오행성격은 서양의 5대 성격요인 모델과 비교하여 설명하였습니다. 동·서양의 성격특성에 생각이 서로 매우 비슷함을 보고 역사와 문화 환경이 달라도 사고능력이 비슷한 것은 동·서양의 조상이 같은 뿌리였음을 증명하는 사례로 생각됩니다. 성격특성을 상황과 환경에 적용하는 방법은 동양과 서양의 차이가 있습니다.

4장은 음양오행의 성격 활용에 관하여 서술하였습니다. 음양의 성격과 오행의 성격의 활용방법을 쉽게 적용할 수 있도록 자세히 설명하였습니다. 서양의 5대 성격 모델과도 비교하였습니다. 오행(목, 화, 금, 수, 토)의 성격특성 사이에 상생과 상극 활용 방법은 일반 독자들이 쉽게 이해하고 활용하는데 초점을 맞추었습니다. 4장은 5장의 본론이고 5장은 4장의 각론입니다.

5장은 음양오행 성격특성의 예제를 중복되지 않게 30개를 만들어 자세하게 설명하였습니다. 일반 독자들이 자신의 사주에 드러난 음양오행의 성격특성들을 예제에서 찾아 비교 검토해 보고, 살아가는데 있어서 처할 수 있는 다양한 상황이나 환경에 대응할 수 있도록 활용방법을 자세히 설명하였습니다. 예제 30개 모두를 이해하고 익히면 주위 사람들에게 성격 활용에 대한 멘토가 될 수도 있습니다.

6장은 삶의 과정을 나이에 따라 4단계로 나누고 그에 알맞은 성격을 서술하였습니다. 청년기(봄), 중년기(여름), 장년기(가을), 노년기(겨울)로 분류한 것은 심리학자들의 과학적인 분류가 아니라 일반 사람들의 생각에 맞추어 분류한 것입니다.

각 단계별로 목, 화, 금, 수의 성격을 설명하였습니다. 청소년들은 미래의 자신의 성격을 예상할 수 있고, 노년기 어른들은 지난 삶의 과정을 되돌아보며 행복한 노년이 되기를 바라는 마음을 담아 설명하려고 노력했습니다.

밖으로 드러나는 행동의 밑바탕은 성격입니다. 하루하루 행동들이 모여 생애의 역사를 만들어 갑니다. 성격이 인생사에서 운명의 지휘자가 되는 것입니다. 일반 독자들이 이 책을 자세히 읽고 이해하는데 노력하면 자신의 인생사를 희망하는 대로 엮어 갈 수 있어 자신의 운명을 지휘할 수 있게 될 것입니다.

이 책이 출간되기까지 많은 분들의 도움과 격려가 큰 힘이 되었음을 밝히고자 합니다. 이 책의 원고를 준비하는 과정에서 자료수집, 입력, 교정을 도와주고 토의를 함께한 김준수 박사 부부에게 감사의 마음을 전하고 싶습니다. 이 책이 출간되는데 있어 홍용기 사장님의 물심양면 후원에 깊은 감사를 드리며 회사가 날로 번영하기를 진심으로 기도합니다. 지혜의나무출판사 사장님과 직원 여러분께도 감사드립니다.

가장 가까이에서 변함없는 격려와 지원을 아끼지 않은 아내에게 마음과 몸을 다해 사랑한다고 전하고 싶습니다. 또 이 책이 세상에 나오기까지 변함없는 후원자가 되어준 가족과 친척, 친지들에게 마음의 깊은 곳에서 우러나는 사랑을 전합니다.

목차

4장 음양오행 성격 활용

5장 성격모형 30개 분석

6장 나이가 성격을 변화시키는가?

부록 I 실용적 성격 활용

부록 II 사주의 4기둥을 세우는 법

1장
성격의 역사

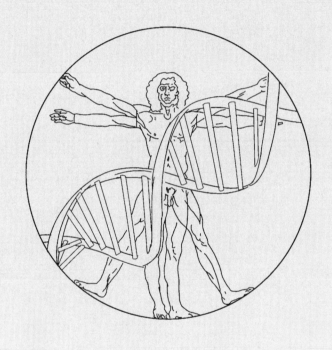

몸은 영과 육으로 구성된 생명의 본체(本體)입니다.

생명체는 우주의 신비를 간직한 보물 창고이므로

후손에게 전달하는 데까지 최선을 다해 보존해야 합니다.

성격의 기원

"인간은 사회적 동물이다"라는 말은 우리 모두가 공감하는 글귀입니다. 사회생활을 하려고 하는 인간의 근본적인 성질, 즉 사회성을 가리켜 일컫는 말입니다. 사람만 사회생활을 하는 것일까요? 아닙니다. 많은 동물들은 사회생활을 합니다. 꿀벌과 개미는 사회생활을 하는 대표적인 동물입니다. 분업이 철저하게 이루어진 생활 공동체입니다. 인간과 벌, 개미의 사회생활의 다른 점은 무엇일까요? 벌, 개미는 친족으로 이루어진 사회 공동체지만 인간은 서로 다른 수많은 가족들이 구성원을 이룬 사회 공동체입니다.

학자들의 연구에 따르면 20만 년 전 아프리카 동부 사바나 초원에 우리들의 조상인 현생인류 호모 사피엔스(Homo sapiens)가 출현한 것으로 알려졌습니다. 20~30여명이 무리를 이루어 사냥과 식물 채취로 생활하며 빠르게는 매일 또는 며칠 만에 삶의 터전을 옮겨 가면서 힘든 생활을 하였습니다. 먹이사슬에서 중간쯤 차지하고 있던 호모 사피엔스는 포식자들에게 잡혀먹힐 위험에 항상 직면해 있었습니다. 공포와 두려움을 이겨낼 수 있었던 것은 구성원간의 협동, 신뢰 그리고 단결 이였습니다.

무리의 안전을 위해서 어른들은 순서를 정하여 경계 임무를 철저히 하고 사냥이나 다른 무리와 싸움할 때는 일상생활에서 구성원들의 믿음과 배려, 포용력이 있는 사람이 리더(Leader)가 되어 민첩하게 해냈을 것입니다. 평등사회였지만 무리 내 구성원들 사이에는 타고난 재능대로 맡은 바 역할이 있었을 것입니다. 언어가 발달되지 않은 상태에서 구성원 사이에 몸짓 언어로 마음을 주고받기는 쉽지 않았을 것입니다. 작은 변화가 시간의 흐름과 함께 큰 전환점이 되는 경우가 우리 역사에는 드물게 나타났습니다. 이 작은 변화는 대략 20만 년 전쯤에 Fox P2(fork head box P2)라고 불리는 돌연변이 유전자가 인류에게 출현한 것으로 알려졌습니다. 이 유전자는 다른 유전자를 켜는 전사인자입니다. 아직은 Fox P2가 어떤 일을 하는지 또는 그것이 어떻게 언어를 만들었는지 정확하게 알려져 있지 않습니다. 그리고 이 유전자가 출현 후 약 13만년 후 기원전 7만년 경에 언어가 호모 사피엔스에게 등장한 것으로 인류학자들은 추론하고 있습니다.

언어의 등장은 인류의 역사가 시작된 시점으로 보는 학자들이 있습니다. 무리 안에 구성원끼리 소리 언어로 자유롭게 의사소통이 이루어지고 다른 무리들과의 의사소통은 물론 정보도 공유할 수 있게 되었습니다. 학자들은 인간의 언어가 진화한 것은 소문을 이야기하고 수다를 떨기 위해서라고 합니다. 무리의 구성원 사이, 무리들 사이에서 얼마만큼 호감을 가지는지, 반감을 가지는지가 소문과 수다 속에 드러나기 시작했습니다. 뒷담화는 대부분 남 얘기입니다. 성질 또는 기질대로 행동했던 사람들이 무리 내에서 남의 시선에 신경을 쓰기 시작했으며 좋은 인상을 보이려고 노력했을 것입니다. 사회적 동물이 되어갔습니다. 타고난 성질이 사회적응 형태인 성격의 발달로 변화되는 계기가 마련된 것으로 생각됩니다.

호모사피엔스는 약 7만 년 전에 아프리카를 떠나 서유럽, 중동, 동남아시아, 호주, 동북아시아, 북미, 남미까지 삶의 터를 넓혀갔습니다. 언어의 등장으로 무리들 사이에 정보교류가 활발해지고 사고방식도 유연해져서 교류를 통한 무리들의 생각과 작은 기술도 공유할 수 있었습니다. 호모 사피엔스 무리들은 12,000년 전 농업혁명으로 정착생활을 하기 전까지 먹을거리를 찾아 계절의 변화, 동물들의 연례이동, 식물의 성장주기 등에 맞추어 자기들의 세력권 내에서 여기저기를 떠돌며 길 위의 삶을 이어 갔습니다. 기원전 12,000년쯤 빙하기가 끝나자 기온이 높아지고 비가 많이 내렸습니다. 농사짓기에 좋은 환경이 지구 곳곳에 만들어졌습니다. 우기와 건기가 뚜렷한 기후지역에서는 목축과 밀을 재배하는 농업 정착민과 사계절이 있는 몬순 기후에서는 쌀 중심 곡류를 재배하는 농경정착민이 생겨났습니다. 농업혁명은 인류가 번영과 발전의 길에 들어서게 했습니다. 초원을 따라 이동하는 목축인의 무리들은 소수로 이루어졌고, 한곳에 정착하는 무리들은 함께 모여 큰 마을을 이루었습니다. 먹거리 문제가 거의 해결되자 인구가 폭발적으로 늘어났습니다. 삶의 터전인 농토에 농부들의 집착은 커져가고 개인 소유에 대한 개념도 발달하기 시작했습니다. 자기 것에 대한 애착이 강한 사람은 개미처럼 열심히 일을 해서 재산을 축적해나갔습니다. 수렵을 선호했던 사람들은 베짱이처럼 한가롭게 살았습니다. 자연스럽게 사회는 계층화가 일어났습니다.

아리스토텔레스는 "인간은 정치적 동물"이라고 말했습니다. 정치적 성격을 지닌 자들이 농민이 생산한 잉여식량을 송두리째 누리고 살면서 지배자와 엘리트가 되어 부족을 통합하여 국가를 출현시켰습니다. 이집트 왕국, 메소포타미아 바빌론왕국, 중국 주 왕국 등 크고 작은 국가들이 지구 곳곳에 세워졌습니다. 농업혁명은 수렵채취 시대에 없었던 새로운 사회 환경을 만들어냈습니다. 공동의 운명아래 함께하던 삶의 형태에서 벗어나 독립적이고 개인적인 삶으로 변화되는 과정에서 사회 환경에 적응할 수 있는 성격이 발달된 것으로 보입니다. 타고난 성질이나 기질을 바탕으로 태어난 후 개인이 쌓은 경험과 지식으로 개인의 성격이 발달한다고 심리학자들은 말합니다.

인간은 상호의존적 관계입니다. 사회생활에 있어서 서로 사귀어 가까이 지내는 것은 선택이 아니라 필수가 되었습니다. 사회생활 테두리가 넓어질수록 낯선 사람과 교제해야 할 상황도 많아집니다. 원만한 교제가 이루어지기 위해서는 상대방을 파악하는 것이 중요합니다. 그러나 첫 인상만 보고 상대방의 파악이 가능할까요? 만약 상대방의 성격을 알 수 있다면 대화가 순조로울 텐데……

서양의 성격이야기

20만 년 전 호모 사피엔스의 출현 후 약 19만 년 후에 농업혁명이 일어났습니다. 그 후 1만 여 년 동안 세계는 지금과 비슷한 정도로 사회는 발전하였습니다. 20~30여명의 작은 무리에서 100명, 1,000명 그리고 수십만 명의 다양한 사람들이 모여서 살게 되면서 대규모 사회생활의 어려움을 경험하게 되었을 것입니다. 특히 낯선 사람을 처음 만났을 때 어떻게 대화를 시작하고 행동해야 할지 상당한 스트레스를 받았을 것입니다. 호모 사피엔스는 지혜로운 사람이란 뜻입니다. 그들은 사람을 얼굴과 몸매를 보고 성격, 체질, 운명까지도 짐작하였습니다. 기원전 2,000년경에 메소포타미아 유적에서 발견된 서판(書板,Tablet)에 사람의 생김새, 즉 관상을 보고 사람을 판단하는 기록이 남아 있습니다. 고대 문명권인 이집트, 인도, 중국 등에서 사람의 관상에 관한 이야기와 우화가 많이 발견되었습니다.

중국의 『좌전』에 주나라(1,100? ~256BC)의 내사 숙복이 "사람의 관상을 잘 보았다"고 했으며, 순자(298?~235?BC) 「비상 편」에 "옛날에는 고포자경이, 오늘날에는 양나라의 당거라는 자가 사람의 생김새나 얼굴빛을 보고 길흉화복을 알아맞힌다고 세상 사람들이 감탄하였다."라고 기록된 것을 보면 중국에서도 오래전부터 관상학이 있었던 것으로 보입니다.

'몸'을 읽은 관상학은 동양과 서양의 대부분 문명에 보편적으로 나타나는 옛 시대의 현상입니다. 비슷한 상황에 닮은 생각으로 문제를 해결한 고대문명권의 사람들은 같은 인류의 조상인 호모 사피엔스의 후예들임이 분명한 것 같습니다.

수학자이며 철학자인 피타고라스(Pythagoras, 582?-497?BC)는 피타고라스 정리와 자연계의 수 비례를 발견하고 과학적 사고의 기초를 세웠습니다. 놀랍게도 그는 친구를 사귀거나 제자를 뽑을 때도 관상이 마음에 들어야 선택했다고 합니다. 이러한 사실을 미뤄 볼 때 그가 관상학을 처음 시작했다는 주장도 적지 않습니다. 그러나 인류의 역사에서 관상학이 정확히 언제 시작되었는지는 분명하지 않은 것으로 알려져 있습니다만 피타고라스가 실제로 활용한 것 같습니다. 한편 갈레노스(Galenos 129-199? 의학자, 해부학자, 로마황제 전임의사로 고대 그리스 의학을 대성함)는 히포크라테스(460?-375BC)가 관상학을 창시한 인물로 주장하였는데, '관상을 보다(Physiognomize)'라는 동사를 처음 사용한 사람이 바로 그였기 때문이라고 합니다.

히포크라테스는 임상의 관찰과 경험을 바탕으로 한 과학적 사고로 의학 체계를 세웠습니다. 병은 체내의 혈액, 황담즙, 흑담즙, 점액 등 체액의 부조화에 의한다는 체액설(Humoral theory)을 세웠습니다. 그는 환자를 관찰할 때 환자의 겉모습(관상)은 건강 상태를 측정하는 가장 확실한 증상 가운데 하나였습니다. 겉모습과 체질의 차이를 가져오는 원인을 자연환경의 영향으로 보았습니다. 혈액은 봄, 황담즙은 여름, 흑담즙은 가을, 점액은 겨울로 연관시켰습니다. 히포크라테스는 몸의 생김새, 즉 관상을 보고 성격을 파악하여 그 성격의 특성 때문에 나타나는 체질을 알아내어 사람을 4종류로 분류하고 각각의 체질에 맞는 처방을 내렸습니다. 그는 의학의 분야에서 미신과 마법을 반대하였으며, 직접 환자를 관찰, 기록하여 치료하고 경험을 중요하게 여기는 분석적이고 과학적인 방법으로 의학체계를 세웠습니다.

이후에 갈레노스가 체액설을 다혈질, 담즙질, 우울질, 점액질 등 4가지 기질설로 발전시켜 성격유형론이 시작된 것으로 보입니다. 18세기 칸트(Imaual Kant 1724-1804)는 혈액의 움직임의 속도와 온도를 기준으로 다혈질을 경혈, 담즙질을 온혈, 우울질을 중혈, 점액질을 냉혈로 분류하였습니다. 20세기에 들어서는 근대 심리학의 아버지로 부르는 분트(Wilhelm M.Wundt 1832-1920)는 세계 최초의 심리학 실험실을 라이프찌히 대학에 만들어 감각 심리학 연구를 시작하였으며 그의 성격 유형론도 갈레노스의 네 가지 기질설에 근거를 두고 있습니다.

1921년 독일의 정신의학자 크레츠머(Ernst Kretsmer 1888-1964)의 『체격과 성격』이란 저서에서 체격을 세장형, 투사형, 비만형, 발육 부진형 등 4가지로 분류한 것과 셸돈(William Sheldon 1899-1977)이 분류한 내장간장형, 신체간장형, 대뇌간장형 등으로 생물학적, 체질적 특질을 연구한 유형론은 갈레노스의 기질설을 이어 받아 발전시킨 것으로 생각됩니다.

심리학적 특성을 연구하여 성격을 외향성과 내향성으로 분류한 성격유형론을 내어 놓은 사람은 칼 구스타프 융(Carl Gustav Jung 1875-1961, 스위스 정신과의사, 분석적 심리학자)입니다. 현재 많은 심리학자들이 성격에 대한 연구를 진행하고 있습니다. 자연과학인 유전학과 뇌 과학의 발전의 도움으로 사회과학인 성격심리학도 비약적인 발전이 기대됩니다.

동양의 성격이야기

미국 오하이오 주립대학원에서 공부하고 있을 때 주의를 기울이지 않으면 나도 모르게 my wife를 our wife 또는 our father, our mother라고 미국 친구들에게 말을 해서 그들을 놀라게 한 경험이 있습니다. 'Jae Kim, 너의 부인을 여러 사람이 공유하느냐?' 우리문화에서 '나'라는 존재를 앞세우는 것은 예의 없는 행동이 됩니다. '나'라는 개념은 우리 속에 포함되어 있습니다. '나와 너'는 '우리' 안에 있습니다.

기원전 8세기(혹은 기원전 9세기) 작가인 호메로스(Homerose)가 쓴 『일리아스(Illias)』와 『오디세이아(Odyssey)』에 인간들은 개성을 지닌 독특한 존재로 묘사되었습니다. 기원전 6세경에 세계 유일의 민주국가를 세운 것은 자신의 삶은 스스로 주관하는 것이므로 자신이 원하는 대로 자유롭게 행동할 수 있다는 개인의 자율성에 대한 확신의 결과로 생각됩니다.

그리스인들은 생업으로 목축과 밀, 감자를 재배하였으며 지중해의 해상무역을 통해 경제력을 키우고 다양한 문화와 교류하게 되었습니다. 목축업과 해상무역은 개인의 자율적인 일들이 대부분입니다. 자신의 삶을 스스로 주관할 수 있다는 스스로의 깨달음과 확신은 이러한 환경에서 비롯된 것으로 믿는 것은 무리한 생각일까요?

'나'를 자각한 후에는 '나'의 세계와 '나'가 아닌 것으로 분리된다고 합니다. '나'는 주관적이지만 '나' 아닌 것은 모두 객관적인 세계가 됩니다. '나'가 어떻게 '나' 아닌 것을 알 수 있는 가라는 문제가 뒤이어 생기고 드디어 인식론이 서양철학의 하나가 되었습니다. 중국 사상 속에는 한 번도 '나'(개인)에 대한 뚜렷한 자각이 없었기 때문에 '나'와 '나' 아닌 것이 뚜렷한 분리가 된 적이 없었다고 풍우란(馮友蘭 1895-1990, 중국철학자) 교수는 말하였습니다.

　중국인들은 쌀농사가 주요한 생업이었습니다. 그리스인의 목축업과 가을에 씨를 뿌리고 그 다음해 여름에 수확하는 밀재배는 잡초와의 전쟁이 심하지 않지만 쌀농사는 봄에 씨를 뿌리기 시작하여 수확할 때까지 잔손이 많이 들어가는 힘든 작업입니다. 가족 모두가 함께 일해야 하고 마을 전체가 협동해야 농사일이 조금은 수월해지기 때문에 자연스럽게 마을 공동체 생활을 하게 되었습니다. 공동체를 원만하게 유지하기 위해서는 화목한 인간관계를 맺고 평범하게 삶을 이어가는 것이었습니다. 유교의 도덕적 핵심인 삼강오륜을 지켜야하는 이유입니다. 인간은 사회적 동물이고 도덕적 동물임을 고대 중국인들은 생활에서 실천했습니다.

　쌀농사로 풍년을 맞이하려면 사람의 성실한 노력도 필요하지만 가뭄, 홍수, 태풍 같은 자연재해가 없어야 합니다. 자연의 자비 없는 풍년은 불가능하였습니다. 고대 중국인들은 친자연적이 되는 것은 당연한 것이었습니다. 고대 중국인은 우주간의 사물들은 서로 연계되어 있고 그 안에서 발생하는 인간은 마치 그물망처럼 서로 얽혀있다고 믿었습니다. 천지만물은 한 사람의 몸과 같다고 생각했습니다.

　그리스인들은 개인을 독립적이고 개별적인 존재이며 자신의 운명을 스스로 통제할 수 있다고 믿었습니다. 이와는 다르게 고대 중국인들은 인간을 사회적이고 상호의존적 존재로 생각하고 사회는 하나의 커다란 유기체이며 개인은 그 유기체의 한 구성원이었습니다. '모난 돌이 정 맞는다.'라는 격언이 있습니다. 뾰족한 성격을 가진 공동체 구성원은 공동체 화목에 나쁜 영향을 미치게 됩니다. 거친 돌을 정으로 다듬어 둥글게 만들 듯이 뾰족한 성격을 구성원들과의 인간관계를 부드럽게 변화시키는 것은 구성원들의 의

무입니다.

　대부분 어린이들은 가족으로부터 사회화 교육을 받게 됩니다. 동아시아에는 개인의 자율성보다는 공동체 자율성을 앞세웠습니다. 개인의 성격보다는 공동체의 사회적 성격을 중요하게 생각했습니다. 타고난 성질이 다양한 성격으로 형성되는 데는 한계가 있었습니다. 공동체 생활에 알맞은 성격만이 겉으로 드러나 있었습니다. '나'는 '우리' 속에만 존재하게 되었습니다. 서양의 시각으로 보면 동아시아의 사람들은 개성이 없는 것처럼 보입니다. 사회적 환경, 즉 문화는 어떤 가능성을 실현하도록 강요하고 다른 가능성을 금지하는 장본인이라고 합니다. 그러나 우리의 유전자는 융통성이 매우 커서 폭넓은 가능성을 받아들입니다. 동양에서는 타고난 성격을 바탕으로 개인의 성격은 형성되어 있었지만 공동체 문화에서는 겉으로 드러나지 않고 엎드려 숨어 있었을 뿐입니다.

　가을 서쪽 하늘에 수십만 마리 가창오리 떼의 질서정연한 군무를 보면 항상 경이로움을 느낍니다. 겉모양으로만 보면 동양인의 행위는 가창오리의 군무처럼 보일 수 있습니다. 동양인에게 있어서 행위란 다른 사람들과의 관계에 의해 조정되고 또한 다른 사람에게 영향을 주는 것이기 때문에 인간관계에서 조화를 유지하는 것이 사회생활에 가장 중요한 목표가 됩니다. 개인의 자율성보다는 공동체의 자율성이 우선되는 사회입니다.

　주요한 생업인 목축과 상업의 자연, 문화 환경이 그리스인으로 하여금 개인을 독립적이고 개별적 존재로 그리고 자신의 운명을 스스로 통제할 수 있다는 믿음을 갖게 한 것으로 생각됩니다. 쌀농사를 주요한 생업으로 한 고대 중국인들은 예측하기 어려운 자연환경에 적응하기 위한 공동체 생활에서 사회적이고 도덕적이며 상호의존적, 친 자연적 인간이 된 것으로 보입니다. 농업 혁명이후에 만들어진 서양과 동양의 문화의 작은 차이는 유지 발전되어 근대까지 진행된 것으로 보입니다.

가뭄, 홍수 그리고 태풍과 같은 자연 재해가 기원전 5세기에서 AD15세기 까지 동아시아 쌀 재배 지역에 많았던 것으로 알려져 있습니다. 지금처럼 관개시설이 잘 되어있어도 풍년을 기대하기 어려운데, 그런 시설이 없었던 때에는 자연은 농민의 생존을 크게 위협했을 것입니다. 여기에 전쟁도 많아 농민의 삶은 바람 앞의 촛불처럼 생명의 위급함을 안고 살아야 했습니다. 그러나 다른 동물들과 다르게 인간은 미래에 대한 꿈을 가지고 삶을 이어 갑니다. 미래에 마주하게 될 좋은 일, 흉한 것, 언짢은 일과 복된 일 등을 예측하는 노력을 하였습니다. 고대 중국에서 이에 대한 여러 가지 방법이 생겨났습니다.

우주 간 사물들이 인간 생활에서 일어나는 여러 가지 일과 상호 영향 관계에 있는 것으로 인식하고 있었던 고대 중국인들은 여러 가지 술수(음양,점서 등으로 인간의 화복을 점치는 방법 Occult Arts)로 우주간의 사람의 주의를 끌 만한 현상을 관찰하며 인간의 길흉화복을 예측하려는 시도를 하였습니다. 천문(天文, Astrology), 역보(歷譜, Almanacs, 책력), 오행(五行,Five elements), 시구(蓍龜), 잡점(雜占, 해몽점이 대부분), 형상법(形像) 여섯 가지가 중국 옛 책에 쓰여 있습니다. 중국 고서에 '사람의 관상을 잘 보았다', '사람의 생김새나 안색을 보고 길흉화복을 알아맞힌다고 세상 사람들이 놀랐다'는 기록은 형상법의 술법입니다.

음양 오행가들은 6가지 방법 중에 천문, 역보, 오행 등을 융합 발전시켜 자연계와 인류사회에 대해서 일종의 통일적으로 해석하고 이론화하며, 하나의 일관된 우주관을 성립시켜 음양오행설을 주장했습니다. 여기에 상상력을 동원하여 자연계와 인간계에 대해서 갖가지로 예측하였습니다. 중국 전한(206-81BC)의 유학자 동중서(197-104BC)는 전국시대(403-221BC) 이래의 음양오행 사상을 체계화 시켰습니다. 그는 사람을 우주의 축소판이고 하나의 작은 우주로 보았습니다.

저는 농촌마을에서 태어나고 자랐습니다. 설화에 의하면 음력 칠월칠석날 밤에는 견우별과 직녀별이 은하수를 건너 일 년에 단 한 번 만나는 밤입니다. 두 남녀의 별이 만나는 것을 보려고 마당에 돗자리를 펴고 누워 밤하늘을 열심히 올려 다 보았습니다. 누님들이 저의 별을 찾아보라고 했습니다. '사람이 태어나면 하늘에도 별이 태어난다.' 하였습니다. 그때 별똥별이 밝은 빛줄기를 내면서 사라졌습니다. '누가 죽었나보다' 누님은 작은 소리로 이야기했습니다. '별도 죽는 거야?', '사람이 죽으면 그 사람별도 죽는 단다.' '별똥별이 드문드문 떨어지네! 나의 별은 하늘에서 오래오래 빛났으면 좋겠다.'고 마음속으로 소원했었습니다. 학교에서 과학을 배우면서 설화와 현실의 차이를 알게 되었지만 설화의 세계에 오래 머물고 싶었습니다. 고대 중국의 점성술이 문화 유전자가 되어 나에게도 전래된 것 같은 생각이 들었습니다.

서양은 몸과 몸의 겉모습(관상)으로 개인의 미래에 대한 예언과 성격을 분석하였습니다. 중국도 관상으로 예언과 성격분석을 해온 것은 비슷하고 여기에 점성술이 가미된 것도 비슷합니다. 관상과 점성술은 모든 문명에 보편적으로 같은 시기에 나타나는 현상이며, 역사가 시작된 이래 의식적으로 또는 무의식적으로 끊임없이 행해지는 시간의 흐름에 따라 변화하는 인류의 습관으로 역사가들은 말합니다.

관상학과 점성술로 사람의 미래를 예언하고 성격을 알아보는 일은 전문가만이 할 수 있는 일이었습니다. 고대나 현대나 사람은 누구나 자신의 미래와 성격을 알고 싶어 합니다. 현재 인구가 약 5천만인 한국에 역술인과 무당이 100만 명이 넘는다고 합니다.(2017년 11월 25일 조선일보). 수요공급의 법칙이 여기에도 해당되지 않을까요? 특히 명리학(사주학)에 대한 관심이 높습니다. 이해하기가 쉽기 때문입니다. 사주내용의 상당부분이 개인의 성격에 대해 설명하고 있습니다. 그러나 성격에 대해 체계화가 되어 있지 않아 많은 아쉬움이 있어 필자가 관심을 가지게 되었습니다.

서양의 성격연구는 형식상의 체계를 갖추고 있지만, 동양의 성격연구는 사주학 안에 숨어있습니다.

사람의 길흉화복과 성격을 알아보는 명리학에 점성술을 가미하고 12개 별자리를 각각 동물로 표현하여 쉽게 이해하고 활용할 수 있도록 중국의 당나라(618-907) 이허중(李虛中 ?)이 체계화 한 것으로 알려졌습니다. 사주학이 언제부터 시작되었는지는 알 수 없으나 한나라 유학자 동중서가 음양 오행사상을 체계화 한 이후로 추정되고 있습니다. 이후 송나라(960-1270)때 서자평(徐子平)이 오행과 상생·상극 이론을 확장하여 명리학을 발전시켰습니다. 이후 여러 종류의 사주학이 쓰여지고 사용되었습니다. 대부분은 귀족과 남성들것만 인용된 것으로 보면 상류층에서 활용된 것으로 생각됩니다. 청나라(1619-1912)말기에 궁통보감이 출판되었습니다. 이 책에 명나라(1368-1644) 유명 인사들이 인용된 것으로 보아 명나라 혹은 청나라 때에 쓰여져 사용된 것으로 추정되나 정확한 연대와 저작자는 알려져 있지 않습니다. 또한 언제부터 일반인들이 명리학을 활용하게 되었는가는 알려져 있지 않습니다. 현재까지도 옛것이 그대로 사용되고 있습니다. 표현 방법도 쓰인 말씨도 고어체입니다. 집필자의 능력부족으로 명리학(사주학)의 발전과정을 자세하게 밝히는 것에 한계가 있음을 통감합니다. 온고지신(溫故知新), 옛것을 밝혀 새로운 지식과 견해의 범위를 넓히려고 합니다. 무모한 도전이라는 비판도 감수하려고 합니다.

나는 누구인가?

1980년 우리의 대중가요 중에 '타타타'가 인기를 누렸습니다. '네가 나를 모르는데 난들 너를 알겠느냐! 한치 앞도 모두 몰라 다 안다면 재미없지. 바람이 불면 바람으로 비오면 비에 젖어 사는 거지… 후략' 1970년 시작한 산업화는 마을 공동체로 겨우겨우 삶을 이어가던 농부들은 조상들 때부터 수백 년 또 수십 년 살아오던 정든 고향을 떠나 낯선 대도시의 공장으로 끌려들었습니다. 농부들은 대대로 물려받은 지긋지긋한 가난으로부터 탈출하기 위해 꿈을 안고 삶의 터를 옮겼습니다. 날마다 공장, 이웃, 거리에서 만나는 사람은 모두가 타인들이었습니다. 모두가 이방인처럼 느껴졌습니다.

'너 자신을 알라'라는 유명한 글귀는 고대 그리스 철학자 소크라테스(Socrates 470-399BC)가 젊은이들에게 강조하여 가르칠 때 사용한 것입니다. 젊은이들을 자각하도록 가르쳤습니다. 개인은 독립적이고 개별적인 존재임을 확인시켰습니다. 그러나 동양사상속에는 개인은 특정 공동체에 소속된 구성원 '우리' 속의 '나'였을 뿐입니다. 나(개인)에 대한 뚜렷한 자각이 없었다고 합니다. 자기 자신이 놓여있는 상황이나 환경에 대하여 자기의 위치, 가치, 의무, 사명 등을 스스로 깨달음이 가질 수 있는 문화 환경이 아니었습니다. 동양에서의 개인역할은 공동체내에 맡은 바 역할을 충실히 하면 됩니다.

이런 문화는 수천 년에 걸쳐 만들어졌고 동아시아 문화권에서 이어져왔습니다. 이러한 사회 환경은 청소년들에게 주체성(identity) 확립의 '나는 누구인가?'를 어렵게 만들었습니다.

서양 심리학자들은 '나는 누구인가?' 즉 주체성이 청년기에 만들어진다고 합니다. 개인의 욕구, 능력, 신념, 그리고 한결같은 자기상을 이루려는 발달역사 등이 조직된 것을 주체성이라고 합니다. 개인의 욕구는 사회적 지위를 얻는 주요한 원동력입니다. 개인의 이익과 욕구는 동양에서는 상당히 억압되어 왔습니다. 사리사욕(私利私慾)은 도덕의 큰 흠결이었습니다. 이 같은 문화 환경에서 개인의 주체성확립은 거의 불가능한 일이었습니다. '나'는 독립적인 존재가 될 수 없고 '우리' 속에만 존재할 뿐입니다.

해방 후 서구식 교육이 전면적으로 실시되었지만 전체인구의 90%이상이 농민이었고 마을 공동체적 생활이 계속되어 개인의 주체성 확립이 어려운 환경이었습니다. 1970년대는 산업시대의 시작입니다. 산업화와 함께 홍수처럼 밀려오는 서양문화가 사회 모든 분야에서 급격한 변화를 일으켰습니다. 하루하루 달라지는 사회 환경 변화에 모두가 큰 충격을 받아 우왕좌왕하면서도 자신의 미래에 대한 밝은 희망을 가지게 되었습니다.

산업화의 물결은 '나는 누구인가'라는 질문으로 젊은이들에게 깨우침을 주었습니다. '농업은 천하의 큰 근본이다'라는 믿음아래 농사짓는 일이 타고난 직업으로 받아들일 수밖에 없었던, 다른 직업을 가질 가능성이 거의 없었던 많은 사람들에게 산업화 사회는 개인의 주체성을 확립하여 개인이 원하는 직업을 가질 수 있는 기회를 주었습니다. 자신의 목표가 분명하게 정해지자 자신을 믿고(self-confidence) 자신이 선택한 자신의 삶의 길을 머뭇거림 없이 거침없이 힘차게 앞으로 나아갈 수 있게 되었습니다.

저는 1960년대 초반에 농사일이 많은 집을 떠나 고등학교를 다녔습니다. 산업화의 기운이 싹트기 시작하는 시기였습니다. 다행히도 집을 떠나 나 홀로 있는 시간을 가지면서 어렴풋이 '나'를 생각하는 기회를 가지게 되었습니다. 잃어버린 나를 찾아 나의 내면으로 내려갔습니다.

'나는 누구인가?' 나는 이 세상에서 무엇을 해야 하는가? 내가 정말로 원하는 직업은 무엇일까? 내가 원하는 것들을 이루어 낼 수 있는 능력이 있을까? 어떠한 삶이 후회 없는 인생이 될 수 있을까? 한 학기가 지나면서 나의 본 모습이 어렴풋이 보이기 시작했습니다.

나의 사회적 위치에 대한 욕망, 나의 사회적 역할과 능력 그리고 삶의 철학 즉 인생의 가치관과 생활태도를 정할 수 있었습니다. 책상 앞에 '너의 사회적 위치는?'이라는 글귀를 붙여놓고 매일 낭독하였습니다. 대학 진학 후에 직업 선택은 나의 성격과 나에게 주어진 여러 가지 현실 조건을 고려하여 깊은 고민 끝에 결정했습니다. 직업에 알맞은 성격 유연성도 교수님들의 지도로 행동에 옮기려고 반복해서 노력했습니다. 교육자의 삶이 나의 성격과 능력, 그리고 신념에 꼭 들어맞는 것임을 교수가 된 후에 확인할 수 있었습니다. 저의 가문에 훌륭한 교육자들이 많이 계셨음을 뒤 늦게 알게 되었습니다. 성격에 알맞은 직업을 선택할 수 있었던 우연과 조상들이 물려준 교육자의 자질을 가지게 된 필연이 나의 삶의 역사에 아름다운 화음이 되어 행복한 인생길을 걸을 수 있었음을 고백합니다.

한 번도 만나 보지 못한 모르는 사람들과 같은 일터 또는 일상생활에서 만나게 될 때 긴장되고 당황스러운 경험을 많이 하도록 만들어 준 것이 산업사회입니다. '저 사람은 어떤 사람일까? 친구가 될 만한 사람일까? 나에게 해를 끼칠 사람인가? 직장상사들은 성격이 까다로운 사람일가? 저 사람은 나를 어떻게 생각할까? 내가 먼저 말을 걸어볼까?' 등 수많은 생각들이 꼬리를 물고 이어졌을 것입니다. 직장에서 맡은 일도 쉽지 않지만 더욱 어려운 것은 윗사람과 동료들과 교류입니다. 신뢰를 바탕으로 해야 할지 이익을 기준으로 교류해야 되는지 결정이 쉽지 않음을 통감하게 될 것입니다. 마을 공동체 생활은 신뢰와 호혜를 기본으로 인간관계가 되어있었는데, 산업사회에서는 신뢰와 개인 이익을 바탕으로 교류가 이루어지고 있는 현실에 당황할 수밖에 없었을 것입니다.

'타타타' 대중가요 가사처럼 농업시대의 자연환경에 순응하며 사는 것처럼 산업사회의 사회 환경에서도 상황의 변화에 따라 빠르게 적응하며 자신의 인생목표를 향해 힘차게 나아가겠다는 의지가 엿보입니다. 개인의 이익을 추구하는 것은 생물학적 본능입니다. 인위적인 것은 에너지가 많이 소모되지만 자연적인 것은 에너지가 적게 소모됩니다. 산업사회환경은 개인의 이익 추구를 합리화하고 있기 때문에 점잖게 걷고 있던 농업시대 사람들은 산업시대에 들어서면서 달라지기 시작했습니다. 조용하고 고요한 사회가 활기 넘치는 역동적인 사회가 되면서 활동적인 성격을 가진 사람들을 선호하는 시대가 되었습니다.

'우리'라는 집단에서 빠져나와 '나(개인)'가 독립되었습니다. 자율성을 가진 '나'가 되자 자신의 삶도 스스로 책임을 져야한다는 것을 깨닫게 되었습니다. 자신의 주체성 '나는 누구인가?'를 알아야 자신을 책임질 수 있고, 자신의 주체성에 맞게 생활을 통제할 수 있게 됩니다.

나 자신을 알게 되면 다른 사람들도 점점 알게 됩니다. 여러 사람들과 사귀어 가까이 지내면서 다른 사람들에게 비춰진 자신의 모습을 보게 됩니다.

쉽게 드러나는 자신의 성격도 알게 됩니다. 자기가 주관적으로 보는 자기모습과는 차이가 있음을 알게 됩니다. 사람은 자기를 볼 때는 주관적으로, 타인들을 볼 때는 객관적으로 본다는 것은 진리에 가깝습니다.

그러나 오랜 기간 공동체(집단)생활의 관습에 익숙해진 문화 때문인지 자신이 누구인지, 즉 자신의 주체성을 모르는 체 이 세상에서 무엇을 해야 하는지, 무엇을 원하는지, 자신이 원하는 것이 무엇인지도 모른 체 자신의 삶이 목표를 정하지도 않은 체 부모들의 보살핌 그늘아래 삶을 이어가는 젊은이도 많습니다. 캥거루족은 세상에 나가는 것이 두려워 어미 주머니 안에 머물고 싶어 하는 젊은이들을 뜻합니다. "저의 아들은 성실했었습니다. 부모님 말을 거역한 적도 없었습니다. 대학교까지 무사히 다녔고 군대도 갔다 왔고, 취업준비를 위해 도서관에 몇 년을 다녔습니다. 그리고 여러 해가… 지금은 아들과 대화도 끊겼습니다…" 캥거루 가족의 부모들의 한숨소리가 귓전에…

서양에서 3~4백년 만에 이룩한 산업화사회를 우리나라는 단지 30~40년 만에 이루어내고 정보화 사회에 들어섰습니다. 우리는 미리 준비하지도 않은 상태로 도도하게 흐르는 산업·정보화 사회에 맨몸으로 뛰어들어 한강의 기적을 이룬 나라로 세계는 평가하고 있습니다. 지난 2천년동안 900회 이상의 외국의 침범에도 살아남은 저력을 지닌 국가입니다. 현재 우리사회는 서양의 가치관인 '나'와 동양의 가치관인 '우리'가 충돌하고 겹치면서 모순과 긴장을 일으키는 변화의 천이(遷移: 일정한 지역의 식물군락이 시간이 흐름에 따라 변천하여 가는 현상) 지대에 있습니다. 내향적인 성격을 선호하던 농업시대에서 외향적인 성격이 선호되는 산업·정보화시대에 들어섰습니다.

변화를 열망하고 변화에 도전하는 것을 즐기는 외향적 성격을 가진 사람은 내향적인 사람보다 산업·정보화 사회의 빠른 변화에 적응력이 강한 것으로 생각됩니다.

자신의 성격과 타고난 성질을 제대로 알고 있다면 아무리 빠른 사회 환경 변화에도 대응하고 적응할 수 있다고 생각됩니다. 필자가 사주학으로 성격을 분석한 결과를 보면 대부분 음(내향적 성격)과 양(외향적 성격)의 성격을 함께 가지고 있습니다. 사회 환경변화에 따라서 그 때 그 때 상황에 꼭 알맞은 음 또는 양의 성격이 나타날 수 있습니다. 이러한 양면의 성격을 가지고 있어서 많은 사람들이 빠르게 변화하는 산업·정보화 사회에 대응하고 적응하여 한강의 기적을 이뤘다고 믿고 있습니다. 그러나 너무나 많은 사회 환경변화에 적응하지 못하는 사람들은 삶의 목적과 방향감각을 잃고 세상의 응달에서 가쁜 숨을 몰아쉬고 있습니다.

성격을 알면 변화가 많은 사회 환경에서도 어렵지 않게 자신의 삶을 행복하게 경영할 수 있고 주어진 자신의 운명을 지휘할 수 있다고 생각합니다. 성격을 제대로 알아야 할 필요성이 여기에 있습니다. 성격은 어떻게 형성되는 것일까요? 타고나는 것일까요? 환경의 영향에 의해서 만들어지는 것일까요?

2장
사주로 성격을 알 수 있다?

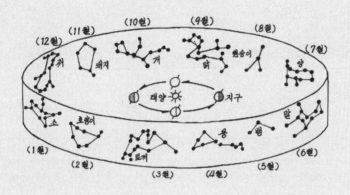

심충생태학은 세계를 분리된 사물(인간포함)들의

집적으로 보지 않고 근본적으로 상호의존적 현상들의

연결망으로 봅니다.(노르웨이 철학자 아르네 네스)

이름은 사주에 맞추어 짓는다?

중국 최초 과학 분야 노벨생리학상을 수상한 인물은 '개똥쑥'에서 뽑아낸 '아르테미시닌'으로 말라리아 특효약을 만든 투유유(屠呦呦)로 중국 전통의학 연구원 교수입니다. 그의 이름 '유유'는 중국 고전인 시경(詩經)의 소아(小雅)의 '사슴이 울면서'라는 시의 첫 구절 '사슴이 울며 들판에서 햇쑥을 뜯네'(呦呦鹿鳴 食野之萍 유유녹명 식야지평)에서 따온 것으로 알려졌습니다. 한자 문화권에서는 출생한 자녀의 이름을 사주에 맞추어 짓는 것이 오랜 생활 풍습입니다.

시 구절에서 따온 그녀의 이름이 운명을 예언하는듯한 느낌이 듭니다. 그녀는 울며 새로 돋아난 쑥을 찾아 들판을 누빈 것처럼 전통의학 연구에만 그의 모든 것을 받쳤습니다. 그녀는 박사학위도 유학경험도 최고 과학자 칭호도 없는 이름 없는 과학자로 홀대를 받으면서도 그녀의 이름처럼 살아왔습니다. 저의 이름은 재철(栽심을 재, 喆밝을 철)입니다. 아버님이 지어준 이름입니다. 재철이란 이름은 계몽이란 단어와 같은 의미를 보입니다. 밝음을 심고 키우는 사람이 되라는 부모님의 소원이 담겨져 있습니다. 저는 교육자가 되었습니다. 저의 성격에 꼭 맞는 직업이었습니다.

미래에 대한 기대와 불안이 있는 우리나라 생활 풍습에서는 사주를 보고 미래에 대한 예언을 듣고 싶어 합니다. 젊은 시절 자기의 사주를 보지 않은 사람은 많지 않을 것입니다. 한국 역술인 협회에 의하면 정회원이 20만 명 그리고 비회원이 30만 명으로 추산하고 있습니다. 집필자도 미국 유학 가기 전 꿈을 이룰지가 불안했습니다. '꿈은 굳은 의지와 최선의 노력으로 이루어진다'는 나의 믿음은 그 당시에 크게 흔들렸습니다.

백발에 긴 하얀 수염을 기른 도사 같은 전주에서 유명세를 타고 있는 강사주님을 찾아 갔습니다.

'왜 왔어'

'예? 사주 보러 왔는데요?'

'무엇을 알고 싶어?'

'교수가 되고 싶어 미국 유학을 가서 박사학위를 취득하고 싶은데 가능할까요?'

'가'

'예?'

'유학 가란 말이야'

인사를 드린 후 문을 닫고 나오는 나의 뒤통수에 들릴 듯 말 듯 한 마디 흘리는 강사주님의 말씀은 '성격이 대쪽 같아 교수나 해야지!'

이 책을 쓰게 된 아이디어가 강사주님의 나의 성격에 대한 말씀이었습니다. '사주풀이'에 개인의 성격 해설이 들어 있을까? 얼마쯤은 믿으면서도 한편으로는 의심하면서 도서관에 찾아갔습니다. 수 십 권의 책 중에 10권을 대출해서 사주학을 대략 살펴보았습니다. 놀랍게도 사주의 상당부분 내용이 성격특성을 말하는 구절이었습니다.

성격표현용어

심리학자인 노먼(Norman)과 골드버그(Goldberg)는 3,600개의 성격특징 용어 목록을 만들었습니다. 이 연구는 5대 성격요인 모델(Big five-factor model of personality)의 기초가 되었습니다. 우리나라 한덕웅(1942~)교수는 국어사전으로부터 성격을 표현하는 용어 1,000개를 성격용어로서의 의미상 독립성을 기존으로 가려내어 1992년 보고하였습니다. 동아시아 문화권에서는 개인의 성격에 대한 체계적인 연구가 이루어지지 않았습니다. 이러한 이유로 동아시아 심리학자들도 대부분 체계화된 서양심리학을 바탕으로 연구할 수밖에, 다른 방법이 없습니다. 최근 서울대 김성수 교수가 '기업에서 중간관리자의 성격이 기업성과에 미치는 영향'에 관한 논문으로 미국 산업조직 심리학회의 최우수 논문상을 받았습니다. 이 연구도 많은 심리학자들이 동의하고 지금까지의 연구 중 가장 포괄적이고 신뢰할만하며 유용한 분석들로 간주되는 5대 성격요인 모델을 바탕으로 이루어진 것입니다.

한덕웅 교수가 국어사전에서 뽑아낸 성격 특성 용어는 1,000개인데 노먼과 골드버그가 작성한 성격특성 용어는 3,600개로 3.6배나 많습니다. 그리스 전통을 이어받은 서양은 개인이 개성이 자유롭게 표현될 수 있는 환경이었지만 동아시아 사회는 하나의 유기체이고 개인은 그 유기체의 한 구성원으로서 역할을 담당할 뿐, 개인의 자유는 공동체의 조직 유지에 거스르지 않은 한계 내에서 가능했습니다. 공동체 생활 같은 사회적 환경에 적응한 삶을 산다 할지라도 사람은 내부에 자유로운 자연인의 속성을 가지고 있습니다. 한 교수의 한국인의 성격특성 용어가 1,000개로 밝혀진 것이 바로 그 증거입니다.

사주명리학은 현재 진행형이다

인간의 미래를 예언하는 술수(術數)중에 사주명리학은 우리 문화에서 현재도 활발하게 살아 움직이고 있습니다. 왜 우리는 미래의 불확실성에 두려움을 느끼고 있는 것일까요? 지난 2천년 역사에 외국의 침략이 900회 이상 있었습니다. 외국의 침략전쟁은 개인에게는 참혹한 재앙이었습니다. 한번도 뱀을 보지 않은 사람들이 실제 뱀을 보고 소스라치게 놀라는 것은 공룡시대에 살아남은 조상들의 경험이 후손에게 전달되어 우뇌 속에 저장된 것이라고 학자들은 보고 있습니다. 신경이 예민한 사람은 위험을 피할 확률이 높습니다. 미래에 대해 예민한 사람은 겨울을 대비하는 개미 같은 성격을 가지고 있습니다. 동아시아에서 한국에 사주학이 활성화 되어있는 것도 역사 환경의 영향으로 생각됩니다. 21세기 과학의 시대에 사주로 보고 미래를 예언하는 것은 미신으로 생각하고 버려도 될까요? 실험 후 버린 쓰레기에서 라튬을 발견한 퀴리부인처럼 사주 속에 옛 현인(賢人)들이 숨겨놓은 삶의 참 지혜를 찾고자 시도하는 것은 헛수고일까요?

성격형성의 50%는 유전, 나머지 50%는 태어난 후의 환경의 영향을 받기 때문에 같은 형제자매라도 부모로부터 이어받은 유전인자가 같지만 미세한 환경 변화와 개인의 경험이 달라서 성격차이가 만들어진다고 합니다. 최근 연구에서 유전, 출생 후의 환경 뿐 만 아니라 태아 환경도 성격형성에 미치는 것으로 보고 있습니다.

태아환경과 성격형성

집필자는 세계 2차 대전 막바지 무렵 1944년 5월에 태어났습니다. 당시 한국은 일본제국 식민지였습니다. 몇 년간 극심한 전쟁으로 식량부족과 굶

주림으로 대부분 사람들이 극심한 고통을 견디고 있는 때였습니다. 아마도 저의 어머님은 저의 임신기간 동안 극심한 영양부족 상태에 놓여 있었을 것으로 생각됩니다. 청소년기에 잔병치레를 많이 했습니다. 8남매 중에 3번째로 태어난 저는 키도 가장 작고 체격도 제일 약합니다. 연구보고서에 의하면 임신부가 굶주릴 때 태어난 아이는 몸무게가 적고 작은 체격을 가진다고 합니다. 저의 경우가 좋은 실례로 생각됩니다. 20대 초반이었던 어머님의 몸 상태는 가장 좋은 젊은 시기이므로 저의 몸도 크고 건강했어야 되는데, 지금까지 항상 건강에 조심하며 생활하고 있습니다. 저의 성격형성에 태아 환경이 영향을 미친 것 같습니다. 형제자매 중에 신경이 가장 예민하고, 삶에 대한 욕망은 제일 강한 편입니다. 생물의 생존본능이 제가 태아일 때 사회적, 역사적 환경 영향을 강하게 받은 것으로 생각됩니다.

제 2차 세계대전 말 패전에 몰린 독일군이 자신들이 점령하고 있던 네덜란드 서부지역에 식량 공급을 차단해버렸습니다. 이로 인해 이 지역에 살던 주민들은 대부분 영양실조를 겪었습니다. 이 때 임신하여 태어난 아이들은 몸무게가 월등히 적었습니다. 과학자들은 "배 속 태아일 때 영양 공급을 제대로 받지 못해 특정 유전자가 작동하지 못했기 때문이었다."고 말했습니다. (2017년 5월 16일 조선일보) 저와 같은 세계 2차 대전의 피해자가 네덜란드에도 있었다니 연민의 정을 느낍니다. 독일의 심리학자 발테스(Baltes, P.B, 1980)가 인간발달에 영향을 주는 3가지 요인 중에 하나로 동시대 출생 집단 효과(Cohort effect; 사회적, 역사적 환경 영향)를 제안했습니다. 필자가 조사한 10년 단위 년대별 출생(1950년대, 1960년, 1970년, 1980년, 1990년)별로 음양오행의 성격 요인 특성이 다르게 나타났습니다. 한국의 사회적 변화가 분명하게 드러난 시기였습니다. 동시대에 출생한 집단 효과를 사주에서 태어난 '해'로 좁혀 적용이 가능하지 않을까 생각됩니다. 또한 몇몇 연구보고서에서 출생 계절에 따라 성격 수치가 다르다는 것이 발견되었습니다. 태아환경과 출생 계절의 영향이 성격 형성에 몇 퍼센트 미치는 것인지에 대한 연구는 미래의 심리학자와 발생학을 연구하는 과학자들의 핵심 주제 중 하나가 될 것으로 심리학자들은 기대하고 있습니다.

태어난 년, 월, 일, 시 즉 사주학의 핵심인 음양오행으로 1950~1990년 출생한 성인 1,340명의 성격을 집필자가 계절별로 분석한 결과, 봄에 태어난 성인의 성격은 양(외향성) 57%, 음(내향성)이 43%이고, 가을에 태어난 성인의 성격은 양 53%, 음 47%로 나타났습니다. 여름에 태어난 성인의 성격은 양 41%, 음 59%이고 겨울에 태어난 성인은 양 38%, 음 62%였습니다. 2000~2004년 출생한 중고등학생 369명을 조사한 결과 봄에 태어난 학생의 성격은 양 59%이고, 음 41%, 가을에 태어난 학생의 성격은 양이 75%, 음이 25%였습니다. 여름에 태어난 학생의 성격은 양이 42%, 음이 58%, 겨울에 태어난 학생의 성격은 양이 41%이고, 음이 59%였습니다.

제롬 케이건의 저서에 임신한 여성의 신체 생물학이 봄과 가을의 일조 시간 변화에 영향을 받기 때문에 태아의 성질 형성에 영향을 주어 출생 후 성격형성에도 영향을 미칠 가능성이 있을 것으로 추정하고 있습니다.

2월 하순에서 5월 하순 사이(봄)에 수태되어 이듬해 1월~3월 사이에 출생한 태아는 8월 하순에서 10월 하순사이(가을)에 수태된 태아보다 임신부의 멜라토닌 양이 더 작은 상태에서 수태(受胎)됩니다. 멜라토닌은 임신부의 두뇌와 신체에 영향을 미치고 태아의 성장에도 그 영향이 미칠 것으로 보입니다. 멜라토닌은 유전자 활성화나 억제, 항산화 활동 증가, 수태 후 1개월부터 발달하고 있는 뇌에 영향을 끼치는 분자의 합성 등에 영향을 미치고 있습니다. 태아의 두뇌 성장은 인간두뇌의 진화과정 비슷하게 재현한다고 합니다. 태아의 환경이 태아의 두뇌발달에 영향을 미치게 되는 것은 충분히 예상할 수 있는 일입니다.

충동과 본능 그리고 반사작용을 조절하는 원시적인 두뇌인 뇌간의 후각엽에서 감성의 뇌인 변연계로 그리고 이성의 뇌인 여섯 겹의 신피질이 진화되었습니다. 수백만 년에 걸쳐 이루어진 두뇌발전의 역사가 단지 10개월간의 태아의 두뇌에서 재현되는 것은 놀라운 일입니다. 임신부의 외적·내적 환경이 두뇌 성장과정에 크게 영향을 미치게 될 것입니다.

북반구에서 봄에 수태되어 이듬해 겨울에 출산하는 아이들이 정신분열증(자폐, 환각, 망상)에 걸릴 위험이 높다고 합니다. 가을에 수태되어 이듬해 여름에 태어난 아이들은 어린 시절에 극단적인 수줍음을 겪거나 어른이 되어서는 우울증이나 자살 충동에 시달릴 위험이 크다고 합니다.

내향성이 높은 사람은 타인과의 관계를 피하고 자신의 세계로만 가라앉아서 자폐가 되기 쉽습니다. 사주로 분석한 결과 겨울에 태어난 아이는 음의 성격으로 나타났습니다. 여름에 태어난 아이도 사주로 분석한 결과는 음의 성격으로, 다시 오행으로 분석하면 화(火)의 성격이 됩니다. 5대 성격 특성의 신경성에 해당합니다. 다이엘 내틀의 저서에서도 최근 몇몇 연구는 출생 계절에 따라서 성격 수치가 다르다는 것을 발견한 것으로 기록되어 있습니다.

태교는 필요한가?

이 책을 집필하기 위해 자료를 모으는 중에 감기로 내과의원을 찾아가 진료를 받은 적이 있습니다. 그때 진료한 여 의사선생님께 저의 두 번째 저서인 『인생의 내비게이션을 어떻게 구할 수 있나요』를 선물로 주면서 태교에 대한 대화를 조심스럽게 꺼냈습니다. '의사선생님은 혹시 임신 후 태교를 하셨나요?'라고 묻자, '예! 세 아이 모두 했습니다. 시부모님이 태교 하는 것을 바라기도 했고요!' 저는 다시 물었습니다. '태교가 아이들의 성격에 어떤 영향을 미쳤다고 생각하시나요?' 그러자 아래와 같은 이야기를 하였습니다.

첫 아이의 성격이 매우 쾌활해서 임신기간 동안 자신의 행동을 되돌아보았는데, 의대를 졸업하고 인턴과정 중에 생긴 스트레스를 풀기 위해 노래방을 자주 찾아가 신나게 놀았다고 합니다. 둘째 아이를 임신한 중에는 차분하게 생활했는데 둘째는 성격이 매우 침착하다고 합니다. 셋째 아이는 첫째와 둘째의 중간 성격인, 때로는 쾌활하면서 때로는 침착하기를 바랐는데, 셋째는 바라는 대로 되었다고 합니다.

사주로 아이들의 성격을 분석해 주고 싶었으나 우리문화는 친밀한 인간관계가 아니면 마음의 문을 열어주지 않아 아쉬움이 남았습니다.

1800년에 『태교신기(胎教新記)』를 완성한 사주당 이씨의 책을 2010년 5월에 한국문화사가 출간 한 것을 읽었습니다. 태교가 중요하다고 믿고 있는 것은 우리의 관습이었습니다. 지금도 임산부들의 이에 대한 관심은 계속되고 있습니다. 여기에 태교 음악까지 등장했습니다. 태교가 태어난 아이의 성격에 어떻게 영향을 미쳤는지 과학적인 통계로 조사되지는 않았지만 우리 사회의 지도층에서는 태교는 대대로 내려오는 그 집안의 번영과 사회적 지위를 지키는 방법으로 믿고 있었습니다. 중국 주(1100?~256BC) 나라를 세운 무왕의 할머니 태임이 무왕의 아버지, 문왕(서백창)을 임신했을 때 태교를 했다고 합니다(안병욱교수'인생론' p87). 스토트(Stott, D.H 1973)가 조사하고 발표한 임산부의 스트레스 중 부부싸움이 신생아에 대한 영향이 가장 큰 것으로 드러났습니다. 태교의 중요성을 증명해주는 논문입니다.

별은 빅뱅(Big Bang, 대폭발)에 의해 탄생한다고 합니다. 빅뱅과 함께 시간과 공간이 시작됩니다. 사람의 생명은 정자와 난자의 결합으로부터 시작합니다. 이 생명체에게 어머니의 자궁 안에서 시간이 시작되고 공간도 가지게 됩니다. 어느 철학자는 '생명체는 시간과 공간에 묶여 있는 존재'라고 말했습니다. 사주는 천간(天干:갑, 을, 병, 정, 무, 기, 경, 신, 임, 계) 10개의 문자와 지지(地支:자, 축, 인, 묘, 진, 사, 오, 미, 신, 유, 술, 해) 12개의 문자로 생년, 생월, 생일, 생시를 순환적으로 짝을 지어 만들었습니다. 하루 24시간을 2시간씩 나누어 지지로 표현했습니다. 자시는 0~2시, 축시는 2~4시, …… 해시는 밤 10~12시입니다. 천간은 공간적 의미가 있습니다. 간성(干城)은 국가를 위해 방패가 되고 성이 되어 외적을 막는 군인이라는 의미입니다. 간성의 의미를 확장하면 자기만의 성, 즉 자기만의 공간을 확보한다는 의미가 될 수 있습니다.

아들이 초등학교 3학년 때 자기 방문에 '요노크'라는 문패를 달아놓은 것을 보고 깜짝 놀랐습니다. 아들이 자신만의 공간을 가지겠다는 의도는 부모로부터 독립을 하겠다는 독립선언에, 한쪽으로는 반갑고 한편으로는 서운했던 추억이 있습니다.

인생사는 시간의 흐름에 맞추어 개인이 사회에서 공간확보(지위 확보)와 사회생활의 범위를 확장(공간 확장)해 나가는 과정이라 생각됩니다. 세계역사는 국가 간의 공간 확장의 경쟁을 기록한 것입니다. 생년, 생월, 생일, 생시는 개인의 역사의 시작입니다. 이것들을 각각 천간(공간의미),지지(시간의미)로 표현하여 사주를 만들어 놓은 것은 동양의 지혜 덕택이라고 말하면 제가 억지를 부리고 우겨대는 것일까요? 중국 고대국가 주(1100~256BC)때부터 간지(천간과 지지의 약자)를 근거로 길흉을 판단한 것으로 알려졌습니다. 사주로 성격을 파악할 수 있게 된 과학적 근거가 태아 기간의 연구로 조금이나마 미신이라는 오명을 벗을 수 있다고 생각됩니다. 사주는 심리학자들이 연구하고 체계화한 성격특성 유형론은 없습니다. 사주를 보는 대부분의 사람들은 자신의 미래에 대해 알고 싶어 했으나 자신의 성격에 대한 관심을 갖지는 않았습니다. 사주책 들을 자세히 들여다보면, 천간과 지지 그리고 음양오행에 성격묘사가 많은 부분을 차지하고 있습니다. 명리학 전문가들은 사주전체를 통합적으로 판단할 수 있지만, 일반인들에게는 여기저기 흩어져 있는 성격 묘사를 하나로 묶어 이해하기는 쉽지 않습니다. '구슬이 서 말이라도 꿰어야 보배라'는 속담처럼, 집필자는 사주에 대한 지식이 없어도 쉽게 자신의 성격을 이해할 수 있도록 정리하여 체계화를 시도하였습니다.

우리는 삶의 여정에서 수많은 선택의 갈림길을 마주하게 됩니다. '어느 쪽을 선택하느냐'에 따라 삶의 역사가 달라집니다. '선택하지 않은 길'이란 프로스트(Robert Frost, 1874-1963, 미국 시인)의 시입니다.

노랗게 물든 숲 속에 두 갈래길
아쉽게도 두 길을 다 가볼 수는 없어
그 곳에 한참 서서 덤불 속으로 접어 든 한쪽 길
멀리 시선이 닿은 끝까지 바라보았네.

그리고 다른 길을 택했네.

똑같이 아름답지만 그 길이 더 나은 듯싶은 것은

거기에는 풀이 많고 아직 밟혀져 있지 않았기에

사실 두 길은 사람의 발길 흔적은 비슷하였지

(중략)

지금부터 먼먼 훗날 어디에선가

나는 한숨지으며 이렇게 말할 것이다

'숲 속에는 두 갈 길이 갈라져있었었는데

나는 사람이 덜 다닌 길을 택했노라고

그것 때문에 내 운명은 바꾸어 놓았다.' 라고

외향적인 사람은 먼저 행동하고 그 후에 생각합니다. 내향적인 사람은 돌다리 앞에서 안전을 걱정하며 멈칫거립니다. '당신은 어떤 성격입니까?' 성격대로 선택합니다. 선택은 운명 방향의 주인이 되어 인생길을 이끌어 갑니다. 개인의 성격으로 어느 정도 개인의 행동을 예측 할 수 있지만 언제 무엇을 할지 정확하게 예측하는 것은 거의 불가능하다는 것이 심리학자들의 의견입니다. 동양과 서양의 성격 유형들의 닮은 점과 차이를 살펴서 독자들의 성격에 대한 이해가 쉽도록 설명하려고 합니다.

3장
동양과 서양의 성격 유형론

양 속 음의 씨앗

음 속 양의 씨앗

나를 알고 상대방을 알면
사회생활은 즐겁고 행복합니다.

서양의 외향형과 내향형 성격특성

칼 구스타프 융(Carl Gustav Jung 스위스 태생, 정신과 의사이며 심층심리학자)이 1921년 처음으로 성격의 유형을 외향성과 내향성이란 용어로 분류하였습니다. 융이 묘사한 외향적인 사람은 객관적인 현실인 외부세계에 초점을 맞추고 외부 세계에 가치관을 두는 성격 경향이라 하였습니다. 객관을 중요하게 생각하고 외부의 변화에 관심을 두며 이것을 추구하는 경향이 강합니다.

내향적인 사람은 자신의 생각과 감정에 몰두하는 주관적인 삶의 방향과 가치관을 두고 자신의 내면세계에 충실하려고 합니다. 객관적인 것을 주관적으로 해석하는 경향이 강합니다. 독자에게 쉽게 이해할 수 있도록 융의 성격 유형을 표로 간략하게 정리하였습니다.

■ 외향형과 내향형의 성격 특성

외향형	내향형
• 먼저 행동하고 그 후에 생각함 • 나무다리도 주저 없이 건너감 • 외부세계에 도전적임 • 행동적이고 실용적임 • 사교적이어서 넓고 얕은 인간관계를 유지 • 에너지를 외부로 발산하여 외부세계에 관심을 집중한다. • 행동 기준은 언제나 객관적인 조건의 지배를 받는다.	행동하기 전에 먼저 생각함 • 돌다리 앞에서 안전을 걱정하며 멈칫거림 • 외부세계에 방어적임 • 관념과 추상적인 것을 좋아하고 이에 집중 • 수줍음을 타며 좁고 깊은 인간관계를 유지 • 드러나지 않도록 내부에 에너지를 비축하며 내면세계에 관심을 집중한다. • 기본적인 행동양식은 언제나 주관적인 가치의 지배를 받는다.

융은 행동의 방향에 의한 일반적인 태도 즉, 외향형과 내향형을 성격으로 구분하고 개인의 가장 눈에 띄는 심리적 기능 4가지를 제시하였습니다. 네 가지 기능은 사고, 감정, 감각, 직관입니다. 2종류의 성격유형과 4가지 기능을 조합하여 8가지 성격 유형을 제시했습니다.

캐서린 쿡 브릭스(Katherine Cook Briggs)와 이사벨 브릭스 마이어(Isabel Briggs Myer) 모녀가 융의 8가지 유형에 근거하여 성격유형을 16가지로 세분화하고 93개 문항의 설문 검사지를 만들었습니다. 이것을 MBTI(Myer-Briggs Type Indicator), 마이어 브릭스 유형 지표라고 합니다. 미국에서 최고 인기를 누리는 MBTI는 매년 250만 명 이상이 이 검사를 한다고 추정합니다. 한국에서도 이 검사를 많이 하는 것으로 알려졌습니다. MBTI의 문제는 평가를 반복할 때마다 항상 같은 유형으로 나올 확률이 낮다고 합니다. 그러나 개인 성격이해에 큰 도움이 되고 있는 것으로 알려져 있습니다.

동양의 음(陰)과 양(陽) 성격특성

고대 중국인들은 모든 존재가 음과 양으로 되어있다고 믿어 성격도 음(내향형)과 양(외향형)으로 구분했습니다. '진정한 양은 음속에 존재하는 양이고, 진정한 음은 양속에 존재하는 음이다'라고 생각했습니다. 음양은 서로 반대되면서 동시에 서로를 완전하게 만드는 힘이며 서로의 존재 때문에 서로를 잘 이해할 수 있는 힘의

양 속 음의 씨앗

음 속 양의 씨앗

관계로 여겼습니다. (리처드 니스벳 교수 저서) 예를 들면, 어둠이 있어야 밝음의 존재가 가능하고 밝음이 있기 때문에 어둠이 존재할 수 있게 됩니다. 여자가 있어야 남자가 존재할 수 있고, 남자가 있어야 여자가 존재할 수 있다는 것이 음양 원리입니다. 음과 양의 성격 특성을 표로 요약했습니다.

■ 음과 양의 성격 특성

양의 성격	음의 성격
• 적극적, 능동적	• 소극적, 수동적
• 도전적, 충동적, 감각적	• 안전적, 숙고적, 직관적
• 실질적, 강렬함, 활동적	• 정신적, 유연함, 한가함
• 개방적, 진취적, 조급함	• 패쇄적, 보수적, 의지적
• 남자, 태양, 하늘, 밝음	• 여자, 달, 땅, 어둠
• 낮, 여름, 불, 나무	• 밤, 겨울, 물, 쇠

6·25전쟁 때 저는 일곱 살이었습니다. 일곱 살 이전에는 저의 집은 생활이 풍족했습니다. 그때는 개구쟁이였습니다. 어머님이 밥을 지을 때 어머니 곁에 앉아 아궁이 속에서 타오르는 불꽃에 흠뻑 빠져 있었습니다. 어머니 몰래 성냥갑을 훔쳐 집에 나온 후 울타리에 불을 질렀습니다. 타오르는 불길이 너무 아름다웠습니다. 동네 어른들이 불을 꺼서 큰 피해는 없지만 저는 아버님한테 호되게 꾸지람을 받았습니다. 저의 마음속에는 타오르는 불꽃을 본 환희가 가끔씩 꿈틀거렸습니다. 추수 후 쌓아놓은 짚가리에 몰래 불을 질렀습니다. 타오르는 불길은 지금도 추억 속에 살아있습니다. 그날 밤 저는 아버님에게 심한 매질을 당했었습니다. 6·25전쟁으로 경제 파탄과 가정이 피폐해지며 저의 소년시절 성격은 음(내향형)으로 변했습니다. 집을 떠나 고등학교에 진학하면서 서서히 외향성 성격이 띄엄띄엄 나타났습니다.

군대 생활을 하면서 외향형 성격이 드러났습니다. 대학생활 때는 내향성 성격이 내부에서 가끔 꿈틀거리는 것을 느끼면서 외향성 성격으로 생활했습니다. '왜 외향형 성격이 내향형으로, 또 내향형 성격이 외향형으로 변화되어 나타나는 것일까? 나의 성격이 정상적이지 않은 건가? 하는 의문이 생겼습니다.

다행스럽게도 성격에 대한 공부를 하면서 그 의문은 풀렸습니다. 저의 사주팔자 중에 다섯 글자가 '양', 세 글자가 '음'으로 구성되어있고, 음 또는 양의 성격 중에 환경적응에 유리한 쪽이 드러난 것을 알게 되었습니다. 저의 성격 안에는 음과 양이 함께 존재함을 비로소 확실하게 알게 되었습니다. 사주에서 음과 양의 합은 8개로 모두가 같지만 음양의 배분에 따라 음의 수가 많으면 음의 성격이 행동으로 자주 나타나고 양의 수가 많으면 양의 성격이 일반적으로 자주 행동으로 나타났습니다.

동아시아에서는 중용(中庸)사상이 널리 활용됩니다. 중용은 마땅하여 지나치거나 모자람이 없으며 어느 한쪽으로 치우지지 않고 떳떳하며 알맞은 상태나 정도를 말합니다. 음양성격 설명에 꼭 맞는 말로 생각됩니다. 지나치게 음 또는 양의 성격을 치우쳐 가진 사람은 사회생활 적응이 어렵습니다. 음, 양의 수가 각각 4개씩 가진 양향적인 사람이 동양 문화권에서 적응력이 높습니다. 서양에서도 영업 분야에 외향적인 사람이 최고로 선호되는 통념과 반대로, 양향적(외향과 내향을 함께 가진)인 사람이 외향적인 사람이나 내향적인 사람보다도 더 적합한 것으로 밝혀진 결과가 심리학자의 연구에서 나왔습니다. 이 연구가 암시하는 부분은 음과 양의 성격이 서로 보완해주는 것처럼 외향성과 내향성이 서로 보완해주는 관계임을 드러낸 것입니다.

오행성격과 5대 성격요인 모델

오행이란 오상(五常: 인仁, 의義, 예禮, 지智, 신信)의 물질적인 기운을 말합니다. 계절로 표시하면 인(사랑)은 봄, 예(질서)는 여름, 의(의리)는 가을, 지(지혜)는 겨울, 신(믿음)은 4계절의 간기(間期, 사이)입니다. 오행은 행위를 의미합니다. 오행의 인을 행동으로 옮기면 사랑행위입니다. 봄은 생물들이 사랑을 하는 계절이지요. 여름의 '예'는 순서에 따라 식물들이 질서 있게 성장하는 계절입니다. 가을의 '의'는 사람으로서 지켜야 떳떳하고 정당한 도리입니다. 겨울의 '지'는 인생의 지침이 되는 실천적인 지식을 쌓은 계절입니다. 봄이 오면 여름이 오고 가을이 가면 겨울이 오는 것처럼 계절의 순서를 우리 모두 알고 믿고 있습니다. 상황 따라 변하지 않는 믿음이 '신'입니다. 인은 '목', 예는 '화', 의는 '금', 지는 '수' 그리고 신은 '토로 표현하였습니다.

오행성격 특성과 5대 성격특성 분류가 비슷합니다.

동양인들과 서양인들이 공통적으로 생각하는 성격 개념이나 이론은 상당히 비슷합니다. 융이 분류한 외향성과 내향성의 성격 유형과 내용은 동양이 양과 음의 유형으로 분류한 내용과 매우 비슷합니다. 최근에 서양 심리학자들이 포괄적이고 신뢰할만하며 유형의 분석틀로 간주되고 있는 것은 5대 성격요인 모델입니다. 이것은 외향성, 신경성, 성실성, 친화성, 개방성입니다. 심리학자 댄 맥애덤스(Dan McAdams)는 수정 당시의 생물학 메카니즘에 의해 5대 성격특성 수치는 일반적으로 고정적이라고 서술하였습니다(Daniel Nettle의 저서 Personality에서 인용).

사주의 천간과 지지의 성격들을 근거로 음양오행설에 맞추어 성격을 분류하였습니다. 음양의 성격분류는 융의 내향성, 외향성 성격 분류와 비슷합니다. 오행성격 분류는 5대 성격요인 모델과 비슷합니다. 목(木)은 외향성에 개인목표와 자유특성이 더해진 것과 비슷하고 화(火)는 신경성, 금(金)은 성실성, 수(水)는 친화성과 비슷합니다. 토(土)는 개방성에 포용성을 더한 것과 유사합니다. 심리학 연구에 따르면 동양인과 서양인이 공통적으로 생각하는 성격개념과 이론은 비슷한 것으로 알려졌습니다.

MBTI가 예/아니요 응답 형식으로 16개 유형을 분류하고 고정한 것과 다르게, 5대 성격특성들은 가령 친화성인지 아닌지, 성실성인지 아닌지를 판단하는 서로 다른 유형을 의미하지는 않는다고 합니다. 5대 특성의 각 요인들은 모두 연속적 차원이며 모든 사람이 그 연속선상(예 신경성: 신경수치가 높으면 신경과민, 신경수치가 중간인 사람은 신경 예민, 수치가 낮은 사람은 신경 둔함 등 최고의 수치에서 최하의 수치사이에는 수많은 수치로 되어있음) 어딘가에 놓이는데, 대게는 중간쯤이며, 다르게 분류한 성격영역에도 두루 분포한다고 합니다. 예를 들면 인간관계에서 외향성인 사람은 친구를 잘 사귑니다. 친화성이 높은 사람도 친구를 잘 사귑니다. 친화성이 외향성과 다른 점은 친구관계를 오래 유지합니다. 그러나 외향적인 사람은 자기의 야망에 따라 인간관계가 변할 수 있습니다. 오행의 성격도 비슷합니다. 목(木)을 키가 큰나무(양), 키가 작은 나무(음)로 키 큰나무와 키가 작은 나무 사이에 수많은 키의 차이가 존재하듯 목의 성격에도 5대 성격 특성들처럼 모든 사람의 성격이 그 연속선상의 어딘가에 놓여 있다는 것을 암시하고 있습니다.

일란성과 이란성 쌍둥이를 대상으로 NEO PI-R(Paul Cost와 Robert R.McCrae가 개발한 신 성격 검사) 연구에서 성격형성에 미치는 유전적인 영향이 50% 정도 되는 것으로 추정되었습니다. 브라이언 리틀 교수의 저서에 수록(Jang,

Livesley, Vernon 1966)된 연구결과는 외향성(53%), 신경성(41%), 개방성(61%), 성실성(44%), 친화성(41%) 등 5대 특성 각 요소가 개인의 성격에 모두 분포되어 있다는 것을 보여주고 있습니다.

10개 항목 성격검사(TTTP:Tem-Item Personality Inventory)를 305,830명에게 실시한 결과 성인 평균 점수는 10을 기준으로 성실성 평균 4.61, 친화성 4.69, 정서적 안정성 4.34(점수가 낮으면 신경성과 관련), 경험 개방성 5.51, 외향성 3.98로 나타났습니다(브라이언 리틀 교수 저서). 간단하게 자기 성격을 알아보는 검사라고 합니다. 검사한 성인들의 평균치와 자신의 검사 수치를 비교하면 자신의 성격을 어느 정도 알 수 있을 것으로 생각됩니다.

위의 2개 검사 결과와 집필자가 1,340명을 오행성격으로 분석한 결과를 비교하였습니다. 성격 형성에 50%정도가 유전적인 영향을 받는 것으로 추정하여 계산하면 목(외향성과 비슷) 45%, 화(신경성과 비슷) 42%, 토(개방성과 비슷) 61.5%, 금(성실성과 비슷) 49.5%, 수(친화성과 비슷) 45.5%입니다. 쌍둥이 연구는 유전이 성격형성에 미치는 영향입니다. 10개 항목 성격검사는 유전과 환경에 의해 만들어진 성격입니다. 오행의 성격은 유전과 환경의 영향을 함께 받는 태아 기간에 형성된 것으로 추정되는 성격을 사주에서 가려낸 것입니다. 위의 쌍둥이 연구처럼 성격특성이 오행에 모두 분포되어 있습니다. 검사 방법은 달라도 검사결과는 성격특성이 개인의 성격에 모두 분포되어 있는 것을 보여 줍니다. 사람들의 성격구조는 동양은 오행, 서양은 5대 성격 특성으로 표현만 다를 뿐 모두 가지고 있으며, 사람들의 성격이 다르게 보이는 것은 행동으로 드러나는 정도 차이 입니다.

유전자는 레시피, 환경은 요리사

유전자가 언제 어디서 어느 만 큼 발현할 것인가를 결정하는 염기서열 즉, 지령(指令) 기능을 가진 것을 프로모터(Promoter)라고 합니다. 프로모터에는 유전자들의 스위치를 켜는 전사인자가 붙어 일을 수행하는데, 각 전사인자는 게놈의 다른 곳에 있는 다른 유전자의 산물입니다. 최근에 인간 게놈 프로젝트를 이끈 에릭랜던 MIT 교수는 '인간 게놈 프로젝트가 우주에서 지구를 발견한 성과를 거뒀다면 이번 정크 DNA 연구(Junk DNA:쓰레기 더미 DNA로 생각한 것)는 지구 안에 길, 강, 그리고 도시가 어디 있는지를 찾을 수 있게 만든 획기적 성과에 해당한다'라고 했습니다.(2012. 9. 7. 동아일보) 다른 유전자 활동을 조절하는 '스위치=전사인자' 400만개를 정크 DNA에 찾아냈습니다. 유전인자는 다양한 환경변화에도 쉽고 유연하게 적응력을 발휘 할 수 있다는 의미입니다.

신체는 만들어지는 것이 아니라 성장하는 것이며 게놈은 신체를 건설하는 청사진이 아니라 신체를 익혀내는 요리법과 같다고 합니다. 같은 레시피를 가지고 요리를 해도 요리사에 따라 음식 맛이 달라집니다. 센 불로 짧은 시간에 요리하는 것과 약한 불로 오랜 시간 걸려 요리하면 요리 맛은 달라집니다. DNA Promoter는 4차원(시간)적으로 생성되므로 타이밍이 제일 중요합니다. 같은 형제자매라도 태아기간의 환경은 다릅니다. 같은 형제라도 체형과 성격의 차이가 태아기간의 작은 환경의 차이에서 유전자들의 활동이 달라지기 때문입니다. 태아기간 10개월 동안에 추운 겨울철, 더운 여름철 그리고 가을, 봄철의 자연환경은 태아의 성장에 영향을 미치는 것은 당연한 진리입니다. 여기에 임신부의 육체적, 정신적 영향이 태아 성장에 영향을 미치게 될 것입니다.

동양과 서양의 사고 차이

서로 다른 사람들이 동일한 자극에 다르게 반응한다는 사실을 심리학에서 밝혀졌습니다. 태아의 뇌가 임신 후 3개월이면 외부 상황을 인식할 수 있다고 합니다. 서양인은 사람의 행동을 설명할 때 성격 특성을 중요하게 생각합니다. 그러나 동양인은 인간 행동에 영향을 미치는 상황(환경)의 힘을 더 중요하게 생각합니다. 예를 들어, 서양인은 중요한 면접에서 긴장하는 후보자를 보고 타고난 성격이 내향적으로 걱정 많은 사람으로 결론 내릴 가능성이 큽니다. 그러나 중요한 면접에 준비가 덜 되었다면 외향적인 사람도 긴장할 수밖에 없습니다. 이러한 동양인과 서양인의 생각의 차이는 서양은 행동 특성을 설명할 때 공통적인 속성을 가진 것들을 묶어 5가지 성격특성을 만들어냈습니다. 동양은 서로 공명(Resonance)을 통하여 주고받는 것들을 같은 범주에 속하는 것으로 생각했습니다. 고대 중국의 오행설에 따르면 봄, 동쪽, 나무, 바람, 초록은 모두 동일한 범주에 속했습니다. 여름, 남쪽, 불, 붉은색과 가을, 서쪽, 금(金), 흰색 그리고 겨울, 북쪽, 물, 검은색으로 동일한 범주로 분류했습니다. 사람의 태어난 시간도 계절과 공명한다고 생각했습니다. 생년, 생월, 생일, 생시도 4계절과 공명하기 때문에 성격도 이에 따른다고 생각하였습니다.

오행이론은 미신인가?

오행이론에 따른 성격 분류는 과학적 근거가 미약한 논리의 비약으로 생각하기 쉽습니다. 그러나 최근 연구에서 태아기간이 성격형성의 하나의 요인으로 밝혀지고 있습니다. 임신 후 3개월이 되면 태아가 외부를 인식할 수 있다고 합니다. 여름의 더위와 겨울의 추위를 태아는 엄마와 공명을 통해서 인식할 것으로 생각됩니다. 임신부가 더위와 추위를 스트레스로 느끼면 태아도 엄마처럼 스트레스로 느끼게 되고, 엄마가 스트레스를 느끼지 않으면 태아도 스트레스를 받지 않을 것입니다. 임신 후 약 3개월이 지나 여름 또는 겨울을 맞이하는 태아들은 생후 오행성격으로 분석한 결과가 내향성이 외향성보다 집필자가 조사한 1,340명에서 높게 나타났습니다.(봄 음 43%, 양 57%, 가을 음 47%, 양 53%, 여름 음 59%, 양 41%, 겨울 음 62%, 양 38%). 생년, 생월, 생일, 생시를 각각 천간과 지지를 '간지' 두 글자로 표시하여 합계 여덟 글자가 됩니다. 이렇게 만들어진 이유로 사주를 사주팔자라고도 합니다. 고대 중국의 철학사상에 의거하여 만들어진 과정을 설명하는 데는 저의 능력 부족을 통감합니다.

사주로 미래를 예언한다고?

동아시아에서 많은 사람들은 자신들의 미래 운명에 대해 알고 싶어 사주를 봅니다. 그리고 자신의 사주의 운명 예언을 믿으려고 합니다. 그러나 어느 방법도, 예언자도 개인의 미래를 예측할 수 없다는 것을 역사는 말해주고 있습니다. 우리는 매일 매 순간마다 선택의 기로(상황)에 서게 됩니다. 선택의 주인은 개인의 성격입니다. 우리의 인생사는 성격에서 비롯된다는 사실이 성격 심리학자들의 최근 수십 년간의 연구에서 드러났습니다. 이러한 성격에 의한 행동들이 모여 삶의 방향이 정해지고 삶의 방향이 정해지면 우리의 운명이 정해집니다. 여기에서 이 책 제목의 아이디어가 떠올랐습니다. 결국 성격이 운명을 지휘한다고 생각합니다. 서양에서는 의견을 표현할 때 직설적으로 표현합니다. 그러나 동양에서 의견을 표현할 때 변죽(그릇 따위의 가장자리, Brim)만 울립니다. 바로 꼭 집어 말을 하지 않고 에둘러서 말을 하여 눈치로 깨닫게 합니다. 직설적인 표현은 버릇없는 행동으로 취급 받습니다.

성격이 운명을 지휘한다는 표현은 숨겨둔 채, 개인 사주에는 성격을 나타내는 말의 구절들이 천간과 지지, 음양과 오행 등 이 곳 저 곳에 흩어져 있습니다. 집필자 개인의 성격을 쉽게 이해할 수 있도록 서양 사상의 강점 중 하나인 형식 논리에 맞추어 사주 안에 흩어져 있는 성격을 표현하는 상징적인 말의 구절들을 모아 구체적인 표현으로 정리하려고 노력했습니다. 전문가들은 제가 정리해 놓은 것들에 대해 비판이 있을 수 있다고 생각합니다. 제가 정리한 것은 전문지식 없는 일반인들이 쉽게 이해하고 자신들의 삶에 활용하는데 초점을 맞추었습니다.

문화교류는 문명 발전의 바탕

Sex(암·수가 분리하다는 뜻)는 다른 몸에 구현된 유전적인 혁신을 합치고 교류는 다른 부족들이 이룬 문화적 혁신을 결합시킨다는 명언이 있습니다. 영국의 역사학자 토인비(Toynbee, Arnold Joseph 1889-1975)의 저서 '역사의 연구'에서 문명의 순환적 발전론에 서구 문명은 그리스 로마 문명을 이어 받아 발전했으며 중세기에 발달된 중국 문명을 접목시켜 현대문명의 중심이 되었다고 합니다. 미래에는 동아시아가 발달된 서구문명을 동아시아 전통문명에 접목시키게 되면 서구 문명을 앞서게 될 것이라는 문명의 순환론적 발전을 주장하였습니다. 반론도 적지 않았습니다. 그러나 서로 다른 문명의 융합은 생물에 나타나는 잡종강세(Hybrid Vigor, 유전적인 조성이 다른 계통의 품종과 교배하면 잡종의 1세대가 양친보다 우수한 형태와 성질을 갖는 것. 과수·채소·가축 등 품종개량에 응용됨)로 이전 문명보다는 한 단계 앞서게 될 것은 분명한 것으로 생각됩니다.

서양 심리학자들이 연구 개발한 성격이론과 유형을 받아들여 사주에서는 성격의 내용만 있고 형식이 갖추어지지 않은 것을 형식논리를 접목하였습니다. 서양의 5대 성격요인 모델은 어떤 사람의 행동을 설명할 때 상황과 환경의 원인보다는 행위자 내부의 원인을 더 중요하게 간주하는 경향이 있습니다. 그러나 여기에는 행동을 이해하는 데에 어려움이 있습니다. 서양 사고는 그리스 철학자들의 변화를 인정하지 않은 직선적 사고와 '이것 아니면 저것(either - or)'의 이분법적 사고방식에 마음이 얽매여 있는 성향이 강합니다. 예를 들면 아리스토텔레스는 사물이나 사람이나 모두 내부의 속성에 의거하여 행동한다는 것입니다. 그의 윤리학의 가정에 따르면 사람의 행동을 바꾸기 위해서는 그 사람의 천성이 바뀌어야 한다고 생각했습니다. 그러나 동양의 사고방식은 both/and 접근 방식입니다. 사람의 행동을 설명할 때 행위자의 내부원인(천성)과 상황과 환경의 원인의 상호작용에서 비롯되었다고 봅니다. 우리가 원하는 행동을 하려고 할 때 최선의 결과를 얻을 수 있는 상황을 마련해주고 원치 않는 행동을 하도록 부추기는 상황을 제거하는 것이 좋습니다. 환경이 우리의 행동을 이끌어 내듯이 우리도 환경을 만들어 낼 수 있는 구조를 만들어 내면 우리와 환경 간에 서로 돕는 관계가 형성됩니다. 상황중심 윤리는 동양인의 시각과 궁합이 맞습니다. 한동안 행동을 설명할 때 상황적 원인보다는 성격 특성을 중시하던 성격 심리학자들도 행동을 가장 잘 설명하는 것은 성격과 상황의 상호작용이라는 것에 동의하였습니다. 이것은 동양의 both/and, '양자 함께'의 사고방식에 동의한 것으로 보입니다. 문화의 차이가 수렴되는 과정일까요?

5대 성격특성은 각 특성에 대한 연구는 깊고 넓게 이루어졌습니다. 그러나 각 특성들 상호작용에 대한 연구는 많지 않습니다. 오행의 행(行)은 잘 정리된 네거리의 상형(象刑)으로 길, 가다는 뜻을 나타냅니다. 오행은 잘 정리된 오거리의 길입니다. 길이 있으면 쉽게 오고 가지오. 오행의 다섯 성격은 원활하게 상호작용을 한다는 것을 상징하고 있습니다. 오행의 다섯 성격을 모두 가진 사람은 하나의 행동에도 다섯 성격 특성의 상호 작용으로 나타날 수 있고 또는 적게 두 개의 성격 특성의 상호작용으로 드러낼 수 있습니다. 서양은 각각의 특성에 초점을 맞추고 있는 반면 동양은 각 특성들 사이의 상호작용에 초점을 맞춘 것은 동양의 종합적 사고와 서양의 분석적 사고의 차이에서 비롯된 결과로 생각됩니다.

4장
음양오행 성격 활용

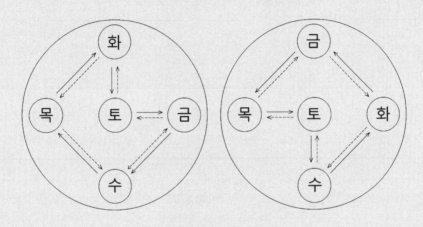

(상생도 / 상극도)

상생은 서로서로 도움을 주는 관계이고,

상극은 넘치는 것은 덜어내고 모자라는 것은 채워

조절하는 관계입니다.

상생과 상극으로 성격특성들은 조화와 균형을 이룹니다.

음양의 성격 활용 방법

음과 양의 성격은 우리 모두에게 있습니다. 사주팔자가 음과 양으로 되어 있습니다. 음 4자와 양4자로 되어있으면 음과 양의 수가 같아 드러나는 성격은 상황에 따라 음의 성격 또는 양의 성격으로 나타납니다. 음 3이고 양이 5자이면 상황에 따라 양의 성격으로 나타날 확률이 큽니다. 반대로 양이 3자이고 음 5자이면 음의 성격으로 나타납니다. 음 6자이고 양이 2자이면 음의 성격이 주로 나타나며 이런 성격 소유자는 주위에 대한 관심이 적어지고 말을 적게 하며 자기 방안에서 홀로 생활할 가능성이 큽니다. 이런 자녀를 가진 부모들은 자녀와의 끊임없는 대화의 노력이 필요합니다. 때와 상황에 따라서는 전문가의 도움이 필요할 수 있습니다.

양이 6자이고 음이 2자이면 양의 성격이 주로 나타납니다. 말이나 행동을 조심성 없이 가볍게 하며 주위의 눈총을 받을 가능성이 있습니다. 똑똑한 채하려고 하려는 경향이 있습니다. 마음과 몸을 잘 닦아서 익히면 지도자가 될 가능성이 있습니다.

양 7자 또는 8자로, 반대로 음 7자 또는 8자로 되어있으면, 성격이 양 또는 음 쪽으로 심하게 치우쳐 있어서 사회적응에 어려움을 가질 수 있습니다. 그러나 실망할 필요는 없습니다. 성격을 미리 알면 대처할 수 있기 때문입니다. 서양 심리학자들은 성격 특성을 말하는 단어 3,600개를 찾아냈습니다. 한덕웅 교수가 국어사전에서 뽑아낸 성격특성을 말하는 단어는 1,000개나 됩니다. 단순 평균으로 계산 한다면 음과 양을 표현하는 단어가 각각 500개씩입니다. 앞장에 음양의 성격 특성을 표시한 단어들은 합해도 22개에 지나지 않습니다. 이것들은 서양 심리학자들이 형식화 한 것처럼 여러 행동들을 겉모양의 공통성만 가지고 간추린 것입니다. 음양 그림(태극모양)을 다시 한 번 살펴보십시오. 음 속에 양의 씨앗이 있고, 양 속에 음의 씨앗이 있습니다. 씨앗은 싹이 트이게 하는 조건만 만들어 주면 싹이 터서 자랍니다. 사주 8자 모두가 음 또는 양으로만 되었다 할지라도 각각의 음·양의 씨앗을 싹 트게 하면 됩니다. 음이 8자로 되어 있는 사주라면 양의 씨앗 즉, 양의 성격을 훈련시켜 몸에 익히면 됩니다. 양이 8자로 되어 있어 있는 사주라면 음의 씨앗 즉, 음의 성격을 훈련시켜 몸에 익히면 됩니다. 머리(이론)로 익히는 것이 아닙니다. 몸으로 익히는 것 즉, 습관이 되게 해야 합니다. '세살 버릇 여든까지 간다.'는 숨은 뜻은 습관이 제 2의 천성이 된다는 것입니다.

우리는 대부분 음양의 성격을 함께 가지고 있습니다. 인간은 본질적으로 양성동물(남성과 여성)이라는 것은 과학적으로 이미 인정되고 있습니다. 남성은 남성호르몬 테스토스테론과 여성호르몬 에스트로겐을 함께 분비하고 있습니다. 여성도 마찬가지입니다. 여성은 남성호르몬보다 여성호르몬을 더 많이 분비합니다. 반대로 남성은 남성호르몬을 여성보다 더 많이 분비할 뿐입니다. 남녀차이는 호르몬 양의 차이입니다. 음양의 수량은 측정할 수 없습니다만 여러 가지 증상으로 추정은 어느 정도 가능합니다. 사주에서 음양을 수치로 나타낸 것은 실제 측정된 수량이 아니라는 것을 이해하기 쉽게 표현한 형식입니다.

사주의 천간과 지지는 음양으로 표시할 뿐만 아니라 오행 성격특성도 표시됩니다. 음양의 성격이 오행특성의 밑바탕입니다. 서양의 5대 성격특성은 외향성과 내향성을 하나로 묶어 분류했지만 사주의 성격에서는 오행성격에 양(외향성), 음(내향성)이 각각 내재되어 있는 것이 동서양의 성격분류의 차이입니다. 동양은 성격이 서양의 5대 특성처럼 분리되어 있는 것이 아니라 상호관계망으로 이루어진 연합체로 보고 있습니다. 음양(陰陽: 우주 만물의 이원 대립적 관계를 상징하는 말)과 오행(五行: 우주 만물을 형성하는 다섯 원기로 금·목·수·화·토)이란 말은 우리 사회에서 흔히 들어본 단어들입니다. 그러나 이 단어에 들어있는 깊고 넓은 뜻을 이해하기는 쉽지 않습니다. 중국 고대인들은 일반적으로 우주 간 사물(事物: 일과 물건들을 통 털어 일컬음)들을 인간 생활에서 일어나는 여러 가지 일과 서로서로 영향을 미치는 관계에 있는 것으로 인식했습니다. 고대 중국인들은 각종 술수(術數: 음양·복서 등에서 좋은 일과 나쁜 일을 점치는 방법)로 우주간의 현상들을 관찰하여 인간의 화복을 예측했었습니다.

음양 오행가들은 우주에 대하여 체계적이고 전면적인 설명을 하려고 의도해서 하나의 체계로서 자연계와 인류사회에 대하여 일종의 통일적인 해석을 하여 하나로 이어지는 원칙 즉 음양오행설을 펼치게 되었습니다. 우주는 질서 정연하고 만물의 변화는 모두 음양오행의 성질과 작용의 지배를 받아 진행되는 까닭에 각종 현상의 변화 역시 모두 서로 제약하고 영향을 미치는 것으로 보았습니다.

음양오행을 단어(한 덩이 생각을 나타내는 낱낱의 말, 책·해·달·물·나무·불·쇠)로만 알고 사용하면 뜻의 전달이 잘못될 수 있습니다. 어떤 특정한 부분을 오로지 연구하여 그 부분에 높은 정도의 전문적인 지식이나 기술을 가진 사람 즉, 전문가들이 사용하는 전문어(특정한 사회에서 인위적으로 만들어진 말, 예술가, 과학자, 심리학자, 철학자, 종교가, 법률가 등이 지적 직업분야에 사용하는 말)를 일반인이 이해하기는 쉽지 않습니다. 음양오행 단어도 중국 고대 철학을 공부해야 제대로 이해할 수 있습니다. 심리학자들이 사용하는 전문어도 일반인에게 이해가 쉽지 않습니다.

배움은 수동적인 것입니다. 그러나 이해(understand)는 능동적인 것입니다. 배움은 아는 것에 그치지만 이해는 깨달아 알게 하는 것 즉, 사물의 본질이나 이치를 모르다가 궁리나 생각 끝에 환히 알게 되는 것을 말합니다. 수박의 겉모양만 아는 것은 배움이요, 수박을 깨서 속맛을 제대로 맛보는 것은 깨달음 즉, 이해의 과정과 같습니다.

음양오행의 성격 활용 방법

저의 친구 교수가 사주를 보았답니다. 사주를 보는 분이 교수에게 "당신 사주 오행에 목(木, 나무)과 수(水, 물)가 없으니 집 정원에 나무를 많이 심고 연못을 파서 물을 채우십시오. 그래야 당신의 미래가 밝습니다."라고 조언했다고 합니다.

오행의 상징적인 의미를 모르고 오행의 글자 의미만 풀이한 사례입니다. 오행의 속성을 알아야 사주에 드러난 성격을 풀이할 수 있습니다.

음양오행의 단어들은 보통명사가 아니라 추상명사로 여러 가지 의미를 내포하고 있습니다. 기쁨, 사랑, 야망, 성실, 포용, 공감, 신경질 등처럼 형태를 갖추지 못한 추상적인 것을 나타내는 명사입니다.

음양오행의 단어들은 보통 사람들이 쉽게 이해할 수 있도록 추상명사를 보통 명사로 표현한 것입니다.

　서양의 성격 5대 특성은 각각의 성격 특성들의 많은 연구가 진행되어 있지만 성격 특성들 사이의 서로 서로의 영향에 대해서는 연구가 거의 되어 있지 않습니다. 서양인은 사람의 행동을 설명할 때 상황의 힘에 깊이 관심을 두지 아니하고 예사로이 보아 지나쳐 버리고 행위자의 내부의 원인 즉, 성격 특성을 매우 중요하게 간주하는 경향이 있습니다. 모든 행동을 일방적 원인과 결과로 보는 생각의 차이에서 비롯된 것으로 생각됩니다. 서양의 직선론적 사고의 결과입니다. 그러나 동양인은 순환론적 사고가 바탕이 되어 사람의 행동을 설명할 때 성격 특성간은 순환적 인과관계로 결과가 원인에 영향을 미칩니다. 이러한 동·서양의 사고 차이는 성격 특성 활용에서 크게 영향을 미칩니다.

　오행의 성격 특성 간은 순환적 인과관계로 결과가 원인에 영향을 미칩니다. '목'의 욕망은 '화'의 열정을 불러일으키고, 열정은 욕망을 더욱 강화시킵니다. '목'의 욕망은 '화'의 열정의 원인이고 열정은 욕망의 결과이지만 열정은 욕망을 강화하는 원인이 되며 욕망이 강화되는 것은 결과입니다. 오행의 행동 원인은 성격 특성간의 순환체계에 있습니다. 그러나 5대 성격특성에서 의도적 행동에는 각각의 요인들이 직선적 원인이 있다고 봅니다. '5대 성격특성의 각각 높고 낮은 수치에 따라서 사람마다 성격이 다르며 사람들은 자신의 성격 수치에 맞는 행동을 하게 되어있다'는 견해가 이것을 뒷받침합니다.

　서양인들의 과학적 사고는 단순한 모델을 가지고 세상을 파악하려는 경향이 강합니다. 이러한 세계관은 과학의 영역에서는 매우 유용한 시각이며 동양보다 훨씬 우월한 과학 발전을 이루어냈습니다. 그러나 동양인들은 세상은 복잡한 곳이어서 수많은 인과적 요인들로 되어있어 단순 모델로는 설명할 수 없다고 생각합니다. 서양인이 음양오행의 상생과 상극 성격 모델을 보면 과학적 증거가 부족한 논리적 비약으로 볼 가능성이 큽니다. 여러 가지 가능한 해답을 내놓는 확산적 사고(divergent thinking: 여러 가지 가능한 해답을 내놓음)로 표현된 것이 오행의 상생과 상극의 설명으로 생각하는 것이 억지로 우겨대는 것일까요? 성격은 서로 분리된 여러 가지 성격특성들의 집합이 아니라 상호의존적(상생)이고 상호조절적(상극)인 요인들이 하나로 통합된 것으로 보아야 합니다.

오행의 성격 특성은 서양의 5대 성격 특성과 비슷합니다. 다른 점은 성격 활용에 유리한 상호영향을 미치는 관계인 상생과 상극이 있습니다.

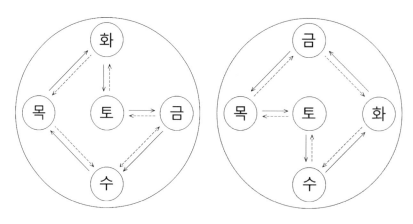

(상생도 / 상극도)

사주책에 오행의 상생은,

목(木)은 화(火)를 생(生)하고, 목생화(木生火)

화(火)는 토(土)를 생(生)하고, 화생토(火生土)

토(土)는 금(金)을 생(生)하고, 토금생(土金生)

금(金)은 수(水)를 생(生)하고, 금수생(金水生)

수(水)는 목(木)을 생(生)하고, 수생목(水生木)으로 끊임없이 순환해 가는 것을 말합니다. 해가 뜨고 지는 방향으로 잠시도 멈춤 없이 순환합니다. 그러나 상극은 상생과 반대방향으로 순환합니다.

상극은

목(木)은 토(土)를 극(剋)하고, 목극토(木剋土)

토(土)는 수(水)를 극(剋)하고, 토극수(土剋水)

수(水)는 화(火)를 극(剋)하고, 수극화(水剋火)

화(火)는 금(金)을 극(剋)하고, 화극금(火剋金)

금(金)은 목(木)을 극(剋)하고, 금극목(金剋木) 한다고 기록되어 있습니다. 중국 한자 글을 그 글자와 글귀대로 직역한 것입니다. 일반 독자가 중국 철학사를 공부하지 않고 매우 간결하고 요점만을 쓴 글귀를 이해하기는 매우 어렵습니다. 책을 쓸 때 요점 정리 식으로 실행한 것은 고대 중국에서 글을 쓰는 데에 사용한 죽간(竹竿: 중국에서 종이가 발명되기 전 한나라 이전에 글자를 기록하던 대나무의 조각)은 지나치게 부피가 커서 불편한 이유 때문이라는 주장이 설득력 있게 받아들여지고 있습니다.

종이가 발명된 이후에도 여전히 그 습속이 지켜지고 있는 사례는 송나라 주돈이의 태극도설과 통서는 수천 자에 불과하나 하나의 간략하고 명료한 주역(오경의 하나로, 제일 위에 놓이지는 고대 중국의 철학서)입니다. 집필자는 전통 사주에 직역된 글과 글귀를 일반 독자가 쉽게 이해할 수 있게 현대화를 시도하였습니다. 전문가들의 견해와 다를 수 있습니다. 미흡한 점에는 아량을 바랍니다. 상생은 각 요소들 사이에 협력과 협동 그리고 촉진자의 역할로 이해했습니다. 상극은 각 요소들 사이에 조절과 멘토, 지원자 역할입니다. 쉬운 예로, 자동차에 비유하면 상생은 가속페달이라면 상극은 브레이크로 말할 수 있습니다. 목적지까지 안전하게 주어진 시간에 자동차를 운전해서 도착하려면 상황에 따라 가속페달과 브레이크를 제대로 사용해야 합니다.

　서양 심리학자들은 분석적이고 논리적인 사고체계의 전통을 이어받아 성격 특성을 진단할 때 수량이나 무게 따위를 재는 것처럼 5개 특성들을 수치화하여 성격 측정에 활용하고 있습니다. 성격 진단서 설문지에 '전혀 아니다', '별로 아니다', '중간이다', '약간 그렇다', '매우 그렇다' 5단계 수치 개념으로 되었습니다. 외향성과 내향성을 검사하는 10개 항목 성격검사(TIPI: Ten-Item Personality Inventory)는 질문지에는 7개 질문을 수치화 하였습니다. 1. 전혀 그렇지 않다. 2. 어느 정도 그렇지 않다. 3. 약간 그렇지 않다. 4. 그럴 수도 아닐 수도 있다. 5. 약간 그렇다. 6. 어느 정도 그렇다. 7. 매우 그렇다. 각 항목에 자신이 어느 정도나 해당하는지 그 정도를 숫자로 표시하도록 되어있습니다. MBTI는 성격 특성 16개 유형의 결정을 93개 항목으로 예나 아니오와 같은 양자택일 방식으로 실행합니다. 그리스 철학자들의 직선사고와 이분법(eider-or) 사고방식에 철저하게 따른 실례입니다(p56참고).

　심리학자 네틀(Dniel Nettle)은 '성격의 구조는 사람들 사이에 동일하며, 특성의 정도만 다를 뿐, 모든 사람에게 키와 몸무게가 있듯이 사람들은 5대 성격특성을 모두 가지고 있으며, 다만 여기서 다른 것은 키와 몸무게의 정도 차이 즉, 5대 성격의 수치입니다'라고 말했습니다. '5대 특성의 각 요소는 모두 연속적 차원이며, 모든 사람이 그 연속선상 어딘가에 놓이는데 대개는 중간쯤이지만 다른 영역에도 두루 분포한다.'고 심리학자 리틀(Brian R. Little)교수도 네틀의 견해에 동조했습니다.

서양에서는 수량을 말할 때 정확성을 높이기 위해 수치로 표현합니다. 동양인은 수치 개념이 서양처럼 발달되지 않았습니다. 수량을 말할 때 '많다', '적다', '중간 정도다'처럼 두루뭉술하게 표현하는데 익숙해져 있습니다. 장사하는 사람들은 사고 팔 때 계산이 정확합니다. 당연한 일이지만 장사하는 사람들을 '장사 아치'로 낮추어 말하는 문화가 있습니다. 계산이 정확한 사람을 인정이 없다고 생각하였습니다. 오행의 성격을 표현하는 글귀가 '의지가 약하다', '망설이고 주저하는 경향이 강하다', '유연성이 있다'와 같은 서양인이 보기에는 이해하기가 쉽지 않지만 동양인들은 누구나 쉽게 이 글귀들을 이해합니다.

앞서 심리학자 두 사람의 글에서 5대 성격 특성들을 모든 사람들이 가지고 있으며 차이는 성격 특성 정도를 표시한 수치만 다르다고 하였습니다. 오행의 성격도 모두 사람에게 분포되어 있다는 사실과 매우 유사합니다. 서양 심리학자들에 의한 각각의 5대 성격 특성에 대한 연구는 많이 이루어졌지만 특성간의 상호관계에 대한 연구에 관심을 거의 기울이지 않은 것은 세상을 분류하고 범주하는 방식이 동양과 다르기 때문입니다. 서양인은 공통의 특성을 가진 것들을 같은 범주로 분류하였습니다. 동양인은 서로 공명(共鳴 resonance)을 통하여 영향을 주고받는 것은 같은 범주로 생각했습니다. 오행에서 목(木)은 봄, 동쪽, 나무, 초록, 동남풍, 사랑 등 같은 범주로 분류하였습니다. 동남풍이 불면 온도가 올라 얼어있는 대지를 녹이고 비를 내려 나뭇가지에 겨울잠을 자고 있던 싹들이 깨어나 작은 가지 또는 잎이 되어 초록의 물결이 들과 산으로 번져갑니다. 수컷 새들은 밤마다 목청 높여 짝을 유혹하는 세레나데를 부릅니다. 봄은 사랑의 계절입니다. 오행의 성격들도 서로 공명하듯이 서로 서로 상생과 상극을 통하여 조화를 이룹니다.

목(木)의 성격

목의 성격 유래

봄은 생명의 계절입니다. 봄은 동쪽을 상징하고 동쪽은 성(星)이고 세월을 의미하며 일 년 시작을 말합니다. 봄바람이 불어 봄비가 내리면 매화나무 가지에 포엽(苞葉 잎의 변태로 꽃봉오리를 휩싸서 보호하는 작은 잎)에 쌓인 지난해 여름에 만들어진 꽃봉오리가 봄비를 머금어 맑은 꽃을 피웁니다. 잇달아 잎눈도 포엽을 벗고 나와 초록의 잎으로 성장합니다. 꽃이 진 곳에는 푸른 매실이 봄볕에 성장합니다. 그 속에는 다음 세대를 이어갈 씨가 여물어가고 있습니다. 옛 사람들은 경험으로 봄을 생각하면 제일 먼저 떠오르는 것이 매화나무였을 것으로 생각됩니다. 매화나무를 선두로 많은 나무가 꽃을 피우고 새잎으로 봄의 활기를 뿜어낼 것입니다. 주위에서 쉽게 마주치는 나무를 봄의 상징으로 표현한 것 같습니다.

오행은 오덕(五德, 목, 화, 토, 금, 수의 역량, Five Powers)으로 순환 합니다. 봄은 24절기(태양의 황도상의 위치에 따라 정한 일 년의 음력 절기, 입춘으로 시작하여 대한으로 끝남) 시작입니다. 입춘이 되면 겨울의 차디찬 서북풍이 온화한 동남풍으로 바뀌기 시작합니다. 우수(雨水: 2월 19~20일경)가 되면 눈보다 비가 많이 내려 빗물을 가장 빠르게 느끼고 받아들여 꽃을 피운 것이 매화나무입니다.

5덕 중에 봄의 덕성 즉, 본성은 생장과 생식에 대한 강열한 욕구와 희망입니다.

봄은 생물의 생식과 생존 본능이 가장 활발한 계절입니다. 봄이 오면 식물이 먼저 생식과 생장활동을 시작합니다. 식물에 의지해 사는 동물들은 때를 기다려 조금 늦게 시작합니다. 계절은 봄, 여름, 가을, 겨울로 순서에 따라 순환하여 식물과 동물에게 삶의 리듬을 나누어 주었습니다. 계절이 나누어 준 삶의 리듬에 순응하지 않은 동·식물들은 생식과 생존이 불가능해져 자연환경에서 사라져가는 운명을 맞게 됩니다.

단어는 여러 가지 의미를 내포하고 있습니다. 더욱이 추상명사는 구체적으로 표시할 수 없는 다양한 의미를 가지고 있습니다. 우주 만물이 음양과 오행의 상생과 상극의 힘에 의하여 생성된다는 음양오행설의 오행은 추상적인 의미를 눈으로 볼 수 있는 구체적인 물질로 표현을 시도한 것입니다. 음양오행설에 관한 공부의 경험이 없는 상태로 오행의 단어를 구체적인 물질로만 해석하면 적은 부분만 이해하게 되는 것입니다. 사주 여덟 글자를 구성하는 천간과 지지를 음양오행으로 구분하여 표현하였습니다.

천간은 생명의 순환원리, 지지는 시간의 순환원리

천간은 생명의 순환 원리 즉, 태어나서 성장하고 생명의 씨앗을 남기고 죽는 과정에 초점을 맞추어 식물(벼로 추정)을 선택하여 설명한 것으로 추측하였습니다. 고대 중국은 7천년보다 오래 전에 벼를 재배하여 왔고 주식이 되는 작물이었습니다. 지지는 시간의 순환원리에 적응한 삶의 초점을 맞추어 일 년을 12개월로 나누고 하루 24시간을 2시간씩 묶어 12개 시간대를 나누어 각각의 달과 하루를 누구나 쉽게 알 수 있는 12종류의 동물로 표현하여 이 분야에 전문지식이 없이도 쉽게 이해할 수 있도록 배려했습니다.

음양의 성격 표현은 심리학자들이 분류한 내향·외향의 성격과 비슷하며, 오행의 성격 표현은 대부분 심리학자들이 동의하는 성격 5대 요인 모델과 매우 닮은 점이 많습니다. 동양과 서양의 성격 유형들을 비교하는 설명이 일반 독자들에게 이해가 쉬울 것으로 생각됩니다. 사주의 천간과 지지에서 음양오행 성격과 관련된 부분을 살펴서 도움이 될 만한 내용을 활용하였습니다. 음양오행으로 목에 해당하는 천간 '갑'과 '을' 그리고 지지의 '인'과 '묘'의 성격은 다음과 같이 요약했습니다.

목의 천간과 지지의 성격

천간의 '갑'은 단단한 씨앗 껍질이 보호하고 있는 씨앗을 의미합니다. 씨앗은 새싹이 돋아나게 하여 성장하고 발전하려는 생존 본능이 강합니다. 갑의 성격은 씨앗을 닮아서 자신의 인생의 꿈을 이루어 나가려는 욕망과 의지가 강렬합니다. 주위의 환경을 냉철하게 파악하고 판단하여 목표와 계획을 세우고 완벽하게 준비하려고 노력합니다. 현실을 있는 그대로 보고 구체적이고 실질적인 방법으로 용감하게 목표를 이루기 위해 앞으로 앞으로 나아갑니다. 씨앗이 주위 환경을 있는 그대로 받아들이는 것처럼 주위 사람들을 받아들여 신뢰하고 배려하는 인정이 많은 마음의 소유자입니다. 작은 씨가 성장하여 큰 나무가 되는 큰 꿈을 가진 것처럼 삶의 의욕이 강렬하고 미래에 대한 꿈이 높고 큽니다. 음양으로는 '양'이어서 외향적 성격이 있습니다.

천간의 '을'은 씨앗 껍질을 뚫고 나오는 새싹을 상징합니다. 겉모습은 부드럽게 연약하게 보이지만 그의 생존본능은 매우 강합니다. 주위 환경에 민감하게 적응하는 능력이 매우 강합니다. '을'의 성격을 가진 사람은 새싹처럼 주위 사람에게 부드럽고 섬세하게 배려하며 매우 겸손합니다. 어느 곳에서나 상황과 주위환경에 대한 판단이 빠르고 적응력도 강해서 인간관계가 유연합니다. 모험은 싫어하지만 주어진 일에 최선을 다합니다. 환경에 감수성이 큽니다. 음양으로는 음이어서 내성적인 성격이 있습니다.

지지의 '인'은 호랑이를 상징합니다. 활동적이며 결단력이 강합니다. 적극적이며 주위에 있는 모든 것을 조직하고 거느려 지도하려고 합니다. 현실 참여를 즐깁니다. 음양으로는 양이어서 외향적인 성격이 있습니다.

지지의 '묘'는 토끼를 상징합니다. 온순하고 착합니다. 사물의 이치를 슬기롭게 판단하는 능력이 빠릅니다. 토끼전에서처럼 꾀 많은 토끼가 어렵고 딱한 형편이나 처지를 당하면 독창성을 발휘하여 해결합니다. 자기 성취를 위해 노력하며 일에 대한 통찰력이 뛰어납니다. 음양은 음이어서 내성적인 성격이 있습니다. '목'의 오행의 성격은 봄을 상징하는 것과 천간의 '갑'과 '을', 그리고 지지의 '인'과 '묘'의 성격 부분을 종합한 것입니다. 5대 성격요인 모델의 외향성과 비슷한 부분이 많습니다.

생물본능과 사회적 본능의 조화
사람은 무리를 이루어 생활하는 탁월한 능력을 가지고 자연과 맞서 인위적인 환경 즉, 사회 환경을 만들어 만물의 영장이 되었습니다. 지금은 사회 환경의 강한 영향 때문에 봄에 대한 감각이 둔해졌습니다. 그러나 우리 유전자 안에는 지금도 계절의 생체 리듬이 살아 숨 쉬고 있습니다. 우리는 누구나 청춘시절이 있습니다. 오행에 청과 춘은 '목'으로 분류되어 있습니다. 김용대님 가요 '청춘의 꿈'은 우리 모두의 마음의 표현입니다.

청춘은 봄이요

봄은 꿈나라

언제나 즐거운 노래 부릅시다

진달래가 쌩긋 웃는 봄봄

청춘은 싱글벙글 윙크하는 봄봄봄

가슴이 두근두근 춤을 추는 봄이요

산들 산들 봄바람이 춤을 추는 봄봄

후략…

욕심, 욕망, 성욕, 야망은 억눌러야 할 감정이 아니라 사회 환경에 알맞도록 조절해야 할 대상입니다. 우리는 욕심과 욕망이 없다면 생존이 불가능합니다. 우리에게서 성욕이 사라진다면 자손 번식은 위기에 처하고 인류는 지상에서 멸종의 길로 들어설 가능성이 높아집니다.

사회의 지위와 명예를 향한 성취욕이 약해지고 사라진다면 사회 발전은 뒷걸음질 치게 될 것이 예상됩니다. '목'의 성격의 밑바탕인 생존 본능과 생식 본능은 자연의 섭리이며, 사회적 본능은 사람이 인간 되게 하는 원동력입니다.

나무(木)는 하늘을 향해 햇볕 에너지를 충분히 받기 위해 높이 자라며 주변의 나무들과 경쟁이 없으면 옆으로도 공간 확보를 위해 풍성하게 계속 성장합니다. 나무의 성격을 가진 사람은 사회생활에서 생장하고 발전하려는 의욕과 의지가 강합니다. 높은 곳을 향한 출세욕과 명예욕 그리고 앞으로 성취할 목적과 그 목적의 성취로 인하여 얻는 자기만족을 위해 현재의 고통이나 어려움을 참고 이겨내려는 성격을 가지고 있습니다. 자기 의견을 굳게 지키는 경향이 강합니다. 마음이 착하고 너그럽고 남을 동정하는 따뜻한 마음을 가지고 있습니다.

나무 종류에는 은행나무처럼 큰 나무도 있고 진달래처럼 작은 줄기들이 여러 개 있는 진달래 꽃나무도 있습니다. 키가 100m까지 자라는 레드우드 (Red-wood, Sequoia sempervirems)도 있고 장미꽃 나무도 있습니다. 키 큰 나무와 키가 작은 나무 사이에는 키 크기에 따라 수많은 나무 종류가 있습니다. 나무 종류에 따라 알맞은 토양환경도 다양합니다. 은행나무처럼 큰 꿈을 가진 사람도 있고 진달래나 장미처럼 아름다운 꿈을 가진 사람들도 있습니다. 숙명적으로 타고난 성질과 운명적으로 만나는 환경에 의해 성격은 형성되는 것으로 알려져 있습니다.

음과 양은 목의 성격 밑바탕

나무의 줄기와 잎은 지상에서 햇빛을 모아 광합성하고 어두운 지하에서 뿌리는 열심히 광합성에 필요한 물과 무기영양을 흡수하여 지상으로 올려 보냅니다. 나무가 정상적으로 성장하기 위해서 줄기와 잎과 뿌리의 상호협력이 매우 필요합니다. 목의 성격은 음과 양으로 구성되어 있습니다. 음은 뿌리에 해당하고 양은 줄기와 잎에 해당됩니다. 음양의 조화는 나무 성격에 필수적 요소입니다.

심리학자 표현을 빌리면 음의 성격은 내향적 성격 그리고 양의 성격은 외향적 성격으로 말할 수 있습니다. 유목(遊牧)과 교류문화가 줄기가 된 서양은 사회성이 핵심인 외향적 성격을 선호합니다. 이러한 이유 때문인지 5대 성격특성에 외향성은 있지만 내향성을 보이지 않습니다. 그렇지만 외향성을 설명할 때 내향성이 조금 들어있습니다. 농업정착문화인 동양은 음과 양 즉, 내향성과 외향성을 동격으로 표현합니다. 부부간을 내외(內外)라고 부릅니다. 내(內)는 아내이고 외(外)는 남편입니다. 이 표현에는 아내가 남편보다 앞서있습니다. 가정이 평안하고 안정되려면 아내가 남편보다 가정생활에서는 앞서야한다는 것도 중국 고전 주역에 있습니다.(地天泰) 서양에서는 여자가 결혼하면 성이 남편의 성으로 바뀝니다. 남성 우위가 명확히 드러납니다. 서양문화는 남성중심 사회였습니다. 남자는 외향성 성격이 많습니다. 동양에서는 외향성 성격보다 내향성 성격을 선호합니다. '침묵은 금이요. 웅변은 은이다'라는 속담과 '모난 돌이 정 맞는다.'라는 속담은 동양의 내향적 성격을 선호하는 표현들입니다. 그러나 오행의 목의 성격과 심리학자들이 동감하는 5대 성격특성의 외향성과 매우 비슷한 부분이 많습니다.

목의 성격은 목표 추구형

외향적인 사람은 목표를 추구하는데 많은 에너지를 쏟아 붓는 매우 활동적인 사람들입니다. 야망의 내용은 다양하지만 외향적인 사람은 욕망을 가진 경우가 많고, 사회적 지위·명예·돈을 위해 열심히 일할 의욕이 넘칩니다. 나무가 하늘을 향해 성장하고 발전하는데 모든 에너지를 집중하는 것과 비슷합니다. 외향적인 사람은 욕심이 많고, 욕망과, 야망이 강하고 욕정도 강합니다. 이것들은 모두 생물의 생존과 생식본능에 뿌리를 두고 있습니다. 우리 일상생활에서 자연스럽게 나오는 행동의 동기들입니다. 이러한 동기를 심리학자는 생물 발생적 동기라고 합니다. 봄에는 많이 식물들이 꽃을 피우는 것은 자손 번식을 위한 생식 활동입니다. 꽃 안에 있는 꿀과 꽃가루를 나르는 벌의 행동은 먹이를 모으는 생존활동입니다. 새 잎과 새 줄기가 생장하는데 저장한 에너지를 쏟는 것은 생존활동입니다.

외향적인 사람은 일상생활에서 내향적인 사람보다 더 흥분하고 원하는 것을 얻은 후에는 기쁨을 더 많이 경험하는 것으로 알려졌습니다. 이처럼 생물 본능적 요인에 반응하여 행동하는 것을 자연스러운 행동이라고 말할 수 있습니다.

갓 태어난 동물의 새끼나, 사람의 신생아가 눈을 뜨지도 않은 채 엄마의 젖을 빠는 행동은 생존을 향한 본능적인 행동입니다. 욕망이 강한 외향적인 사람 행동도 자연스러운 것, 타고난 행동이라고 말할 수 있습니다. 배고플 때 더 먹으려고 욕심을 부리는 사람들이 더 많이 살아남을 수 있었고, 짝짓기에 더 정열적이었던 사람들이 자손을 더 많이 번식시킨 것은 생존과 생식본능에 충실한 때문으로 보입니다. 지금도 사회에 이처럼 성공한 사람들이 돈(생존)과 성(생식)문제로 비난을 받는 경우가 많습니다. 생물 본능은 자연 상태로 방치하면 정글의 세계가 됩니다. 사회제도 유지를 위해서 법과 도덕 안에서 생물본능은 길들여지고 조절되어야 마땅합니다.

서양은 외향성, 동양은 내향성을 선호

우리 행동은 개인이 사회의 구성원으로서 생활할 수 있게 되는 동화(同化)의 과정에서 해당 문화의 규칙, 규범, 기대를 배워 몸에 익혀가는 과정에서 나타나는 사회적 본능에서도 크게 영향을 받는 것으로 알려졌습니다. 우리의 행동 방식은 사회적 환경에 따라 강화 또는 약화될 가능성이 있습니다. 그리스 서양문화의 전통을 이은 미국에서는 외향성이 높게 평가를 받는 것으로 알려졌습니다. 그러나 중국, 한국, 일본과 같은 농경정착문화의 뿌리를 가진 나라에서는 내향성을 선호합니다. 서양에서는 개인의 타고난 성질과 소질을 자유롭게 발휘할 수 있는 개인의 자율성을 중요하게 여겼지만 동아시아에서는 개인의 소속된 집단의 구성원으로서 조화로운 인간관계를 맺고 그 집단에서 부여한 역할들을 성실하게 수행하는 존재였습니다. 아이들의 사회화교육을 시킬 때 '모난 돌이 정 맞는다.'는 속담을 예를 들어 쉽게 알아듣도록 설명합니다. 모나게 행동하지 말고 둥글둥글하게 원만하게 행동을 잘 하도록 가르칩니다.

현대에 들어 서양문화가 동양에 물밀 듯이 들어와 동양 문화와 섞이면서 내향성을 선호하던 세대와 외향성을 선호하는 세대 간에 갈등이 사회전반에 나타나고 있습니다. 자신의 직업, 가치관 삶의 철학을 선택하려 할 때 청년들은 매우 혼란스러워하고 있습니다. 우리 모두 음과 양의 성격을 가지고 태어났습니다. 사주팔자 중에 양이 음의 숫자보다 많으면 외향성으로 행동하기 쉽기 때문에 산업·정보화 사회처럼 도전정신 강한 외향성을 조금 더 선호하는 사회에서는 사회 적응이 쉬워집니다. 그러나 음의 숫자가 많아 내향성 경향이 있는 사람은 더욱이 사회 환경이 내향성을 강화하였던 동아시아에서는 현대 사회 적응에 어려움을 겪고 있습니다. 내향성이 강화되는 사회의 젊은이들은 자신의 주체성에 대한 생각을 깊이 할 기회가 적습니다. 이러한 환경에서는 자신이 누구인지, 또는 인생에서 무엇을 하길 원하는지에 대해 마음을 쏟아 깊이 생각해보지 않고 부모, 선배 또는 숭배 대상 인물들과 같은 타인들의 생활 태도를 선택하고 따라하는 경향이 높을 가능성이 있습니다.

한국에서는 지금도 공무원 시험 열풍이 수그러들지 않고 휘몰아치고 있습니다. 대학을 졸업한 젊은이들이 자신이 배운 전공이나 적성을 뒤로 제쳐놓은 채 공무원 시험에만 매달리는 수가 수십만이나 되는 것으로 신문들은 보도하고 있습니다. 이 열풍이 언제나 잠잠해질지…

현대는 외향성과 내향성이 조화를 이룬 양향적 성격이 우월

산업·정보화시대의 사회 생태 환경은 농업 시대의 사회생태 환경과 다릅니다. 지금도 한국의 부모들은 농업시대의 사회생태환경 적응에 익숙해져 있습니다. 옛것에 익숙해져 있습니다.

대학에 재직하고 있을 때 사무국의 과장이 아들의 장래를 걱정하면서 저에게 아들에 대해 상담한 일이 있습니다.

'제 아들은 공과대학 전자학과 재학 중입니다. 군 복무를 마치고 2학년에 복학했습니다. 군입대전에도 게임방에 자주 가는 것이 걱정되었는데, 복학 후에 학교 공부는 소홀히 하고 게임방에 틀어 박혀 생활합니다. 벌써 4학년 되었는데… 대화를 시도하면 '아버지 걱정 마세요. 내 장래는 제가 알아서 할 테니까요.'

'저는 아들이 공부 열심히 해서 좋은 회사에 취직하거나 공무원 시험에 합격해서 안정된 생활을 했으면 좋겠어요!'

'지금도 게임만 열심히 하나요?'

'예. 요 사이는 밤 세워하는 때도 자자졌어요. 게임 중독에 걸린 것은 아닌지 마음이 무거워요.'

'제 생각에는 대학 4년 동안 컴퓨터 게임에만 열중했다면 아들이 아버지와 다른 꿈이 있을 거예요. 조금 더 참고 기다려보세요.'

몇 달이 지난 후 그 행정과장이 기쁨 가득한 얼굴로 저를 찾아왔습니다.

'교수님! 교수님 말이 맞았어요. 제 아들이 게임 개발에 열중했던 모양이에요. 게임 개발로 대박을 터뜨렸습니다.'

농업 사회 환경에 익숙해져 있는 부모와 다르게 그 대학생은 입학초기 자신의 주체성에 대해 깊은 고민을 했을 것입니다. 대학 1학년 때는 자기가 하고 싶은 일, 자기 능력으로 해낼 수 있는 일 그리고 즐기면서 하는 일을 찾아 헤매기도 했을 것입니다. 일학년을 마치고 군대에 입대한 후 컴퓨터 게임을 할 수 없는 환경에서 자신이 즐기면서 할 수 있는 일이 게임 개발임을 확신하고 인생 목표를 결정했습니다. 복학 후 게임개발에 목표를 세우고 목표를 이루기를 기대하고 열망하며 오직 한 가지 게임개발에만 몰입하였습니다. 옆에서 어떤 일에 몰입하고 있는 사람을 보면 미친 사람처럼 보이기도 합니다. 리틀 교수는 이런 학생처럼 자신이 계획하고 열망하고, 몰입하며, 자신의 목표를 달성하려는 행동은 '특수발생적(idiogenic)동기'라는 전문용어를 사용했습니다.

이 학생은 도전적인 외향성과 홀로 자신의 일에 몰입하는 내향성을 가진 양향적 사람 즉, 음과 양의 성격이 조화를 이룬 성격 소유자로 보입니다. 음과 양의 성격이 오행의 각 요소에 모두 들어있으며, 오행의 목, 화, 토, 금, 수의 성격 요소들을 대부분 사람들이 모두 가지고 있습니다. 이러한 성격 요인들은 우리가 마주치는 상황과 상황을 이해하는 방법에 따라 다르게 나타난다고 생각합니다. 애플 창립자이자 CEO였던 스티브 잡스는 신제품을 개발할 때는 개방적이고 포용적(토의 성격) 성격 특성을 보여줍니다. 신제품을 발표할 때는 열정(화의 성격)을 가진 자신감 넘치는 성격(목의 성격)이 드러납니다. 경영회의에서 수익계획에 대한 설명을 할 때는 날카롭고 정확성을 보여줍니다(금의 성격). 신입 사원들에 대해서는 부드럽고 융통성이 있는 성격을 보여줍니다(수의 성격). 그리고 회사 부서별 팀장들 앞에서는 의지와 의욕이 넘치는 Leader의 모습을 보여줍니다(목의 성격). 잡스의 상황에 따라 다르게 나타나는 성격을 분석해보면 오행의 5가지 성격 요인을 모두 가지고 있고 그런 사람도 많습니다. 집필자 1,340명의 사주로 오행의 성격 요소 분포 상황을 조사한 결과 조사자 대부분은 3~5개 요인을 가지고 있었습니다.

일정한 생활 목적에 따르는 유기물로 이루어져 생활기능을 가지고 있는 조직체를 유기체라고 합니다. 동물과 식물은 유기체입니다. 동물에 속한 사람도 유기체입니다. 유기체처럼 음양오행의 성격의 각 요소들을 상황과 환경 적응을 목적으로 유기적으로 조직되어 그 각 성격 요소들이 연결되어 상호작용으로 나타난 것이 성격으로 생각됩니다. 오행의 성격요소의 상호작용은 상생과 상극을 말합니다.

목의 상생과 상극

오행의 상생과 상극을 그림으로 표현했습니다. 성격에 연관된 핵심적인 용어로 오행의 성격요소들을 드러내려고 시도하였습니다.

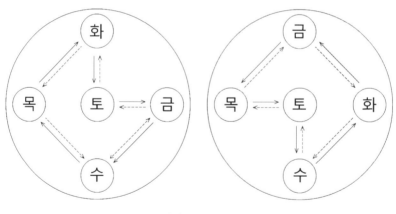

(상생도 / 상극도)

위 그림에 실선(→) 표시는 오행상생의 사계절 순환 사상에 따라 동쪽(목)에 해가 서쪽(금)으로 지는 것처럼 시계가 도는 방향으로 표현되었습니다.

상극도는 '금'과 '화'의 자리가 바뀌어 시계 반대 방향으로 실선을 표시하였습니다. 자연에 순응해서 사는 것은 자연스럽지만(에너지가 적게 들음) 자연의 순서를 바꾸어 행함은 부자연스럽고 인위적인 것이어서 에너지가 많이 드는 것으로 고대 중국인들은 생각한 것으로 보입니다. 상극도는 '금'과 '화'를 인위적으로 바꾸어 만든 상생도의 역행도입니다. 실선 표시는 오행상극사상에 따라 그린 것입니다.

상생·상극도의 점선(⋯) 표시는 집필자가 성격의 상호작용을 이해하는데 도움을 주기위해 그려 넣은 것입니다. 본질을 중요시하는 서양과 다르게 동양은 상호관계를 중요시하고 우주의 모든 요소들이 서로 관련이 있다는 믿음을 바탕으로 종합주의(Holism)을 선호합니다. 집필자도 이러한 생각으로 상생과 상극의 상호작용을 쉽게 이해할 수 있도록 표시하였습니다. 실선으로만 오행성격 요소관계를 표시하면 양방향 통행이 아니라 한 방향 통행으로 이해될 위험이 있습니다.

목생화 화생목

목생화와 화생목은 목과 화의 상생관계의 구체적 표현입니다. 목(木)은 자신의 삶의 목적 또는 뜻을 이루려는 의욕이 강합니다. 사회적 지위, 명예와 재력에 대한 야망이 매우 큽니다.

초등학교 때에는 누구나 지위, 명예 그리고 재력가가 될 꿈을 꿉니다. 높은 산도 먼 곳에서 바라보면 쉽게 오를 수 있는 작은 산으로 보입니다. 초등학생들은 모두가 현실과 먼 꿈을 간직한 로맨티시스트들입니다. 저도 그랬었습니다. 저의 부모님은 농부였습니다. 농사일을 마친 길고 긴 겨울밤에 아버님은 호롱불 아래 영웅전을 카랑카랑한 목소리로 낭독하시고 할머님과 어머님은 길쌈(목화·모시·대마실로 가공하여 옷감을 짤 때까지의 모든 일)을 하고 계셨습니다. 저는 이불 속에 누어 잠을 자다 말다 하면서 서민으로 태어나 영웅으로 성장하는 이야기에 깊은 감명을 받을 때도 많았습니다. 저도 영웅전의 주인공처럼 되고 싶은 꿈을 꾸었습니다.

여러 종류의 꿈을 모두 이루고 싶은 욕망은 소년·소녀 시절 누구에게나 있습니다. 목의 야망은 타고난 성격입니다. 중·고등 시절을 지나 청년기에 접어들면 낭만적인 꿈은 가혹한 현실의 벽에 부딪쳐 깨여지고 망가지는 아픔과 고민에 빠져 방황하는 시절을 겪게 되는 청년이 적지 않습니다. 꿈은 구름 위에서 노닐 수 있지만 삶의 목적을 자신이 밟고 서 있는 '땅' 위에서 자신을 둘러쌓고 있는 환경 안에서 시작할 수밖에 없습니다. 외떨어진 시골 고등학교를 다녔지만 저의 짧은 경험과 지식으로 농촌의 가난에서 벗어나고 싶은 꿈을 품고 판·검사나 군인 장성이 되고 싶어 공부를 열심히 했습니다. 그러나 고등학교 3학년이 되면서 6·25전쟁의 유물인 연좌제의 족쇄(Fetters)가 저에게 채워진 것을 알게 되면서 저의 꿈은 산산이 부서지고 찢겨져 허공에 날아가 버렸습니다.

몸에는 병이 들어와 자리를 잡고 마음은 무겁게 아래로만 가라앉은 시점에 청순하고 순박한 여고생이 저에게 조용히 다가 왔습니다. 삶의 의욕도 의지도 잃어버린 저에게 마음의 깊이 간직하고 있었던 사랑의 씨앗이 싹이 트게 하였습니다. 사그라지던 열정이 다시 꿈틀대며 가쁜 숨을 토해냈습니다. 3월 중순 봄바람이 불어오던 어느 날 그녀의 편지에 T.S 엘리엇의 「황무지」 시가 저의 시선을 고정시켰습니다.

"April is the cruellest month from the waste land

April is the cruellest month

breeding liacs out of dad land

memory and desire, stiring dull roots

with the spring rain

후략…"

봄바람이 싣고 온 보슬비에 젖으며 수십 번을 읽고 생각해도 시적 감흥이 일어나지 않았습니다. 며칠이 지날 후 신작로를 걷는 중에 몇 해 전에 시멘트로 포장한 신작로가 실금간 사이에 아주 작은 초록 잎 두 장 가진 보라색 제비꽃이 눈에 밟혔습니다. 한 뼘도 안 되는 거리에는 속에서는 여기 저기 제비꽃들이 한창인데… 저는 T.S 엘리엇의 시를 다음과 같이 이해했습니다. "식물이 자라기가 거의 불가능한 버려진 땅, 황무지에서는 4월이 일 년 중에 가장 잔인한 달입니다. 부드러운 봄바람이 황무지에서 라일락을 피워내고(실금간 사이서 피어난 제비꽃처럼) 봄비는 메마른 땅속에서 사투를 벌이고 있는 뿌리에게 잠깐 동안 수분을 주어 지난해의 고난 속에서 꿈을 잃지 않았던 추억과 생존·생식 본능을 부추겨서 가슴을 뛰게 하고…"

'목'의 성격에는 타고난 생존·생식 본능이 우리 내부의 밑바닥에 자리하고 있습니다. 상황·환경에 따라 밖으로 나타났다가 내부로 가라앉기도 합니다. '화'의 성격은 감성 사령부를 가지고 있습니다. 그녀의 사랑은 사망선고 받은 나의 꿈을 다시 살아나게 했습니다. 기가 죽은 목의 성격을 활성화시키는 것이 '화'입니다. '화생목'은 자신의 꿈을 구체적으로 계획하고 실행에 옮기면 '화'의 열정은 모닥불 불꽃처럼 타오릅니다. 이것은 목생화의 관계입니다. '목'과 '화'가 서로 격려, 동기 유발하는 관계가 상생입니다.

금극목과 목극금

큰 나무를 키우기 위해서는 알맞은 토양환경을 선택해서 심어야 합니다. 작은 나무 때부터 원줄기에서 나오는 작은 가지들을 가지치기를 해야 가지들에게 나누어진 에너지가 모여져 원줄기 생장에 집중됩니다. 청년시절 우리는 너무도 하고 싶은 일이 많이 있습니다. 선택과 포기의 상황은 젊은이 마음을 아프게 합니다. '아프니까 청춘이다'라는 말이 실감나는 시절입니다. '토끼 둘을 잡으려다가 하나도 못 잡는다'라는 속담은 어른들한테 젊은 시절에 많이 들었습니다. 나무의 원줄기에서 곁가지를 잘라낼 때 나무 곁가지 잘려 나간 곳에 수액(나무의 피)이 흘러나옵니다. 그리고 세월이 지나면 상처는 치유되지만 옹이는 그대로 남겨집니다. 가지치기를 하는 도구는 쇠로 만든 낫 또는 톱입니다. 하나 꿈이 큰 꿈이 되게 하기 위해 작은 꿈들을 포기하게 만든 것 즉, 멘토의 역할을 하는 것이 차가운 이성적 성격인 '금'입니다. 잘려나간 작은 가지는 작은 꿈들인 목이고 가지치기한 낫과 톱은 금입니다. '목'과 '금'의 관계를 상극이라 표현합니다. 금극목, 소탐대실(小貪大失), '작은 것을 욕심내다가 큰 것을 잃게 된다'는 경계의 말은 금극목에 어울리는 금언입니다.

현재 성격 심리학의 창시자인 올포트(Allport, G.W. 1897-1967)가 심리학의 선구자는 문학가라고 말했습니다. 이것은 세르반테스(Cervantes Saavedra, Miguel de 1547-1616, 스페인 작가)의 1605년에 간행된 장편소설 『돈키호테』의 주인공의 이름을 빌려서 돈키호테형 성격형으로, 투르게니에프(Turgenyev Ivan Sergenich 1818-1883, 러시아 소설가)의 학설에 따라 햄릿형과 대비되는 성격으로 일컬어 온 것이 근거입니다. 돈키호테는 외향성 성격과 많이 닮아있었습니다. 명랑하고 낙관적이며 무사태평한 긍정적인 감정을 가지고 있습니다. 허점도 많고 믿음성이 적으며 위험한 일에 도전도 서슴지 않은 방랑가적 성격 때문에 위험에 빠질 가능성이 큰 인물입니다. 생각이 깊지 않아 자극에 반응이 매우 빠릅니다. 소년 때에는 수선스럽고 청년기에는 말이나 행동이 가벼워 건방을 떨어 주위 사람들의 눈총 맞기 쉬운 성격입니다.

이러한 '목'의 성격 요인들을 가진 사람은 '금'의 멘토를 받아야 합니다. 절제력과 성실성 그리고 차분함을 몸에 익혀야 합니다. 금극목, 목극금 이것이 '목'과 '금'의 상극관계입니다. 외향성은 선호하는 주의력 결핍 과잉행동장애(Attention-deficit hyperactivity:ADHD)가 생길 수 있습니다. 그러나 내향성을 선호하는 동양에서는 ADHD증상에 이르지는 않을 것으로 생각됩니다.

저의 성격은 '양'의 성격(외향성)으로 조금 기울어져 있습니다. 제가 미국 유학을 떠날 때의 자신의 모습을 돌이켜 생각하다가 깜짝 놀랐습니다. 제가 돈키호테를 닮은 성격을 상당부분 가지고 있었습니다. 영어 실력도 전공 실력도 준비되지 않은 채, 재정 지원도 확보되지 않은 상태로 현실을 무시하고 저의 야망에만 빠져 앞뒤를 헤아리지 않고 무식하게 유학에 도전했던 모습에 연민의 정을 느꼈습니다. 다행스럽게도 저의 성격에는 '금' 성격요인이 있어서 '목'과 '금'의 상극관계가 조화를 이루어 꿈을 이룰 수 있었던 것으로 생각됩니다. 저의 사주에 목2개, 금2개가 있습니다.

토극목과 목극토
큰 나무는 뿌리를 땅 속 깊이 그리고 넓게 뻗어야 큰 바람 가혹한 가뭄에도 살아날 수 있습니다. 깊이 뻗은 뿌리는 산소가 있어야 숨을 제대로 쉴 수 있습니다. 땅위의 산소가 땅 속 깊이까지 스며들어 가려면 자갈과 모래가 많이 섞인 땅이 가능합니다. 자갈과 모래가 많은 땅은 무기영양이 물에 흘러 아래로 내려가 버려서 기름지지 못하고 메마릅니다. 배고품은 참을 수 있어도 숨을 쉬지 않으면 멀지 않아 죽습니다. 큰 나무는 거친 토양환경을 받아들여야 생존할 수 있습니다. 큰 사람의 성격은 많은 사람들의 마음을 받아들이고 감싸야 합니다.

'목'의 성격을 가진 사람은 '토'의 포용과 개방적 성질을 받아들여야 합니다. 논·밭 토양처럼 고은 토양만 아니라 자갈과 모래가 섞인 야생 토양도 받아들이는 토의 가르침, 멘토의 관계입니다. 토는 멘토이고 목은 토의 멘토를 받아들이는 '목'과 '토'의 상극관계입니다(토극목). 토는 나무(목)가 무성하게 자라야 불모지가 되지 않고 비옥한 땅이 되어 토의 역할이 빛나게 됩니다. 이것이 목극토입니다.

수생목과 목생수

나무는 뿌리가 땅속에 있는 수분을 흡수해야 생장할 수 있고 생존할 수 있습니다. '목'의 성장 욕구는 목표를 향해 자신을 집중합니다. 자신이 목표를 충분히 달성할 수 있는 능력이 있다고 믿습니다.

제 친구 중에 학교 성적이 최상위권이고 어느 곳에서 자기 자신을 잘 앞세우고 자기가 가장 똑똑하다고 생각하고 있는 친구가 있었습니다. 또한 동아리 모임에서 사회를 볼 때도 자기 멋대로 합니다. 다른 친구들의 의견은 받아들이는 척 하지만 실제로는 자기 생각대로 사회를 진행합니다. 다른 친구들은 그 친구의 행동이 마음에 들지 않지만 분위기가 깨질까봐 그냥 넘어갔습니다. 이 친구의 행동은 자만을 넘어 오만에 가까워졌습니다. '저 친구는 쇼맨십이 너무 강해'라고 대부분 친구들은 그가 똑똑하다고 인정하지 않았습니다. 사실 이 친구는 자기의 목적에 따라 쉽게 사귀지만 솔직·믿음이 부족해 진실한 친구는 그의 곁에 거의 보이지 않았습니다.

사회생활을 순조롭게 하기 위해서는 서로 다른 사람과의 관계를 끈끈하게 맺는 것입니다.

'수'의 성격은 솔직하고 믿음이 있고 물처럼 겸손하고 부드럽습니다. 5대 성격의 친화성과 비슷합니다. 제 친구가 만약 솔직, 믿음, 겸손 그리고 유연성을 받아들여 마음과 몸에 열심히 익히고 단련했다면 성공한 지도자가 될 수 있었을 텐데 아쉬움이 많은 친구였습니다.

'목'의 성격을 가진 사람들은 '수'의 성격 요인이 밑바탕이 되어야 그들의 재능이 발휘되고 꿈을 이룰 수가 있습니다. 이것이 '목'과 '수'의 상생입니다 (수생목).

겸손과 유연성이 지나치면 자기주장이 없는 것처럼 보입니다. 때때로 자기주장이 필요합니다. 목의 주장을 받아 들여야 원활한 인간관계를 유지할 수 있습니다(목생수).

화(火)의 성격

화의 성격 유래

여름은 남쪽을 상징합니다. 남쪽은 일(日), 태양의 계절입니다. 태양은 불(火)과 수증기를 만들어냅니다. 불은 대지의 온도를 높여 생물들의 생장활동에 열정을 불어 넣습니다. 증기는 태양열을 흡수하여 하늘로 날아올라 먹구름이 됩니다. 열 받은 먹구름 위로 번개가 나르고 천둥 음악소리에 소나기가 쏟아집니다. 여름은 비료를 머금은 소나기로 식물을 생장시키고, 넘치는 햇빛에너지를 받아 식물은 성장의 노래를 합창합니다. 여름은 순서 따라 생장하고 성장하는 계절입니다. 씨에서 싹이 나오면 뿌리와 줄기가 자라고 줄기가 자라서 열매를 맺는 과정은 순서에 따라 행해집니다.

여름은 모든 생물들이 성장하도록 물질(에너지)을 베풀고, 생물들이 음악의 하모니처럼 서로서로 조화를 이루어가는 계절입니다.

음양의 성격 표현은 심리학자들이 분류한 내향·외향 성격과 비슷하고 오행의 성격 표현은 심리학자들이 대부분 동의하는 성격 5대 요인 모델과 매우 닮은 점이 많아 비교 설명이 일반 독자들이 이해가 쉬울 것으로 생각되었습니다. 사주의 천간과 지지에서 음양오행 성격과 관련된 부분을 살펴서 도움이 될 만한 내용을 활용하였습니다.

화의 천간과 지지의 성격

음양오행으로 '화'에 해당하는 사주의 '화'의 천간과 지지의 성격부분은 천간 '병'과 '정' 그리고 지지의 '사'와 '오'의 성격은 다음과 같이 요약했습니다.

천간의 병(丙)은 식물의 씨가 발아한 후 뿌리가 땅위로 뻗지 않고 중력이 자극받아 되어서 땅속으로 힘차게 뻗어 내려서 새싹을 지탱하는 모습을 상징합니다. 뿌리가 양분과 물을 어둠속에서 찾아가는 것처럼 천간의 '병'의 성격은 적극적이고 활동적이며 성취에 대한 열정이 매우 큽니다. 때로는 장애물의 상처도 입지만 자신의 작은 희생을 군말 없이 달게 받으며 새로운 땅을 향해 씩씩하게 나아갑니다. 주위 환경에 대한 상황판단이 빠르고 적응력이 강하여 모험심과 도전 정신이 강합니다. 음양으로는 '양'이여서 외향적인 성격이 있습니다.

천간의 '정'은 뿌리와 줄기를 연결하는 대공을 상징합니다. 윗사람과 아랫사람을 대하는 태도가 예의에 밝아 자신의 분수에 맞게 행동합니다. 대인관계는 선택적이지만 의리는 매우 강합니다. 자존심은 강하지만 타인에 대한 배려도 깊고 희생정신도 강합니다. 드러내지 않는 경쟁심을 가지고 있으며 주어진 일에 준비를 철저히 하고 어려운 상황에 부딪혀도 순발력이 뛰어나 자신의 능력을 믿습니다. 음양으로는 '음'이여서 내성적 성격이 있습니다.

지지의 '사'는 뱀을 상징합니다. 논리적이고 분석적이며, 총명하고 지혜로워 학문에 정진하면 학문이 넓고 사물의 위치를 가려서 알고 관찰하는 능력이 뛰어납니다. 학자의 타고난 성품과 소질이 있습니다. 활동적이지만 수줍음도 있습니다. 음양으로는 '양'이여서 외향적 성격이 있습니다.

지지의 '오'는 말을 상징합니다. 정열적 이여서 활동영역이 넓습니다. 성격이 급한 편입니다. 일은 우두머리가 되어 이끌어 가지만 끝맺음이 흐릿합니다. 적극적이며 대인관계도 유연한 편입니다. 음양으로는 '음'이여서 내성적인 성격이 있습니다.

화(火)의 오행의 성격은 여름철을 상징하는 것과 천간의 병과 정, 지지의 사와 오의 성격부분을 종합한 것입니다.

화는 신경이 예민한 성격

오행의 '화'는 5대 성격 요인 모델의 신경성과 비슷합니다. 심리학자들과 뇌 과학자들의 신경성에 대한 많은 연구로 신경성의 실체가 상당히 밝혀졌습니다. 동아시아에서는 수량을 일반적으로 상중하로 표현하는 것이 관례입니다. 신경성도 신경이 과민하다, 예민하다, 무디다로 표현합니다. 서양학자들은 신경성을 계량화하여 표현합니다. 신경성을 수치로 나타냈습니다. 과학적 사고를 선호하는 서양은 수치로 정확하게 표현하는 것을 우선합니다. 한 예로 '신경성 수치가 높은 사람들은 100%에 근접하는 쓸데없는 걱정을 안고 살며 보통 사람들은 80%정도의 쓸데없는 걱정을 하고 산다'는 표현입니다.

박사과정을 이수하고 박사학위취득에 모든 시간과 열정을 쏟아 붓느라 가족여행을 할 기회가 적었습니다. 12월 9일 박사학위를 받은 후 플로리다 오렌도 디즈니월드, 마이아미 그리고 키웨스트에서 헤밍웨이가 『노인과 바다』를 집필한 하우스를 방문하고 동남 해안선을 따라 워싱턴까지 순조롭게 여행을 즐겼습니다. 워싱턴에서 애팔래치아 산맥을 넘어 피츠버그로 가는 길이었습니다. 멀리서 바라볼 때는 산 정상 부근에 구름이 끼어 있을 뿐 12월 말 날씨치고는 찬바람이 조금 부는 정도였습니다. 산 정상을 넘어 경사진 구불구불한 도로를 따라 운전하는 중에 서북풍에 함박눈이 조금 내리더니 갑자기 폭설로 변했습니다. 도로와 산천이 하얀 눈으로 덮여 버렸습니다. 도로가 눈앞에서 사라져 버렸습니다. 두려움이 밀려왔습니다. 불안해서

나도 모르게 엔진 브레이크를 넣고 산기슭 쪽으로 차를 붙인 후 자동차를 세웠습니다. 창문을 열고 밖에 나와 살펴보아도 길은 보이지 않았습니다. 순식간에 공포가 몰려왔습니다. 차안 뒷좌석에 두 아들은 졸고 있었고 아내는 겁에 질려 꼼짝도 하지 않고 앞만 보고 있었습니다. 등골에 땀이 흐르고 숨이 막히는 것 같았습니다. 삶의 최대 위기임을 직감했습니다. 어떻게 이 위기를 뚫고 나가야 할지 아무런 생각도 나지 않았습니다. 신경은 극도로 예민해졌습니다.

얼마나 시간이 지났는지 정지된 시간 속에 산위에서 경적 소리가 들렸습니다. 반짝거리는 제차의 비상등을 본 것 같았습니다. 트레일러 대형 트럭이 천천히 내려오고 있습니다. 위기에서 탈출시킬 구원자가 높은 곳에서 내려오고 있음을 느꼈습니다. '살았구나!' 운전사는 제차 옆을 매우 천천히 지나며 뒤 따라 오라는 신호를 했습니다. 대형 트럭의 차바퀴가 눈 위에 새로운 생명의 길을 만들어주어 그 길 따라 무사히 산 아래까지 올 수 있었습니다. 산 아래 쉼터에서 트럭 기사에게 고맙다는 인사를 하였습니다.

지금도 저는 그 때를 생각하면 숨이 막히고 오금이 저려옵니다. 그리고 그 트럭 운전사에 '감사'의 마음이 샘물처럼 솟아나며 나도 모르게 눈가에 눈물이 맺힙니다.

아팔래치아 산맥을 넘어 피츠버그로 오는 길에서 엔진브레이크를 넣고 산기슭 쪽으로 자동차를 세우게 한 것은 위기 상황에 대한 증폭된 불안감이었습니다. 산속 깊은 곳에 폭설에 갇혀 있어 혼자서는 탈출할 수 없는 상황에서 오는 극도의 불안감이었습니다. 이 책을 집필하면서 불안은 눈앞의 위험에서 벗어나 살아남을 수 있도록 도와주는 생리적 반응임을 알게 되었습니다. 하얀 눈이 온 산과 도로를 덮어버린 위기상황에서 엔진브레이크를 넣고 산기슭 쪽에 차를 정차시킨 것은 반사적인 행동이었습니다. 이때 변연계에서의 신경활동은 교감신경을 흥분시켜 아드레날린의 분비를 왕성하게 합니다. 심장박동이 빨라지고 눈의 동공이 커지는 등, 위기상황 반응이 진행되어, 온 신경이 닥쳐올 위험에 집중하는 것으로 알려졌습니다.

아내는 지나가는 여우를 보고 꼼짝 못 하고 얼어 몸이 얼어붙은 토끼처럼 가만히 앞만 바라보고 있었든 것은 다가오는 위험에 대비하여 주의를 집중하고 있었던 행동이었습니다. 이러한 행동은 진화의 역사를 통해 이어온 우리의 감성 프로그램에 속하는 것입니다. 감성은 행동으로 이어지는 단어의 언어 기원을 가지고 있습니다. 동물이나 아이들에게는 분명하게 드러나는 현상이지만, 사회화된 성인 인간에게는 예외가 적용됩니다. 저의 아내처럼 꼼짝하지 않고 주의만 집중하고 행동하지 않은 것은 변칙적인 표현 방법입니다. 서양의 많은 학자들이 감성의 기본요인으로 동의하여 분류한 것과 동아시아에서의 감정 요소들은 비슷합니다.

화(火)는 다른 감성의 파수꾼 표현이 있습니다. 희喜 노怒 애愛 락樂 애哀 오惡 욕欲 또는 기쁨, 분노, 슬픔, 사랑, 근심, 두려움, 놀라움 등 일곱 가지의 감정으로 동아시아에서는 표현합니다. 많은 심리학자들은 기쁨, 분노, 슬픔, 공포, 사랑, 혐오, 수치, 놀라움 등 8가지로 감정을 나누었습니다. 세계의 모든 문화권에서 일반적으로 4가지 감정 즉, 기쁨, 분노, 슬픔, 공포 등이 있는 것으로 밝혀졌습니다.

화(火)는 5대 성격특성의 신경성을 닮았습니다. 신경성은 높은 수치에서 낮은 수치까지 연속선상에 놓여 있다고 합니다. 신경성의 핵심은 주위환경에 나타나는 부정적 신호에 대한 민감성입니다. 빙하기가 끝난 홍적세부터 우리 먼 조상들이 수렵과 채취를 하고 약 서른 명씩 모여 살기 시작하면서 변화가 심한 위태로운 환경 속에서 특히 위험에 민감하게 반응하는 역할이 중요해졌습니다. 신경과민한 사람은 자기 집단에 다가올 위험을 알려 자신과 집단이 생존하는 데 큰 역할을 했었습니다.

대략 12,000년전 정착농업과 목축을 시작하면서 포식자의 위험과 자연재해로부터 자유로워지고 문화가 끊임없이 변화, 발전하면서 행동 패턴도 다양화되었습니다.

신경성 수치가 높은 사람 즉, 신경과민한 사람은 신경성 수치가 낮은 사람보다 현대생활에서는 부정적 신호에 대한 민감성 때문에 어려움을 더 많이 경험하게 됩니다. 분노, 공포, 슬픔, 혐오, 모욕감 등의 부정적인 감정을 경험하면 불쾌해지며, 이런 불쾌감은 우리에게 부정적인 감정을 경험하지 말라고 가르치는 하나의 대안으로 긍정적인 감정, 즉 좋은 것을 추구하도록 만든 것으로 알려졌습니다. 그러나 우리의 분노, 공포, 혐오 같은 무의식적이고 반사적인 격정들이 아무런 예고도 없이 우리에게 곧장 덮쳐오는 것은 수백만 년간 진화해온 생물의 본능인 감성들에게서 일어나는 까닭입니다. 감성적으로 인간은 여전히 수렵 채취시대에 머물러 있습니다.

화의 상생과 상극

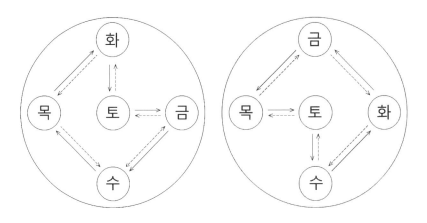

(상생도 / 상극도)

수렵인의 감성들은 화(火)와 신경성 성격과 닮은 점이 많습니다. 음양오행 성격에는 '화'에 '음'(내향성), '양'(외향성)을 함께 가지고 있습니다. '양'이 강한 '화'의 성격 소유자라면 격렬한 감정이 폭발할 수 있습니다. 성질은 유전에 의하여 타고납니다. '수렵인의 성격도 현대 사회 환경에 적응하여 발전하는 것은 생물의 순리입니다. 격정은 에너지의 덩어리입니다. 원자탄의 에너지는 한꺼번에 분출하여 원자 폭탄이 되지만, 원자로는 에너지를 시간 간격을 두고 통제하여 배출하면서 전기가 생산되는 원자력 발전소입니다. 훌륭한 멘토와 교육을 받아 격정을 조절할 수 있게 되면 인류에게 크나큰 공헌을 남길 수 있습니다.

화극금과 금극화

신경이 과민한 사람은 자신의 가치나 능력에 대하여 믿음이 약하여 자신의 인생목표를 정하는데 머뭇거리게 되는 것으로 알려졌습니다. 자신의 인생목표를 뒤로 미루게 되면 삶의 방향을 잃어버리고 방황하게 됩니다. 부모, 친척 그리고 친구들이 하는 일에 잠깐 관심을 가지고 보다가 치밀한 계획과 준비도 없이 덥석 시작해버립니다. 실패는 정해진 순서입니다. 여러 번 실패의 경험은 불안을 안고 살게 됩니다.

신경이 과민한 사람은 주위 환경으로부터 오는 작은 자극에 민감합니다. 청소년 시절 몸집이 크고 얼굴이 험상궂게 생긴 폭력배한테 폭행당한 기억이 있는 청년은 몸집이 큰 사람만 보아도 등에 땀이 흐르고 경계 태세를 갖추며 불안해합니다. 버스 사고, 친구의 배신, 사랑했던 사람과 이별 등 아픈 마음의 경험들은 주변 사람들의 얼굴 표정, 몸짓, 목소리 등에도 신경을 곤두세우고 상대방의 조금의 변화에도 안절부절 못합니다. 이때는 '금'의 합리적 사고를 받아들여 감정을 절제하는 훈련이 필요합니다.

심리학적으로 표현하면 '화'는 감성이고 '금'은 이성입니다. '화'는 차가운 이성인 '금'에게 따뜻함을 주는 화극금 관계이고, '금'은 '화'에 냉철한 합리적 사고를 하게 하는 금극화 관계입니다. 이것을 사주에서는 '화극금'과 '금극화'로 서로 조절하여 조화를 이루는 관계의 표현입니다. 'Don't worry, be happy' 팝송의 가사를 외워볼 만합니다.

신경이 매우 민감한 사람 중에는 작가, 시인, 예술가로 업적을 남기는 경우가 있습니다. 높은 신경성은 창조적 작가의 필요조건입니다. 여기에 개방성(토의 성격) 기질과 타고난 소질이 있어야 가능하다고 합니다. 또한 옛 모양 그대로 이어가는 세상보다 세상을 발전으로 고치어 좋게 하려는 혁신자가 될 가능성이 높다고 합니다. 입센(Ibsen, Henrik Johan, 1828~1906 노르웨이 극작가)은 희곡 '인형의 집'을 출간하며 전투적인 페미니즘을 주장하였습니다. 여성의 자각과 해방의 문제를 제기하였습니다. 입센이 신경이 과민한 사람인지에 대한 확인은 할 수 없었지만 그가 혁신적 창의력을 발휘한 것은 사실입니다. 그리고 신경수치가 높은 사람은 일 중독자가 될 가능성이 크다고 합니다.

자신의 내적 본능적인 충돌을 조절하고 사회적 적응을 촉진시키는 원동력인 자아강도(自我强度:ego-strength)가 높은 학생들 중 신경성 수치가 높은 학생들의 학업성취도가 더 높다는 것은 심리학자의 연구에서 밝혀졌습니다. 이런 학생들은 자신이 일을 하고 있지 않으면, 불안하고 초조한 부정적인 감정을 오히려 자극과 동기로 극기 삼아 더욱 노력해서 더 높은 성적을 얻은 것으로 보여 집니다. 신경수치가 높은 사람(화의 성격)은 일중독자(금의 성격)가 되어야 불안하고 초조한 감정에서 헤어날 수 있기 때문에 금이 화의 조절자 역할을 하게 됩니다(금극화). 과민한 성격을 약점으로 인정해버리면 약점이 되지만, 강점으로 생각하면 강점이 될 수 있습니다. 장·단점은 동전 양면과 같습니다. 성격을 제대로 이해해야 하는 이유가 여기에 있습니다. 우리가 타고난 성질들은 조상들이 물려준 삶의 지혜입니다. 상황과 환경에 적합하도록 활용방법을 알아서 실행에 옮기면 누구나 자신의 꿈을 이룰 수 있고 행복한 삶을 이어갈 수 있습니다.

조선조 후기 개혁사상가인 다산 정약용(조선 22대 정조, 실학자, 개혁사상가, 18년 귀양살이, 『목민심서(牧民心書)』, 『경세유표(經世遺表)』, 『흠흠신서(欽欽新書)』 등 문화적 공적을 남김 1762~1836)의 사주를 음양오행으로 분석하여 성격을 설명하였습니다.

구분	년			월			일			시		
		음양	오행		음양	오행		음양	오행		음양	오행
천간	임	양	수	정	음	화	정	음	화	을	음	목
지지	오	음	화	미	음	토	미	음	토	사	양	화

*사주팔자 중에 음6개, 양2개, 화4개, 토2개, 목1개, 수1개, 금은 0개

다산의 사주를 살펴보면 음이 6개, 양이 2개로 내향형 성격이 매우 강합니다. 행동하기 전에 먼저 깊이 생각하는 침착한 성격입니다. 생각하고, 상상하고, 알고 있는 사실을 바탕으로 하여 알지 못하는 사실을 미루어 생각하는 것을 좋아하고 이에 집중합니다. 드러나지 않도록 내부에 에너지를 미리 준비하며 내면세계에 관심을 집중합니다. 기본적인 행동 양식은 언제나 주관적인 가치의 지배를 받습니다. 양이 2개가 있어 외향적인 성격인 행동적이고 실용적인 개방적이고 미래지향적인 모습을 나타냈습니다. 막내 아들이여서 도전적인 성격도 가지게 되었습니다.

다산이 한양에서 멀리 떨어진 전남 강진에서 18년간 고난의 귀양살이를 견디어낸 것은 그의 내향적인 성격과 서양문물의 영향을 받아서 실생활과 동떨어진 성리학 이론보다도 사물을 중히 여기는 실제로 소용이 되는 학문, 즉 실학으로 조선후기 사회를 개혁하고자 하는 자신의 존재욕구가 강열했기 때문입니다. 자신의 존재 욕구인 야망(목)을 타오르는 열정(화4개)으로 가능하게 한 것입니다(화생목). 실천이 없는 헛된 이론에서 벗어나 실사구시(實事求是:사실에 근거하여 진리를 탐구하는 일), 이용후생(利用厚生:기물의 사용을 편리하게 하고 재물을 풍부하게 하여 백성의 생활을 윤택하게 함), 기술존중, 국민경제 생활의 향상에 관하여 깊고 넓게 꾸준히 연구하여 목민심서, 경세유표, 흠흠신서

등 수많은 저서들을 남겨 문화적으로 큰 공헌을 세웠습니다.

베트남 영웅 호지명이가 가장 아끼는 책이 『목민심서』로 알려졌습니다.

오행의 다산의 성격 특성은 '화'(火)입니다. 사주팔자 8자 중에 4자가 화입니다. '토'가 2개, '목', '수'는 각각 하나이며, '금'은 없습니다. '화'(火)는 불을 상징합니다. 불은 작은 방을 밝혀주는 촛불부터 지구를 환하게 비추어주고, 지구의 모든 생명에게 에너지를 공급하는 태양까지 수많은 형태가 있습니다. 가로등은 어두운 밤길을 밝혀 길을 잃지 않게 합니다. 그러나 화산과 산불은 재앙입니다. 인류는 불을 여러 가지로 통제하는 방법들을 창안하여 찬란한 문명을 이룩했습니다.

다산은 '화'가 4개로 성격이 매우 과민한 인물입니다. 다행히 오행성격에 '수'(水)가 있어 '수극화'(水剋火) 즉, 불같은 성질을 스스로 억누를 수 있는 힘을 가지고 있습니다. '수' 하나로 '화' 4개를 억누르는 것은 한계가 있습니다. 다행히 오행에 토가 2개나 있어 최저 수준의 금의 성격을 밖으로 끌어내어 활성화 시킬 수 있는 토의 능력이 충분합니다. 즉 토가 금을 활성화 시킬 수 있는 상생관계입니다. '금'이 있었으면 '수'와 협조해(금생수:金生水) '화'를 절제하기가 어렵지 않을 수 있습니다(금극화+수극화). 그가 만약 교육을 거의 받기 어려운 조선 왕조의 백성의 아들로 태어났다면 성격이 불같아서 사고치는 젊은이가 될 가능성이 큽니다. 사회적응에 어려움을 겪었을 것입니다. 그러나 다산은 양반집 막내아들로 태어나 어릴 적부터 철저한 유학 교육을 받았습니다. 금의 성격인 성실성이 교육으로 습관화 되는 행운이 그에게 있었습니다.

학이시습지 불역열호(學而時習之 不亦說乎) 배우고 배운 것을 때에 맞추어 몸에 익히면 기쁘지 아니한가? 논어의 첫 구절입니다. 유학 교육은 사회화 교육입니다. 자강불식(自彊不息:스스로 최선을 다하여 노력하고 몸과 마음을 수련함), 수기치인(修己治人: 자신의 몸과 마음을 수련하고 지도자의 길 익힘)은 조선조 인구의 약 10%인 양반들의 교육 핵심이었고 삶의 목표였습니다. 자강불식은 심리학자들이 말한 자아강도와 닮은 의미가 있습니다. 자아강도는 체계적인 사고와 자기수양 정도로 측정되며 5대 성격특성 중 성실성으로 오행의 '금'에 해당됩니다. 자아강도가 높은 학생들 중 신경성 수치가 높은 학생들이 학업성취도가 높다는 사실을 연구결과에서 드러났습니다. 다산은 '화'가 4개로 신경수치가 매우 높은 학생이었을 것으로 추정됩니다.

순자(荀子: 중국 전국시대 유학자. 예의(禮義)로서 사람의 성질을 교정할 것을 주장함 298?~235? BC)는 '사람의 실질적 능력과 논리적 가능성 사이의 차이는 매우 다르다'라는 유명한 말을 남겼습니다. 신경성 수치만 높다고 공부를 잘할 수는 없습니다. '화'는 열정은 있지만 끈기가 부족하기 쉽습니다. 끈기는 '금'의 성질입니다. '타고난 성품은 서로 비슷하나 습관이 서로를 차이 나게 만든다.『논어 17:2』에 있는' 공자의 말입니다. 다산은 어릴 적부터 공부하는 습관과 끈기를 몸에 베이게 교육을 받았을 것으로 확신합니다. '화'는 '금'에게 일 중독자를 만들게 하고(화극금은 상극관계), '금'은 '화'에게 인내와 끈기를 주었습니다(금극화도 상극관계). '습관은 제2천성이다'는 속담을 마음 속 깊이 새겨볼 만합니다. 우리의 유전자는 신체를 건설하는 설계도가 아니라 신체를 익혀내는 요리법입니다. 똑같은 요리책으로 음식을 만들어도 맛이 모두 다릅니다. 불의 강도, 요리시간 즉 환경에 따라 달라집니다. 습관은 환경에 따라 달라집니다. 습관은 사회 적응 훈련입니다. 맹자 어머니가 아들교육을 위해서 3번 이사한 이야기는 환경의 중요성을 강조하고 있는 교육의 본보기가 될 귀중한 실제의 사례입니다.

다음 다산의 시는 그가 타오르는 사랑의 감정(화, 火)을 어떻게 절제(금, 金)하였는지를 보여주고 있습니다.

눈 덮인 깊은 산속 도화 한 가지
연분홍 복사꽃이 진홍비단에 쌓였는가.
이내 마음 들떴으나 강철처럼 굳어졌네.
네가 비록 풍로라도 어찌 녹일 수 있겠는가.
설산심처일지화(雪山深處一枝花)
쟁사비도호강사(爭似緋挑護絳紗)
차심기작금강철(此心已作金剛鐵)
종유풍노내여하(縱有風爐奈汝何)
*이 시의 번역은 집필자가 해서 미흡한 점이 있습니다.

다산이 유배 중이던 11월의 어느 날 밤 꿈속에서 미인을 만난 후 깨어서 지은 시로 알려졌습니다. 아마도 지난 봄 4월 복사꽃이 한창 핀 달 밝은 밤에 순박하고 티 없이 예쁜 처녀가 초당에 찾아 왔을 때 유배 생활로 메마른 다산의 가슴은 순간이나마 활화산처럼 불타올랐을 것입니다. 벗어버리기에 너무 무거운 유부남, 양반체면, 선비의 지조와 절개, 금욕을 지켜야 하는 천주교 신자, 죄인의 멍에에 짓눌려 타오르는 정열을 잠재워야 하는 사랑의 고문을 당했을 것입니다. 그 처녀에 대한 미안한 마음과 연민의 정을 이 시로 남겨 놓은 듯 생각됩니다.

다산은 창조적인 작가로 생각됩니다. 신경성 수치가 높은 사람 중 일부는 작가, 시인, 예술가, 과학자가 될 가능성이 높다고 합니다. 여기에 개방성 기질도 높아야 한다고 합니다. 다산은 양반 가문에서 태어나 유학교육을 받았지만 실학과 천주교를 받아들인 것을 보면 개방성이 높은 것으로 보입니다(토 2개). 오행의 '화'는 '토'와 상생관계입니다(토생화). 창조성은 오행의 '화'가 '토'로부터 개방성을 받아들인 합작품입니다.

다산은 생애동안 508권의 방대한 저서를 남겼습니다. 그는 정치, 경제, 사회, 사회, 과학 분야까지 위대한 업적을 남긴 것은 조선왕조를 개혁하겠다는 큰 꿈, 야망이 있었고 그것을 이루려는 열정이 강열했기 때문으로 보여 집니다. 그의 오행의 성격에 '목'(木)이 있습니다. '목'의 성격은 야망을 포함하고 있습니다. 열정은 야망을 성취시키는 상생관계인 화생목입니다. 36년 저술활동을 가능하게 한 것은 타고난 지칠 줄 모르는 '화'가 4개인 열정의 결과였습니다.

열정은 언제나 이성을 태워 없앤다고 합니다. 열정을 다스릴 줄 알면 모든 것을 다스릴 수 있다고 합니다. '저 친구는 성질이 불 같아!'

'저 친구는 신경이 너무 예민해! 조금만 감정을 건드리면 분에 못 이겨 팔딱팔딱 뛰며 어쩔 줄을 몰라!' 저는 운전할 때 옆에 가던 차가 예고 없이 갑자기 끼어들면 나도 모르게 '저 개xx!'라고 욕설이 터져 나옵니다. 옆자리에 앉아 있는 아내는 '교수가 왜 그렇게 쌍말을 자주해요! 품위를 좀 지키세요.'라는 충고에 멋쩍어 지지만, 똑같은 상황이 벌어지면 험한 욕설이 매번 터져 나옵니다. 마음속으로 침착하게 대응하겠다고 다짐을 해보지만 소용없는 일이었습니다. 이러한 충동적인 격정 또는 분노는 위험한 상황에서 나타나는 본능적인 반응입니다. 수렵 채취시대 인간에게 분노는 위험한 상황을 극복하고 살아남기 위해 꼭 필요한 행동이었습니다. 분노도 반복적으로 드러내면 습관이 될 가능성이 큽니다. 문명화 된 사회에서 분노를 마음속으로 삭이지 못하면 인격이 부족한 사람으로 보이기 때문에 죄책감을 느끼기 쉽습니다.

금극화

옛날 일본에서 있었던 에피소드입니다. 젊은 사무라이가 깊은 산에 머물고 있는 나이 많은 참선을 수행하여 도통한 스님을 찾아가 정중히 예의 지켜 인사를 드린 후 '극락세계와 불지옥이 어떻게 다른지 가르쳐 주십시오'라고 간청하였습니다. 젊은 사무라이는 검술만 아니라 무사도를 익힌 똑똑한 무사였습니다. 물론 명상도 자주했습니다. 도승은 역겨운 표정을 지으며 대답했습니다. '가르쳐 줄 수는 있네만 젊은이가 그것을 이해할 만한 머리가 없을 것 같은데?'

사무라이는 입술을 깨물며 분노를 삭이면서 말했습니다.

'말씀이 심하십니다. 도승께서 내가 누구인지 알기나 해요?'

목소리에 분노가 묻어나지만 도승은 젊은 사무라이를 멸시하는 태도는 변하지 않았습니다.

'젊은이는 별로 대단한 사람은 아니지. 그대는 젊은 패기는 있지만 어리석음은 아직 벗어나지 못하고 있구먼!'

젊은 사무라이는 분에 못 이겨 씩씩거리며 몸을 부들부들 떨고 있었습니다. 도승은 한층 더 놀리는 태도로 말했습니다. '허리에 찬 것은 검이라 부르는 물건인가? 고기 자르는 식칼처럼 보이는군!'

'뭐라고! 이 늙은이가 목이 두 개인가!'

차고 있던 검으로 도승의 목을 칠 기세로 검을 빼는 순간 도승은 점잖게 말했습니다.

'그게 불지옥이라네. 스스로 분노를 다스릴 수 없는 마음이 지옥이지'

젊은 사무라이 눈빛에 깨달음이 역력했습니다. 그는 공손하게 칼집에 검을 꽂고 큰절을 올리자 도승은 미소를 지으며 말씀하셨습니다.

'그대의 마음은 지금 극락세계를 거닐고 있구먼!'

신경성 수치가 높은 사람, 즉 과민한 사람은 강렬한 감정을 가지고 있습니다. 크지 않는 자극에도 쉽게 충동적 격정을 보입니다. 과도한 감정을 억제하는 힘은 절제력입니다(금극화). 즉 '화'와 '금'은 서로 조절하는 관계입니다. 절제력은 '금'이 '화'를 조절하는 기능이지 일방적으로 억압하는 것이 아닙니다. 감정을 억누르기만 하면 감정이 메말라 화석인간이 될 수 있습니다. 절제 의미에 중용이란 의미도 포함합니다. 여기서 중용이란 감성(火)과 이성(金)의 균형을 말합니다. 즉 정서와 사고의 조화입니다.

2014년 노벨 물리학상을 공동수상한 나카무라 슈지 교수는 UC산타바버라에서 가진 기자회견에서 '노벨상을 받게 된 내 원동력은 분노였다'라고 말했습니다. 그는 일본 나치아 화학공업에 일하던 1990년대 초, 청색 LED를 개발하였습니다. 회사는 그에게 개발 장려금으로 2만엔 이외의 다른 보상은 하지 않았습니다. 그는 자존심에 모욕감과 회사의 실망스러운 태도에 대한 강렬한 분노를 느꼈을 것입니다. 벤자민 프랭클린(Franklin Benjamin 미국 정치가, 저술가, 과학자 1706~1790)은 '모든 분노에는 항상 이유가 있다. 하지만 정당한 이유는 드물다'라고 말했습니다. 슈지교수처럼 생각이 깊은 분노들은 정당한 이유가 있습니다. 대뇌 신피질에 있는 전두엽은 변연계 안에 있는 편도체에서 발생하는 감정들을 이성적으로 분석하여 효과적인 대응책을 생각해 내는 것으로 학자들은 밝혀냈습니다. 나카무라 슈지교수는 내향적인 '금'의 성격 소유자로 보입니다. 슬픔 같은 감정은 시간이 지나면 약화되어 잊혀지지만, 분노에는 에너지가 담겨있어서 끊임없이 지속되는 성향이 있습니다. 그는 미국 캘리포니아 산타바버라 주립대학으로 옮겨 분노의 에너지를 동기 삼아 인내와 성실함을 바탕으로 더 노력해서 LED 실용 개발에 성공하였습니다. '금극화'(金剋火)의 상극 본보기입니다. 감정(화, 火)과 이성(금, 金)의 조화가 있는 삶, 소곤거리는 생각들과 흥얼거리는 감정들이 서로 어우러져 우리의 마음의 바탕이 되는 인생행로는 행복에 젖어있는 삶이 될 것입니다.

수극화와 화극수

신경성 수치가 높은 사람 즉 과민한 사람은 감정의 강도가 강해서 작은 자극에도 흥분하기 쉬운 성격입니다. 즉흥적으로 행동하기 쉽습니다. 흥분하면 상대방의 감정을 읽어 내는 능력이 약화됩니다. 타인들의 말소리, 몸짓, 표정 등 비언어적 전달 수단을 읽어내는 능력이 감정을 파악하는 기술입니다. 타인의 감정을 읽어내려면 보통 때처럼 자신의 마음이 평안하고 고요해야 자신의 감정도 알고 타인의 감정을 읽어 내는 능력을 가지게 됩니다. 화(火)를 낼 때 '여보시게! 찬물 마시고 마음 돌려!' 이런 충고는 젊은 시절 어른들한테 많이 들었습니다. '수극화'(水剋火)는 상극관계가 물로 화(火)를 조절한다는 의미입니다. 불이나면 물로 불을 끄지요. 화가 나서 속이 탈 때 찬물 한 그릇 마시면 화가 풀립니다. '화'의 성격은 '수'의 성격처럼 평정심을 가지는 태도를 닮아야 합니다.

우리는 마음을 호수에 비교합니다. 잔잔한 맑은 호수에는 주위의 산과 나무들의 그림자가 산뜻하고 아름답게 보입니다. 솔솔 부는 바람에 작은 물결이 일면 산 그림자는 부서지고 맙니다. 감정의 물결이 일면 우리는 평정심을 잃게 되고 세상의 제 모습을 볼 수 없게 됩니다. 자신의 감정을 다스릴 줄 알면 타인의 감정도 읽고 관리할 수 있습니다. 이것이 인간관계를 원활하게 하는 핵심 능력이 됩니다. 수의 성격 소유자는 여유작작합니다. 물처럼 유연하고 서두르지 않습니다. 상선약수(上善若水:최고의 선은 물과 같다) '수'는 5대 성격특성의 친화성과 비슷합니다.

사주의 지지의 '사'(巳)의 상징동물은 뱀이고 오행의 속성은 '화'입니다. 지지의 '사'(巳)의 속성은 지혜롭고 총명하여 학자의 기질입니다. 신경성 수치가 높은 사람이 금의 이성적 사고를 받아들이면(금극화) 낮은 사람보다 깊이 생각하고 사물의 이치를 연구하는 정신 상태에 자주 빠진다고 합니다. 이것은 사물의 이치나 세상에 있는 문제들을 있는 그대로 보게 해주는 눈을 가지게 하였습니다. 상상의 날개를 펴 당면한 감각과 과거의 경험을 연합시켜 실현가능한 해결책에 도달합니다. 기존의 틀을 깨뜨리는 능력이 드러납니다. 바로 통찰력에 이를 수 있습니다(금극화+수극화).

목생화, 화생토, 토생화, 화극금 그리고 수극화의 종합적 본보기

일본 교도대 혼조 다스쿠 교수가 2018년도 노벨 생리의학상을 받았습니다. 1992년 그의 대학원생 중 한명의 연구에서 우연히 새로운 분자가 발견되었습니다. 혼조 교수는 이 대학원생이 미국으로 유학을 떠난 뒤에도 PD-1이라 명명한 이 분자에 대해 수시로 들여다보며 끊임없이 궁리하였습니다. 본격적으로 연구한 4년 뒤 PD-1이 다른 물질을 공격해 몸을 지키는 면역기능에 브레이크 역할을 한다는 것을 발견하였습니다. 이 브레이크(PD-1)역할을 막으면 면역기능이 암을 공격하게 되지 않을까하고 생각했습니다. 암 치료에 응용이 가능하지 않을까 하는 생각도 드러났습니다. 당시 면역기능으로 암을 치료하려는 시도는 모두 실패해 면역기능으로 암 치료제를 개발하는 것은 상식 밖의 일이었습니다. 그는 상식을 깨고 '면역치료' 암 치료제를 개발하였습니다.

우리가 과학에서 진리 또는 상식은 현재 시간까지만 되는 경우가 많습니다. 새로운 발견으로 진리가 바뀌는 경우가 많습니다. 천동설을 부정하고 지동설을 주장했다가 종교 재판에서 유죄를 받은 갈릴레이(1564~164)는 '그래도 지구는 돈다.'라고 중얼거렸다고 합니다. 위대한 발견을 한 사람들은 통찰력이 뛰어난 사람들입니다. 신경성 수치가 높은 사람 중에 통찰력과 예감 또는 직관 능력이 상당수 있다고 합니다. 동아일보 교토 특파원과 인터뷰에서 '돌멩이를 주어 갈고 닦았더니 다이아몬드가 되었다'고 말했습니다. 절차탁마(切磋琢磨:옥이 들어있는 돌을 자르고, 갈고, 쪼개고, 닦는다는 뜻으로 학문이나 덕행을 닦음)라는 중국고전의 말을 인용한 것으로 보입니다. 이 말 속에 그의 통찰력과 직감 능력(화, 火) 인내, 성실함(금, 金), 열정(화, 火), 높은 목표와 도전(목, 木)의 성격이 보입니다. 목생화(木生火), 화극금(火剋金) 그리고 상식을 넘어서는 융통성(수극화, 水剋火)과 개방성(화생토, 火生土)의 오행성격 모든 요소들이 상생과 상극으로 화합과 조율한 실례로 생각됩니다.

서양 심리학자들도 5대 성격특성의 유형들을 적절히 활용하는 지혜가 자신의 삶을 행복하게 할 수 있다고 생각하고 있습니다. 자신의 성격을 알아야 성격 특성간의 조화와 조율이 가능하고, 타고나지 않은 성격요인은 조기교육과 행동의 반복 훈련으로 습관을 만들면 필요한 성격을 만들 수 있습니다. 유전자는 경험을 행동으로 번역하는 훌륭한 기계장치입니다.

금(金)의 성격

금의 성격 유래

가을은 서쪽을 상징합니다. 또한 오행의 '금'을 상징하기도 합니다. 동북아시아는 추분(약력 9월 22일 전후)이 되면 여름 하지와 비교하여 햇볕 에너지가 절반 정도이며 계속해서 줄어듭니다. 기온도 점점 내려갑니다. 따뜻한 동남풍보다는 서늘하고 차가운 서북풍이 불어오는 계절입니다. 모든 생물들은 생장의 속도를 낮추다가 멈추고 겨울잠을 준비합니다. 동적인 생활에서 정적인 생활로 바뀌어 집니다. 여름은 양(陽)의 계절이지만 가을은 음(陰)의 계절로 식물들은 겨울을 대비하여 생장하던 여린 가지들은 겨울잠을 시작합니다. 쇠(金)처럼 줄기를 단단하게 하고 식물의 열매들을 결실하게 합니다. 가을의 속성은 삶과 죽음의 경계선에 내몰리지 않을까 근심·걱정하는 때입니다. 아름다운 꿈을 꾸던 봄과 풍요로운 여름을 추억하며 슬퍼지는 감상적인 계절입니다. 모든 생물의 활동은 고난의 계절을 예비하여 고요해지고 신중해지며 엄숙해집니다. 가을은 봄철에 씨를 뿌리고 여름에 땀 흘려 가꾼 대로 거두는 정직한 계절입니다.

초등학교 때 교과서에 있는 동화를 읽는 것은 재미있었습니다. 이해가 잘되지 않은 동화는 거북이와 토끼의 달리기 경주였습니다. 경기는 시작되었지만 거북의 걸음이 너무 느려서 뛰어가던 토끼가 중간에 잠깐 쉬다가 잠이 들었습니다. 거북이는 쉬지 않고 기어가 거북이가 승리했다는 내용입니다. 선생님은 '재능이 뛰어나도 게으른 사람은 성공하기 어렵지만 재능이 조금 모자라도 열심히 땀 흘려 노력하는 사람은 성공할 수 있다'고 말씀하셨습니다. 제가 초등학교 다닐 때는 우리나라 인구의 90%가 농민이었습니다. 거북이는 성실한 농민의 초상으로 생각했습니다.

호미 들고 벼 밭에 김매노라면 어느 덧 한 낮이 되어

온몸에 땀방울 흘러내려 벼 뿌리를 적시네.

그 누가 알리요 그릇에 담김 밥이

알알이 모두가 농민의 피와 땀인 것을

중략…

아버지는 들에서 밭을 갈고

아들은 산 속의 황무지를 개간하네.

유월 달 벼는 구월이 되어야 벼이삭이 영그는데

관가에서는 벌써 벼 창고를 수리하네.

이 시는 중국의 당나라 때 시인 이신(李紳)의 농민을 동정하며 지은 시입니다.

가을은 곡식을 수확하는 계절입니다. 국가가 세금으로 곡식을 거두어들이는 계절입니다. 국가는 세금을 매기는데 정의로워야 합니다. 농경시대는 풍년, 평년, 흉년 수확을 평가해서 세금을 매겼습니다. 여기에 공정한 세금 부과에 여러 가지 어려움이 있습니다. 정부는 공정한 세금을 부과하려고 노력해야 합니다. 미국의 대통령이 집무하는 건물은 백악관입니다. 흰색 건물은 정의를 실현하겠다는 의지의 표현으로 생각됩니다. 미국은 공정한 사회로 평가받고 있습니다. 열심히 일한 만큼 보상을 받는 사회입니다. 개미와 베짱이 우화에서 성실한 개미를 우선하는 사회입니다.

오행에서 '금(金)'은 가을의 계절이고 방위는 서쪽이며 오색(五色)중에 흰색입니다. 오상(五常:인仁, 의義, 예禮, 지智, 신信) 중에는 의(義)입니다. 의와 흰색

116

의 상징성은 우리에게 같은 의미로 받아들여집니다. 우리나라 대통령이 일하는 건물은 청와대입니다. 우리나라는 정(情)이 깊은 마음이 따뜻한 나라입니다. 오상중에 인(仁)의 색은 파랑입니다. 파랑은 봄과 꿈을 상징합니다. 우리나라는 노래와 춤을 즐기는 나라입니다. 꿈이 있기에 한강의 기적을 이루었습니다. 우리의 꿈은 목적지로 가는 길을 알고 있습니다.

금의 천간과 지지의 성격

음양오행으로 '금'에 해당하는 천간의 '경'과 '신' 그리고 지지의 '신'과 '유'의 성격은 다음과 같습니다. 천간의 경(庚)은 열매 껍질을 상징합니다. 열매 껍질은 단단하고 질겨서 열매의 속살을 안전하게 보호합니다. 자신이 하고 싶은 일에 대하여 결단력, 의지력, 그리고 추진력이 매우 중요합니다. 자부심이 강해서 일을 처리하는데 독선적인 면을 보이지만 성실함과 정의감으로 일처리 결과가 완벽에 가깝습니다. 정직하고 청렴결백하여 불의에 타협하지 않아서 인간관계가 유연하지 못하여 모난 성격으로 보입니다. 붉은 사과 껍질처럼 자신을 잘 드러냅니다. 오행의 속성은 '금(金)'이고 음양은 '양(陽)'이어서 외향적 성격입니다.

천간의 '신(辛)'은 벼꽃이 수정된 후 벼 낟알 안에 약간 쓴맛이 나는 유즙 형태로 탄수화물이 저장되어 가는 과정의 유즙을 상징합니다. 유전자 프로그램에 따라 치밀하고 섬세하게 이루어집니다. 이 무렵에 벼는 햇볕, 바람, 그리고 밤낮 온도 차이에 민감합니다.

'신'의 성격은 주위 상황에 대하여 냉철하게 판단하고 원리 원칙에 따라 행동합니다. 신중하고 침착하며 절제력이 강하고 일을 완벽하게 처리하려는 경향이 있어 자기중심적이 되기 쉽습니다. 오행의 속성은 '금(金)'이며 음양으로는 '음'이어서 내성적인 성격입니다.

지지의 '신(申)'은 원숭이를 상징합니다. 지혜롭고 현실적응이 뛰어납니다. 사교성이 좋으며 낙천적입니다. 잔재주가 뛰어나고 활동적이며 스포츠를 즐깁니다. 의리도 있습니다. 오행의 속성은 '금(金)'입니다. 음양으로는 '양'이어서 외향적인 성격입니다.

지지의 '유(酉)'는 닭을 상징합니다. 통찰력과 예지력이 뛰어납니다. 일에 계획성이 있고 시작과 끝이 분명합니다. 통제 능력이 있지만 사교성은 부족합니다. 오행의 속성은 '금(金)'입니다. 음양으로는 '음'이어서 내성적인 성격입니다.

오행의 '금'의 성격은 5대 성격요인 모델의 성실성과 비슷합니다. 성실성 수치가 높은 사람은 체계적이고, 의지력이 강해 절제력이 있으며 자기를 잘 관리합니다. 조심성 있고 신중하고, 끈기가 있습니다. 원칙에 집착하고 강직하며 남에게 굽히지 않는 성격입니다. 직설적이고 솔직함 때문에 비판정신이 강한편입니다. 자기 신념이 강해 변통성이 부족해 순발력이 떨어질 수 있습니다.

오행의 다섯 가지 성격요인을 모두 가진 사람도 있고 한두 가지 나타나지 않은 것도 있습니다. 심리학자들의 연구 결과처럼 성격 각 요소들이 연속선상의 중간쯤 어딘가에 놓인 것을 기준으로 한다면 아주 낮은 쪽은 성격진단 검사에 나타나지 않을 수 있는 것처럼, 오행의 다섯 성격 요인 중에 행동으로 외부에 드러나지 않는 것은, 없는 것이 아니라 수치가 낮은 것으로 생각됩니다. 상황이 아무리 바뀌어도 변하지 않는 성격을 드러내는 사람도 있고, 어떤 사람은 카멜레온처럼 상황에 따라 바뀌져 다른 사람처럼 보이기도 합니다. 카멜레온 같은 사람은 평상시에 나타나지 않은 성격이, 달라지는 상황에 따라 드러나는 것으로 보입니다. 상황 대응에 빠른 사람입니다. 오행에 음양의 성격을 합하면 누구나 5대 성격 특성을 모두 가진 것처럼 음양오행의 성격도 대부분 가지고 있는 것으로 생각됩니다. 동북아시아에서는 오행의 각각 성격 요인 간에 상생과 상극으로 서로 연결되어 있습니다. 사주의 성격분석으로는 드러나지 않았던 성격이 상생과 상극을 활용해서 해석하면 모습을 보입니다. 사용하지 않은 길은 잡초가 덮여 길이 없는 것처럼 보이지만 필요에 따라 잡초를 베고 다시 사용하면 길이 됩니다. 자연환경과 사회 환경에 따라 자주 드러나지 않는 성격은 내부에 깊이 잠들어 있는 것으로 생각됩니다.

금의 상생과 상극

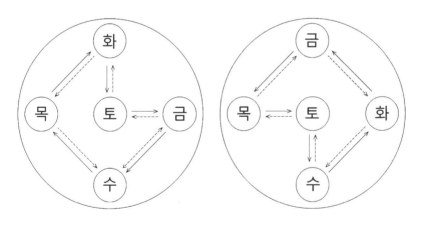

(상생도 / 상극도)

금은 사회본능에서 발달

'목'과 '화'의 성격은 사람이 타고난 자기의 생명을 보존하거나 발전시키려고 노력하는 본능과 자기 종족을 보존하려는 본능(생물본능)이 첫째이고 개인이 공동체(사회)의 성원으로서 생활할 수 있게 동화의 과정에 대응하여 만들어진 사회본능이 둘째입니다. 그러나 '금'과 '수'의 성격은 사회본능이 첫째이고 생물본능이 둘째이며 그리고 개인 발달 본능도 바탕이 됩니다.

'목'과 '화'의 성격은 봄과 여름의 본질을 '금'과 '수'의 성격은 가을과 겨울의 본질이 바탕입니다. 사계절의 중간기간 즉 겨울에서 봄으로 옮겨가는 2~3주 정도의 기간에 겨울과 봄 날씨가 오락가락하는 계절이 있습니다. 봄에서 여름으로, 여름에서 가을로, 가을에서 겨울로 넘어가는 중간 계절이 있습니다. '토'의 성격은 사계절이 오고가는 중간기간이어서 사계절의 본질을 조금씩 모두 닮았습니다.

사계절의 오고가는 중간계절을 밀쳐두고 사계절 중심으로 상생과 상극을 분석해보면 '목'과 '화'의 성격은 상생하고 이들은 생물본능이 주연 역할을 합니다. 배울 수 없고 수단과 방법을 행할 수 없는 본래부터 타고난 것이며 마음을 다하여 어떤 일에 힘을 쓰지 않아도 행동이 자연스럽게 이루어집니다. 욕망과 열정은 힘들이지 않아도 상황이나 환경에 따라 자연스럽게 드러납니다. 그리고 사회본능과 개인발달본능도 조연을 합니다. '금'과 '수'의 성격도 상생합니다. 이들은 사회본능과 개인 발달본능이 주연 역할을 하는 것으로 인위적인 것이 많습니다. 에너지가 적게 드는 능동적 행동이 아니라 에너지가 많이 드는 수동적인 행위입니다. 봄(목)과 여름(화)은 노력을 적게 해도 생존이 가능하지만 가을(금)과 겨울(수)은 애를 쓰고 힘을 들이지 않으면 생존이 위험에 빠집니다. 삶의 경험의 지혜가 오행성격에 담겨져 있음을 짐작하게 합니다. 논리를 중요하게 생각하는 서양문화에 다르게 경험을 중요하게 여기는 동양문화의 한쪽 모습을 보여주는 사례입니다.

토생금과 금생토

'금'의 성격은 5대 성격 특성 중에 '성실성'과 비슷합니다. 금의 성격은 신중하고 침착하고 체계적 이어서 일을 완벽하게 처리하는 경향이 있어 자기중심적이 되기 쉽습니다. 일을 완벽하게 처리하려는 버릇이 되어버린 성격 때문에 세밀하고 빈틈없이 꼼꼼하게 작은 부분까지 잘 챙기는 집착기질이 있어 부분에 얽매어져 전체적인 시작에서 보지 못하는 경우도 자주 있게 됩니다. 나무만 보고 숲을 보지 못하는 안타까움이 있을 가능성이 있습니다. 주위 사람에게는 사물을 잘 다룰 수 있는 너그러운 마음이 좁게 보이고 고집스럽고 그 때 그때의 경우에 따라 막힘없이 일을 처리하는 능력이 부족하게 보일 수 있습니다. 오행의 '금'은 '토'와 상생 관계입니다. '토'로부터 포용성과 개방성을 받아들여야 합니다. '토'는 넓게 개방되어 있고 모든 것을 받아들입니다. 모든 생명체들이 자유롭게 공존하는 곳이 '토'입니다. '토'로부터 포용성과 개방성을 받아들여 숲 전체를 바라볼 수 있는 시각을 배우고 초록빛 가득한 개방된 드넓은 들녘을 거닐면 작은 것에 집착하는 마음에서 자유로워질 수 있습니다(토생금). 토는 포용성과 개방성의 성격으로 비판정신이 부족할 수 있습니다. 금으로부터 비판정신을 도움 받을 수 있어 선별적으로 비판능력이 드러날 수 있습니다(금생토).

목극금과 수생금

우리가 삶에서 체계를 세우는 것은 삶의 목표들을 효율적으로 달성하기 위해 환경을 통제할 수 있는 방법이기 때문입니다. 성실한 성격을 가진 사람은 자신의 생활규칙과 일정표를 짜놓고 자신에 세워놓은 체계를 지키는 데 엄격합니다. 사람마다 성격이 다르기 때문에 체계에 반응도 각각인데도 불구하고 타인도 자신의 체계적 생활습관이 옳은 것이기 때문에 따라야 한다고 믿습니다. 자신이 세운 체계에 얽매여져 자신의 목표 달성을 망각할 가능성이 큽니다. 주가 되는 것과 부차적인 것의 순서가 바뀐 것입니다. 목으로부터 목적달성을 향한 야망을 받아들여 길을 잃지 않아야합니다. '목'과 '금'은 상극 관계입니다. 상극은 쌍방향 조절관계입니다. 목극금이 될 수도 있습니다. 한쪽으로 치우치지 않은 조절이 필요합니다. 상황에 따라 일정표도 규칙도 바꿀 필요가 있습니다. '수'로부터 유연성과 융통성을 받아들여야합니다. '금'과 '수'는 상생 관계입니다. '수'의 유연성과 융통성, 즉 마음과 태도가 여유로움과 한가로움을 도움 받아 고집불통에서 자유로움을 얻을 수 있습니다(수생금)

화극금

농업사회는 경쟁이 없는 공동체를 지향하는 평준화 사회였습니다. 동트면 농사일이 시작되고 해가 저물면 일손을 멈추고 집에 돌아옵니다. 출근과 퇴근 시간은 없지만 농부들은 개미처럼 열심히 일합니다. 성실성을 미덕의 근본으로 하는 사회가 농업사회입니다. 충동과 본능적으로 눈앞에 이익을 쫓아 생활하던 수렵기를 벗어나 농경 정착시대에 들어서면서 장기이익(가을 수확)을 중시하는 환경에서 필요에 의하여 생긴 새로운 성격 요인의 하나가 성실성으로 생각됩니다. 농업사회에서 산업사회로 접어들면서 직장과 국가 안의 제한된 경쟁사회가 닥쳐왔습니다. 산업 사회의 미덕은 농부의 근면·성실에 윗사람의 시킴을 기다리지 않고 제 스스로 나서서 일을 하는 태도가 더 보태어졌습니다. 관리형 인재의 모습입니다.

정보화 사회가 되자 사회 변화는 가속화되고 선택의 기회가 많아지면서 사회 전체 균형이 쉽게 깨여지는 역동적 사회, 불안한 사회로 바뀌었습니다.

농업 사회는 매우 안정적이고 예측 가능한 환경이어서 근면 성실함이 자연스럽게 선호되었습니다. 산업 사회에서 정보화 사회에 접어들면서 환경 변화가 가속되어 예측 불가능한 환경에서 순간순간 주어진 상황에서 즉각 충동적으로 반응할 수 있는 사람, 다가오는 변화의 조짐을 재빠르게 읽어낼 수 있는 직관능력이 있는 사람이 가장 적합할 수 있습니다. 충동성과 직관능력 즉, 순발력은 수렵기의 정신 상태로 신경이 예민을 넘어 과민한 사람의 성격 특징입니다. '화'의 성격입니다. '화'와 '금'은 상극 관계입니다. 화극금은 서로 조절하고 협력하는 관계입니다. 합리적인 사고를 하고 행동하는 '금'은 '화'의 본능적인 충동성과 직관능력을 받아들여야 정보화 사회에 적응할 수 있는 성격을 가지게 됩니다(화극금).

'금'은 차가운 이성적 사고를 하는 사람입니다. 분석적으로 세상을 바라보기 때문에 비판정신이 강해서 주위 사람들로부터 따돌림을 당할 가능성이 있습니다. 자신의 일에만 몰두하는 이기적인 가능성도 높습니다. 냉혈동물처럼 따뜻한 감정이나 인정이 없는 냉혹한 사람으로 보일 수 있습니다. 가족에게도 연인에게도 사무적으로 행동할 수 있습니다. '화'와 '금'은 상극 관계입니다. '금'은 '화'의 열정과 사랑의 감정을 받아야합니다(화극금). 연인에게는 에로스적인 사랑을, 친구들에게는 필리아적 사랑을, 가족에게는 아가페적 사랑을 생각이 아닌 행동으로 보여주어야 합니다. 에로스, 필리아, 아가페의 사랑은 분리되어 있는 것이 아니라 한 몸이지만 상황에 따라 표현되는 방법이 다를 뿐입니다.

금생수와 수생금
성실성은 가치 있는 성과가 기대되는 학문분야나 성취도가 높은 목표 지향적인 직업에 관련이 깊은 것으로 알려졌습니다. 1만 년 전 원시시대는 자연 생태계의 적응 능력이 생존과 직접적으로 관련되어 있었지만, 현대는 인공생태계의 적응도 자연생태계의 적응 못지않게 중요하게 되었습니다. 성실성과 친화성은 인공생태계의 적응에 밀접하게 관련되어 있습니다. 친화성은 '수'의 성격입니다. '금'과 '수'는 상생관계를 서로 협력하는 관계입니다. '금'은 '수'의 친화성을 받아들이면 아름다운 것 위에 더 좋고 아름다운 일이 더하여짐과 같은 모습이 됩니다.

오행의 상생과 상극이 서로 협력하고 조절할 때 인생의 꿈은 이루어집니다.

학문과 직업에서 높은 성취를 이루기 위해서는 사회에서 개인이 성장·발전하고 싶은 강열한 욕망('목'의 성격)과 열정('화'의 성격) 그리고 성실함과 인내('금'의 성격)가 서로 협력해야 가능합니다. 욕망('목')과 열정('화')은 상생 관계입니다. '금'과 '목' 그리고 '화'와 '금'은 서로 조절해주는 상극 관계입니다.

학문과 직업에서 바라는 성취를 이루기 위해서는 창의력이 필요합니다. 창의력은 열린 마음, 즉 개방적인 성격과 옛것이나 새로운 것을 받아들이는 포용적인 성격에서 나옵니다. '금'과 '토'는 상생관계입니다. '금'이 '토'의 포용과 개방성을 받아들이는 것은 힘이 많이 드는 상극관계와 비교해서 에너지가 적게 드는 자연스러운 상생관계입니다. 사회생활을 행복하게 하려면 인간관계를 얼마나 잘 유지하는 가에 달렸습니다. '수'의 성격인 친화성을 가져야 합니다. '금'과 '수'는 상생 관계입니다. '금'의 의지에 따라 '토'와 '수'이 상생관계와 '목'과 '화'의 상극관계를 활용할 수 있어 자신의 꿈을 이룰 수 있습니다.

한 송이의 국화꽃을 피우기 위해

봄부터 소쩍새는

그렇게 울었나 보다

한 송이의 국화꽃을 피우기 위해

천둥은 먹구름 속에서

또 그렇게 울었나 보다

(중략)

노오란 네 꽃잎이 피려고

(중략)

내게는 잠도 오지 않았나 보다

　　서정주님의 「국화옆에서」 시입니다. 국화꽃을 피우기 위해 이른 봄에 꿈을 안고 국화의 어린 싹을 심고(목)가꾸고 뙤약볕이 내리 쬐고 천둥 번개 치는 여름날에서도 열심히 국화를 키웠습니다.(화) 꿈과 열정 그리고 인내와 성실이(금) 꽃망울이 되어(토) 서늘한 가을 석양에 노오란 국화꽃이 피었습니다. 친구들을 불러 모아 밝은 달빛아래 술 한 잔 나누며 국화를 감상하며 친교를 나눈 것이(수) 자연스러운 순서가 되겠지요.

　　이 한편의 시가 '금'의 성격을 종합적으로 표현할 것 같습니다.

수(水)의 성격

수의 성격 유래

겨울은 북쪽을 상징합니다. 또한 오행의 '수'를 상징하기도 합니다. 겨울이 되면 북쪽에서 찬바람이 불어오는 계절입니다. 동지(24절기의 하나, 12월 22일이나 23일)의 햇볕 에너지는 햇볕 에너지가 가장 많은 하지(24절기의 하나로 6월 21일 또는 22일)의 25%에 지나지 않습니다. 북쪽에서 불어오는 찬바람과 햇볕 에너지감소로 대지는 춥고 찬 기운으로 가득합니다. 대부분의 식물과 일부 동물들도 겨울잠을 잡니다. 생물의 활동이 적어 죽은 듯이 고요하지만 시시 때때로 북풍이 불어와 대지는 몹시 거칠고 쓸쓸하기까지 합니다. 거친 환경을 마음에 새겨두어 자상하고 따뜻한 마음으로 가족을 돌보고, 조심성 있는 행동으로 집안 식구가 화목하게 지내며 농사일에 바빠서 가질 수 없었던 여유롭고 한가로움을 가족과 함께 보낼 수 있는 계절이었습니다.

지금처럼 일 년 내내 비닐하우스 농사일에 바쁜 농부와 다르게 벼농사 중심이었던 저의 소년시절의 농부들은 겨울철은 농한기였습니다. 긴긴 겨울밤에 호롱불 아래서 할머니와 어머니는 길쌈을 하고 아버지는 소설책을 낭랑한 목소리로 낭독하였습니다. 처음에는 소설 내용에 머리에 들어오지 않았지만 반복되는 내용이 서서히 기억에 남게 되었습니다. 여러 소설 중에 나관중의 『삼국지』가 제일 재미있었습니다. 겨울의 밤이 기다려졌습니다. 삼국지를 읽지도 않았는데도 책 내용의 줄거리가 저의 기억 속에 생생하게 남아있었습니다. 나중에야 알게 되었지만 스토리텔링 교육을 자연스럽게 받게 되어 이야기 줄거리를 기억하는 능력이 개발되었습니다. 초등학교 3학년 때 김은주 담임 선생님이 읽어주셨던 『걸리버 여행기』를 듣고 어른들이 모여 노는 저의 집 사랑방에서 이야기를 해서 칭찬을 받은 일이 여러 번 있었습니다. 겨울철은 저에게 지식과 지혜를 베풀어주는 '수'의 계절이었습니다. 오하이오 주립대학 유학시절에 대학생들에게 질문을 했었습니다. '사계절 중에 어느 계절이 공부하기가 좋은 계절입니까?'

'야외활동 어려운 겨울 학기가 공부도 집중되고 제일 열심히 하는 학기입니다'

저는 학생들의 뜻밖의 대답에 놀랐습니다. 미국학교제도는 여름 방학은 있어도 겨울 방학이 없는 이유를 경험으로 깨달았습니다. 지식을 살찌우는 계절이 분명한 것 같습니다.

오행에서 겨울은 '수'를 상징합니다. 여름철에 비가 많이 내려도 온도가 높고 햇볕이 강해서 흙길들이 쉽게 말라서 걸어 다니는데 불편이 거의 없습니다. 그러나 겨울에 눈이 내리면 녹아 흙길들이 질퍽거려 걸어 다니기가 매우 불편합니다. 밤에는 다시 얼어 붓고 낮에 녹아 다시 질퍽거리고, 거의 겨울 내내 마른길이 되는 경우가 많지 않습니다. 이러한 경험을 옛 사람들은 겨울을 물기가 가장 왕성한 계절로 생각해서 겨울을 '수'로 오행에서 표현한 것으로 생각됩니다. 한국의 겨울의 낮의 온도는 섭씨 4도를 오르내리는 때가 많습니다.

사람의 몸은 70%가 물입니다. 물은 대지의 피로 마치 사람의 혈관을 흐르는 것 같다고 생각했습니다. 고대 중국에서 제나라의 물은 빠르고 빙빙 돌면서 흐르기 때문에 그 백성들은 탐욕스럽고 거칠고 용맹을 즐기며, 초나라의 물은 잔잔하고 맑기 때문에 그 백성들은 경박하고 요사스럽고, 월나라의 물은 탁하고 텁텁하기 때문에 그의 백성은 우둔하고 질투심이 많고 불결하다고 관중(管仲: 중국 춘수시대, 제나라 정치가, 법가 ?~645BC)의 「수지편(水地篇)」에 기록되어 있습니다. 약 400년이 지난 후 『한서(漢書: 중국의 전한의 역사책 BC202-AD8, 반고 지음)』에는 '제나라 지방의 선비들은 경전 연구를 좋아하며 명예를 숭상하고 유연하고 도량이 넓고 융통성이 있으며 지혜가 풍부하다'고 기록되어 있습니다. (풍우란의 중국철학 사상사에서 인용하였음) 자연환경에 따라 성격이 다르게 만들어지는 것의 좋은 실례로 생각됩니다. 한나라의 선비의 성격이 '수'의 성격과 비슷합니다.

음양오행으로 '수'에 해당하는 사주의 부분은 천간 '임'과 '계' 그리고 지지의 '자'와 '해'의 성격은 다음과 같이 요약했습니다.

천간의 임(壬)은 벼 낱알 껍질 끝에 붙어있는 까끄라기 모양이 실 모양과 비슷하여 임을 상징한 듯합니다. 베를 짜려면 실(삼실, 무명실, 명주실)이 있어야 합니다. 실은 유연성이 높습니다. 물처럼 상황에 따라 모양이 달라질 수 있습니다. 명주실을 여러 가지 색으로 물들여서 여러 모양의 무늬 비단을 짜냅니다. 성질이 부드럽고 아름답다는 것을 비단결 같다고 표현합니다. '수'의 성격과 비슷합니다. 융통성과 친화력이 있으며 생각이 개방되어 있습니다. 일을 실행하는 데 근면하고 활동적이며 치밀하고 총명합니다. 음양으로는 양이어서 외향적인 성격이 있습니다.

천간의 '계'는 벼이삭을 상징합니다. 벼이삭에는 작은 가지들이 질서정연하게 이삭줄기 양쪽에 배열되어 있습니다. 바람이 불면 벼 낱알이 바람에 따라 흔들리며 찰랑거립니다. 벼 낱알이 익어 가면 벼 이삭은 머리를 숙입니다. '계'의 성격을 가진 사람은 예의 바르고 정직하며 자신을 드러내지 않는 익은 벼 이삭처럼 겸손함이 있습니다. 모험보다는 현실을 중요하게 생각하고 사물에 대해서 객관적으로 판단합니다. 현실적인 감각이 뛰어나 변화하는 환경에 적응력이 강합니다. 음양으로는 음이어서 내성적 성격이 있습니다.

지지의 '자'는 쥐를 상징합니다. 감각이 발달해서 주어진 환경에 예민하며 총명하고 현실 생활에 적응을 잘합니다. 낙천적이고 사교적이어서 인간관계가 좋습니다. 음양으로는 음이어서 계절이 겨울이고 밤에 주로 활동해서 내성적 성격으로 분류되지만 외향적 성격도 있어 내향·외향적 성격을 함께 가지고 있습니다.

지지의 '해'는 돼지를 상징합니다. 마음이 따뜻하고 너그럽습니다. 깊은 감정을 가지고 있어 성적 흥분을 보입니다. 생각이 많아 침착합니다. 겸손하지만 자기주장이 뚜렷합니다. 음양은 양이어서 외향적인 성격이 있습니다.

오행의 '수'의 성격은 5대 성격요인 모델의 친화성과 비슷합니다. 물은 어떠한 환경에서도 유연하게 대처하고 항상 자유롭게 높은 곳에서 낮은 곳으로 불평 없이 흘러가는 것처럼 '수'의 성격은 물을 닮아서 유연하고 융통성이 있으며 낙천적이고 사교적이며, 겸손해서 인간관계가 원활합니다. 세상 환경 변화에 대응하는 총명함과 지혜가 있습니다. 깊은 물처럼 때로는 생각이 깊어 실행할 수 없고 현실과 다른 헛생각에 시간을 보내기도 합니다.

얼마 전 태어나서 처음으로 3~4세 어린이가 가게를 홀로 찾아가서 부모가 시킨 물건을 사가지고 집으로 돌아오는 과정을 녹화 방송한 것 몇 편을 보았습니다. PD의 아이디어가 돋보였고 프로그램이 정말 재밌었습니다. 어제 저녁에 방영된 두 어린이의 심부름이 너무도 감동적이었습니다. 첫 번째 남자 어린이는 친구와 함께 집에서 얼마쯤 거리가 있는 가게에서 떡을 사가지고 오는 심부름을 하면서 동행해준 친구에게 고마운 마음 표시로 떡 한 팩을 사서 주는 것을 보고 깜짝 놀랐습니다. 더욱 나를 놀라게 한 것은 두 번째 남자아이였습니다. 심부름을 가기가 두려운지 엄마에게 짜증내던 아이가 옆집 유치원 여자 친구와 같이 가라는 엄마의 말에 신이 나서 집을 나섰습니다. 여자 친구 손을 잡고 당당하게 함께 꽃가게에 가서 엄마가 주문한 로즈마리를 사고, 여자 친구한테도 예쁜 꽃다발을 골라 사주며 즐겁게 손을 꼭 잡고 심부름을 하는 과정은 TV시청자들에게 감명을 준 것이 틀림없습니다.

집을 떠나 심부름을 가고 오는 길이 친구와 함께 가면 안전하고 즐겁고 심부름 목적을 제대로 수행할 수 있음을 보여준 방송 프로그램이었습니다. 우리는 우리 자신의 감정에 대해 개방적일 때 남들의 감정을 읽어내는 능력에서도 우수성을 보인다고 합니다. 심부름 간 어린이들이나 심부름 가는 데 같이 가준 어린이들은 모두 친구의 마음과 감정을 읽은 것 같습니다. 이 어린이들은 친구들이 필요로 하는 것이 무엇인지를 읽고 서로 친절을 베푼 것입니다. 이들은 엄마로부터 따뜻한 사랑과 관심을 받으며 순조롭게 성장한 것으로 보입니다. 부모로부터 사랑과 관심을 많이 받고 자란 아이는 남에게 사랑과 관심을 보일 줄 아는 어린이로 성장한다고 합니다. 우리 문화는 엄마가 아기를 안고 잠재우고 등에 업고 키웁니다. 엄마와 아이 간에 애착이 매우 강합니다. 자연스럽게 엄마와 아이의 감정도 아주 친밀해집니다. 사람 중심으로 생활하던 대가족 중심인 농경사회의 관습이 경쟁이 치열한 산업, 정보화 사회의 핵가족 중심 시대에도 상당부분 남아 있는 것이 다행이라고 생각됩니다.

마음 읽기와 공감하기는 날 때부터 타고나는 것이 아니라는 것은 심리학자들의 연구 결과입니다. 임신 후 태아의 뇌의 발달이 임신부와 교감이 이루어진 후부터 그리고 출생 후에 얻은 경험과 배운 지식에 의해 친화 능력이 발달되는 것으로 알려졌습니다. 오행의 '수'는 5대 성격 특성 모델의 친화성과 비슷합니다. 친화성 수치가 높은 사람은 낙천적이며 협조적이고, 사람을 잘 믿고, 남을 응원하고 공감도 잘 합니다. 그러나 친화성 수치가 낮은 사람, 즉 좋지 않은 환경의 영향으로 친화력 발달이 덜 된 사람은 세상에 대해 쌀쌀한 태도로 비웃고, 남과 자주 부딪치고, 온화하고 순하지도 않으며, 불친절하고 인색해 보일 가능성이 높습니다. 조화로운 인간관계를 가지는 것도 매우 서투릅니다. 일반적 사회 구성원과 잘 어울릴 수 없는 반사회적 장애가 있을 수 있습니다. '수'의 성격은 낙천적이고 친절하고 남을 잘 돕고 잘 믿어서 인간관계에서는 돋보입니다. 그러나 주변 사람들을 빠짐없이 챙기고 돕다보면 자신의 삶의 목표를 실현할 시간이 부족합니다. 낙천적이어서 삶의 치열한 경쟁 상황에 꾸물거립니다.

수의 상생과 상극

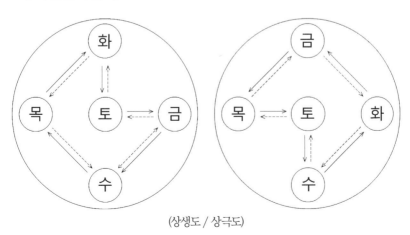

(상생도 / 상극도)

목생수와 금생수

'수'는 '목'과 상생관계입니다. '목'으로부터 성공에 대한 의지와 의욕 그리고 도전의 태도를 받아들여야 합니다. 남의 의견을 쉽게 받아들여 이래도 흥 저래도 흥 하는 헤프고 줏대 없는 사람으로 보일 가능성이 있습니다. 상황에 따라 자기주장을 할 수 있는 '목'의 성격을 받아들여야 합니다(목생수). 작은 회사에 다니는 K씨는 어느 추운 날 퇴근길에 건물 구석에 추위에 떨며 웅크리고 앉아있는 노숙자가 눈에 들어왔습니다.

'여보세요! 영하의 날씨에 이곳에 있으면 얼어 죽어요. 저녁 식사는 했어요?'

'아직…'

K씨는 입고 있던 후두가 붙어있는 오리털 파카를 벗어 덮어주고 주머니를 뒤져 몇 장의 지폐를 주며 '얼마 되지 않지만 요기나 하세요.'

'고맙습니다.'

K씨가 노숙자에 준 지폐 몇 장은 아침 아내에게 받은 교통비였습니다. 감기로 콜록거리며 한 시간 넘게 걸어 집에 도착했습니다.

'당신 파카는 어디 두고 벌벌 떨고 와! 감기는 어쩌려고… 또 파카와 교통비를 노숙자에게 주고 왔구먼! 아이고! 속 터져 못살겠네. 자기 분수나 알았으면…'

동정심을 한없이 발휘하다보면 본인의 마음은 행복하겠지만 가족에게 경제적으로 피해를 줄 수 있고 자신의 삶의 길도 잃을 수가 있습니다.

'수'는 '금'과 상생 관계입니다. 고상한 자신의 감정을 켜고 끄는 능력은 인간 정신의 기본적인 특징입니다. 남의 불행을 상황에 따라 냉정하게 무시할지 말지를 차가운 이성으로 판단하는 마음과 가족에게 경제적 피해가 되는 자신의 여린 감정을 절제하는 태도를 '금'으로부터 받아들이는 용기가 있어야 합니다(금생수).

토극수

'수'는 '토'와 상극 관계입니다. 흙으로 둑을 쌓아 흘러가는 물을 저장해서 농사에 쓰여지고 생활에 필요한 물로 사용합니다. 농경시대 물은 재물로 생각하였습니다. 물을 잘 관리하는 것은 중요한 국가정책의 하나였습니다. 수의 성격은 재물에 대한 욕심이 매우 약합니다.

농업사회에 우리 문화에는 친구들과 함께 식당이나 술집에서 밥값 또는 술값을 친구 중 하나가 모두 지불하는 풍습이 있습니다. 대부분 친구끼리 번갈아 돈을 내는 것이 일반적이지만, 마음이 여리고 착한 친구가 비용을 부담하는 경우가 많습니다. 저의 친구 아버지는 술을 좋아하셔서 친구들을 불러 모아 술집에서 술을 자주 마시고 술값은 외상으로 적어놓고 가을 추수 후에 많은 술값을 갚아서 친구네 집은 가난에 허덕이는 것을 보았습니다.

친화성이 이롭게 하는 행동을 하게 되어 다른 사람으로부터 좋은 평판은 받을 수 있고 도덕적인 기쁨은 누릴 수 있지만, 자신의 개인적인 성취는 이루지 못할 수도 있다는 연구가 있습니다.

직장인 K씨와 친구아버지는 재물을 유용하게 쓸 수 있는 성격을 가져야 합니다. 흙으로 둑을 쌓아 물을 저장해 농사에 쓸 수 있는 '토'의 성격을 닮아야합니다. '토'와 '수'는 상극관계로 서로 조절해주고 조언할 수 있습니다. 여기에서는 '토'가 '수'에 경제적인 삶에 대해 조언하고 조절해주어야 합니다(토극수).

수생목

심리학자들의 연구에 의하면 친화성이 낮은 사람은 세상에 대해 쌀쌀한 태도로 비웃고, 남을 믿거나 돕는 경향이 적으며, 남과 자주 부딪치고 불친절하고 욕심이 많아 재물을 체면이나 도리를 돌아보지 않고 몹시 아낍니다. 친화성이 극단적으로 낮은 사람을 사이코패스라고 합니다. 사이코패스는 자기의 일을 첫째로 생각하고 남의 일을 마음속에 두지 않으며 남에게 정을 줄지도 모르며, 정직하지도 않고, 사회적인 죄와 벌에서 자유로우며, 자신의 목적을 위해서 친구도 이용하는 사람입니다. 놀랍게도 사회적으로 성공한 사람의 뒷면에 사이코패스적 성격이 있는 경우가 드물지 않습니다. 부모가 물려 준 유산 없이 순전히 자기 힘으로서 큰 재산을 모은 사람 중에 이런 성격이 숨어 있는 경우도 있습니다.

세익스피어가 지은 『베니스상인』의 주인공인 유대인 수전노 '샤일록'도 사이코패스적 성격을 가진 사람으로 추정됩니다. 생존본능 욕망이 너무 강한 사람입니다. 한국의 흥부전에 나오는 놀부와 비슷합니다. 욕심(목)과 사랑(화)의 조화(화생목)를 이루고 그리고 지혜와 유연함을 수의 성격을 받아들였다면(수생목) 세상의 좋은 평판을 받는 사람이 될 수 있습니다.

이기심과 이타심의 조화

타조는 어미가 죽은 새끼들까지 받아들여 자기 새끼와 함께 키운다고 합니다. 그 타조는 많은 노력을 들여 다른 새끼들을 키운 것이 이타심이 많아서 일까요?

포식자가 타조 새끼를 잡아먹으려고 공격이 시작되면 타조는 자기 새끼는 자신을 중심으로 가운데 배치하고 어미를 잃은 새끼들은 바깥쪽으로 둥글게 배치하여 그들을 포식자의 먹이로 주어 자신의 새끼를 보호한다고 합니다. 입양된 새끼들도 몇 마리는 살아남을 가능성이 있습니다. 포식자의 위험이 없었다면 입양된 새끼들도 살아 남아있겠지요. 그들은 양 엄마에게 감사하겠지요. 이타심과 이기심이 타조의 마음에 공존하는 것은 아닐까요? 우리 마음에도 이타심과 이기심이 혼합 평형상태(mixed equilibrium)가 나타나는 것은 아닐까요? 찰스 디킨스(Dickens, chorles. 영국 대중작가 1812-1870)의 작품 '크리스마스캐럴'의 주인공 스크루지 영감의 이기심이 천사를 만나 '이타심'으로 변화되는 이야기입니다. 욕망(목)이 감소되고 (금극목), 연민의 감정이 살아나는 (수생목) 성격으로 변화 될 수 있음을 보여주는 이야기입니다. 우리는 이기심(생존본능)과 이타심(사회적 본능)을 함께 가지고 있습니다. 이들의 혼합 평형상태의 균형과 조화가 필요합니다.

적당한 친화성 수치는 있는 것일까?

우리 문화에는 중용사상이 있습니다. 극단에 치우지지 않고 정도가 넘치거나 모자람이 없는 도덕적 규범을 주장한 사상입니다. 일반적으로 사용하는 단어의 의미는 마땅히 지나치거나 모자람이 없으며 또 어느 한쪽으로 치우치지 않고 떳떳하며 알맞은 상태나 그 정도를 말합니다. 친화성의 수치가 극단적으로 높거나 낮은 쪽으로 치우치지 않는 중간정도가 적당한 친화성 수치로 보는 것이 중용의 뜻입니다.

이론적으로는 중간 정도로 쉽게 표현하지만 실제 상황에서 개인이나 사회의 관습에 따라 중간 정도에는 다양한 차이가 있습니다. 아파트 층을 고를 때에 3층 건물 아파트면 2층을 로열층으로 생각합니다. 10층 건물에서는 4-5층, 20-40층 건물 아파트 등 높이에 따라 로열층이 변합니다.

아마도 3-4백만 년 전 아프리카 초원에서 사자, 호랑이, 늑대 같은 포식자로부터 잡혀 먹지 않으려면 무리의 중앙이 안전하다는 우리의 조상들의 체험에서 중앙 또는 중간 정도가 비롯된 것은 아닐까요? 대부분 부모들은 자녀들에게 '학교 성적은 중간이면 충분해!'하고 격려합니다. 학자들은 사회생활을 순조롭게 하기 위해서는 중간 정도의 친화성을 가지는 것이 유리하다고 말합니다. 과유불급 즉, 모든 사물이 정도를 지나침은 도리어 미치지 못하는 것과 같다는 의미입니다. 젊은 시절 어른들한테 여러 번 들었던 사자성어입니다.

'수'의 성격을 중용으로 조절할 수 있을까요?

상생과 상극을 활용하면 가능합니다. '수'는 '목'과 '금'이 상생 관계입니다. 약한 자기주장과 성취욕망을 '목'으로부터 도움 받고(목생화), 냉정함과 성실함은 '금'으로부터(금생수) 받아들여 중간 정도까지 높여야 합니다. 적극성과 열정은 '화'로부터(화극수), 절약 정신은 '토'로부터(토극수) 받아들여 오행의 각 요인 등이 역동적 균형을 이루어 나가도록 힘써야 합니다. 이렇게 되면 자연스럽게 친화성의 중도(中道: 두 극단을 떠나 어느 한편으로 치우치지 않는 사람이 행해야 할 바른 길, 즉 중용의 길)에 이르게 됩니다.

오행의 성격은 각 요인간의 상생과 상극의 활용의 핵심이며 역동적 균형이 필수적입니다. 이것이 동양의 음양오행의 성격 모델이 세계화해야 하는 의무이기도 합니다.

토(土)의 성격

토의 성격 유래

고등학교 시절 한창 독서에 빠져 있을 때 펄 벅(Buck, Pearl S. 1892-1973, 미국 여류 소설가, 1938년 노벨문학상)의 『대지(大地, The Good Earth)』를 재밌게 읽었습니다. 대지는 대자연의 넓고 큰 땅을 의미합니다. 중국에 여행한 적이 없는 저에게는 대지의 영상이 떠오르지 않았습니다. 1977년 처음 비행기를 타고 미국 시카고의 상공에서 끝없이 펼쳐진 대지를 보았습니다. 바다처럼 넓고 맑은 호수의 파도를 보며 충격을 받았습니다. 일 년 후 자동차로 오하이오 콜럼버스에 있는 오하이오 주립대학교를 7시간 운전하여 갔습니다. 끝없이 펼쳐진 대평원을 옥수수와 콩이 바람에 초록 물결을 일으키며 싱그럽게 자라고 있었습니다. 펄 벅의 'Good Earth'라는 의미를 실감했습니다. 제 고향은 서해안에서 멀지 않아 서북풍을 막아 부드럽게 해주는 수강산에 오르면 하늘과 바다가 맛 닿은 수평선을 볼 수가 있었습니다. 그러나 지평선은 본적이 없었습니다. 휴게소에 동서남북으로 몸을 돌려 바라보아도 시선이 멈추는 곳은 하늘과 넓은 땅 끝이 맞닿아 있는 지평선뿐이었습니다. 지평선 따라 몸을 한 바퀴 돌면서 바라보니 지평선이 동그랗게 보였습니다. 끝이 보이지 않은 넓은 평원에서 지평선은 직선이 아닌 원이였습니다.

'와! 지평선이 동그라미네' 제가 원의 한가운데, 지구의 중심에 서 있는 느낌이었습니다.

우물 안에 살던 제가 우물 밖으로 뛰어나와 우물 안에 갇혀있던 마음이 해방되는 순간이었습니다. 나의 몸은 기쁨 그 자체였습니다. 내 마음이 대지처럼 넓게 열려지는 느낌이었습니다.

오행의 배치도를 보면 '목'은 동쪽, '화'는 남쪽, '금'은 서쪽, '수'는 북쪽, 그리고 '토'는 중앙에 놓였습니다. 중국에서는 태양의 황도(외견상으로 본 태양의 궤도) 상의 위치에 따라서 정한 음력의 절기를 1년, 24절기로 나누었습니다. 봄의 시작을 입춘, 여름의 시작을 입하, 가을의 시작을 입추, 겨울의 시작을 입동으로 하였습니다. 양력으로 4계절의 봄은 3~5월, 여름은 6~8월, 가을은 9~11월, 겨울은 12~2월입니다. 24절기로 봄의 시작은 겨울의 마지막 2월입니다. 시인들은 음력 2월을 '춘래불사춘(春來不似春)' 즉, 봄은 왔는데 봄 같지 않구나' 하고 2월의 날씨를 표현하였습니다. 2월의 3~4주, 5월의 3~4주, 8월의 3~4주, 11월의 3~4주를 계절의 끝과 시작이 가고 오는 시간을 '토'의 계절로 보았습니다. 그래서 '토'의 속성은 사계절이 가고 오는 것을 튼튼하게 돕는 역할로 생각했습니다. '토'는 봄에 만물이 생명활동을 시작하게 하고, 여름에는 생장·발달을, 가을에는 성숙, 그리고 겨울에는 겨울잠을 들게 하는 그 일에 한쪽으로 기울지 않고 공정하고 사사로운 점이 없이 돕는 것으로 보았습니다. 그래서 '토'의 속성은 화평과 평등으로 생각했습니다. '토' 즉, 땅은 모든 생물에게 삶의 터전을 공평하게 마련해주었습니다. 땅은 만물에게 차별하지 않고 개방된 장소입니다. 대지(大地)는 공정하고 포용성 있는 마음씨를 가진 대인의 성품과 비슷합니다.

토의 천간과 지지의 성격

음양오행으로 '토'에 해당하는 사주의 부분은 천간 '무'와 '기' 그리고 지지의 '축', '진', '미', '술'의 성격을 요약했습니다.

천간은 공간을 상징하고 지지는 시간을 상징합니다. 지지 12개로 1년 12개월을 배당해서 '자'는 1월로 시작해서 '해'는 12월로 마감했습니다. '토'는 계절 오고가는 2월(축월), 5월(진월), 8월(미월), 11월(술월)에 해당하는 지지 즉,

'축', '진', '미' 그리고 '술'의 성격을 가지게 됩니다. 천간 즉, 갑, 을, 병, 정, 무, 기, 경, 신, 임, 계, 열 개 중 가운데 5번째 '무'와 6번째 '기'에 '토'로 배정한 것도 비슷한 이유입니다. 오행의 배치도에서 '토'를 중앙에 배치한 것도 똑같은 이유입니다.

천간의 '무'는 새싹이 딱딱한 땅 거죽을 뚫고 땅위로 나올 때 여린 새싹이 상처 입지 않도록 새싹을 안전하게 나오도록 칼날 같은 모양의 초엽으로 새싹의 호위무사입니다. 초엽의 임무처럼 목표 달성에 고집스럽게 주위 상황과 환경에 흔들이지 않고 밀고 나가는 성격입니다. 목표를 추진할 때 현실을 똑바로 보고 안정적인 것을 맨 앞에 놓습니다. 고집과 성실함으로 일을 성취합니다. 믿음성과 의리가 있고 포용력이 있으며 활동적이어서 친화력이 강하고 Leader ship도 있습니다. 음양으로는 양이어서 외향적인 성격이 있습니다.

천간의 '기'는 식물 줄기를 상징합니다. 자부심이 강하고 참을성이 있으며 목적 달성을 위해 계획적이고 치밀하며 성취하려는 의욕이 강합니다. 줄기가 작은 가지들을 거느리듯 포용력이 강하며 상대방의 감정도 잘 헤아립니다. 안정을 중요하게 생각하며, 변화와 모험은 싫어합니다. 순간적인 대처능력은 적은 편입니다. 정직하고 진실하여 상대방에게 신뢰감을 줍니다. 보수적인 성향이며 인간관계는 유연하지 못한 편입니다. 음양으로는 음이어서 내성적인 성격이 있습니다.

지지의 '축'은 소를 상징합니다. 황소고집이란 말처럼 융통성은 적지만 성실하고 마음이 바릅니다. 제 의견을 곧게 내세우며 우기는 경향이 있습니다.

음양으로는 음이어서 내성적인 성격이 있습니다.

지지의 '진'은 용을 상징합니다. 말솜씨가 뛰어나고 영리하고 재주가 있습니다. 성취 의욕이 강하며, 인내심도 강한 편입니다. 자기 의견에 사로잡혀 자신을 내세우는 경향이 있습니다. 인간관계를 중요하게 생각합니다. 음양으로는 양이어서 외향적인 성격이 있습니다.

지지의 '미'는 양을 상징합니다. 새로운 초원을 따라 이동을 멈추지 않는 양떼처럼 세상을 두루 돌아다닙니다. 지배 받기를 싫어하고 자유를 사랑합니다. 독립심이 강하고 집중력도 강한 편입니다. 양털처럼 성격이 부드럽습니다. 열정과 신념도 강열한 편입니다. 음양으로는 음이어서 내성적인 성격이 있습니다.

지지의 '술'은 개를 상징합니다. 감각과 감정이 발달되어 있어 친한 사람에게는 한없이 따뜻하고 부드럽지만 낯모르는 사람 또는 싫어하는 사람에게는 동물의 본능을 드러내어 짖어댑니다. 실용적이고 화합에 익숙하고 능란합니다. 음양으로는 양이어서 외향적인 성격이 있습니다.

주돈이(周敦頤:중국 북송의 유학자 1017-1073)는 그의 저서에서 음양의 성격에 대해 간략하게 설명하였습니다. '사람이 행하여야 할 바른길은 지나치거나 모자람이 없는 중도(中道)에 있다'고 합니다. 중도의 길은 중용의 길과 같은 의미입니다. 음이 중도에 꼭 들어맞는 경우는 자애로움, 온순함, 공손함이지만, 중도에 맞지 않는 경우는 나약함, 굽실거림, 우유부단함이고, 양이 중도에 꼭 들어맞는 경우는 의로움, 결단성, 엄정함, 단호함이고, 중도에 맞지 않는 경우는 사나움, 성급함, 강포함이라 말했습니다.

　심리학자들은 사회생활을 순조롭게 하기 위해서는 중간정도의 친화성을 가지는 것이 유리하다고 말합니다. 또한 외향성 혹은 내향성을 한쪽의 성격만 가지는 것 보다 외향성과 내향성을 함께 가지는 성격이 유리하다고 합니다. 사주 8자 중에 대부분은 사람들은 음과 양의 성격 '수효의 개수'가 4자와 4자, 또는 3자와 5자, 그리고 2자와 6자 등으로 되어있지만, 음과 양의 숫자가 1자와 7자 또 '0'자와 8자로 한쪽으로 치우쳐 있다면 전문가의 상담이 필요합니다. 11세기 유학자 주돈이는 '훌륭한 교육자의 교육방법은 사람들로 하여금 자신의 약한 점을 보태고 채워서 더 튼튼하게 하여 자연스럽게 중도에 이르러 그 상태에 머물게 하는 것이다'라고 말했습니다. 음과 양의 수치가 너무 높거나 낮은 경우를 조절해서 중간정도의 길이 가장 좋은 길임을 겉으로 드러내어 밝힌 것은 참으로 놀라운 일입니다.

　오행은 행위를 의미합니다. 오상(五常:인, 의, 예, 지, 신)은 물질적인 기운입니다. 오행의 '토'는 신(信, 믿음), 즉 믿음 있는 행위입니다. 2월 4-5일에 입춘, 즉 봄이 시작됩니다. 겨울인지 봄인지 가늠하기가 어려운 달입니다. 그러나 지나보면 추위가 오고가는 것이 반복되지만, 2월 하순에는 매화꽃이 피며 봄이 왔음을 확인해줍니다. 겨울이 가고 봄이 온다는 믿음은 경험으로 알게 됩니다. 봄이 가고 여름이 시작되는 5월, 여름 중에 몹시 더운 기간인 삼복더위 중 더위가 절정에 이르는 말복기간에 가을이 시작되는 입추입니다. 겨울이 시작되는 입동은 단풍이 절정에 이를 때입니다. 이러한 계절의 변화의 기간을 '토'로 하였습니다. 입춘이 시작되었는데 봄 같은 날씨가 아니라 겨울 날씨가 계속되면서 봄이 오지 않을까 하는 의심이 생겨나는 것은 일반적 현상입니다.

우리는 인간관계에서 믿음과 믿지 않는 마음이 오고 갑니다. 변화하는 상황에 따라서 사람의 마음도 변합니다. '사람의 마음은 아침·저녁으로 변한다.'라는 속담이 있습니다. 아침과 저녁의 상황이 변하면 마음도 변할 수 있다는 뜻입니다. 계절이 변화하듯 상황은 항상 변하고 있습니다. 유교의 6개의 경전 중에 최고의 경전인 주역(周易)은 세상의 변화 원리를 설명한 책입니다. 쉼 없이 변화하는 상황을 깨달아 받아들이는 자세가 세상을 적응해 가는 지혜로 생각했습니다. '토'는 사계절의 변화기간이며 이들 변화를 더하거나 고침 없이 그대로 받아들입니다. '토'는 변화를 포용합니다. 어느 한 계절만 선호하는 것이 아니라 사계절, 일 년의 모든 변화를 평등하게 받아들이는 개방적인 성향이 있습니다.

'토'는 5대 성격 특성 모델의 개방성과 비슷합니다. 개방성은 새로운 환경과 새로운 생각과 상호작용을 수용하는 성향으로 부릅니다. 겨울에서 봄으로 계절이 바뀌면 겨울철 환경이 봄철 환경으로 새롭게 변한 것입니다. 봄에는 봄에 어울리는 옷을 입어야 합니다. 겨울철에 멋있게 보였던 옷을 봄이 한창일 때 입으면 어떻게 보이겠습니까? 봄에 봄옷을, 여름에는 여름옷을, 가을에는 가을옷을 입어야 자연에 적응합니다. 생각도 일과 사물의 상호 관계도 환경에 알맞게 바꾸어야 합니다. 이것이 '토'의 개방성입니다.

5대 성격 특성 모델에서 개방성이 가장 낮은 수준을 '촌스럽다'로, 개방성이 가장 높은 수준을 교양 있고 세련된 수준으로 나누었습니다. '촌스러움'은 자연 그대로의 단순함, 즉 깊은 산골 마을이나 외딴섬에서 자라는 아이처럼 자연 생태계에 적응한 상태라면, 교양과 세련은 대도시의 인공 생태계 즉 문화의 화려함과 복잡한 사회질서에 적응한 상태로 생각됩니다. 촌스러움은 산골의 화장하지 않은 태어난 대로의 얼굴과 교양과 세련미는 도시의 아름답고 세련되게 화장하여 꾸민 얼굴과의 차이로 보여 집니다.

개방성 수치가 높은 사람은 창조성과 밀접하게 연관되어 있다고 합니다. 5살 난 아이의 마음은 경이로우며 놀랄 만큼 상상력이 풍부하고, 그의 마음은 모험심과 새로운 가능성을 시도해 보려는 의욕, 그리고 흥미롭고 특이한 사례를 수용하려는 개방적인 태도를 가진다고 합니다. 인공사회 생태계에 적응하면서도 청년기까지 5살 난 아이의 마음을 간직할 수 있는 사람은 뛰어난 창조성을 발휘한다고 합니다. 여기에 적합한 실제의 본보기가 피카소와 아인슈타인입니다.

저의 미국 유학시절은 놀라움의 연속이었습니다.

약 10세 전후 소년과 소녀들이 높은 산은 아니지만 가파르고 거친 산에서 자전거를 타며 즐기는 모습을 보고 깜짝 놀랐습니다.

'넘어지면 다칠 텐데! 왜 부모들은 산악자전거 타기 놀이를 허락하지?'

처음에는 이해가 되지 않았습니다. 시간이 흐른 후에 미국 부모들의 자녀 교육을 이해하게 되었습니다. 원시의 질박(質樸:꾸밈새 없이 순박함)한 바탕인 야성과 교양과 세련미가 있는 지성의 조화를 이룬 청년이 되기를 원하는 교육이었습니다. 온실에서 키운 꽃보다 들판에서 자신의 힘으로 자라 꽃피운 향기 짙은 야생화 찔레꽃처럼 키우고 싶었을 것입니다. 온실 같은 환경에서 자란 청년들은 교양 있고 세련미가 있지만 인간의 향기는 부족할 수 있습니다. 인간의 향기는 '촌스러움'과 교양과 세련미가 조화를 이룰 때 그윽하게 널리 뿌려질 것입니다.

알맞은 개방성의 수치는 있을까요? 자연선택이 중간정도의 친화성을 가진 사람이 유리한 것처럼 개방성도 야성과 지성이 조화를 이룬 중간정도가 유리하지 않을까요? 문질빈빈(文質彬彬) 즉, 문명의 화려함과 자연 그대로의 단순함이 조화를 이룬 상태의 개방성의 중간 정도가 바람직할 것으로 생각됩니다. 러시아 대통령 푸틴은 야성과 지성의 조화를 이룬 것으로 보이며 트럼프 미국 대통령은 야성수치와 지성의 수치가 비슷하지만 때로는 야성수치가 높게 보이는 순간도 있습니다.

'목'은 봄, '화'는 여름, '금'은 가을, '수'는 겨울을 상징하고 각각의 계절의 성질의 특성을 가지고 있습니다. 그러나 '토'는 4계절의 성질 특성들을 모두 가지고 있습니다. 환경과 상황변화에 따라 성격특성이 드러났습니다. 만병통치약은 세상에 존재할까요? 지금까지는 발견되지 않았습니다. 미래에 만병통치약 또는 만병통치방법이 발명될 가능성은 있지 않을까요?

한 사람이 5대 성격 특성을 모두 가질 수 있을까요?

MBTI는 성격을 16개 유형으로 분류하였습니다. 성격검사를 받은 사람들은 각각 16개 유형 중에 1개 유형으로만 분류됩니다. 16개 유형간의 연관성에 대해서 알 수 없습니다. 그러나 '5대 특성의 각 요소는 모두 연속차원이며, 모든 사람이 그 연속선상 어딘가에 놓이는데 대개는 중간쯤이지만 다른 영역에도 두루 분포한다.'고 브라이언 리틀(Brain R. Little)교수는 언급하였습니다. 장(Jang), 리브스리(Livesley), 버넌(Vernon) 등이 일란성 쌍둥이와 이란성 쌍둥이를 대상으로 Neo Pi-R(신성격 검사)를 실시한 연구에서 유전적 영향의 정도는 신경성(41%), 외향성(53%), 개방성(61%), 친화성(41%), 성실성(44%)으로 추정된 연구결과를 인용하여 5대 특성의 각 요소들이 모두 사람의 성격에 두루 분포되었다는 것을 리틀 교수는 확인시켜 주었습니다. 집필자가 1340명의 50% 유전과 태아환경의 영향의 정도를 오행의 각 부분 값으로 계산한 결과, 화(신경성) 42%, 목(외향성) 45%, 토(개방성) 67.5%, 수(친화성) 45.5%, 금(성실성) 49.5%입니다.

장등의 연구결과와 저의 연구결과를 분석해보면 개방성이 모두 높게 나왔습니다(장등 61%, 김 67.5%). 외향성을 선호하는 미국문화권에서는 외향성(53%)이 2번째로 높았습니다. 그러나 내향성을 선호하는 동양 문화권에서는 성실성(49.5%)이 2번째로 높았습니다. 동양·서양과 문화권에서 개방성이 높게 나온 이유는 무엇일까?

5대 성격특성 중 가장 설명하기가 어려운 분야가 '개방성'으로 알려졌습니다. 새로운 생각, 경험 그리고 새로운 환경을 받아들이는 성질상의 경향으로 보는 학자도 있습니다. '목'은 봄, '화'는 여름, '금'은 가을, '수'는 겨울을 상징하는 성격으로 각 계절의 성격특징이 뚜렷하게 나타났습니다. 그러나 '토'는 2월, 5월, 8월, 11월처럼 계절이 바뀌는 4개월 기간의 성격을 상징합니다. '목', '화', '금', '수'의 성격을 모두 포용합니다. 또한 각 계절의 성격에 개방적입니다. 스탠퍼드 대학 교수였던 월터미셸(Walter Mischel)은 '성격에 일반적이고 고정된 특성이 있다는 증거는 희박하며 일상적인 상당부분은 우리가 마주치는 상황과 그 상황을 해석하는 방식에 달렸다'고 주장하였습니다. 그의 주장이 '토'의 성격을 대변하는 듯합니다.

스티브 잡스(Steve Jobs)의 성격이 '토'의 성격을 잘 설명해주는 좋은 본보기가 되는 것으로 생각됩니다. 그는 그 자신의 성격에 대해서 명확하게 이해하고 활용하였던 것이 분명합니다. 회사의 성장방향을 제시할 때는 강렬한 의지와 의욕을 겉으로 드러내 보이는 것이 오행의 '목'의 성격을 닮았습니다. 신제품 개발을 설명할 때의 열정과 자신감은 '화'의 성격이 보여 지고 젊은 사원들과 대화할 때는 유연하고 융통성 있는 '수'의 성격이 나타납니다. 회사 경영진들과 회사의 수익계산에 관하여 이야기 할 때는 차갑고 날카롭고, 실리적이고, 이기적인 사고가 '금'의 성격이 드러나고, 전체 사원 단합대회에서는 넓은 마음으로 회사원을 포용하고 회사원들에게는 믿음을 심어주는 모습이 '토'의 성격을 대변하였습니다. CEO들은 스티브잡스처럼 다양한 성격을 상황과 환경에 따라서 활용할 줄 아는 전문가들로 생각됩니다.

토의 상생과 상극

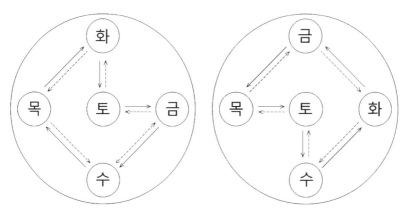

(상생도 / 상극도)

목극토, 수극토, 금생토 그리고 화생토

한국 정치계의 탁월한 정치 지도자인 K씨의 성격을 음양오행으로 분석하여 살펴보면 사주팔자 중에 음이 4개, 양이 4개로 음·양 즉 내향성과 외향성이 균형을 이루었습니다. 상황과 환경에 따라 외향적·내향적 성격이 드러날 수 있습니다. 오행에서는 '토'가 6개, '목'이 2개로 되어있습니다. '토'는 '목', '화', '금', '수'의 성격을 모두 받아들이는 성격입니다. K씨는 대지가 만물을 포용하듯 세상을 거의 포용하는 것과 같은 삶을 이어갔습니다. 정치적 야망을 가진 젊은이들, 어린 정치의 꿈나무들이 큰 나무로 자랄 수 있도록 넓고 넓은 비옥한 땅('토'가 6개)을 마련해주고 돌봐주었습니다. 이것이 목극토(木剋土) 즉, 서로 조절하고 협력하는 상극관계입니다. 나무와 풀들이 무성하게 동물들이 풍요롭게 자랄 수 있는 땅은 황무지가 아닌 옥토입니다. K씨의 성격은 옥토입니다. '토'와 '수'는 서로 조절해 줄 수 있는 상극관계입니다. 비('수')는 흙의 생산력을 높여줍니다. '토'는 '수'의 공감능력과 융통성을 받아들이는데 약간의 에너지가 필요합니다. '토'는 '금'의 비판정신과 의리, 그리고 절제력을 받아들일 능력이 있습니다. '토'는 '금'과 상생관계이기 때문입니다. 또한 '토'는 '화'와 상생관계입니다. '화'의 열정을 자연스럽게 받아들일 수 있습니다. 오행 즉, 목, 화, 토, 금, 수에 사주8자가 각각 배당하는 이론적인 평균치는 1.6개입니다(사주8자÷오행5자=1.6개). K씨의 오행은 목이 2개, 그리고 '토'에서만 6개가 배당되어 평균치보다 3.75배나 많습니다. 이러한 결과는 K씨의 오행에 겉으로 드러나지 않은 '화', '금' 그리고 '수' 성격을 모두 받아들여 활동하기에 충분한('토'가 6개) 포용력과 개방성을 가지고 있기 때문입니다.

수렵인의 성격은 개방성

인간의 성격이 여러 가지 유형으로 발달하기 시작한 것은 약 30여 명씩 모여 수렵과 채집을 하며 초보적인 사회생활을 시작시기로 이 시기의 자연환경은 바다 밑바닥에 침적하여 생긴 지층이나, 하천에 의한 퇴적층이 땅위로 나타나고, 지구 위에 대빙하가 녹은 후 빙하기, 즉 충적세입니다. 현대인의 사회적, 심리적 특성 중 많은 부분이 농업이 시작하기 전의 수렵채집 기간에 형성되었다고 진화 심리학자들은 주장합니다.

현재에도 우리의 뇌와 마음은 수렵채집생활에 적응한 형태를 보여주고 있다고 이 분야 학자들은 주장하고 있습니다. 이 주장에 따르면 5대 성격 특성인 개방성도 수렵인의 성격 중에 하나입니다. 개방성 수치가 높은 사람은 새로운 생각, 새로운 환경 그리고 새로운 상호작용을 받아들이는 성질상의 경향이 있다고 합니다.

수렵 채집인들은 매달, 매주, 심하게는 매일 삶의 터를 옮겨야 하는 길 위의 삶이었습니다. 같은 삶의 터전에 머무는 경우와 다르게 변화된 상황과 환경에 적응하는 융통성이 발달했을 것입니다. 새로운 삶의 터전에 살아남기 위해서는 이모저모로 깊이 생각을 하게 되었을 것입니다. 새롭게 만난 세상과 상호작용을 하게 되었을 것입니다. 환경이 변화되었을 때 옛 경험은 참고는 되지만 새 터전에 맞추어 생각하고 새로운 경험을 쌓게 되었을 것입니다. 개방성 수치가 높은 사람과 수렵 채집인의 성격이 비슷한 것으로 생각됩니다.

사람은 태어날 때 일생동안 뉴런(Neuron: 정보를 저장하고 전달하는 신경세포)을 1,000억 개에서 2,000억 개 가지고 태어나며, 각 뉴런은 2,500개의 시냅스(Synapse: 신경세포의 자극 전달부)를 가지고 있습니다. 2~3세가 되면 각 뉴런은 15,000개가량의 시냅스를 갖게 되며, 성인보다 더 많은 시냅스를 가지고 있습니다. 아이들의 뇌에는 환경에 적응하는 데 필요한 것보다 지나치게 많은 뉴런과 시냅스가 만들어지는 것으로 알려졌습니다. 아이들이 성장하면서 사용되는 뉴런은 살아남고 사용되지 않은 뉴런은 '가지치기'된다고 합니다.

좋은 재목(材木)을 생산하기 위해서 산에서 나무를 키우는 사람들이 해마다 '가지치기'하는 것과 비슷합니다. 뉴런의 '가지치기'는 인지발달을 뒷받침한다고 합니다.

시냅스의 과잉생산과 가지치기 과정이 수렵 채집인의 뇌에서 보다는 현대인의 뇌에서 일어나는 과정으로 생각됩니다. 수렵 채집인은 자연 생태계에 적응하는 삶이었지만, 현대인은 조상들이 경험해보지도 않은 연속적으로 진화되는 인공 생태계에도 적응해야 하는 무거운 짐도 함께 지게 되었습니다. 농경 및 산업사회의 구성원은 대부분이 사회적 풍토와 환경에 길들여져 있습니다. 산업사회 분업처럼 뇌의 영역도 전문화된 기능들은 상당히 세분화되어 있습니다. 복잡한 기능을 수행하기 위해서 피질의 여러 영역들의 회로들이 상호작용하여 정보를 주고받으며 함께 작용합니다. 뇌의 좌반구는 언어처리를 담당하고 우반구는 공간과 시각 정보와 비언어적인 정보인 정서를 처리합니다. 우반구는 이야기의 의미를 알아내는 데 뛰어나고 좌반구는 언어의 구성 및 운용상의 법칙과 문장을 구성하는 단어의 결합에 뛰어나다고 합니다.

창조적인 사람은 개방성 성격 소유자

개방성이 높은 사람은 의미 영역(우뇌)과 의미처리(좌뇌) 과정이 활발하게 상호작용하는 것으로 알려졌습니다. 책을 읽을 때에는 뇌의 두 반구가 함께 작용합니다. 폭이 넓은 연상도 가능해집니다. 한 가지 생각에 따라 이와 관련되는 생각이 떠오르게 됩니다. '찔레꽃 붉게 피는 선창(船艙:바다 가에 다리를 만들어 배가 닿을 수 있게 한 곳) 가에서 그대와…' 라는 대중가요의 한 구절입니다. 찔레꽃의 색은 흰색으로 5월에 피는 야생화로 향기가 짙으며 장미꽃의 사촌입니다. 찔레꽃처럼 때 묻지 않은 순결한 시골 처녀와 첫 사랑을 바닷가에서 수많은 밀회를 붉은 장미꽃 같은 정열로 뜨겁게 사랑을 했던 것을 느끼게 하는 노랫말입니다. 노랫말을 지은이는 찔레꽃에서 순수한 사랑과 붉게 피는 장미를 연상하여 본능적(찔레꽃=야생화)이고, 불꽃처럼 타오르는 사랑을 표현하였습니다. 식물학을 공부한 저에게 이 노래 구절이 처음에는 부담스러웠습니다. '찔레꽃은 하얀색인데…' 작가, 시인, 화가 등의 창조적인 사람들을 이해하는데 시간이 많이 필요했습니다. 인문학 책들을 넓고 깊게 읽지 못한 결과였습니다.

개방성 수치가 높고 창조적인 사람은 사회적·문화적 금기에 얽매이지 않는 성향이 강합니다. 연세대학교 국문학과에 재직 중이던 마광수 교수는 『즐거운 사라』라는 소설을 발표했습니다. '사라'는 기독교의 믿음의 조상입니다. 연세대학교는 기독교 단체가 설립한 교육과 전도를 겸한 미션스쿨 (Mission School)로 시작하여 한국의 일류대학교로 성장한 배경을 가지고 있습니다. 마교수는 종교적 금기에 도전했다가 해직당하고 전통적 사회에서 퇴출당하고 세상을 마감했습니다. 사회적·문화적 금기는 사회를 유지·발전시키려고 만든 사회의 규범입니다.

사회 규범은 자연적인 것이 아니라 인위적인 것입니다. 오늘날 사회는 자연 생태계에 적응하는 것보다 사람이 만들어 놓은 생태계에 적응하는 것이 생존하고 번식하고 행복한 삶을 이어가는데 더 중요하게 생각됩니다. 복잡성이 증가되고 진화되는 인공 생태계에 적응하도록 우리의 뇌 기능도 복잡성에 맞도록 진화되고 그 기능도 융합, 발전하는 것으로 보입니다.

양(외향성)의 수치가 높으면 오행성격특징들이 활성화 됩니다.

'5대 성격특성은 신경시스템 전체의 전반적인 '효율성'이 아니라 외향성의 보상 메커니즘이든, 신경의 위험감지 메커니즘이든, 친화성 감정이입 메커니즘이든 간에 어떤 구체적인 메커니즘의 상대적인 '활성화'를 말하는 것이다'라고 다니엘 네틀(Daniel Nettle)이 그의 저서 『Personality』에서 주장하였습니다. 성격은 상황과 환경에 따라 나타납니다. 타고난 성격들은 환경의 자극에 의하여 활성화되고 강화됩니다. 5대 성격 특성 중에 개방성은 오행의 '토'의 성격을 닮았습니다. 음(내향성)과 양(외향성) 성격은 오행의 각각의 성격의 밑바탕을 이루고 있습니다. 양의 수치가 높으면 오행의 성격특징들이 활성화가 빠르게 이루어진다는 의미가 있습니다. 활성화가 빠르면 상황과 변화하는 환경에 적응이 빠릅니다.

　한국에서 성공적으로 대기업을 창립한 B씨의 성격을 음양오행으로 분석하고 살펴보면 사주팔자 중에서 '음'은 없고, '양'만 8개로 독특한 성격입니다. 음과 양의 성격으로만 분석하면 주의력 결핍 과잉행동장애(Attention-deficit Hyperactivity, ADHD)가 있을 가능성이 높습니다. 연구에 의하면 ADHD 증상이 있는 청소년들은 일반적으로 성실성(금의 성격) 수치가 낮고 신경성('화'의 성격) 수치가 높으며, 친화성(수의 성격)이 약간 낮기 때문으로 알려졌습니다. ADHD 증상은 여자아이('음'=내향적 성격)보다 남자아이('양'=외향적 성격)가 약 5배나 많다고 합니다. 그러나 이들은 자극에 매우 강력하고 충동적이며 활기차게 바로 그 시작에 반응합니다. 많은 환경의 변화와 매우 급하고 긴장된 상황에 잽싸게 대응해야 생존을 이어갈 수 있는 수렵 채집인의 세상에서는 ADHD증상이 있는 사람이 매우 유리했음이 확실합니다. B씨처럼 양의 수치가 높은 것은(양 8개, 음은 없음) 오행의 성격특징들 가운데 빠르게 변화하는 환경과 상황의 대응에 알맞은 성격특징을 활성 시킬 수 있는 능력을 가지고 있다는 의미입니다.

B씨의 오행의 성격의 수치는 '토'가 4개, '금'이 2개, '수'와 '목'은 각각 한 개, 그리고 '화'는 하나도 없습니다. B씨는 부잣집 막내아들로 태어나고 일본 유학도 갔었습니다. 그는 앞서 나가는 국가의 음식 문화, 특히 가락국수(우동)에 관심을 가지고 돌아와 작은 국수공장을 짓고 시중에 판매하였습니다. 인간 생활상의 세 가지 요소인 음식과 옷과 집입니다. 이 세 가지 요소에 맞추어 기업을 차례로 창업했습니다. 그는 경제발전의 변화 흐름을 정확하게 예측하여 기업을 육성해 갔습니다.

기업가 B씨는 세계가 농업사회에서 산업사회로 그리고 정보사회로 가는 변화의 방향을 피부로 느낀 것 같습니다. 1980년 초에 전자산업에 뛰어듭니다. 전문가 그룹들의 깊은 우려에도 거리끼지 않고 기업의 동력을 집중하여 전자산업의 선두주자가 된 원동력은 그의 성격에 있습니다. 음양의 성격 중에 오행활동의 원동력이 되는 '양'만 8개로 되어있습니다. 세상의 변화와 속도를 읽고 대응하는 능력인 오행 '토'의 성격에 집중되어 있습니다. 오행성격을 표현하는 사주에서 계산된 8개수치 중에 4개, 즉 50%가 '토'의 성격입니다. 오행의 각각에 배치된 이론적인 평균 수치는 1.6개입니다(사주8자를 다섯 개의 오행으로 나눔 8/5=1.6개, 토 4개〉오행평균분포수 1.6개).

토극목, 토극수과 금극목, 금생수

'금'의 성격인 '성실성'은 2개로 평균수치보다 조금 높습니다. 차가운 이성과 강한 의지력을 가지고 성실하게 미래의 정보화 사회에 기업인 B씨는 조용하게 체계적으로 준비한 것입니다. 미래에 대한 비전과 꿈을 가지고 목표를 향해 씩씩하게 나아가는 기업은 일류기업의 대열에 합류할 수 있습니다.

기업가 B씨의 야망 상징인 성격은 '목' 1개로 평균보다 조금 낮지만 '토'와는 상극 관계로 4개의 '토'로부터 성장의 터전을 끊임없이 제공받고 있어 그의 '야망'을 넓혀가는 데 부족함이 없습니다(토극목). 기업을 키워가는 '열정'의 성격인 '화'는 그의 오행 성격에 나타나 있지는 않지만 큰 목표를 이루려는 그의 꿈이 열정을 끌어내고(목과 상생관계) '토'의 끊임없는 지원으로(토와 상생관계) 열정은 타오릅니다. '목'의 야망은 '금'의 '가지치기' 조절을 받아 큰 목표에만 에너지가 모아집니다('금'과 '목'은 상극관계, 상생은 서로서로 도움을 주는 관계이고, 상극은 넘치는 것을 덜어내고 모자라는 것은 채워 조절하는 관계입니다).

유연성, 친화성을 상징하는 '수'의 성격은 1개로 평균보다 조금 낮지만 '토' 4개로부터 끊임없이 지원을 받아 유연성이 높여지고(토극수), '토'는 '수'의 도움으로 메마르지 않은 생물이 풍요롭게 성장하고 번성할 수 있는 대지가 됩니다(수와 토는 상극 관계). '수'와 '금'은 상생관계로 '수'는 '금'으로부터 약한 의지력을 보강하고 실리적인 사고도 도움을 받게 됩니다(금생수). 음양오행의 성격 특징은 평균수치보다 높을 경우는 상황이나 환경에 따라 쉽게 나타나지만, '양'의 수치가 높은 사람들은 수치가 낮은 오행의 각 성격 특징들도 활성화가 쉽게 될 수 있습니다. 기업인 B씨의 성격 특징은 '토'와 '금' 그리고 '양'에 있습니다. 음양오행의 성격모델은 상황과 환경에 변화에 성격의 각 요인들이 서로 공명하듯이 서로 상생과 상극을 통하여 조화를 이루어 대응하는 것이 서양의 5대 특성요인 모델과 다른 점입니다. 성격에 대한 전문지식을 가지지 않아도 쉽게 자신의 타고난 성격을 활용하여 변화가 가속된 정보화 사회에 적응해서 행복한 삶을 누릴 수 있습니다.

음양의 활용과 오행성격 특성을 상생과 상극으로 활용하는 실제의 본보기(example) 30개를 5장에 자세히 설명하였습니다. 자신의 음양오행의 성격과 같은 것 또는 비슷한 것을 참고하여 활용하시기를 바랍니다.

5장
성격모형 30개 분석

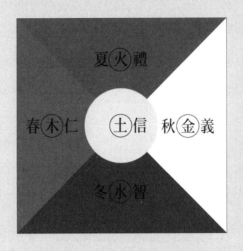

성격 속에 재능이 숨겨져 있습니다.

성격의 강점이 재능입니다.

당신의 강점은 무엇입니까?

동·서양의 실용적 성격 활용 비교

우리는 한치 앞도 보이지 않는 삶의 길 위에서 자신에 대한 성격유형을 알고 이해하여 활용한다면 보다 즐겁고 희망이 가득한 풍요로운 삶을 스스로 운영해 나갈 수가 있습니다.

성격유형에 대한 이론은 동양과 서양이 매우 비슷한 것으로 심리학 연구에서 알려졌습니다. 서양의 '5대 성격특성 모델'과 동양의 '오행 성격유형'이 서로 닮아 있습니다. 외향성은 '목', 신경성은 '화', 성실성은 '금', 친화성은 '수', 개방성은 '토'로 각 유형의 특성 내용들이 거의 비슷합니다. 이것은 서양 사람이든 동양 사람이든 공통적으로 생각하는 성격의 개념이 존재하는 것으로 보입니다.

음양에 대한 성격도 칼융의 내향성은 '음', 외향성은 '양'으로 거의 비슷합니다. 내향적인 사람은 적당한 외향성을, 외향성을 가진 사람에게는 적당한 내향성을 제공하는데, 내향성이 주 기능일 때는 외향성이 보조기능으로, 외향성이 주 기능일 때는 내향성이 보조기능으로 서로 조화를 이루는 것으로 보았습니다. 한 사람에게 외향성과 내향성이 함께 존재하지만 상황에 따라 내향성 또는 외향성이 달리 드러난다고 생각했습니다. 음(내향성), 양(외향성)이 서로 내면에 함께 존재하며 반대되면서도 동시에 서로를 완전하게 만드는 음양의 원리와 비슷합니다.

5대 성격특성 모델은 최근의 연구 중 가장 포괄적이고 믿을만하여 성격 분석의 틀로 이용하는데 매우 중요하게 여기고 있습니다. 각각의 성격특성을 수량화 할 수 있어 동일한 성격특성도 수량의 차이가 많이 있음이 밝혀져 쉽게 이해할 수 있고 활용하기가 쉬워졌습니다. 그러나 성격특성 간에 상호연관성에 대한 연구는 많지 않습니다. 5대 성격특성을 사회생활에 적용하는 방법에 대한 연구가 필요합니다.

일반 독자들은 성격심리학자들이 저술한 성격관련 책을 읽고 스스로 자신의 삶에 성격특성을 적용하여 활용하는 데는 어려움이 많을 것이라 생각됩니다.

칼융은 외향성과 내향성을 4개의 기능으로 분류한 사고, 감정, 감각과 직관을 조합하여 8개의 성격 유형을 만들었습니다.

사고는 오행의 '금', 감정은 '화', 감각은 '목'으로 연결하여 생각할 수 있지만 직관은 오행특성 중 친화성인 '수'와 개방성인 '토'에 연결할 수가 없습니다. 이런 이유로 현대 성격 심리학자들 중에 칼융의 성격이론을 받아들이는 학자들이 많지 않은 것으로 보입니다. 마이어스와 그녀의 어머니 캐서린 쿡 브릭스는 융의 유형론을 약간 수정하고 정교하게 다듬어서 융의 8개 유형을 16개 유형으로 만들었습니다. 미국에서는 마이어스와 그녀의 어머니가 만든 성격유형을 많은 사람들이 활용하는 것으로 알려졌습니다.

그녀들은 성격특성 간의 연결을 주 기능과 보조 기능으로 나누어 활용하려는 노력은 있었지만 보통의 독자가 이해하고 활용하는 데는 역시 쉽지 않게 보입니다.

음양오행 성격 유형들을 일반 독자들이 쉽게 알고 이해하고 활용하는데 초점을 맞추어 집필 하였습니다. 사주에는 음양오행 성격 특징들이 일반 독자가 쉽게 알고 활용할 수 있도록 체계화 되어 있지 않습니다. 음양오행 성격유형은 서양의 성격 유형론을 밑바탕으로 하여 체계화 하려고 노력하였습니다. 그리고 5대 성격특성들과 외향성·내향성 특성들 중 닮은 것들을 음양오행 성격특성에 융합시키려고 시도 하였습니다.

10만 년 전 아프리카에 살았던 우리 조상들과 현재를 살아가는 우리들의 차이는 뇌나 유전자에 있는 것이 아니라 예술과 기술 그리고 문화에 의해 축적된 지식에 있다고 합니다. 섹스(sex)는 다른 몸에 구현된 유전적 혁신을 하나로 합치고 교역은 다른 부족들이 이룬 문화적 혁신을 결합시킨다고 합니다. 음양오행성격유형을 성격 심리학자들이 이루어 놓은 5대 성격 모델과 칼융의 성격 유형론을 참고하여 정형화하고 융합하여 체계화를 시도한 것입니다.

서양 심리학자들은 성격의 속성을 분석하고, 낱낱의 구체적인 상징에서 공통의 속성을 뽑아 이것을 종합해서 같은 성질의 것이 속하여야 할 종류에 따라 5개의 갈래로 나눈 것이 5대 성격 특성 모델입니다.

중국인들은 우주란 상호 독립적이고 개별적인 사물(인간포함)들의 단순한 조합이 아니라 서로 연결 되어 있는 하나의 거대한 세계라고 생각했습니다. 사물들의 상호 관련성에 큰 관심이 있었습니다. 이러한 생각을 바탕으로 인간을 사회적이고 상호의존적인 존재로 파악하고 인간에게 중요한 것은 개인의 자유가 아니라 상호간의 균형과 조화라고 생각했습니다. 이런 생각을 바탕으로 음양오행의 성격 특성들도 상호의존인 관계를 생각했습니다. 상호의존적인 관계를 상생과 상극으로 균형과 조화를 이루는 것을 중요하게 생각했습니다. 상생은 서로 도움을 주어 전체 오행의 조화

(harmony)를 이루게 하고 상극은 넘치는 것을 상·중·하의 중간 단계를 낮추고 모자란 것을 지원하여 중간단계로 올리는 조절자 역할로 역동적인 균형(dynamic equilibrium)을 이루게 합니다.

5대 성격 특성들은 서로 독립적인 존재여서 성격 특성 간에 연결하여 활용하기가 쉽지 않습니다. 그러나 음양오행의 성격특성들은 상호의존적인 관계를 가지고 있기 때문에 성격의 각 특성 부분들이 상생과 상극으로 전체가 통합되고 조화를 이루며 각 특성간의 균형도 이루게 됩니다. 이 장에서는 자신의 성격 특성을 알고 실제로 활용할 수 있는 실제 본보기를 요약해서 설명 하려고 시도하였습니다.

실용적인 성격 활용 요약

어떤 부자가 먼 길을 떠나면서 자기 종들을 불러 재산을 맡기었습니다. 그는 각자의 능력에 따라 한사람에게는 돈 다섯 달란트를 주고 한 사람에게는 두 달란트를 주고 또 한사람에게는 한 달란트를 주고 떠났습니다. 다섯 달란트를 받은 사람은 곧 가서 그 돈을 장사에 활용하여 다섯 달란트를 더 벌었습니다. 두 달란트를 받은 사람도 그와 같이 하여 두 달란트를 더 벌었습니다. 그러나 한 달란트를 받은 사람은 가서 그 돈을 땅을 파서 그 속에 주인의 돈을 감추어 두었습니다.

오랜 후에 주인이 돌아와서 그 종들과 회계를 하였습니다. 다섯 달란트를 받은 사람은 다섯 달란트를 더 가지고 와서 '주인님 주인께서 저에게 다섯 달란트를 맡기셨는데 보십시오. 다섯 달란트를 더 벌었습니다.'라고 말하였습니다. 그러자 주인은 그에게 '잘 하였다. 너는 과연 착하고 충성스러운 종이다. 네가 작은 일에 충성을 다하였으니 이제 내가 큰일을 너에게 맡기겠다. 자 와서 네 주인과 함께 기쁨을 나누어라'라고 말하였습니다. 그 다음에 두 달란트를 받은 사람도 와서 '주인님, 두 달란트를 저에게 맡기셨는데 보십시오, 두 달란트를 더 벌었습니다.'라고 말하였습니다. 그래서 주인은 그에게도 '잘하였다 너는 과연 착하고 충성스러운 종이다. 네가 작은 일에 충성을 다하였으니 이제 내가 큰일을 너에게 맡기겠다. 자 와서 네 주인과 함께 기쁨을 나누어라'라고 말하였습니다.

그런데 한 달란트를 받은 사람은 와서 '주인님, 저는 주인께서 심지 않는 데서 거두시고 뿌리지 않는데서 모으시는 무서운 분이신 줄 알고 있었습니다. 그래서 두려운 나머지 주인님의 돈을 가지고 가서 땅에 묻어 두었습니다. 보십시오, 여기 그 돈이 그대로 있습니다.'라고 말하였습니다. 그러자 주인은 그 종에게 호통을 쳤습니다. '너야말로 악하고 게으른 종이다.' 중략 '여봐라 저 자에게서 한 달란트마저 빼앗아 열 달란트 가진 사람에게 주어라'(『성경』「마태복음」 25장 14절~28절인용)

위 『성경』 구절에서 달란트는 돈의 단위입니다. 영어 『성경』에 달란트는 'talent, 재능'으로 번역해서 표기 되어 있습니다. 집필자는 『성경』의 비유 가르침에 달란트(재능)를 잠재력(potentiality)으로 바꾸어 생각했습니다. 우리는 모두 여러 가지 잠재력을 가지고 태어납니다. 잠재력은 완전히 활용하고 실현(actualization) 하지 않으면 쓸모없게 됩니다. 잠재력은 가능성입니다. 아직은 실현되지 않았으나 조건만 갖추어 지면 실현 될 수 있습니다. 집필자가 1,340명의 오행 성격 특성 5개(목, 화, 토, 금, 수)의 분포를 조사한 결과 조사자의 대부분은 4~5개 성격특성을 가지고 있었으며 2~3개의 성격특성을 가진 사람은 적었습니다. 우리 모두는 어느 상황이나 환경에서도 적응할 수 있는 성격 특성을 모두 가지고 태어났습니다. '나는 성질 못 고쳐, 타고난 대로 살 거야!' 이렇게 말하는 사람은 한 달란트를 받은 사람과 비슷합니다. 2~3개의 성격 특성을 가진 사람도 상생과 상극의 방법을 활용하면 4~5개 성격특성을 가진 사람처럼 삶의 환경에 적응하는데 어려움이 없습니다. 오행성격 특성에 숫자가 '0'개로 표현된 것은 내부에 잠이 깊이 든 성질입니다.

'우물 안의 개구리' 라는 속담이 있습니다. 보고 듣고 아는 것이 좁다는 비유입니다. 이속담은 대부분 사람들이 알고 있습니다. '내가 우물 안의 개구리인가? 하는 질문을 자신에게 해본 적이 있습니까? 저는 그런 경험을 했습니다. 처음 비행기를 타고 미국에 도착해서 창 너머로 펼쳐진 끝없는 대지를 바라보고 제가 우물 안 개구리였음을 실감했습니다. 오하이오 주립대학교 대학원에서 공부하면서 세상을 보고 가지는 의견이나 생각이 매우 좁고 완고했다는 것을 깨닫게 되었습니다. 고등학교 때까지 시골에 생활한 환경은 우물 안의 개구리처럼 생각의 범위도 우물 안에 갇혀 있었습니다. 세상은 넓고 할 수 있는 일은 많은데 시간은 한정되어 있다는 것도 깨달았습니다. 성격에 대한 책을 집필하기 위해서 성격에 대한 공부를 하고 연구를 하지 않았다면 성격에 대한 저의 생각은 우물 안에 갇혀 있었을 것입니다. '너 자신을 알라'처럼 일반적인 이론은 많아도 자신을 알 수 있는 구체적 방법은 많지 않습니다. 자신의 성격 유형을 아는 것은 자신을 아는 구체적인 지름길입니다. 자신의 음양오행성격 특성들을 알고 활용할 방법은 자기 안에 숨겨진 재능을 발휘할 수 있게 해줍니다. 재능에 맞는 일을 하면 즐겁게 할 수 있습니다. 즐겁게 할 수 있는 일을 하는 것은 날마다 행복한 생활을 할 수 있게 됩니다. 하루하루 행복한 생활을 할 수 있게 됩니다. 하루하루 행복한 생활이 엮어져 그의 개인적 역사는 행복의 역사가 될 것입니다.

자기의 성격유형을 알고 활용하는 때가 어린이든 청소년, 중년기, 장년기, 노년기 때 일지라도 자신의 삶의 범위가 확장되고 삶의 깊이도 깊어져서 심리학자들의 주장처럼 자신이 가진 능력과 잠재력을 완전히 활용하고 실현함을 의미하는 자아실현욕구, 즉 존재욕구(being needs)를 달성하는 단계에 근접할 수 있습니다.

나무는 줄기, 곁가지, 잎 그리고 큰 뿌리와 곁뿌리로 크게 다섯 부분으로 구성되어 있으며 각 부분들이 그 역할을 다할 때 그 나무는 큰 나무로 성장합니다. 다섯 빛깔이 한데 섞이어 눈부시게 황홀한 아름다움을 보이는 것처럼 오행의 성격 특성을 상생과 상극을 통하여 균형과 조화를 이루는 방법을 알고 실행하면 꽃길을 걸으면서 삶을 이어가게 될 것입니다.

사람마다 성격은 다릅니다. 다양한 성격은 모두 소중한 사회의 자산입니다. 다양한 성격을 활성화 시키는 방법도 다양합니다. 성격의 밑바탕인 음(내향성)과 양(외향성) 그리고 오행 즉 목, 화, 토, 금, 수의 성질 기능 활성화 정도를 이해하고 자신의 성격 활용에 적용하도록 목, 화, 토, 금, 수에 각각 6개의 성격모형 예제(전체30개)를 들어 쉽게 설명을 시도하였습니다. 미숙한 부분이 있더라도 넓은 마음으로 받아주시기를 바랍니다.

'하늘은 스스로 돕는 자를 돕니다.'는 문구를 들은 적이 있을 것입니다. 스스로 자신에게 주어진 성질들을 상생과 상극 방법으로 활용하려는 굳은 의지와 끊임없는 노력을 계속하면 사회 어느 분야에서 활동하더라도 자신의 꿈을 이루고 즐겁고 행복한 생활을 할 수 있을 것입니다.

음과 양의 성격 특성

음양의 원리는 서로 반대적 성격이면서 동시에 서로를 안전하게 만드는 힘이며 서로의 존재 때문에 서로를 돋보이게 하는 힘입니다 음양이 성격 특성의 밑바탕입니다. 음과 양의 성격특성이 서로를 보완(상생과 상극)할 때 균형과 조화를 이루어 성격이 완벽해 질 수 있습니다.

양의 성격 특성(외향성)	음의 성격 특성(내향성)
① 적극적입니다.	① 소극적입니다.
② 능동적입니다.	② 수동적입니다.
③ 외향적입니다.	③ 내향적입니다.
④ 도전적입니다.	④ 방어적입니다.
⑤ 충동적입니다.	⑤ 숙고적입니다.
⑥ 감각적입니다.	⑥ 직관적입니다
⑦ 실체적입니다.	⑦ 정신적입니다.
⑧ 강렬합니다.	⑧ 부드럽습니다.
⑨ 활동적입니다.	⑨ 움직임이 없고 조용합니다.
⑩ 개방적입니다.	⑩ 폐쇄적입니다.
⑪ 진취적입니다.	⑪ 보수적입니다.
⑫ 판단과 행동은 객관적인 조건에 지배를 받습니다.	⑫ 판단과 행동은 주관적인 가치에 지배를 받습니다.
⑬ 남성적 성격입니다.	⑬ 여성적 성격입니다.

성격은 좋은 성격 또는 나쁜 성격은 없습니다. 타고난 성질이 그의 시대 상황에 알맞으면 빛이 나지만 알맞지 않은 경우는 많은 노력이 필요합니다. '시대가 영웅을 만든다.' '사람은 때를 잘 만나야 출세한다.' 속담들이 위의 내용을 간략하게 표현하고 있습니다. 외향적인 사람(양의성격)은 환경이 예측 불가능하고 빠르게 변하는 곳에서 자신의 능력과 잠재력을 제대로 발휘하

지만(유목민생활, 정보화사회), 내향적인 사람(음의성격)은 예측가능하고 잘 정돈된 환경이나 인공생태계인 사회적 환경에서 성공할 확률이 큰 것으로 심리학자들은 분석하고 있습니다(농경정착민생활, 농업사회, 산업사회). 산업·정보화사회에서는 음과 양의 성격을 함께 가진 사람이 사회생활에 성공할 가능성이 높습니다.

'음' 속의 '양'의 씨앗 활성화 방법 ☯

사주8자는 음과 양 중에 하나씩만 배정되어 있습니다. 음과 양은 오행성격특성의 밑바탕입니다. 예를 들어 오행성격특성의 하나인 목의 성질 밑바탕이 '양'이라면 목의 성질기능이 활성화 되어있는 상태이어서 행동으로 쉽게 나타나지만 밑바탕이 '음'이면 성질기능의 활성화가 매우 낮은 수준이어서 행동으로 나타나는 횟수가 적다는 의미입니다. 사주8자에 오행성격특성인 목, 화, 토, 금, 수 각각이 분포가 가능한 이론적인 수는 1.6개입니다.(사주8자÷오행5자=1.6개=목, 화, 토, 금, 수에 각각 평균 분포 수) 그러나 목, 화, 토, 금, 수는 사주8자에 하나씩만 분포되어 있으므로 1.6개로 표현할 수는 없지만 오행성격특성 기능 활성화 정도를 이해하기 쉽게 3단계 즉 상·중·하로 나누었을 때 중간단계(1.6개) 기준으로 사용될 뿐입니다.

오행성격특성 중에 하나만 분포되어 있고 성질 밑바탕이 '양'이면 성질기능 활성화 수준이 중간단계(평균 분포 수)보다 약간 낮은 단계입니다. 만약하나인데 성질 밑바탕이 '음'이면 성질 기능 활성화 수준이 최저단계에 머물러 있습니다. 목, 화, 토, 금, 수 중에 제로(0)인 것도 있습니다. 예를 들어 금이 하나도 분포되어 있지 않으면 금의 성질 씨앗이 근본적으로 없는 것이 아니라 내부에 깊이 잠들어 있는 상태입니다. 얕은 잠을 자고 있는 사람은 말소리만 들어도 잠을 깹니다. 그러나 깊은 잠을 자고 있는 사람은 여러 번 세게 흔들어야 잠이 깹니다. 잠(휴면)자고 있는 식물 씨앗은 외부 환경조건인 수분, 산소, 온도와 같은 잠을 깨우는 조건이 주어지면 싹이 트고 땅위로 뚫고 나와 햇볕을 받으며 성장합니다. 이와 같은 원리로 깊이 잠들어 있는 금의 성질을 깨우기 위해서는 외부에서 반복적인 강한 자극(세게 흔듦)이 필요합니다. 가족과 사회 환경 그리고 자연 환경이 이러한 자극을 만들어 냅니다. 이것은 부모가 자극이 되는 환경을 만들어주고 교육과 훈련을 지속적으로 해야 합니다. 맹자 어머니의 3번 이사(孟母三遷之敎)가 좋은 예입니다.

음양오행이론에 따르면 '진정한 '양'은 '음'속에 존재하는 '양'이고, 진정한 '음'은 '양'속에 존재하는 '음'이다.'라는 이 책의 앞부분에서 설명한 한 글귀를 기억하고 계실 것입니다. 이 글귀가 생각나지 않을 수도 있지만 태극 모양의 음양도는 생각나실 것입니다. 백색태극(양)안에 검은색 적은 원(음)은 음의 씨앗이고, 흑색태극(음)안에 백색 작은 원(양)은 양의 씨앗을 표현한 것입니다. 잠자고 있는 식물 씨앗이 싹이 트려면 온도, 습도와 산소가 알맞게 있는 환경이 갖추어져야 합니다. 싹이 튼 후 땅위로 뚫고 나와 생장하고 발달이 계속되려면 햇볕(에너지)과 충분한 양분이 계속해서 필요합니다. 은행나무 씨앗은 작지만 싹이 트고 생장 발달하여 큰 나무가 됩니다. 식물은 부모로부터 받은 유전자와 환경 조건에 따라 식물 본 모습으로 성장하게 됩니다.

음양의 씨앗은 이해하기 쉽게 상징적으로 식물 씨앗에 빗대어 표현한 것입니다. 예를 들면 목, 화, 토, 금, 수 등이 하나 또는 하나도 나타나지 않은 경우가 있습니다. 그때 사주에 나타난 오행의 숫자의 합계는 8개입니다. 연암 박지원의 사주에 나타난 오행 수는 수 4개, 화 2개, 목 1개, 토 1개의 합은 8 개이지만 금은 하나도 없습니다. 학자로써 성공하기 위해서는 성실 즉 금의 성격이 필수 요건입니다. 다행이도 양반의 아들로 태어난 연암은 어릴 적부터 양반의 핵심 교육인 성실함을 배우고 몸에 익혀 내부에 깊이 잠자고 있던 금의 성격이 드러난 것입니다.

사주에 오행성격특성이 나타나지 않은 것은 '양'의 씨앗 상태로 '음'속에 있어서 외부로 드러나지 않는 것입니다. 은행나무 씨를 보고 은행나무로 성장하여 큰 나무가 되는 것을 상상하기는 쉬운 일이 아닙니다. 아리스토텔레스(445?~385?BC)는 씨앗의 상태를 잠재적 가능성(potentiality)으로 표현하고 싹이 트고 초록 싹(줄기와 잎)이 땅위로 나와 생장·발달하여 식물이 되는 것처럼 이 잠재적 가능성이 가능성에 머물지 않고 실제적인 현상(actuality) 즉 실제적 모습이 되는 과정을 엔텔레케이아(entelechy)라고 말하였습니다. 잠재적 가능성이 현실적 행동 즉 오행의 실제적인 현상으로 나타나는 것과 같은 논리입니다.

씨앗의 싹을 트게 하는 조건처럼 잠재적인 가능성을 실제 행동으로 나타나게 하는 조건은 사회적 환경의 조건들입니다. 이 자극들은 파블로프(E. pavlov 1849~1936) 조건 자극과 비슷합니다. 이 자극을 행동의 방아쇠(Triggers)로 표현하는 것이 이해에 도움이 될 것 같습니다. (Triggers책에서 인용, Marschall Goldsmith등 저서)

트리거란 사람의 생각과 행동을 바꾸는 심리적 자극을 말합니다. 한번 자극 또는 충격으로 사고나 행동이 쉽게 바꾸어지지 않습니다. 싹이 땅위로 뚫고 나와 햇볕(에너지)과 영양이 지속적으로 공급되어야 정상적으로 성장하듯 지속적인 자극과 교육·훈련 그리고 부모의 따뜻한 사랑과 보살핌이 있어야 가능성이 현실화되어 자기실현(self-actualization 개인의 잠재력실현)을 할 수 있습니다. 부모님은 자녀들에게, 선생님은 학생들에게 맹자 어머니처럼 잠재되어 있는 그들의 가능성 즉 능력을 깨우고(자극) 발휘하도록(성장) 알맞은 사회적 환경을 조성해주어야 합니다. 사회적 환경은 사람이 만들어 낸 생태계를 말합니다. 교육제도는 인간이 만들어낸 최고의 사회환경입니다.

상생과 상극 활용 방법

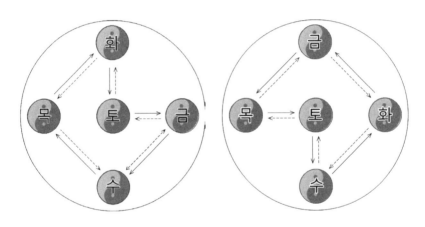

(상생도 / 상극도)

☯ 음양은 오행 밑바탕
(목,화,토,금,수 오행에는 모두 음양의 성질, 성격이 있습니다.)

일반 사주책들을 보면 실선(──→) 방향만 설명되어 있습니다. 상생 (──→)방향은 상생의 의미, 서로 도움을 주어 오행 성질 기능을 활성화하는 관계이고 상극 방향은 상극의 의미, 즉 서로 조절하여 조화를 이룬다는 뜻입니다. 상극 조절의 역할은 오행 성질 기능 활성화가 높은 것은 낮추고 부족한 것은 지원하여 중간단계에 이르게 하여 오행성격특성들이 균형과 조화를 이루게 하는 것입니다. 타고난 성질이 밖으로 나타나는 것이 지나치 거나 모자람이 없이 알맞은 상태에 이르게 하는 것입니다.

점선(←------)방향은 일반 사주책에 설명되지 않은 것을 집필자가 독자들 이 쉽게 이해하도록 그려 넣은 것입니다. 예를 들어 '목'과 '화'의 상생관계를 설명하면 '목'이 '화'를 한쪽으로만 돕는 것이 아니라 '화'도 '목'을 돕는다고 해석한 것입니다. '목'이 욕망을 가지고 목표를 세우면 자연히 목표를 이루 고자 하는 열망이 생깁니다(목생화). 열정이 많은 사람은 무엇이든지 하고자 하는 열망이 있어서 자연스럽게 목표를 세우게 됩니다(화생목). 이것이 '목'과 '화' 상생의 의미입니다. 상극도는 상생도의 '화'와 '금'의 위치가 바뀐 것을 알고 상생·상극도 머릿속에 영상으로 기억해 두는 것이 매우 필요합니다. 태극기의 태극 모양(음과 양의 표현)은 한번 보아도 기억에 남아 있지만 태극 모양을 글로 표현하는 것을 읽으면 글의 내용은 3일이 지나면 97.5%를 잊어 버립니다. 글 표현보다 그림이 오래 머릿속에 남아 있습니다.

오행성격특성의 요약

인간 성격 특징을 설명한 용어는 심리학자들이 3,600개로 정리하였습니 다. 우리나라에서는 한덕웅 교수가 국어사전에서 성격 용어로 표현된 단어 를 약 1,000개를 가려냈습니다. 목, 화, 토, 금, 수의 성질 용어로 분류된 기록 은 없지만 오행의 각각 성질의 수로 어림잡아 나누면 약 200개씩이 됩니다. 이 책에서는 오행성격특성들의 사용빈도가 높은 용어들을 중심으로 요약한 것입니다.

목의 성격 특성

목의 성질근원은 자연생태계에 적응한 생물본능(자기보존본능과 자기종족보존본능=생식 본능)이 첫째이고 사람이 만들어 낸 사회생태계(도덕, 법률, 문화 환경)에 적응한 사회본능이 둘째입니다. 그리고 개인발달본능(성장과 성숙)도 근원이 됩니다.

① 욕심, 욕구, 욕망, 야망이 강하고 많은 꿈을 가진 '봄'의 성질입니다.

② 도전, 흥미, 호기심이 강렬함은 원시 수렵인을 닮은 성격입니다.

③ 외부 자극에 관심의 초점을 맞추는 외향적, 활동적, 사교적인 실천주의 성격입니다.

④ 삶의 기대와 성장 욕구가 강렬하여 목표를 세우고 목표성취를 열망하고 에너지를 집중합니다.

⑤ 출세욕과 명예욕이 강해 목표를 높게 세우고 미래지향적 삶을 선호하며 큰 희망을 가지는 성격입니다.

⑥ 자신의 능력을 높게 평가해서 고집스럽고 비협조적인 모습을 보입니다.

⑦ 객관적인 판단으로 일을 실용적으로 처리합니다.

⑧ 타인의 기대와 감정에 민감하여 눈치 보기를 잘합니다.

⑨ 카멜레온처럼 상황과 환경변화에 민감하여 속과 겉이 다르게 전략적으로 행동하거나 변화를 합니다.

⑩ 돈키호테 성격을 닮았습니다.

⑪ 5대 성격 모델의 외향성과 비슷합니다.

⑫ 사주 천간의 갑과 을, 그리고 지지의 인과 묘는 '목'의 성격 특성입니다

(p77~80).

위 12가지 목의 성격 특성은 많은 '목'의 성격 특성 중 중요한 부분만 간략하게 정리해 놓은 것이니 살펴서 도움이 될 만한 부분을 보충하여 활용하십시오.

화의 성격 특성

화의 성질근원은 자연생태계에 적응한 생물본능(자기보존본능과 자기종족보존본능=생식 본능)이 첫째이고 사람이 만들어 낸 사회생태계(도덕, 법률, 문화 환경)에 적응한 사회본능이 둘째입니다. 그리고 개인발달본능(성장과 성숙)도 근원이 됩니다.

① 열정과 정열적이 강하며 에너지 넘치는 '여름'의 성질을 닮았습니다.

② 따뜻함, 돌봄, 연민과 같은 사랑의 본바탕입니다.

③ 신경이 예민하고 원시생활에서 생긴 직감도 발달했습니다.

④ 즉흥적 결단이 빠른 순발력을 가지고 있습니다.

⑤ 자신을 보호하기 위한 본능적 표현으로 싸움의 방어 전략과 응집된 에너지 덩어리인 분노(용기의 위장 전술)의 성격을 가집니다.

⑥ 눈앞에 위협적인 상황 또는 불확실한 상황에 대해 생리적인 반응을 보이는 불안을 가집니다.(21세기 정보화시대는 세상이 돌아가는 속도가 과거보다 10배나 빨라 우리의 일상에는 불안과 걱정이 넘칩니다.)

⑦ 상실과 변화에 대한 반응인 불안감을 가집니다.

⑧ 목표지향성과 성취에 대한 열정 그리고 도전 정신이 있습니다. 침착하지도 못하고 인내심이 부족하여 쉽게 좌절합니다.

⑨ 감정유형을 가진 사람은 동정적이고 감사하는 마음이 강하며 눈치 빠른 재주가 있습니다.

⑩ 디오니소스형 성격을 닮았습니다.

⑪ 5대 성격 모델의 신경성을 닮았습니다.

⑫ 사주 천간의 병과 정을 지지의 사와 오는 '화'의 성격 특성입니다 (p96~98).

토의 성격 특성

토의 성질근원은 자연생태계에 적응한 생물본능(자기보존본능과 자기종족보존본능=생식 본능)과 사람이 만들어 낸 사회생태계(도덕, 법률, 문화 환경)에 적응한 사회본능, 그리고 개인발달본능(성장과 성숙)이 근원이 됩니다.

① 대자연의 땅(토)은 만물을 감싸는 넓은 포용력이 있습니다. 봄과 여름 사이, 여름과 가을, 가을과 겨울, 겨울과 봄 사이의 날씨가 뒤섞인 기간에 계절의 변화에 쉽게 적응하도록 도움을 주는 협력자 역할이 '토'의 성질입니다.

② 사계절처럼 환경이 달라져도 변함없는 정직함을 보입니다.

③ 정직하고 진실하여 상대방에게 신뢰감을 줍니다.

④ 안정성을 중요하게 생각하고 변화와 모험을 싫어하여 순간적인 위기 상황 대처 능력이 떨어지는 편입니다.

⑤ 인간관계를 중요하게 생각하여 친구와 소통이 원활합니다.

⑥ 믿음과 의리 그리고 포용력이 있으며 활동적이고 부드러움과 열정이 있어 리더쉽이 있습니다.

⑦ 인내력이 강하고 고집이 세며 성취욕이 강해서 주어진 일을 끝까지 해 냅니다.

⑧ 영리하고 재주가 있습니다. 총명함과 지혜로 세상 변화에 대처해 나갑니다. 총명함과 지혜는 위험이 없고 편안함을 선호합니다.

⑨ 대지(토)는 동물과 식물들에게 삶의 터전을 차별하지 않고 개방합니다. 토의 성질은 사고와 행동이 개방적입니다.

⑩ 마음이 열려 있어 소통이 자유롭습니다.

⑪ 5대 성격 모델의 개방성을 닮았습니다.

⑫ 사주 천간 '무와 기' 지지의 축·진·미 와 술은 '토'의 성격 특성입니다 (p137~144).

금의 성격 특성

금의 성질근원은 사람이 만들어 낸 사회생태계(도덕, 법률, 문화 환경)에 적응한 사회본능이 첫째이고, 자연생태계에 적응한 생물본능(자기보존본능과 자기 종족보존본능=생식 본능)이 둘째입니다. 그리고 개인발달본능(성장과 성숙)도 근원이 됩니다.

① 이성적이고 합리적인 사고를 하고 냉정하게 행동합니다. 싸늘한 '가을' 성질을 닮았습니다.

② 외부의 제약이나 구속을 받지 아니하고 목표를 세우고 실행할 수 있는 의지력이 강합니다.

③ 정신적, 육체적 고통을 참고 견디는 인내심이 강합니다.

④ 감성적인 욕구를 이성적으로 제어하는 절제력이 있습니다.

⑤ 차분하며 조심성이 있고 신중합니다. 도전을 꺼리고 안전을 선호합니다.

⑥ 정성스럽고 참되며 거짓이 없고 실속 있는 성실성이 높습니다.

⑦ 변화를 원하지 않는 집착기질이 강합니다.

⑧ 일관성과 직설적 솔직함에 충실합니다. 일에 집중력이 높습니다. 그러나 융통성은 부족합니다.

⑨ 삶의 경험과 지식으로 정확하게 판단할 수 있는 능력이 있어 남을 비판하기 쉽습니다.

⑩ 직장과 학업에 성취도가 높습니다.

⑪ 5대 성격 모델의 성실성과 비슷합니다.

⑫ 사주 천간의 '경과 신'을 그리고 지지의 '신과 유'는 '금'의 성격 특성입니다(p115~119).

수의 성격 특성

수의 성질근원은 사람이 만들어 낸 사회생태계(도덕, 법률, 문화 환경)에 적응한 사회본능이 첫째이고, 자연생태계에 적응한 생물본능(자기보존본능과 자기종족보존본능=생식 본능) 둘째입니다. 그리고 개인발달본능(성장과 성숙)도 근원이 됩니다.

① 수의 성질은 주위로부터 마음에 충동과 자극을 받아도 흔들리지 않고 천연스럽고 미지근한 행동을 하는 유연성이 있습니다.

② 예절이 바르고 정직하며 자신을 드러내지 않는 겸손함이 있어 자기의견을 내세우지 않아 친구가 많습니다.

③ 현실적인 감각이 뛰어나고 사물에 대하여 객관적으로 판단하며 상황과 환경변화에 적응력이 강합니다.

④ 머리 회전이 빠르고 깨달음을 바탕으로 한 정신적 기능이 높아 학자로 성공할 가능성이 높습니다.

⑤ 깊은 물처럼 생각이 깊어 실행할 수 없는 공상으로 시간을 보낼 때가 많습니다.

⑥ 모험보다 현실의 안전을 중요하게 생각하여 머뭇거리는 성질이 있습니다.

⑦ 포용력과 친화력이 있어 인간관계가 물 흐르듯 막힘이 없습니다.

⑧ 연민과 동정심이 높아 타인을 돕는데 적극적이어서 타인에게 이용당하기 쉬운 성격입니다. 가족에게 경제적 피해를 줄 수 있습니다.

⑨ 타인의 마음을 읽고 타인의 감정을 느끼는 공감 능력이 뛰어납니다.

⑩ 남을 배려하고, 사람을 있는 그대로 받아들이는 융통성이 있습니다. 그때그때 상황에 맞추어 일을 처리하는 재주가 있습니다.

⑪ 5대 성격 모델의 친화성과 비슷합니다.

⑫ 사주 천간의 임과 계를 그리고 지지의 자와 해는 '수'의 성격 특성입니다(p126~131).

성격모형 예제를 이용한 성격분석 활용 차례

① 생년월일시로 사주8자와 음양오행을 알아보는 방법

김재철홈페이지(http://www.김재철.net)에 접속하여 5개의 팁 중 내 성격알기를 클릭하고 양력 또는 음력 생년, 월, 일, 시간을 입력하면 간지(앞 글자는 천간, 뒷 글자는 지지)로 표시된 사주8자(생년 2자, 생월 2자, 생일 2자, 태어난 시간 2자)와 음양오행의 분석표가 뜹니다. 화면에 나온 본인의 분석표를 가지고 예제를 찾아 활용하시기 바랍니다. 만약 태어난 시간을 몰라 사주6자로 분석하면 정확도가 조금 떨어지니 염두에 두시기 바랍니다. 김재철홈페이지 접속이 어려울 경우 사주를 보시는 분에게 상담하면 간지로 표시된 사주8자와 음양오행분석의 정보를 얻을 수 있습니다(부록 Ⅱ 참조).

② 음의 성격(내향성)과 양의 성격(외향성) 분석

음과 양의 숫자 합은 8개로 사주8자와 같습니다. 위에서 음양오행의 분석표(정보)를 얻었다면 예를 들어 음, 양이 각각 4개로 되어 있으면 음(내향성)과 양(외향성) 성격이 균형과 조화를 이루었습니다. 심리학자 연구에 의하면 양향적인 사람(내향성과 외향성을 균형 있게 가진 사람)이 사회생활에서 적응력이 뛰어난 것으로 알려졌습니다.

음 5개와 양 3개 또는 음 3개와 양 5개로 되어있다면 음 또는 양의 성질이 행동으로 드러날 확률은 5개는 5번 그리고 3개는 3번 정도로 이해하면 됩니다. 상황에 따라 자기에게 유리하게 행동하기 때문에 내향성과 외향성이 뒤섞여 나타납니다. 다만 음이 6개 이상일 경우 대인 기피증 그리고 우울증에 시달릴 가능성이 있습니다. 양이 6개 이상일 경우 가볍고 분수없이 행동할 가능성이 있고 과잉행동장애 가능성이 있습니다. 음이 6개 이상이면 양의 성격 훈련을 계속해야 하고 양이 6개 이상이면 음의 성격 훈련을 반복하면 우울증과 과대행동장애도 극복할 가능성이 높습니다.

③ 음양오행분석표 풀이 방법(예제 30개)

목, 화, 토, 금, 수의 분포 합은 8개입니다. 사주8자에 목, 화, 토, 금, 수가 각각 하나씩 배정되어 있습니다. 천간(갑, 을, 병, 정, 무, 기, 경, 신, 임, 계 = 10자)과 지지(자, 축, 인, 묘, 진, 사, 오, 미, 신, 유, 술, 해 = 12자)로 구성된 간지(천간이 첫 자, 지지가 둘째 자) 사주8자를 표현합니다.

오행(목, 화, 토, 금, 수)의 예제 분류는 사주8자에 '1'개와 '2'개의 분포수를 중심으로 하였습니다. 사주8자와 오행5자 조합의 예제는 매우 많아 이 책에 설명하는데 여러 가지 이유로 한계가 있었음을 이해해 주시기 바랍니다. 예제마다 부록의 오행 각각의 분포수를 찾아 읽는 것이 필수 조건입니다.

성격모형 30개 분석 예제 목록 및 목차

독자의 음양오행과 유사한 예제를 참고하여 분석할 수 있도록 5개 그룹으로 분류하였습니다.

[목과 화의 관점을 중심으로 분류]

예제1) 목 2개, 화 2개, 토1 개, 금 2개, 수 1개(사주8자에 오행분포 수)

목과 화의 성질근원은 자연생태계에 적응한 생물본능(자기보존본능과 자기 종족보존본능=생식 본능)이 첫째이고 사람이 만들어 낸 사회생태계(도덕, 법률, 문화 환경)에 적응한 사회본능이 둘째입니다. 그리고 개인발달본능(성장과 성숙)도 근원이 됩니다. 전체적인 목·화(생물본능)와 금·수(사회본능)의 균형과 조화는 사회본능이 근원이 된 금, 수 성질보다 생물본능이 근원된 목, 화 성질 쪽으로 약간 기울어져 있습니다. (목+화 4개>금+수3개), 개인발달본능은 자신의 목표를 성취하기 위해서 목, 화 성질이나 금, 수 성질을 상황과 환경에 맞도록 전략적으로 변화를 자유롭게 합니다. 개인발달본능은 토의 성질 활용과 상당히 비슷합니다.

예제1의 오행성격 구성의 강점은 목, 화, 금의 성질이 각각 2개씩 분포된 것입니다. 이들은 오행성격특성 기능 활성화의 3단계, 상·중·하 중의 중간단계(사주8주÷오행5자=1.6개=오행 평균 분포 수) 1.6개보다 약간 높습니다.(목, 화, 금 2개>중간단계1.6개) 이것은 목, 화, 금의 여러 부분 성질이 자연스럽게 힘들이지 않고 상황과 환경에 맞추어 다양한 행동으로 외부에 드러나는 횟수가 많을 가능성을 미리 암시하여 알려주는 것입니다. 그러나 토와 수의 성질 기능 활성화 정도는 중간단계보다 상당히 낮습니다. (토, 수 1개<중간단계 1.6개) 이것은 이들의 성질이 자연스럽게 상황과 환경에 맞추어 다양한 행동으로 외부에 드러나는 횟수가 중간정도 보다 적을 가능성을 알려주는 것입니다.

목의 성질인 욕심, 욕망, 야심과 도전 정신, 화의 성질인 열정, 정열, 순발력, 금의 성질인 인내심, 성실함, 집착성과 절제력의 활성화 정도가 중간단계보다 약간 높습니다. 목 2개는 수 1개에 충분한 도움을 주어 중간단계보다 상당히 낮은 '수'의 성질인 유연함, 융통성, 공감능력과 친화력의 활성화 정도를 중간단계 가까이 끌어 올릴 가능성이 높습니다(목생수). 더불어 금 2개가 수 1개에 도움을 줄 수 있어 중간 단계보다 상당히 낮은 '수'의 성질 활성화 정도를 중간단계 가까이 끌어 올릴 가능성은 매우 높아졌습니다(금생수).

화 2개는 토 1개에 충분한 도움을 주어 중간단계보다 상당히 낮은 포용력과 열린 마음의 활성화 정도를 중간단계 가까이 끌어 올릴 가능성이 높습니다(화생토). 더불어 금 2개가 토 1개에 도움을 줄 수 있어 중간단계보다 상당히 낮은 토의 성질 활성화 정도를 중간단계 가까이 끌어올릴 가능성이 매우 높아졌습니다(금생토: 상생은 서로서로 도움을 주는 관계입니다). 상생활용은 토와 수 성질들의 활성화 정도를 중간단계 가까이 끌어올려 오행의 전체적인 균형과 조화를 상당히 이룰 수 있게 하여 어느 상황이나 환경에 직면하여도 대응할 성격들이 자연스럽게 행동으로 드러나 유능하고 즐거운 사회생활을 할 수 있게 합니다.

성격은 적성(무슨 일에 알맞은 성질, Aptitude)의 밑바탕의 중요한 부분입니다. 자신의 성질 중에 강점을 더욱 활성 시키고 지속하는데 에너지와 집중이 필요합니다. 성격에 맞는 일을 하는 것은 즐겁고 행복하고 일의 성과도 뛰어납니다. 예제1 성격의 강점인 목(2개), 화(2개), 금(2개)만을 차례대로 서술하였습니다. 그리고 토, 수는 부록에 자세히 설명되어 있으니 꼭 참고 하시기를 바랍니다.

목의 성질은 욕망, 야망과 도전정신이 중간단계보다 상당히 높습니다. 삶의 높은 목표를 세우고 실현하려는 의욕과 의지가 높습니다. 예비 목표를 세울 가능성도 있습니다. 흥미와 호기심이 강렬하여 새로운 것에 머뭇거림 없이 도전합니다. 자신의 능력을 높게 평가해서 고집스럽고 비협조적인 모습을 보입니다. 수에게서 유연함과 지혜의 도움을 받아 고집을 융통성 있게 바꿀 수 있고 비협조적인 면도 감소시킬 가능성이 높습니다.(수생목) 상황과 환경에 민감하게 행동하며 주변상황에 따라 카멜레온처럼 전략적으로 자신에게 유리하도록 행동합니다. 이러한 전략적인 행동이 정도에 벗어나지 않도록 금에게서 성실성을 도움 받아 조절될 수 있습니다.(금극목:상생은 서로 서로 도움을 주는 관계이고, 상극은 넘치는 것은 덜어내고 모자라는 것은 채워 조절하는 관계입니다.) 출세욕과 명예욕이 강렬해 야망의 활동무대를 욕심껏 넓히려는 의욕을 토과 제한하고 조절할 수 있습니다(토극목).

화의 성질은 열정적이고 정열적이며 에너지가 넘치며 따뜻함, 돌봄, 연민과 같은 감정의 본바탕입니다. 신경이 예민하여 주변의 작은 자극에도 감정이 쉽게 흔들리고 화를 내거나 분노를 쉽게 밖으로 드러냅니다. 적당하고도 적절한 때에 올바른 목적과 방법으로 화를 내거나 잠재우는 것은 금에게서 차가운 이성적 생각과 절제력의 도움을 받아 조절할 수 있습니다(금극화). 일에 열정적이고 사랑에 정열이 불타올라 타오르는 정열에 자신을 불사를 수 있습니다. 수에게서 겨울의 찬물 같은 성질을 도움 받아 불타는 정열을 중간단계로 낮추어 안정시킬 가능성이 높습니다(수극화). 눈앞의 위험과 삶의 과정에서 위기를 직면할 때 순발력을 발휘하여 위험과 위기를 벗어날 능력이 있습니다.

미래에 대한 불확실성과 주변의 곱지 않은 눈치를 보며 걱정과 불안감에 쉽게 젖어듭니다. 토에게서 화평한 마음을 도움 받아 걱정과 불안감을 감소시킬 수 있습니다(토생화). 목에게서 성취에 대한 강한 동기와 의욕을 도움 받아 목표지향성과 성취에 대한 동기와 열정이 강화될 수 있습니다(목생화).

　금의 성질은 매우 이성적이고 합리적이며 감정에 치우치지 않고 싸늘하게 행동합니다. 화에게 사랑하는 마음을 도움(조절)을 받아 사랑이 있는 마음씨를 회복할 가능성이 있습니다(화극금). 신중하고 조심성이 많아 도전을 꺼리고 안전을 선호합니다. 목에게서 도전정신을 도움(조절) 받아 도전정신을 마음에 품게 할 가능성이 높습니다(목극금). 일관성과 일에 집착하는 집중력은 있지만 고집불통이 정도에 지나칠 가능성이 높습니다. 수에게서 융통성과 유연성을 충분히 도움 받을 수 있어 고집불통을 완화시킬 가능성이 높습니다(수생금). 세상에서 쌓은 경험과 배운 지식이 융합되어 나오는 생각으로 일의 이치를 정확하게 판단하는 능력이 있어 남을 비판할 가능성이 높습니다. 토에게서 남을 이해하고 있는 그대로의 포용정신을 도움 받아 비판을 줄일 가능성이 높습니다(토생금).

　토와 수의 오행분포수는 각각 1개이지만, 이들의 성질 밑바탕이 '양'이면 토와 수의 성질 활성화 정도가 중간단계 가까이 도달할 가능성이 있습니다. '양'의 성질이 활동적이고 능동적이며 적극적이어서 토와 수의 성질을 그 자신이 활성화 시킬 가능성이 있기 때문입니다. 그러나 토와 수의 성질 밑바탕이 '음'이면 이들의 성질 활성화 정도가 최저 수준에 머물러 있기 때문에 이들의 성질들이 행동으로 드러나는 횟수가 매우 적을 가능성이 있습니다. 토와 수의 성질 기능 활성화를 높이기 위해서는 '음'속의 '양의 씨앗' 활성화 방법의 활용이 필요충분조건입니다. 활성화 방법을 익히고 활용하는 것의 열쇠는 노력입니다. 활성화 방법은 p165~168에 자세히 설명되어 있습니다.

예제1은 목, 화, 금이 중심역할을 하는 성격입니다. 목의 욕망, 야망과 도전정신, 화의 열정, 정열과 순발력, 금의 인내심, 성실함, 집착심과 절제력의 활성화 정도가 중간단계보다 높아 높은 목표를 세우고 실행하여 성공할 가능성이 높습니다. 학업성취도도 또한 높습니다. 토의 포용력과 열린 마음, 그리고 수의 유연감, 융통성, 공감능력과 친화력의 활성화 정도는 중간단계보다 낮아서 교육과 훈련으로 이들의 성질이 자연스럽게 행동으로 드러나도록 청소년시절에 부모님과 선생님들이 관심을 가지고 습관화 시키는 것이 필요합니다.

30개의 예제에 목, 화, 토, 금, 수의 각각 설명이 중복되는 것이 많아 부록에 모아서 정리했습니다. 각 예제에 해당되는 목, 화, 토, 금, 수의 부분을 찾아 반드시 읽고 이해하셔야 합니다. 각각의 예제를 간략하게 정리한 것이 앞부분이고 부록에 있는 해당부분이 뒷부분으로 예제의 바탕이고 중심이 되는 부분입니다. 앞부분은 예제의 일반적인 이론을 해설한 내용이고, 뒷부분은 목, 화, 토, 금, 수 하나하나를 사실적으로 자세히 설명한 내용입니다.

부록에 목 2개(p394), 화 2개(p398), 토 1개(p401), 금 2개(p407), 수 1개(p410)의 설명과 활용이 자세히 기록되어 있으니 꼭 참고 하시기를 바랍니다. 음과 양의 성격 특성(p164), 오행성격특성의 요약(p169~175)도 참고 하시기 바랍니다.

예제2) 목2개, 화2개, 토1개, 금1개, 수2개(사주8자에 오행분포수)

목과 화의 성질근원은 자연생태계에 적응한 생물본능(자기보존본능과 자기 종족보존본능=생식 본능)이 첫째이고 사람이 만들어 낸 사회생태계(도덕, 법률, 문화 환경)에 적응한 사회본능이 둘째입니다. 그리고 개인발달본능(성장과 성숙)도 근원이 됩니다. 전체적인 목·화(생물본능)와 금·수(사회본능)의 균형과 조화는 사회본능이 근원이 된 금, 수 성질보다 생물본능이 근원된 목, 화 성질 쪽으로 약간 기울어져 있습니다. (목+화 4개>금+수3개), 개인발달본능은 자신의 목표를 성취하기 위해서 목, 화 성질이나 금, 수 성질을 상황과 환경에 맞도록 전략적으로 변화를 자유롭게 합니다. 개인발달본능 토의 성질 활용과 상당히 비슷합니다.

예제2의 오행성격 구성의 강점은 목, 화, 수의 성질이 각각 2개씩으로 분포된 것입니다. 이들은 오행성격 기능 활성화의 3단계 상·중·하 중의 중간단계(사주8자÷오행5자=1.6개=오행평균 분포수) 1.6개보다 약간 높습니다.(목, 화, 수 2개〉중간단계 1.6개) 이것은 목, 화, 수의 여러 부분 성질이 자연스럽게 상황과 환경에 맞추어 다양한 행동으로 외부에 드러나는 횟수가 많을 가능성을 미리 암시하여 알려주는 것입니다. 그러나 토와 금의 성질 기능 활성화 정도는 중간단계보다 낮습니다.(토, 금 1개〈중간단계1.6개) 이것은 이들의 성질이 자연스럽게 힘들이지 않고 상황과 환경에 맞추어 다양한 행동으로 외부에 드러나는 횟수가 중간정도보다 적을 가능성을 알려주는 것입니다.

목의 성질인 욕심, 욕망, 야망과 도전정신, 화의 성질인 열정, 정열과, 순발력, 수의 성질인 유연함, 융통성, 공감능력과 친화력의 활성화 정도가 중간단계보다 약간 높습니다. 화2개는 토 1개에게 충분한 도움을 주어 중간단계보다 상당히 낮은 토의 성질인 포용력과 열린 마음의 활성화 정도를 중간 단계 가까이 끌어올릴 가능성이 높습니다(화생토). 더불어 목2개는 토 1개에게 약간의 도움을 주어 중간단계보다 상당히 낮은 토의 성질인 포용력과 열린 마음의 활성화 정도를 중간단계 가까이 끌어올릴 가능성을 높게 합니다(목극토: 상생은 서로서로 도움을 주는 관계이고, 상극은 넘치는 것을 덜어내고 모자라는 것은 채워 조절하는 관계입니다). 수2개는 금 1개에게 충분한 도움을 주어 중간단계보다 상당히 낮은 금의 성질인 인내심, 성실함, 집착심과 절제력의 활성화 정도를 중간단계 가까이 끌어올릴 가능성이 높습니다(수생금).

더불어 화 2개는 금 1개에게 약간의 도움을 중간단계보다 낮은 금의 성질인 인내심, 성실함, 집착심과 절제력의 활성화 정도를 중간단계 가까이 끌어올릴 가능성을 높게 합니다(화극금). 상생과 상극 활용은 토와 금의 성질들의 활성화 정도를 중간단계 가까이 끌어 올려 오행의 전체적인 균형과 조화를 상당히 이룰 수 있게 하여 어느 상황이나 환경에 직면하여도 대응할 성격들이 자연스럽게 행동으로 드러나 유능하고 즐거운 사회생활을 할 수 있게 합니다.

성격은 적성(무슨 일에 알맞은 성질, Aptitude)의 밑바탕의 중요한 부분입니다. 자신의 성질 중에 강점을 더욱 활성 시키고 지속하는데 에너지와 집중이 필요합니다. 성격에 맞는 일을 하는 것은 즐겁고 행복하고 일의 성과도 뛰어납니다. 예제2의 성격의 강점인 목(2개), 화(2개), 수(2개) 만을 차례대로 서술하였습니다. 그리고 토, 금은 부록에 자세히 설명되어 있으니 꼭 참고 하시기를 바랍니다.

목의 성질은 욕망, 야망과 도전정신이 중간단계보다 상당히 높습니다. 삶의 높은 목표를 세우고 실현하려는 의욕과 의지가 높습니다. 예비 목표를 세울 가능성도 있습니다. 흥미와 호기심이 강렬하여 새로운 것에 머뭇거림 없이 도전합니다. 자신의 능력을 높게 평가해서 고집스럽고 비협조적인 모습을 보입니다. 수에게서 유연함과 지혜의 도움을 받아 고집을 융통성 있게 바꿀 수 있고 비협조적인 면도 감소시킬 가능성이 높습니다(수생목). 상황과 환경에 민감하게 행동하며 주변상황에 따라 카멜레온처럼 전략적으로 자신에게 유리하도록 행동합니다. 이러한 전략적인 행동이 정도에 벗어나지 않도록 금에게서 성실성을 도움 받아 조절될 수 있습니다(금극목;상생은 서로서로 도움을 주는 관계이고, 상극은 넘치는 것은 덜어내고 모자라는 것은 채워 조절하는 관계입니다). 출세욕과 명예욕이 강렬해 야망의 활동무대를 욕심껏 넓히려는 의욕을 제한하고 조절할 수 있습니다(토극목).

화의 성질은 열정적이고 정열적이며 에너지가 넘치며 따뜻함, 돌봄, 연민과 같은 감정의 본바탕입니다. 신경이 예민하여 주변의 작은 자극에도 감정이 쉽게 흔들리고 화를 내거나 분노를 쉽게 밖으로 드러냅니다. 적당하고도 적절한 때에 올바른 목적과 방법으로 화를 내거나 잠재우는 것은 금에게서 차가운 이성적 생각과 절제력의 도움을 받아 조절할 수 있습니다(금극화). 일에 열정적이고 사랑에 정열이 불타올라 타오르는 정열에 자신을 불사를 수 있습니다. 수에게서 겨울의 찬물 같은 성질을 도움 받아 불타는 정열을 중간단계로 낮추어 안정시킬 가능성이 높습니다(수극화). 눈앞의 위험과 삶의 과정에서 위기를 직면할 때 순발력을 발휘하여 위험과 위기를 벗어날 능력이 있습니다.

미래에 대한 불확실성과 주변의 곱지 않은 눈치를 보며 걱정과 불안감에 쉽게 젖어듭니다. 토에게서 화평한 마음을 도움 받아 걱정과 불안감을 감소시킬 수 있습니다(토생화). 목에게서 성취에 대한 강한 동기와 의욕을 도움 받아 목표지향성과 성취에 대한 동기와 열정이 강화될 수 있습니다(목생화).

수의 성질은 주위로부터 마음의 충동과 자극을 받아도 흔들리지 않고 물처럼 천연스럽게 미지근한 행동을 하는 유연성이 높습니다. 수는 화에게서 화끈한 성질을 도움 받을 수 있어 미지근한 성질을 때로는 화끈한 성질로 조절이 가능합니다(화극수). 겸손함이 정도에 지나치고 자기주장이 거의 없어 비위만 맞추는 사람으로 보일 수 있습니다. 목에게서 자기주장과 자존심을 격려 받을 가능성이 있어 가끔 겸손함과 자기주장을 적절하게 균형을 맞추어 행동하면 진정한 겸손함으로 보일 수 있는 가능성이 높습니다(목생수). 수의 성질은 현실적 감각이 뛰어나고 사물에 대하여 객관적으로 판단하여 상황과 환경에 적응력이 높습니다. 머리 회전이 빠르고 깨달음을 바탕으로 한 정신적 기능이 높아 학자로 성공할 가능성이 있지만, 금에게서 성실성, 인내심과 집착심을 충분히 도움 받아야만 그 가능성이 더욱 높아집니다(금생수).

수는 친화력과 포용력이 높아 인간관계가 물 흐르듯 원활합니다. 연민과 동정심이 높아 남을 돕는데 적극적이어서 타인에게 이용당할 가능성이 있어 자신과 가족에게 경제적 피해를 줄 가능성이 높습니다. 흙으로 제방을 쌓아 흘러가버리는 물을 모아두어 필요한 때만 물(재물)을 사용하는 지혜가 토에게 있습니다. 수가 토에게서 재물을 절약하는 지혜를 충분히 지원받을 가능성이 매우 높아 가족과 자신에게 경제적 피해를 줄일 가능성이 높습니다(토극수). 남을 친절하게 배려하고 상황에 따라 있는 그대로를 받아들이는 융통성이 있습니다.

토와 금의 오행 분포 수는 각각 1개이지만, 이들의 성질 밑바탕이 '양'이면 토와 금의 성질 활성화 정도가 중간단계 가까이 도달할 가능성이 있습니다. '양'의 성질이 활동적이고 능동적이며 적극적이어서 토와 금의 성질을 그 자신을 활성화 시킬 가능성이 높기 때문입니다. 그러나 토와 금의 성질 밑바탕이 '음'이면 이들의 성질 활성화 정도가 최저 수준에 머물러 있기 때문에 이들의 성질들이 행동으로 드러나는 횟수가 매우 적을 가능성이 있습니다. 토와 금의 성질 기능 활성화를 높이기 위해서는 '음'속의 '양의 씨앗' 활성화 방법의 활용이 필수충분조건입니다. 활성화 방법을 익히고 활용하는 것의 열쇠는 노력입니다. 활성화 방법은 p165~168에 자세히 설명되어 있습니다.

예제2는 목, 화, 수가 중심역할을 하는 성격입니다. 목의 욕망, 야망, 의욕과 도전정신, 화의 열정, 정열과 순발력 수의 유연함, 융통성, 공감능력과 친화력의 활성화 정도가 중간 단계보다 높습니다. 높은 목표를 세우고 화의 열정으로 목표를 수행하는 과정에 꼭 필요한 금의 인내심, 성실함과 집착심이 중간단계보다 낮아서 목표를 성취하는데 어려움이 있습니다. 소년, 소녀 시절부터 교육과 훈련을 계속하면 금의 성질들이 중간단계보다 높게 활성화 될 수 있습니다. 유교 교육이 금의 성질을 몸에 익히는 데 중요한 역할을 한 것은 다산 정약용과 연암 박지원이 좋은 실례입니다. 두 분에겐 금이 '0'개였습니다. 수의 유연함과 융통성과 친화력이 높아 사회생활을 유능하고 원만하게 할 가능성이 높습니다.

30개의 예제에 목, 화, 토, 금, 수의 각각 설명이 중복되는 것이 많아 부록에 모아서 정리했습니다. 각 예제에 해당되는 목, 화, 토, 금, 수의 부분을 찾아 반드시 읽고 이해하셔야 합니다. 각각의 예제를 간략하게 정리한 것이 앞부분이고 부록에 있는 해당부분이 뒷부분으로 예제의 바탕이고 중심이 되는 부분입니다. 앞부분은 예제의 일반적인 이론을 해설한 내용이고, 뒷부분은 목, 화, 토, 금, 수 하나하나를 사실적으로 자세히 설명한 내용입니다.

부록에 목 2개(p394), 화 2개(p398), 토 1개(p401), 금 1개(p406), 수 2개(p411)의 설명과 활용이 자세히 기록되어 있으니 꼭 참고 하시기를 바랍니다. 음과 양의 성격 특성(p164), 오행성격특성의 요약(p169~175)도 참고 하시기 바랍니다.

예제3) 목 2개, 화 2개, 토 2개, 금 1개, 수 1개(사주8자에 오행 분포수)

목과 화의 성질근원은 자연생태계에 적응한 생물본능(자기보존본능과 자기종족보존본능=생식 본능)이 첫째이고 사람이 만들어 낸 사회생태계(도덕, 법률, 문화 환경)에 적응한 사회본능이 둘째입니다. 그리고 개인발달본능(성장과 성숙)도 근원이 됩니다. 전체적인 목·화(생물본능)와 금·수(사회본능)의 균형과 조화는 사회본능이 근원이 된 금, 수 성질보다 생물본능이 근원된 목, 화 성질 쪽으로 상당히 기울어져 있습니다. (목+화 4개)금+수2개), 개인발달본능은 자신의 목표를 성취하기 위해서 목, 화 성질이나 금, 수 성질을 상황과 환경에 맞도록 전략적으로 변화를 자유롭게 합니다. 개인발달본능 토의 성질 활용과 상당히 비슷합니다.

예제3의 오행성격 구성의 강점은 목, 화, 토의 성질이 각각 2개씩으로 분포된 것입니다. 이들은 오행성격 기능 활성화의 3단계 상·중·하 중의 중간단계(사주8자÷오행5자=1.6개 오행 평균 분포수) 1.6개보다 약간 높습니다.(목, 화, 토 2개)

중간단계 1.6개) 이것은 목, 화, 토의 여러 부분 성질이 자연스럽게 상황과 환경에 맞추어 다양한 행동으로 외부에 드러나는 횟수가 많을 가능성을 미리 암시하여 알려주는 것입니다. 그러나 금과 수의 성질 기능 활성화 정도는 중간단계 보다 낮습니다.(금, 수 1개(중간단계1.6개) 이것은 이들의 성질이 자연스럽게 힘들이지 않고 상황과 환경에 맞추어 다양한 행동으로 외부에 드러나는 횟수가 중간정도 보다 적을 가능성을 알려주는 것입니다.

목의 성질인 욕심, 욕망, 야망과 도전정신, 화의 성질인 열정, 정열과, 순발력, 토의 성질인 포용력과 열린 마음의 활성화 정도가 중간단계보다 약간 높습니다. 목 2개는 수 1개에 충분한 도움을 주어 중간단계보다 상당히 낮은 수의 성질인 유연함, 융통성, 공감능력과 친화력의 활성화 정도를 중간단계 가까이 끌어올릴 가능성이 높습니다(목생수). 더불어 토 2개도 수 1개에게 약간의 도움을 줄 수 있어 중간단계보다 상당히 낮은 수의 성질 활성화 정도를 중간단계 가까이 끌어올릴 가능성이 있습니다(토극수: 상생은 서로 서로 도움을 주는 관계이고, 상극은 넘치는 것을 덜어내고 모자라는 것은 채워 조절하는 관계입니다).

토 2개는 금 1개에 충분한 도움을 주어 중간단계보다 상당히 낮은 금의 성질인 인내심, 성실함, 집착심과 절제력의 활성화 정도를 중간단계 가까이 끌어올릴 가능성이 높습니다(토생금). 화 2개도 수 1개에게 약간의 도움을 중간단계보다 낮은 수의 성질 활성화 정도를 중간단계 가까이 끌어올릴 가능성을 높게 합니다(화극수). 상생과 상극 활용은 토와 금의 성질들의 활성화 정도를 중간단계 가까이 끌어 올려 오행의 전체적인 균형과 조화를 상당히 이룰 수 있게 하여 어느 상황이나 환경에 직면하여도 대응할 성격들이 자연스럽게 힘들이지 않고 행동으로 드러나 유능하고 즐거운 사회생활을 할 수 있게 합니다.

성격은 적성(무슨 일에 알맞은 성질, Aptitude)의 밑바탕의 중요한 부분입니다. 자신의 성질 중에 강점을 더욱 활성 시키고 지속하는데 에너지와 집중이 필요합니다. 성격에 맞는 일을 하는 것은 즐겁고 행복하고 일의 성과도 뛰어납니다. 예제3의 성격의 강점인 목(2개), 화(2개), 토(2개) 만을 차례대로 서술하였습니다. 그리고 금, 수는 부록에 자세히 설명되어 있으니 꼭 참고 하시기를 바랍니다.

목의 성질은 욕망, 야망과 도전정신이 중간단계보다 상당히 높습니다. 삶의 높은 목표를 세우고 실현하려는 의욕과 의지가 높습니다. 예비 목표를 세울 가능성도 있습니다. 흥미와 호기심이 강렬하여 새로운 것에 머뭇거림 없이 도전합니다. 자신의 능력을 높게 평가해서 고집스럽고 비협조적인 모습을 보입니다. 수에게서 유연함과 지혜의 도움을 받아 고집을 융통성 있게 바꿀 수 있고 비협조적인 면도 감소시킬 가능성이 높습니다(수생목). 상황과 환경에 민감하게 행동하며 주변상황에 따라 카멜레온처럼 전략적으로 자신에게 유리하도록 행동합니다. 이러한 전략적인 행동이 정도에 벗어나지 않도록 금에게서 성실성을 도움 받아 조절될 수 있습니다(금극목:상생은 서로 서로 도움을 주는 관계이고, 상극은 넘치는 것은 덜어내고 모자라는 것은 채워 조절하는 관계입니다). 출세욕과 명예욕이 강렬해 야망의 활동무대를 욕심껏 넓히려는 의욕을 제한하고 조절할 수 있습니다(토극목).

화의 성질은 열정적이고 정열적이며 에너지가 넘치며 따뜻함, 돌봄, 연민과 같은 감정의 본바탕입니다. 신경이 예민하여 주변의 작은 자극에도 감정이 쉽게 흔들리고 화를 내거나 분노를 쉽게 밖으로 드러냅니다. 적당하고도

적절한 때에 올바른 목적과 방법으로 화를 내거나 잠재우는 것은 금에게서 차가운 이성적 생각과 절제력의 도움을 받아 조절할 수 있습니다(금극화). 일에 열정적이고 사랑에 정열이 불타올라 타오르는 정열에 자신을 불사를 수 있습니다. 수에게서 겨울의 찬물 같은 성질을 도움 받아 불타는 정열을 중간단계로 낮추어 안정시킬 가능성이 높습니다(수극화). 눈앞의 위험과 삶의 과정에서 위기를 직면할 때 순발력을 발휘하여 위험과 위기를 벗어날 능력이 있습니다.

미래에 대한 불확실성과 주변의 곱지 않은 눈치를 보며 걱정과 불안감에 쉽게 젖어듭니다. 토에게서 화평한 마음을 도움 받아 걱정과 불안감을 감소시킬 수 있습니다(토생화). 목에게서 성취에 대한 강한 동기와 의욕을 도움 받아 목표지향성과 성취에 대한 동기와 열정이 강화될 수 있습니다(목생화).

토의 성질은 만물을 넓은 품안에 감싸는 포용력이 있습니다. 봄과 여름 사이, 여름과 가을, 가을과 겨울, 겨울과 봄 사이의 날씨가 뒤섞인 기간에 계절의 변화에 쉽게 적응하도록 도움을 주는 협력자 역할이 토의 근본 성질입니다. 그리고 목, 화, 금, 수의 성질을 상당부분 공유합니다.

토의 성질은 사계절처럼 환경이 달라져도 변함없는 정직함을 보입니다. 정직하고 진실하여 상대방에게 신뢰감을 줍니다. 안정성을 중요하게 생각하고 변화와 모험을 꽤 싫어하여 위기 상황 대처 능력이 떨어집니다. 화에게서 순발력의 도움을 받으면 위기 대처 능력을 높일 가능성이 있습니다(화생토). 토의 성질은 인간관계를 상당히 중요하게 생각하여 친구와 소통이 원활합니다. 믿음과 의리 그리고 포용력이 있으며 활동적이고(목의 성질) 부드러움(수의 성질)과 열정(화의 성질)이 있어 리더쉽이 강합니다. 인내력이 강하고 고집이 세며(금의 성질) 성취욕이 강해서(목의 성질) 주어진 일을 끝까지 해냅니다.

수에게서 융통성을 도움 받으면 고집 센 성질을 완화시킬 가능성이 있습니다(수극토).

　토의 성질은 영리하고 재주가 많습니다. 총명함과 지혜로 세상 변화에 슬기롭게 대처해 나갑니다. 총명함과 지혜는 위험이 없고 무사하여 마음에 걱정이 없는 것을 선호하여 위험한 도전을 피합니다. 목에게서 적극적인 도전적인 정신을 도움 받으면 위험한 도전을 피하지 않을 가능성이 있습니다(목극토). 땅(토)은 동물과 식물에게 삶의 터전을 차별하지 않고 개방합니다. 토의 성질은 땅처럼 생각과 행동이 포용적이고 개방적이어서 타인의 생각과 행동을 옳고 그름, 아름다움과 추함에 비추어 판단하지 않고 받아들여 자신의 생각이 없는 것처럼 보일 가능성이 있습니다. 금에게서 냉철한 판단정신을 도움을 받으면 적절한 때에 적당하게 자신의 생각이 다름을 주장할 가능성이 큽니다(금생토).

　금과 수의 오행분포 수는 각각 1개이지만, 이들의 성질 밑바탕이 '양'이면 금과 수의 성질 활성화 정도가 중간단계 가까이 도달할 가능성이 있습니다. '양'의 성질이 활동적이고 능동적이며 적극적이어서 금과 수의 성질을 그 자신을 활성화 시킬 가능성이 높기 때문입니다. 그러나 금과 수의 성질 밑바탕이 '음'이면 이들의 성질 활성화 정도가 최저 수준에 머물러 있기 때문에 이들의 성질들이 행동으로 드러나는 횟수가 매우 적을 가능성이 있습니다. 금과 수의 성질 기능 활성화를 높이기 위해서는 '음'속의 '양의 씨앗' 활성화 방법의 활용이 필수충분조건입니다. 활성화 방법을 익히고 활용하는 것의 열쇠는 노력입니다. 활성화 방법은 p165~168에 자세히 설명되어 있습니다.

예제3은 목, 화, 토가 중심역할을 하는 성격입니다. 목의 욕망, 야망, 의욕과 도전정신, 화의 열정, 정열과 순발력 토의 포용력과 열린 마음의 활성화 정도가 중간 단계보다 높습니다. 높은 목표를 세우고 화의 열정으로 목표를 수행하는 과정에 꼭 필요한 금의 인내심, 성실함과 집착심이 중간단계보다 낮아서 목표를 성취하는데 어려움이 있습니다. 소년, 소녀 시절부터 교육과 훈련을 계속하면 금의 성질들이 중간단계보다 높게 활성화 될 수 있기 때문에 자신의 꿈을 이룰 가능성이 높아집니다. 토가 2개여서 지도자가 될 가능성이 높습니다. 목의 출세욕과 명예욕이 강렬하고 화가 2개로 열정도 높아 목과 화 그리고 토의 성질들이 조화를 이룰 수 있기 때문입니다.

30개의 예제에 목, 화, 토, 금, 수의 각각 설명이 중복되는 것이 많아 부록에 모아서 정리했습니다. 각 예제에 해당되는 목, 화, 토, 금, 수의 부분을 찾아 반드시 읽고 이해하셔야 합니다. 각각의 예제를 간략하게 정리한 것이 앞부분이고 부록에 있는 해당부분이 뒷부분으로 예제의 바탕이고 중심이 되는 부분입니다. 앞부분은 예제의 일반적인 이론을 해설한 내용이고, 뒷부분은 목, 화, 토, 금, 수 하나하나를 사실적으로 자세히 설명한 내용입니다.

부록에 목 2개(p394), 화 2개(p398), 토 2개(p402), 금 1개(p406), 수 1개(p410)의 설명과 활용이 자세히 기록되어 있으니 꼭 참고 하시기를 바랍니다. 음과 양의 성격 특성(p164), 오행성격특성의 요약(p169~175)도 참고 하시기 바랍니다.

예제4) 목 3개, 화 2개, 토 1개, 금 1개, 수 1개(사주8자에 오행 분포 수)

목과 화의 성질근원은 자연생태계에 적응한 생물본능(자기보존본능과 자기종족보존본능=생식 본능)이 첫째이고 사람이 만들어 낸 사회생태계(도덕, 법률,

문화 환경)에 적응한 사회본능이 둘째입니다. 그리고 개인발달본능(성장과 성숙)도 근원이 됩니다. 전체적인 목·화(생물본능)와 금·수(사회본능)의 균형과 조화는 사회본능이 근원이 된 금, 수 성질보다 생물본능이 근원된 목, 화 성질 쪽으로 많이 기울어져 있습니다. (목+화 5개)금+수2개), 개인발달본능은 자신의 목표를 성취하기 위해서 목, 화 성질이나 금, 수 성질을 상황과 환경에 맞도록 전략적으로 변화를 자유롭게 합니다. 개인발달본능 토의 성질 활용과 상당히 비슷합니다.

예제4의 오행성격 구성의 강점은 목의 성질이 3개, 화의 성질이 2개 분포된 것입니다. 이들은 오행 성격 기능 활성화의 3단계 상·중·하 중의 중간단계(사주8자÷오행5자=1.6개 오행 평균 분포수) 1.6개보다 목은 매우 높고 수는 약간 높습니다.(목3개, 화2개)중간단계1.6개) 이것은 목과 화의 여러 부분 성질이 자연스럽게 힘들이지 않고 상황과 환경에 맞추어 다양한 행동으로 외부에 드러나는 횟수가 매우 많을 가능성을 미리 암시하여 알려주는 것입니다. 그러나 토, 금, 수의 성질 기능 활성화 정도는 중간단계 보다 낮습니다(금, 수 1개〈중간단계1.6개). 이것은 이들의 성질이 자연스럽게 힘들이지 않고 상황과 환경에 맞추어 다양한 행동으로 외부에 드러나는 횟수가 중간정도 보다 적을 가능성을 알려주는 것입니다.

목의 성질인 욕심, 욕망, 야망과 도전정신, 화의 성질인 열정, 정열과, 순발력, 활성화 정도가 중간단계보다 목은 매우 높고, 화는 약간 높습니다. 목 3개는 수 1개에 충분한 도움을 주어 중간단계보다 상당히 낮은 '수'의 성질인 유연함, 융통성, 공감능력과 친화력의 활성화 정도를 중간 단계 가까이 끌어올릴 가능성이 높습니다(목생수). 더불어 화 2개도 수 1개에 약간의 도움을 줄 수 있어 중간단계보다 상당히 낮은 '수'의 성질 활성화 정도를 중간단계 가까이 끌어올릴 가능성이 있습니다(토극수: 상생은 서로서로 도움을 주는 관계이고, 상극은 넘치는 것을 덜어내고 모자라는 것은 채워 조절하는 관계입니다). 화 2개는 토 1개에 충분한 도움을 주어 중간단계보다 상당히 낮은 토의 성질인 포용력과 열린 마음의 활성화 정도를 중간단계 가까이 끌어올릴 가능성이 높습니다(화생토). 더불어 목 3개도 토 1개에 약간의 도움을 중간단계보다 상당히 낮은 '수'의 성질 활성화 정도를 중간단계 가까이 끌어올릴 가능성이 있습니다(목극토).

목 3개는 금 1개에 약간의 도움을 주어 중간단계보다 상당히 낮은 금의 성질인 인내심, 성실함, 집착심과 절제력의 활성화 정도를 중간단계 가까이 끌어 올릴 가능성이 있습니다(목극금). 더불어 화 2개도 금1개에 약간의 도움을 줄 수 있어 중간단계보다 상당히 낮은 금의 성질 활성화 정도를 중간단계 가까이 끌어올릴 가능성을 있게 합니다(화극금). 상생과 상극 활용은 토, 금, 수 성질들의 활성화 정도를 중간단계 가까이 끌어 올려 오행의 전체적인 균형과 조화를 상당히 이룰 수 있게 하여 어느 상황이나 환경에 직면하여도 대응할 성격들이 자연스럽게 행동으로 드러나 유능하고 즐거운 사회생활을 할 수 있게 합니다.

성격은 적성(무슨 일에 알맞은 성질, Aptitude)의 밑바탕의 중요한 부분입니다. 자신의 성질 중에 강점을 더욱 활성 시키고 지속하는데 에너지와 집중이 필요합니다. 성격에 맞는 일을 하는 것은 즐겁고 행복하고 일의 성과도 뛰어납니다. 예제4 성격의 강점인 목(3개), 화(2개)만을 차례대로 서술하였습니다. 그리고 토, 금, 수는 부록에 자세히 설명되어 있으니 꼭 참고 하시기를 바랍니다.

목이 3개여서 야망을 품고 있어 매우 높은 목표를 세울 가능성이 있으며, 여러 개의 꿈을 한꺼번에 이루려는 욕망도 강렬합니다. 높은 목표를 실행하는 데는 여기에 맞는 지속되는 열정과 에너지가 필수 조건입니다. 그러나 화가 1개여서 목의 높은 목표와 여러 개의 꿈을 이루는데 지원할 수 있는 열정과 에너지는 중간단계에 머물러 있어 높은 목표를 이루기는 불가능에 가깝습니다. 금의 현명하고 성실한 조언을 받아들여(금극목) 높은 목표를 조금 낮추고, 여러 개의 목표 중에 하나를 선택하여 화가 지원할 수 있는 에너지를 집중하여 실행하면 성취할 가능성이 높습니다(화생목). 여기에 금의 인내심, 성실함과 절제력을 도움 받을 수 있어 목표 성취가 가능해 집니다(금극목).

목 3개는 매우 도전적이고, 활동적이며, 충동적이어서 청소년 때에는 정도에 지나치게 많은 활동 모습이 나타날 수 있습니다. 말이나 몸가짐이 가볍고 생각 없이 행동할 가능성이 높습니다. 청소년기는 아직 사회본능(금과 수의 성질)이 발달하고 있는 과정이기 때문에 금의 절제력, 신중함과 인내심을 지원받기 쉽지 않습니다. 그러나 부모님과 선생님들의 사회화 교육과 훈련으로 사회본능을 강화시킬 수 있습니다. 교육과 훈련은 인간이 만든 창작예술품이며 사회본능과 개인발달본능의 필요충분조건입니다.

화의 성질은 열정적이고 정열적이며 에너지가 넘치며 따뜻함, 돌봄, 연민과 같은 감정의 본바탕입니다. 신경이 예민하여 주변의 작은 자극에도 감정이 쉽게 흔들리고 화를 내거나 분노를 쉽게 밖으로 드러냅니다. 적당하고도 적절한 때에 올바른 목적과 방법으로 화를 내거나 잠재우는 것은 금에게서 차가운 이성적 생각과 절제력의 도움을 받아 조절할 수 있습니다(금극화). 일에 열정적이고 사랑에 정열이 불타올라 타오르는 정열에 자신을 불사를 수 있습니다. 수에게서 겨울의 찬물 같은 성질을 도움 받아 불타는 정열을 중간단계로 낮추어 안정시킬 가능성이 있습니다(수극화). 눈앞의 위험과 삶의 과정에서 위기를 직면할 때 순발력을 발휘하여 위험과 위기를 벗어날 능력이 있습니다.

미래에 대한 불확실성과 주변의 곱지 않은 눈치를 보며 걱정과 불안감에 쉽게 젖어듭니다. 토에게서 화평한 마음을 도움 받아 걱정과 불안감을 감소시킬 수 있습니다(토생화). 목에게서 성취에 대한 강한 동기와 의욕을 도움 받아 목표지향성과 성취에 대한 동기와 열정이 강화될 수 있습니다(목생화).

토, 금, 수의 오행분포 수는 각각 1개이지만, 이들의 성질 밑바탕이 '양'이면 토, 금, 수의 성질 활성화 정도가 중간단계 가까이 도달할 가능성이 있습니다. '양'성질이 활동적이고 능동적이며 적극적이어서 토, 금, 수의 성질은 그 자신을 활성화 시킬 가능성이 높기 때문입니다. 그러나 토, 금, 수의 성질 밑바탕이 '음'이면 이들의 성질 활성화 정도가 최저 수준에 머물러 있기 때문에 이들의 성질들이 행동으로 드러나는 횟수가 매우 적을 가능성이 있습니다. 토, 금, 수의 성질 기능 활성화를 높이기 위해서는 '음'속의 '양의 씨앗' 활성화 방법의 활용이 필수충분조건입니다. 활성화 방법을 익히고 활용하는 것의 열쇠는 노력입니다. 활성화 방법은 p165~168에 자세히 설명되어 있습니다.

예제4는 목과 화가 중심역할을 하는 성격입니다. 목의 성질인 욕망, 야망(생물 본능), 도전정신과 화의 성질인 열정, 정열과 순발력(생물 본능)의 활성화 정도가 목은 매우 높고 화도 중간 단계보다 높습니다. 금의 성질인 인내심, 성실함, 집착심과 절제력(사회본능)과 수의 성질인 유연함, 융통성, 공감능력과 친화력(사회본능), 그리고 토의 성질인 포용력과 열린 마음의 활성화 정도는 중간단계보다 낮습니다. 사회본능은 인간이 만들어낸 사회생태계에 적응하기 위해 발달된 성격입니다. 생존본능보다 사회본능이 근원인 금과 수의 성질 활성화 정도는 교육과 훈련으로 중간단계보다 위로 끌어 올릴 가능성이 높습니다. 금의 성질은 꿈을 성취하는데 필수조건이고 학업성취도에도 금의 성질이 핵심역할을 합니다. 수의 성질은 사회생활을 유능하게 하는데 충분조건입니다.

30개의 예제에 목, 화, 토, 금, 수의 각각 설명이 중복되는 것이 많아 부록에 모아서 정리했습니다. 각 예제에 해당되는 목, 화, 토, 금, 수의 부분을 찾아 반드시 읽고 이해하셔야 합니다. 각각의 예제를 간략하게 정리한 것이 앞부분이고 부록에 있는 해당부분이 뒷부분으로 예제의 바탕이고 중심이 되는 부분입니다. 앞부분은 예제의 일반적인 이론을 해설한 내용이고, 뒷부분은 목, 화, 토, 금, 수 하나하나를 사실적으로 자세히 설명한 내용입니다.

부록에 목 3개(p395), 화 2개(p398), 토 1개(p401), 금 1개(p406), 수 1개(p410)의 설명과 활용이 자세히 기록되어 있으니 꼭 참고 하시기를 바랍니다. 음과 양의 성격 특성(p164), 오행성격특성의 요약(p169~175)도 참고 하시기 바랍니다.

예제5) 목 1개, 화 2개, 토 1개, 금 2개, 수 2개(사주8자에 오행 분포수)

목과 화의 성질근원은 자연생태계에 적응한 생물 본능(자기생존본능과 자기종족보존본능)이 첫째이고, 사람이 만들어 낸 사회생태계(도덕, 법률, 문화 환경)에 적응한 사회본능이 둘째입니다. 그리고 개인발달본능(성장과 성숙)도 근원이 됩니다. 전체적인 목·화(생물본능)와 금·수(사회본능)의 균형과 조화는 생물본능이 근원이 된 목, 화 성질보다 사회본능이 근원된 금, 수 성질 쪽으로 약간 기울어져 있습니다. (목+화 3개〈금+수 4개), 개인발달본능은 자신의 목표를 성취하기 위해서 목, 화 성질이나 금, 수 성질을 상황과 환경에 맞도록 전략적으로 변화를 자유롭게 합니다. 개인발달본능 토의 성질 활용과 상당히 비슷합니다.

예제5의 오행성격 구성의 강점은 화, 금, 수의 성질이 각각 2개씩 분포된 것입니다. 이들은 오행성격 기능 활성화의 3단계 상·중·하 중의 중간단계(사주8자÷오행5자=1.6개 오행 평균 분포수) 1.6개보다 약간 높습니다.(화, 금, 수 2개〉중간단계 1.6개) 이것은 화, 금, 수의 여러 부분 성질이 자연스럽게 힘들이지 않고 상황과 환경에 맞추어 다양한 행동으로 외부에 드러나는 횟수가 매우 많을 가능성을 미리 암시하여 알려주는 것입니다. 그러나 목과 토의 성질 기능 활성화 정도는 중간단계 보다 낮습니다.(목, 토 1개〈중간단계1.6개) 이것은 이들의 성질이 자연스럽게 힘들이지 않고 상황과 환경에 맞추어 다양한 행동으로 외부에 드러나는 횟수가 중간정도 보다 적을 가능성을 알려주는 것입니다.

화의 성질인 열정, 정열과 순발력, 금의 성질인 인내심, 성실함, 집착심과 절제력, 그리고 수의 성질인 유연함, 융통성, 공감능력과 친화력의 활성화 정도가 중간단계보다 약간 높습니다. 화 2개는 토 1개에게 충분한 도움을 주어 중간단계보다 상당히 낮은 토의 성질인 포용력과 열린 마음의 활성화 정도를 중간단계 가까이 끌어 올린 가능성이 높습니다(화생토). 더불어 금 2개도 토에게 충분한 도움을 주어 중간단계보다 상당히 낮은 토의 성질 활성화 정도를 중간단계 가까이 끌어 올릴 가능성이 높습니다(금생토). 그리고 화 2개는 목 1개에게 충분한 도움을 주어 중간단계보다 상당히 낮은 목의 성질인 욕심 욕망, 야망과 도전정신의 활성화 정도를 중간단계 가까이 끌어 올릴 가능성이 높습니다(화생목). 더불어 수 2개도 목 1개에 충분한 도움을 주어 중간단계 가까이 끌어 올릴 가능성이 높습니다(수생목: 상생은 서로서로 도움을 주는 관계입니다). 상생활용은 목과 토의 성질들의 활성화 정도를 중간단계 가까이 끌어 올려 오행의 전체적인 균형과 조화를 상당히 이룰 수 있게 하여 어느 상황이나 환경에 직면하여도 대응할 성격들이 자연스럽게 행동으로 드러나 유능하고 즐거운 사회생활을 할 수 있게 합니다.

성격은 적성(무슨 일에 알맞은 성질, Aptitude)의 밑바탕의 중요한 부분입니다. 자신의 성질 중에 강점을 더욱 활성 시키고 지속하는데 에너지와 집중이 필요합니다. 성격에 맞는 일을 하는 것은 즐겁고 행복하고 일의 성과도 뛰어납니다. 예제5의 성격의 강점인 화(2개), 금(2개), 수(2개)만을 차례대로 서술하였습니다. 그리고 목, 토는 부록에 자세히 설명되어 있습니다. 꼭 참고 하시기를 바랍니다.

화의 성질은 열정적이고 정열적이며 에너지가 넘치며 따뜻함, 돌봄, 연민과 같은 감정의 본바탕입니다. 신경이 예민하여 주변의 작은 자극에도 감정이 쉽게 흔들리고 화를 내거나 분노를 쉽게 밖으로 드러냅니다. 적당하고도 적절한 때에 올바른 목적과 방법으로 화를 내거나 잠재우는 것은 금에게서 차가운 이성적 생각과 절제력의 도움을 받아 조절할 가능성이 높습니다(금극화). 일에 열정적이고 사랑에 정열이 불타올라 타오르는 정열에 자신을 불사를 수 있습니다. 수에게서 겨울의 찬물 같은 성질을 도움 받아 불타는 정열을 중간단계로 낮추어 안정시킬 가능성이 높습니다(수극화). 눈앞의 위험과 삶의 과정에서 위기를 직면할 때 순발력을 발휘하여 위험과 위기를 벗어날 능력이 있습니다.

미래에 대한 불확실성과 주변의 곱지 않은 눈치를 보며 걱정과 불안감에 쉽게 젖어듭니다. 토에게서 화평한 마음을 도움 받아 걱정과 불안감을 감소시킬 수 있습니다(토생화). 목에게서 성취에 대한 동기와 의욕을 도움 받아 목표지향성과 성취에 대한 동기와 열정이 강화될 수 있습니다(목생화).

금의 성질은 매우 이성적이고 합리적이며 감정에 치우치지 않고 싸늘하게 행동합니다. 화에게 사랑하는 마음을 도움(조절)을 받아 사랑이 있는 마음씨를 회복할 가능성이 높습니다(화극금). 신중하고 조심성이 많아 도전을 꺼리고 안전을 선호합니다. 목에게서 도전정신을 도움(조절) 받아 도전정신을 마음에 품게 할 가능성이 있습니다(목극금). 일관성과 일에 집착하는 집중력은 있지만 고집불통이 정도에 지나칠 가능성이 높습니다. 수에게서 융통성과 유연성을 충분히 도움 받을 수 있어 고집불통을 완화시킬 가능성이 높습니다(수생금). 세상에서 쌓은 경험과 배운 지식이 융합되어 나오는 생각으로 일의 이치를 정확하게 판단하는 능력이 있어 남을 비판할 가능성이 높습니다. 토에게서 남을 이해하고 있는 그대로의 포용정신을 도움 받아 비판을 줄일 가능성이 있습니다(토생금).

수의 성질은 주위로부터 마음의 충동과 자극을 받아도 흔들리지 않고 물처럼 천연스럽게 미지근한 행동을 하는 유연성이 높습니다. 수는 화에게서 화끈한 성질을 도움 받을 수 있어 미지근한 성질을 때로는 화끈한 성질로 조절할 가능성이 높습니다(화극수). 겸손함이 정도에 지나치고 자기주장이 거의 없어 비위만 맞추는 사람으로 보일 수 있습니다. 목에게서 자기주장과 자존심을 격려 받을 가능성이 있어 가끔 겸손함과 자기주장을 적절하게 균형을 맞추어 행동하면 진정한 겸손함으로 보일 수 있는 가능성이 있습니다(목생수). 수의 성질은 현실적 감각이 뛰어나고 사물에 대하여 객관적으로 판단하여 상황과 환경에 적응력이 높습니다. 머리 회전이 빠르고 깨달음을 바탕으로 한 정신적 기능이 높아 학자로 성공할 가능성이 있지만, 금에게서 성실성, 인내심과 집착심을 충분히 도움 받아야만 그 가능성이 더욱 높아집니다(금생수).

수는 친화력과 포용력이 높아 인간관계가 물 흐르듯 원활합니다. 연민과 동정심이 높아 남을 돕는데 적극적이어서 타인에게 이용당할 가능성이 있어 자신과 가족에게 경제적 피해를 줄 가능성이 높습니다. 흙으로 제방을 쌓아 흘러가버리는 물을 모아두어 필요한 때만 물(재물)을 사용하는 지혜가 토에게 있습니다. 수가 토에게서 재물을 절약하는 지혜를 충분히 지원받을 가능성이 있어 가족과 자신에게 경제적 피해를 줄일 가능성이 있습니다(토극수). 남을 친절하게 배려하고 상황에 따라 있는 그대로를 받아들이는 융통성이 있습니다.

목과 토의 오행분포수는 각각 1개이지만 이들의 성질 밑바탕이 '양'이면 목과 토의 성질 활성화 정도가 중간단계 가까이 도달할 가능성이 있습니다. '양'성질이 활동적이고 능동적이며 적극적이어서 목과 토의 성질은 그 자신을 활성화 시킬 가능성이 높기 때문입니다. 그러나 목과 토의 성질 밑바탕이 '음'이면 이들의 성질 활성화 정도가 최저 수준에 머물러 있기 때문에 이들의 성질들이 행동으로 드러나는 횟수가 매우 적을 가능성이 있습니다. 목과 토의 성질 기능 활성화를 높이기 위해서는 '음'속의 '양의 씨앗' 활성화 방법의 활용이 필수충분조건입니다. 활성화 방법을 익히고 활용하는 것의 열쇠는 노력입니다. 활성화 방법은 p165~168에 자세히 설명되어 있습니다.

예제5는 화, 금, 수가 중심역할을 하는 성격입니다. 화의 열정, 정열과 순발력, 금의 인내심, 성실함, 집착심과 절제력, 그리고 수의 유연함, 융통성, 공감능력과 친화력의 활성화 정도가 중간 단계보다 높습니다. 다만 목의 욕망, 야망, 도전정신, 토의 포용력, 열린 마음의 활성화 정도가 중간단계보다 낮습니다. 부모님과 선생님들의 관심과 교육, 훈련으로 이들의 성질이 자연스럽게 행동으로 드러나도록 습관화 시키는 것이 필요합니다. 사회본능인 금, 수 성질과 화의 성질인 감성이 발달되어 있어 사회생활을 즐겁고 유능하게 할 수 있습니다.

30개의 예제에 목, 화, 토, 금, 수의 각각 설명이 중복되는 것이 많아 부록에 모아서 정리했습니다. 각 예제에 해당되는 목, 화, 토, 금, 수의 부분을 찾아 반드시 읽고 이해하셔야 합니다. 각각의 예제를 간략하게 정리한 것이 앞부분이고 부록에 있는 해당부분이 뒷부분으로 예제의 바탕이고 중심이 되는 부분입니다. 앞부분은 예제의 일반적인 이론을 해설한 내용이고, 뒷부분은 목, 화, 토, 금, 수 하나하나를 사실적으로 자세히 설명한 내용입니다.

부록에 목 1개(p393), 화 2개(p398), 토 1개(p401), 금 2개(p407), 수 2개(p411)의 설명과 활용이 자세히 기록되어 있으니 꼭 참고 하시기를 바랍니다. 음과 양의 성격 특성(p164), 오행성격특성의 요약(p169~175)도 참고 하시기 바랍니다.

예제6) 목 1개, 화2개, 토 2개, 금 1개, 수 2개(사주8자에 오행 분포수)

목과 화의 성질근원은 자연생태계에 적응한 생물 본능(자기생존본능과 자기종족보존본능)이 첫째이고, 사람이 만들어 낸 사회생태계(도덕, 법률, 문화 환경)에 적응한 사회본능이 둘째입니다. 그리고 개인발달본능(성장과 성숙)도 근원이 됩니다. 전체적인 목, 화(생물본능)와 금, 수(사회본능)의 균형과 조화는 이루어져 있습니다(목+화 3개=금+수 3개). 개인발달본능은 자신의 목표를 성취하기 위해서 목, 화 성질이나 금, 수 성질을 상황과 환경에 맞도록 전략적으로 변화를 자유롭게 합니다. 개인발달본능은 토의 성질 활용과 상당히 비슷합니다.

예제6의 오행성격 구성의 강점은 화, 토, 수의 성질이 각각 2개씩으로 분포된 것입니다. 이들은 오행성격 기능 활성화의 3단계 상·중·하 중의 중간단계(사주8자÷오행5자=오행 평균 분포수) 1.6개보다 약간 높습니다(화, 토, 수 2개>중간단계 1.6개). 이것은 화, 토, 수의 여러 부분 성질이 자연스럽게 상황과 환경에 맞추어 다양한 행동으로 외부에 드러나는 횟수가 많을 가능성을 미리 암시하여 알려주는 것입니다. 그러나 목과 금의 성질 기능 활성화 정도는 중간단계 보다 상당히 낮습니다(목, 금 1개<중간단계 1.6개) 이것은 이들의 성질이 상황과 환경에 맞추어 다양한 행동으로 외부에 드러나는 횟수가 중간정도 보다 적을 가능성을 알려주는 것입니다.

화의 성질인 열정, 정열과 순발력, 토의 성질인 포용력과 열린 마음, 수의 성질인 유연함, 융통성, 공감능력과 친화력의 활성화 정도가 중간단계보다 약간 높습니다. 화 2개는 목 1개에게 충분한 도움을 주어 중간단계보다 상당히 낮은 목의 성질인 욕심, 욕망, 야망과 도전정신의 활성화 정도를 중간 단계 가까이 끌어 올릴 가능성이 높습니다(화생목). 더불어 수 2개도 목 1개에게 충분한 도움을 주어 중간단계보다 상당히 낮은 목의 성질 활성화 정도를 중간단계 가까이 끌어 올릴 가능성이 높습니다(수생목). 토 2개는 금 1개에게 충분한 도움을 주어 중간단계보다 상당히 낮은 금의 성질인 인내심, 성실함, 집착심과 절제력의 활성화 정도를 중간단계 가까이 끌어 올릴 가능성이 높습니다(토생금). 더불어 수 2개는 금 1개에게 충분한 도움을 주어 중간단계보다 상당히 낮은 금의 성질 활성화 정도를 중간단계 가까이 끌어 올릴 가능성이 높습니다(수생금: 상생은 서로서로 도움을 주는 관계입니다). 상생 활용은 목과 금의 성질 활성화 정도를 중간단계 가까이 끌어 올려 오행의 전체적인 균형과 조화를 상당히 이룰 수 있게 하여 어느 상황이나 환경에 직면하여도 대응할 성격들이 자연스럽게 행동으로 드러나 유능하고 즐거운 사회생활을 할 수 있게 합니다.

성격은 적성(무슨 일에 알맞은 성질, Aptitude)의 밑바탕의 중요한 부분입니다. 자신의 성질 중에 강점을 더욱 활성 시키고 지속하는데 에너지와 집중이 필요합니다. 성격에 맞는 일을 하는 것은 즐겁고 행복하고 일의 성과도 뛰어납니다. 예제6 성격의 강점인 화(2개), 토(2개), 수(2개)만을 차례대로 서술하였습니다. 그리고 목, 금은 부록에 자세히 설명되어 있으니 꼭 참고 하시기를 바랍니다.

화의 성질은 열정적이고 정열적이며 에너지가 넘치며 따뜻함, 돌봄, 연민과 같은 감정의 본바탕입니다. 신경이 예민하여 주변의 작은 자극에도 감정이 쉽게 흔들리고 화를 내거나 분노를 쉽게 밖으로 드러냅니다. 적당하고도

적절한 때에 올바른 목적과 방법으로 화를 내거나 잠재우는 것은 금에게서 차가운 이성적 생각과 절제력의 도움을 받아 조절할 수 있습니다(금극화). 일에 열정적이고 사랑에 정열이 불타올라 타오르는 정열에 자신을 불사를 수 있습니다. 수에게서 겨울의 찬물 같은 성질을 도움 받아 불타는 정열을 중간단계로 낮추어 안정시킬 가능성이 높습니다(수극화). 눈앞의 위험과 삶의 과정에서 위기를 직면할 때 순발력을 발휘하여 위험과 위기를 벗어날 능력이 있습니다.

　미래에 대한 불확실성과 주변의 곱지 않은 눈치를 보며 걱정과 불안감에 쉽게 젖어듭니다. 토에게서 화평한 마음을 도움 받아 걱정과 불안감을 감소시킬 수 있습니다(토생화). 목에게서 성취에 대한 동기와 의욕을 도움 받아 목표지향성과 성취에 대한 동기와 열정이 강화될 수 있습니다(목생화).

　토의 성질은 만물을 넓은 품안에 감싸는 포용력이 있습니다. 봄과 여름 사이, 여름과 가을, 가을과 겨울, 겨울과 봄 사이의 날씨가 뒤섞인 기간에 계절의 변화에 쉽게 적응하도록 도움을 주는 협력자 역할이 토의 근본 성질입니다. 그리고 목, 화, 금, 수의 성질을 상당부분 공유합니다.

　토의 성질은 사계절처럼 환경이 달라져도 변함없는 정직함을 보입니다. 정직하고 진실하여 상대방에게 신뢰감을 줍니다. 안정성을 중요하게 생각하고 변화와 모험을 꽤 싫어하여 위기 상황 대처 능력이 떨어집니다. 화에게서 순발력의 도움을 받으면 위기 대처 능력을 높일 가능성이 높습니다(화생토). 토의 성질은 인간관계를 상당히 중요하게 생각하여 친구와 소통이 원활합니다. 믿음과 의리 그리고 포용력이 있으며 활동적이고(목의 성질) 부드러움(수의 성질)과 열정(화의 성질)이 있어 리더쉽이 강합니다. 인내력이 강하고 고집이 세며(금의 성질) 성취욕이 강해서(목의 성질) 주어진 일을 끝까지 해냅니다.

수에게서 융통성을 도움 받으면 고집 센 성질을 완화시킬 가능성이 높습니다(수극토).

　토의 성질은 영리하고 재주가 많습니다. 총명함과 지혜로 세상 변화에 슬기롭게 대처해 나갑니다. 총명함과 지혜는 위험이 없고 무사하여 마음에 걱정이 없는 것을 선호하여 위험한 도전을 피합니다. 목에게서 적극적인 도전적인 정신을 도움 받으면 위험한 도전을 피하지 않을 가능성이 있습니다(목극토). 땅(토)은 동물과 식물에게 삶의 터전을 차별하지 않고 개방합니다. 토의 성질은 땅처럼 생각과 행동이 포용적이고 개방적이어서 타인의 생각과 행동을 옳고 그름, 아름다움과 추함에 비추어 판단하지 않고 받아들여 자신의 생각이 없는 것처럼 보일 가능성이 있습니다. 금에게서 냉철한 판단정신을 도움을 받으면 적절한 때에 적당하게 자신의 생각이 다름을 주장할 가능성이 있습니다(금생토).

　수의 성질은 주위로부터 마음의 충동과 자극을 받아도 흔들리지 않고 물처럼 천연스럽게 미지근한 행동을 하는 유연성이 높습니다. 수는 화에게서 화끈한 성질을 도움 받을 수 있어 미지근한 성질을 때로는 화끈한 성질로 조절할 가능성이 높습니다(화극수). 겸손함이 정도에 지나치고 자기주장이 거의 없어 비위만 맞추는 사람으로 보일 수 있습니다. 목에게서 자기주장과 자존심을 격려 받을 가능성이 있어 가끔 겸손함과 자기주장을 적절하게 균형을 맞추어 행동하면 진정한 겸손함으로 보일 수 있는 가능성이 있습니다(목생수). 수의 성질은 현실적 감각이 뛰어나고 사물에 대하여 객관적으로 판단하여 상황과 환경에 적응력이 높습니다. 머리 회전이 빠르고 깨달음을 바탕으로 한 정신적 기능이 높아 학자로 성공할 가능성이 있지만, 금에게서 성실성, 인내심과 집착심을 충분히 도움 받아야만 그 가능성이 있습니다(금생수).

　수는 친화력과 포용력이 높아 인간관계가 물 흐르듯 원활합니다. 연민과 동정심이 높아 남을 돕는데 적극적이어서 타인에게 이용당할 가능성이 있어 자신과 가족에게 경제적 피해를 줄 가능성이 높습니다. 흙으로 제방을 쌓아 흘러가버리는 물을 모아두어 필요한 때만 물(재물)을 사용하는 지혜가 토에게 있습니다. 수가 토에게서 재물을 절약하는 지혜를 충분히 지원받을 가능성이 매우 높아 가족과 자신에게 경제적 피해를 줄일 가능성이 높습니다(토극수). 남을 친절하게 배려하고 상황에 따라 있는 그대로를 받아들이는 융통성이 있습니다.

　목과 금의 오행분포수는 각각 1개이지만 이들의 성질 밑바탕이 '양'이면 목과 토의 성질 활성화 정도가 중간단계 가까이 도달할 가능성이 있습니다. '양'의 성질이 활동적이고 능동적이며 적극적이어서 목과 금의 성질이 그 자신을 활성화 시킬 가능성이 높기 때문입니다. 그러나 목과 금의 성질 밑바탕이 '음'이면 이들의 성질 활성화 정도가 최저 수준에 머물러 있기 때문에 이들의 성질들이 행동으로 드러나는 횟수가 매우 적을 가능성이 있습니다. 목과 금의 성질 기능 활성화를 높이기 위해서는 '음' 속의 '양의 씨앗' 활성화 방법의 활용이 필수충분조건입니다. 활성화 방법을 익히고 활용하는 것의 열쇠는 노력입니다. 활성화 방법은 p165~168에 자세히 설명되어 있습니다.

　예제6은 화, 토, 수가 중심역할을 하는 성격입니다. 화의 성질인 열정, 정열, 순발력, 토의 포용력과 열린 마음, 그리고 수의 유연함, 융통성, 공감능력과 친화력의 활성화 정도가 중간단계보다 높습니다. 화의 열정과 정열, 감성 능력, 토의 포용력과 열린 마음 그리고 수의 융통성과 친화력이 조화를 이루고 있어 사회 어느 분야에서나 리더가 될 가능성이 높습니다. 다만 목의 야망과 도전정신 그리고 금의 인내심, 성실함, 집착심과 절제력의 활성화 정도가 중간단계보다 낮습니다. 부모님과 선생님들이 관심과 교육, 훈련으로 이들의 성질이 자연스럽게 행동으로 드러나도록 습관화 시키는 것이 필요합니다. 오행의 전체적인 균형과 조화가 잘 이루어져 있어 사회생활을 원만하게 할 가능성이 높습니다.

30개의 예제에 목, 화, 토, 금, 수의 각각 설명이 중복되는 것이 많아 부록에 모아서 정리했습니다. 각 예제에 해당되는 목, 화, 토, 금, 수의 부분을 찾아 반드시 읽고 이해하셔야 합니다. 각각의 예제를 간략하게 정리한 것이 앞부분이고 부록에 있는 해당부분이 뒷부분으로 예제의 바탕이고 중심이 되는 부분입니다. 앞부분은 예제의 일반적인 이론을 해설한 내용이고, 뒷부분은 목, 화, 토, 금, 수 하나하나를 사실적으로 자세히 설명한 내용입니다.

부록에 목 1개(p393), 화 2개(p398), 토 2개(p402), 금 1개(p406), 수 2개(p411)의 설명과 활용이 자세히 기록되어 있으니 꼭 참고 하시기를 바랍니다. 음과 양의 성격 특성(p164), 오행성격특성의 요약(p169~175)도 참고 하시기 바랍니다.

〔목과 화의 관점을 중심으로 분류〕

예제7) 목 1개, 화2개, 토 2개, 금 2개, 수 1개(사주8자에 오행 분포수)

목과 화의 성질근원은 자연생태계에 적응한 생물 본능(자기생존본능과 자기종족보존본능)이 첫째이고, 사람이 만들어 낸 사회생태계(도덕, 법률, 문화 환경)에 적응한 사회본능이 둘째입니다. 그리고 개인발달본능(성장과 성숙)도 근원이 됩니다. 전체적인 목, 화(생물본능)와 금, 수(사회본능)의 균형과 조화는 이루어져 있습니다(목+화 3개=금+수 3개). 개인발달본능은 자신의 목표를 성취하기 위해서 목, 화 성질이나 금, 수 성질을 상황과 환경에 맞도록 전략적으로 변화를 자유롭게 합니다. 개인발달본능 토의 성질 활용과 상당히 비슷합니다.

예제7의 오행성격 구성의 강점은 화, 토, 금의 성질이 각각 2개씩으로 분포된 것입니다. 이들은 오행성격 기능 활성화의 3단계 상·중·하 중의 중간단계(사주8자÷오행5자=오행 평균 분포수) 1.6개보다 약간 높습니다(화, 토, 금 2개〉중간단계 1.6개). 이것은 화, 토, 금의 여러 부분 성질이 자연스럽게 상황과 환경에 맞추어 다양한 행동으로 외부에 드러나는 횟수가 많을 가능성을 미리 암시하여 알려주는 것입니다. 그러나 목과 수의 성질 기능 활성화 정도는 중간단계 보다 상당히 낮습니다(목, 수 1개〈중간단계 1.6개) 이것은 이들의 성질이 상황과 환경에 맞추어 다양한 행동으로 외부에 드러나는 횟수가 중간정도 보다 적을 가능성을 알려주는 것입니다.

화의 성질인 열정, 정열과 순발력, 토의 성질인 포용력과 열린 마음, 금의 성질인 인내심, 성실함, 집착심과 절제력의 활성화 정도가 중간단계보다 약간 높습니다. 화 2개는 목 1개에게 충분한 도움을 주어 중간단계보다 상당히 낮은 목의 성질인 욕심, 욕망, 야망과 도전정신의 활성화 정도를 중간단계 가까이 끌어 올릴 가능성이 높습니다(화생목). 더불어 토 2개도 목 1개에게 욕망과 야망의 활동무대를 넓힐 수 있게 약간의 도움을 줄 수 있습니다(토극목: 상생은 서로서로 도움을 주는 관계이고, 상극은 넘치는 것은 덜어내고 모자라는 것은 채워 조절하는 관계입니다). 금 2개는 수 1개에게 충분한 도움을 주어 중간단계보다 상당히 낮은 수의 성질인 유연함, 융통성, 공감능력과 친화력의 활성화 정도를 중간단계 가까이 끌어 올릴 가능성이 높습니다(금생수). 더불어 토 2개도 수 1개에게 약간의 도움을 주어 수의 성질 활성화 정도를 높일 수 있습니다(토극수). 상생과 상극활용은 목과 수의 성질 활성화 정도를 중간단계 가까이 끌어 올려 오행의 전체적인 균형과 조화를 상당히 이룰 수 있게 하여 어느 상황이나 환경에 직면하여도 대응할 성격들이 자연스럽게 행동으로 드러나 유능하고 즐거운 사회생활을 할 수 있게 합니다.

성격은 적성(무슨 일에 알맞은 성질, Aptitude)의 밑바탕의 중요한 부분입니다. 자신의 성질 중에 강점을 더욱 활성 시키고 지속하는데 에너지와 집중이 필요합니다. 성격에 맞는 일을 하는 것은 즐겁고 행복하고 일의 성과도 뛰어납니다. 예제7 성격의 강점인 화(2개), 토(2개), 금(2개)만을 차례대로 서술하였습니다. 그리고 목, 수는 부록에 자세히 설명되어 있으니 꼭 참고 하시기를 바랍니다.

화의 성질은 열정적이고 정열적이며 에너지가 넘치며 따뜻함, 돌봄, 연민과 같은 감정의 본바탕입니다. 신경이 예민하여 주변의 작은 자극에도 감정이 쉽게 흔들리고 화를 내거나 분노를 쉽게 밖으로 드러냅니다. 적당하고도

적절한 때에 올바른 목적과 방법으로 화를 내거나 잠재우는 것은 금에게서 차가운 이성적 생각과 절제력의 도움을 받아 조절할 수 있습니다(금극화). 일에 열정적이고 사랑에 정열이 불타올라 타오르는 정열에 자신을 불사를 수 있습니다. 수에게서 겨울의 찬물 같은 성질을 도움 받아 불타는 정열을 중간단계로 낮추어 안정시킬 가능성이 높습니다(수극화). 눈앞의 위험과 삶의 과정에서 위기를 직면할 때 순발력을 발휘하여 위험과 위기를 벗어날 능력이 있습니다.

미래에 대한 불확실성과 주변의 곱지 않은 눈치를 보며 걱정과 불안감에 쉽게 젖어듭니다. 토에게서 화평한 마음을 도움 받아 걱정과 불안감을 감소시킬 가능성이 높습니다(토생화). 목에게서 성취에 대한 강한 동기와 의욕을 도움 받아 목표지향성과 성취에 대한 동기와 열정이 강화될 수 있습니다(목생화).

토의 성질은 만물을 넓은 품안에 감싸는 포용력이 있습니다. 봄과 여름 사이, 여름과 가을, 가을과 겨울, 겨울과 봄 사이의 날씨가 뒤섞인 기간에 계절의 변화에 쉽게 적응하도록 도움을 주는 협력자 역할이 토의 근본 성질입니다. 그리고 목, 화, 금, 수의 성질을 상당부분 공유합니다.

토의 성질은 사계절처럼 환경이 달라져도 변함없는 정직함을 보입니다. 정직하고 진실하여 상대방에게 신뢰감을 줍니다. 안정성을 중요하게 생각하고 변화와 모험을 꽤 싫어하여 위기 상황 대처 능력이 떨어집니다. 화에게서 순발력의 도움을 받으면 위기 대처 능력을 높일 가능성이 있습니다(화생토). 토의 성질은 인간관계를 상당히 중요하게 생각하여 친구와 소통이 원활합니다. 믿음과 의리 그리고 포용력이 있으며 활동적이고(목의 성질) 부드러움

(수의 성질)과 열정(화의 성질)이 있어 리더쉽이 강합니다. 인내력이 강하고 고집이 세며(금의 성질) 성취욕이 강해서(목의 성질) 주어진 일을 끝까지 해냅니다. 수에게서 융통성을 도움 받으면 고집 센 성질을 완화시킬 가능성이 있습니다(수극토).

토의 성질은 영리하고 재주가 많습니다. 총명함과 지혜로 세상 변화에 슬기롭게 대처해 나갑니다. 총명함과 지혜는 위험이 없고 무사하여 마음에 걱정이 없는 것을 선호하여 위험한 도전을 피합니다. 목에게서 적극적인 도전적인 정신을 도움 받으면 위험한 도전을 피하지 않을 가능성이 있습니다(목극토). 땅(토)은 동물과 식물에게 삶의 터전을 차별하지 않고 개방합니다. 토의 성질은 땅처럼 생각과 행동이 포용적이고 개방적이어서 타인의 생각과 행동을 옳고 그름, 아름다움과 추함에 비추어 판단하지 않고 받아들여 자신의 생각이 없는 것처럼 보일 가능성이 있습니다. 금에게서 냉철한 판단정신을 도움 받으면 적절한 때에 적당하게 자신의 생각이 다름을 주장할 가능성이 큽니다(금생토).

금의 성질은 매우 이성적이고 합리적이며 감정에 치우치지 않고 싸늘하게 행동합니다. 화에게 사랑하는 마음을 도움(조절)을 받아 사랑이 있는 마음씨를 회복할 가능성이 높습니다(화극금). 신중하고 조심성이 많아 도전을 꺼리고 안전을 선호합니다. 목에게서 도전정신을 도움(조절) 받아 도전정신을 마음에 품게 할 가능성이 있습니다(목극금). 일관성과 일에 집착하는 집중력은 있지만 고집불통이 정도에 지나칠 가능성이 높습니다. 수에게서 융통성과 유연성을 충분히 도움 받을 수 있어 고집불통을 완화시킬 가능성이 높습니다(수생금). 세상에서 쌓은 경험과 배운 지식이 융합되어 나오는 생각으로 일의 이치를 정확하게 판단하는 능력이 있어 남을 비판할 가능성이 있습니다. 토에게서 남을 이해하고 있는 그대로의 포용정신을 도움 받아 비판을 줄일 가능성이 높습니다(토생금).

목과 수의 오행분포수는 각각 1개씩이지만, 이들의 성질 밑바탕이 '양'이면 목과 수의 성질 활성화 정도가 중간단계 가까이 도달할 가능성이 있습니다. '양'의 성질이 활동적이고 능동적이면 적극적이어서 목과 수의 성질이 그 자신을 활성화 시킬 가능성이 있기 때문입니다. 그러나 목과 수의 성질 밑바탕이 '음'이면 이들의 성질 활성화 정도가 최저 수준에 머물러 있기 때문에 이들의 성질들이 행동으로 드러나는 횟수가 매우 적을 가능성이 있습니다. 목과 수의 성질 기능 활성화를 높이기 위해서는 '음'속의 '양의 씨앗' 활성화 방법의 활용이 필요충분조건입니다. 활성화 방법을 익히고 활용하는 것의 열쇠는 노력입니다. 활성화 방법은 p165~168에 자세히 설명되어 있습니다.

예제7은 화, 토, 금이 중심역할을 하는 성격입니다. 화의 성질인 열정, 정열, 순발력, 토의 포용력과 열린 마음, 그리고 금의 인내심, 성실함, 집착심과 절제력의 활성화 정도가 중간단계보다 높습니다. 삶에는 열정적이고 즐겁게 이웃에게는 따뜻한 베품과 사랑을 나누어 회사에서 자신업무에 성실함과 집중력을 발휘하여 모범생이 되고 현실을 있는 그대로 받아들이고 열린 마음으로 소통하여 즐겁고 행복한 삶을 균형 있고 조화롭게 이어갈 가능성이 높습니다. 다른 한편으로 목의 욕망, 야망과 도전정신 그리고 수의 유연함과 융통성이 중간단계보다 낮아서 청소년 시절에 부모님과 선생님들이 관심을 가지고 교육과 훈련으로 이들의 성질이 자연스럽게 행동으로 드러나도록 습관화 시키는 것이 필요합니다.

30개의 예제에 목, 화, 토, 금, 수의 각각 설명이 중복되는 것이 많아 부록에 모아서 정리했습니다. 각 예제에 해당되는 목, 화, 토, 금, 수의 부분을 찾아 반드시 읽고 이해하셔야 합니다. 각각의 예제를 간략하게 정리한 것이 앞부분이고 부록에 있는 해당부분이 뒷부분으로 예제의 바탕이고 중심이 되는 부분입니다. 앞부분은 예제의 일반적인 이론을 해설한 내용이고, 뒷부분은 목, 화, 토, 금, 수 하나하나를 사실적으로 자세히 설명한 내용입니다.

부록에 목 1개(p393), 화 2개(p398), 토 2개(p402), 금 2개(p407), 수 1개(p410)의 설명과 활용이 자세히 기록되어 있으니 꼭 참고 하시기를 바랍니다. 음과 양의 성격 특성(p164), 오행성격특성의 요약(p169~175)도 참고 하시기 바랍니다.

예제8) 목 1개, 화2개, 토 3개, 금 '0'개, 수 2개(사주8자에 오행 분포수)

목과 화의 성질근원은 자연생태계에 적응한 생물 본능(자기생존본능과 자기종족보존본능)이 첫째이고, 사람이 만들어 낸 사회생태계(도덕, 법률, 문화 환경)에 적응한 사회본능이 둘째입니다. 그리고 개인발달본능(성장과 성숙)도 근원이 됩니다. 전체적인 목, 화(생물본능)와 금, 수(사회본능)의 균형과 조화는 목, 화(생물본능)쪽으로 약간 기울어져 있습니다(목+화 3개)금+수 2개). 개인발달본능은 자신의 목표를 성취하기 위해서 목, 화 성질이나 금, 수 성질을 상황과 환경에 맞도록 전략적으로 변화를 자유롭게 합니다. 개인발달본능 토의 성질 활용과 상당히 비슷합니다.

예제8의 오행성격 구성의 강점은 화 2개, 토 3개, 수 2개가 분포된 것입니다. 오행성격 기능 활성화의 3단계 상·중·하 중의 중간단계(사주8자÷오행5자=오행 평균 분포수) 1.6개보다 화와 수는 약간 높고, 토는 매우 높습니다(화, 수 2개와 토 3개>중간단계 1.6개). 이것은 화, 토, 수의 여러 부분 성질이 자연스럽게 상황과 환경에 맞추어 다양한 행동으로 외부에 드러나는 횟수가 많을 가능성을 미리 암시하여 알려주는 것입니다. 그러나 목의 성질 기능 활성화 정도는 중간단계 보다 상당히 낮습니다(목 1개<중간단계 1.6개). 이것은 목의 성질이 행동으로 외부에 드러나는 횟수가 상당히 적을 가능성을 알려주는 것입니다. 금의 성질 기능 활성화 정도는 0개로 금의 성질이 행동으로 외부에 드러나는 횟수 또한 지극히 적을 가능성을 알려주고 있습니다.

화의 성질인 열정, 정열과 순발력, 토의 성질인 포용력과 열린 마음, 수의 성질인 유연함, 융통성, 공감능력과 친화력의 활성화 정도가 중간단계보다 화와 수는 약간 높고 토는 매우 높습니다. 화 2개는 목 1개에게 충분한 도움을 주어 중간단계보다 상당히 낮은 목의 성질인 욕심, 욕망, 야망과 도전정신 그리고 높은 희망을 가진 미래지향적인 사고의 활성화 정도를 중간단계 가까이 끌어 올릴 가능성이 높습니다(화생목). 더불어 수 2개도 목 1개에게 충분한 도움을 주어 중간단계보다 상당히 낮은 목의 성질 활성화 정도를 중간단계 가까이 끌어 올릴 가능성을 더욱 높여줍니다(수생목). 그리고 토 3개가 목 1개에게 욕망과 야망의 활동무대를 펼칠 수 있게 약간의 도움을 줄 수 있습니다(토극목: 상생은 서로서로 도움을 주는 관계이고, 상극은 넘치는 것을 덜어내고 모자라는 것은 채워 조절하는 관계입니다). 금의 성질이 외부 행동으로 거의 드러나지 않는 상태(금 '0'개)에 있는 금의 성질인 인내심, 성실함, 집착심과 절제력을 토 3개가 충분한 도움을 주어 중간단계 가까이 끌어 올릴 가능성이 높습니다(토생금). 토의 성질은 목, 화, 금, 수의 성질들을 상당 부분 가지고 있습니다. 토의 성질 안에 있는 금의 성질을 활성화 시킨다는 의미입니다.

더불어 수 2개도 토와 협력해 금 0개에게 충분한 도움을 주어 금의 성질 활성화 정도를 중간단계 가까이 끌어 올릴 가능성이 높습니다(수생금). 상생과 상극 활용은 목과 금의 성질 활성화 정도를 중간단계 가까이 끌어 올려 오행의 전체적인 균형과 조화를 상당히 이룰 수 있게 하여 어느 상황이나 환경에 직면하여도 대응할 성격들이 자연스럽게 행동으로 드러나 유능하고 즐거운 사회생활을 할 수 있게 합니다.

성격은 적성(무슨 일에 알맞은 성질, Aptitude)의 밑바탕의 중요한 부분입니다. 자신의 성질 중에 강점을 더욱 활성 시키고 지속하는데 에너지와 집중이 필요합니다. 성격에 맞는 일을 하는 것은 즐겁고 행복하고 일의 성과도 뛰어납니다. 예제8 성격의 강점인 화(2개), 토(3개), 수(2개)만을 차례대로 서술하였습니다. 그리고 목, 금은 부록에 자세히 설명되어 있으니 꼭 참고 하시기를 바랍니다.

화의 성질은 열정적이고 정열적이며 에너지가 넘치며 따뜻함, 돌봄, 연민과 같은 감정의 본바탕입니다. 신경이 예민하여 주변의 작은 자극에도 감정이 쉽게 흔들리고 화를 내거나 분노를 쉽게 밖으로 드러냅니다. 적당하고도 적절한 때에 올바른 목적과 방법으로 화를 내거나 잠재우는 것은 금에게서 차가운 이성적 생각과 절제력의 도움을 받아 조절할 수 있습니다(금극화). 일에 열정적이고 사랑에 정열이 불타올라 타오르는 정열에 자신을 불사를 수 있습니다. 수에게서 겨울의 찬물 같은 성질을 도움 받아 불타는 정열을 중간단계로 낮추어 안정시킬 가능성이 높습니다(수극화). 눈앞의 위험과 삶의 과정에서 위기를 직면할 때 순발력을 발휘하여 위험과 위기를 벗어날 능력이 있습니다.

미래에 대한 불확실성과 주변의 곱지 않은 눈치를 보며 걱정과 불안감에 쉽게 젖어듭니다. 토에게서 화평한 마음을 도움 받아 걱정과 불안감을 감소시킬 가능성이 높습니다(토생화). 목에게서 성취에 대한 동기와 의욕을 도움 받아 목표지향성과 성취에 대한 동기와 열정이 강화될 수 있습니다(목생화).

토 3개는 사계절이 오고 가는 동안 날씨가 뒤섞인 기간에 계절의 변화에 쉽게 적응하도록 도움을 주는 협력자 역할이 근본적인 성질입니다. 사계절 간기가 토의 성질이기 때문에 토는 목(봄), 화(여름), 금(가을), 그리고 수(겨울)의 성질을 상당부분 공동으로 가지고 있습니다. 사계절처럼 환경이 달라져도 변함없는 정직함과 의리가 있어 상대방에게 신뢰감을 줍니다. 다양한 날씨를 가진 사계절을 있는 그대로 받아들이는 토의 성질은 포용력이 매우 높습니다.(토3개) 토는 활동적이고(목의 성질) 열정적이며(화의 성질), 공감능력과 융통성(수의 성질) 그리고 인내심과 절제력(금의 성질)을 가지고 있습니다. 삶의 터전을 모든 생물에게 차별하지 않고 개방하는 열린 마음을 가지고 있습니다. 이러한 성질을 모두 갖춘 토는 리더쉽이 강렬해서 CEO가 될 가능성이 높습니다. 그리고 토의 열린 마음은 옛것과 새로운 것에 개방적인 사고를 하기 때문에 창의력이 높습니다.

수의 성질은 주위로부터 마음의 충동과 자극을 받아도 흔들리지 않고 물처럼 천연스럽게 미지근한 행동을 하는 유연성이 높습니다. 수는 화에게서 화끈한 성질을 도움 받을 수 있어 미지근한 성질을 때로는 화끈한 성질로 조절 가능성이 높습니다(화극수). 겸손함이 정도에 지나치고 자기주장이 거의 없어 비위만 맞추는 사람으로 보일 수 있습니다. 목에게서 자기주장과 자존심을 격려 받을 가능성이 있어 가끔 겸손함과 자기주장을 적절하게 균형을 맞추어 행동하면 진정한 겸손함으로 보일 수 있는 가능성이 있습니다 (목생수). 수의 성질은 현실적 감각이 뛰어나고 사물에 대하여 객관적으로 판단하여 상황과 환경에 적응력이 높습니다. 머리 회전이 빠르고 깨달음을 바탕으로 한 정신적 기능이 높아 학자로 성공할 가능성이 있지만, 금에게서 성실성, 인내심과 집착심을 충분히 도움 받아야만 그 가능성이 있습니다(금생수).

수는 친화력과 포용력이 높아 인간관계가 물 흐르듯 원활합니다. 연민과 동정심이 높아 남을 돕는데 적극적이어서 타인에게 이용당할 가능성이 있어 자신과 가족에게 경제적 피해를 줄 가능성이 높습니다. 흙으로 제방을 쌓아 흘러가버리는 물을 모아두어 필요한 때만 물(재물)을 사용하는 지혜가 토에게 있습니다. 수가 토에게서 재물을 절약하는 지혜를 충분히 지원받을 가능성이 매우 높아 가족과 자신에게 경제적 피해를 줄일 가능성이 높습니다(토극수). 남을 친절하게 배려하고 상황에 따라 있는 그대로를 받아들이는 융통성이 있습니다.

목의 오행분포 수는 1개이지만 목의 성질 밑바탕이 '양'이면 목의 성질 활성화 정도가 중간단계 가까이 도달할 가능성이 있습니다. '양'의 성질이 활동적이고 능동적이며 적극적이어서 목의 성질을 그 자신을 활성화 시킬 가능성이 높기 때문입니다. 그러나 목의 성질 밑바탕이 '음'이면 목의 성질 활성화 정도가 최저 수준에 머물러 있기 때문에 목의 성질들이 행동으로 드러나는 횟수가 매우 적을 가능성이 있습니다. 목의 성질 기능 활성화를 높이기 위해서는 '음' 속의 '양의 씨앗' 활성화 방법의 활용이 필요충분조건입니다. 활성화 방법을 익히고 활용하는 것의 열쇠는 노력입니다. 활성화 방법은 p165~168에 자세히 설명되어 있습니다.

예제8에 금을 '0'개로 표시된 것은 금의 성질 씨앗이 근본적으로 없는 것이 아니라 내부에 깊이 잠들어 있는 상태입니다. 얕은 잠을 자고 있는 사람은 말소리만 들어도 잠을 깹니다. 그러나 깊은 잠을 자고 있는 사람은 여러 번 세게 흔들어야 잠이 깹니다. 잠은 쉬고 있는 상태입니다. 잠자고 있는(휴면) 식물 씨앗은 외부환경조건인 수분, 산소, 온도와 같은 휴면을 깨우는 조건이 주어지면 휴면(잠)에서 깨어나 싹이 트고 싹이 땅위를 뚫고 나와 성장합니다. 이와 같은 원리로 깊이 잠들어 있는 금의 성질을 깨우기 위해서는 외부에서 반복적인 강한 자극(세게 흔듦)이 필요합니다. 가족과 사회 환경 그리고 자연환경이 이러한 자극을 만들어 냅니다. 이것은 부모가 자극이 되는 환경을 만들어 주고, 교육과 훈련을 지속적으로 해야 합니다. 맹자 어머니의 3번 이사(孟母三遷之敎)가 좋은 실제적인 예제입니다. 박지원(조선후기실학자, 문학자, 진보적사상가, 열하일기 등 저술.1797~1805AD)과 정약용(조선후기실학자로 진보적 학풍 총괄, 정리하여 문학적 공적을 남김. 저서: 목민심서, 경세유표 등,1762~1836AD)의 사주에는 금이 '0'개입니다. 그러나 두 분은 양반집에서 태어나 어릴 때부터 철저한 유교교육과 훈련으로 금의 성질인 인내심, 성실함, 절제력과 집착심을 몸에 익혀 활용한 좋은 실제적인 예제입니다.

예제8은 화, 토, 수가 중심역할을 하는 성격입니다. 화의 성질인 열정, 정열, 순발력, 토의 포용력과 열린 마음, 그리고 수의 유연함, 융통성, 공감능력과 친화력의 활성화 정도가 중간단계보다 높습니다. 위기에 직면했을 때 재빠르게 대응하는 순발력, 열린 마음으로 타인들의 마음을 포용하는 능력, 미래에 대한 발전적인 창의력 그리고 상황과 환경변화에 유연하게 적응하는 융통성 등의 능력 있는 성격을 갖추고 있어 사회의 어느 분야에서나 리더가 될 가능성이 높습니다. 다만 목의 야망과 도전정신, 그리고 금의 인내심과 절제력의 활성화를 높이기 위한 관심과 훈련이 필요합니다.

30개의 예제에 목, 화, 토, 금, 수의 각각 설명이 중복되는 것이 많아 부록에 모아서 정리했습니다. 각 예제에 해당되는 목, 화, 토, 금, 수의 부분을 찾아 반드시 읽고 이해하셔야 합니다. 각각의 예제를 간략하게 정리한 것이 앞부분이고 부록에 있는 해당부분이 뒷부분으로 예제의 바탕이고 중심이 되는 부분입니다. 앞부분은 예제의 일반적인 이론을 해설한 내용이고, 뒷부분은 목, 화, 토, 금, 수 하나하나를 사실적으로 자세히 설명한 내용입니다.

부록에 목 1개(p393), 화 2개(p398), 토 3개(p404), 수 2개(p411)의 설명과 활용이 자세히 기록되어 있으니 꼭 참고 하시기를 바랍니다. 음과 양의 성격 특성(p164), 오행성격특성의 요약(p169~175)도 참고 하시기 바랍니다.

예제9) 목 1개, 화 2개, 토 1개, 금 3개, 수 1개(사주8자에오행분포수)

목과 화의 성질근원은 자연생태계에 적응한 생물 본능(자기생존본능과 자기종족보존본능)이 첫째이고, 사람이 만들어 낸 사회생태계(도덕, 법률, 문화 환경)에 적응한 사회본능이 둘째입니다. 그리고 개인발달본능(성장과 성숙)도 근원이 됩니다. 전체적인 목·화(생물본능)와 금·수(사회본능)의 균형과 조화는 생물본능이 근원이 된 목, 화 성질보다 사회본능이 근원된 금, 수 성질 쪽으로 약간 기울어져 있습니다. (목+화 3개〈금+수 4개), 개인발달본능은 자신의 목표를 성취하기 위해서 목, 화 성질이나 금, 수 성질을 상황과 환경에 맞도록 전략적으로 변화를 자유롭게 합니다. 개인발달본능 토의 성질 활용과 상당히 비슷합니다.

예제9의 오행성격 구성의 강점은 화 2개와 금이 3개로 분포 된 것입니다. 이들은 오행성격 기능 활성화의 3단계 상·중·하 중의 중간단계(사주8자÷오행 5자=오행평균 분포수) 1.6개보다 화는 약간 높고 금은 매우 높습니다.(화 2개, 금 3 개>중간단계 1.6개). 이것은 화와 금의 여러 부분 성질이 자연스럽게 상황과 환경에 맞추어 다양한 행동으로 외부에 드러나는 횟수가 많을 가능성을 미리 암시하여 알려주는 것입니다. 그러나 목, 토, 수의 성질 활성화 정도는 중간단계보다 상당히 낮습니다(목, 토, 수 1개<중간단계1.6개). 이것은 이들의 성질이 행동으로 외부에 드러나는 횟수가 중간정도보다 적을 가능성을 알려주는 것입니다.

화의 성질인 열정과 순발력, 금의 성질인 인내심, 성실함, 절제력과 냉정함의 활성화 정도가 중간단계보다 화는 약간 높고 금은 매우 높습니다. 화 2개는 목 1개에게 도움을 주어 중간단계보다 상당히 낮은 목의 성질인 욕망, 야망과 도전정신의 활성화 정도가 중간단계 가까이 끌어 올릴 가능성이 높습니다(화생목) 더불어 금 3개도 목 1개에게 약간의 도움을 주어 화의 성질 활성화 정도를 높일 수 있습니다.(금극목: 상생은 서로서로 도움을 주는 관계이고, 상극은 넘치는 것을 덜어주고 모자라는 것은 채워 조절하는 관계입니다). 화는 토 1개에게 충분한 도움을 주어 중간단계보다 상당히 낮은 토의 성질인 포용력과 열린 마음의 활성화 정도를 중간 단계 가까이 끌어 올릴 가능성이 매우 높습니다(화생토) 더불어 금도 토 1개에 충분한 도움을 주어 토의 성질 활성화를 더욱 높이게 할 가능성이 매우 높습니다(금생토). 금 3개는 수 1개에게 충분한 도움을 주어 중간단계보다 상당히 낮은 수의 성질인 유연함, 융통성과 친화력의 활성화 정도를 중간단계 가까이 끌어 올릴 가능성이 매우 높습니다(금생수). 상생과 상극 활용은 목, 토, 수의 성질들의 활성화 정도를 중간단계 가까이 끌어 올려 오행의 전체적인 균형과 조화를 상당히 이룰 수 있게 하여 어느 상황이나 환경에 직면하여도 대응할 성격들이 자연스럽게 행동으로 드러나 유능한 사회생활을 할 수 있게 합니다.

성격은 적성(무슨 일에 알맞은 성질, Aptitude)의 밑바탕의 중요한 부분입니다. 자신의 성질 중에 강점을 더욱 활성 시키고 지속하는데 에너지, 집중이 필요합니다. 성격에 맞는 일을 하는 것은 즐겁고 행복하고 일의 성과도 뛰어납니다. 예제9의 성격의 강점인 화(2개), 금(3개)만을 차례대로 서술하였습니다. 그리고 목, 토, 수는 부록에 자세히 설명되어 있으니 꼭 참고 하시기를 바랍니다.

화의 성질은 열정적이고 정열적이며 에너지가 넘치며 따뜻함, 돌봄, 연민과 같은 감정의 본바탕입니다. 신경이 예민하여 주변의 작은 자극에도 감정이 쉽게 흔들리고 화를 내거나 분노를 쉽게 밖으로 드러냅니다. 적당하고도 적절한 때에 올바른 목적과 방법으로 화를 내거나 잠재우는 것은 금에게서 차가운 이성적 생각과 절제력의 도움을 받아 조절할 가능성이 매우 높습니다(금극화). 일에 열정적이고 사랑에 정열이 불타올라 타오르는 정열에 자신을 불사를 수 있습니다. 수에게서 겨울의 찬물 같은 성질을 도움 받아 불타는 정열을 중간단계로 낮추어 안정시킬 가능성이 있습니다(수극화). 눈앞의 위험과 삶의 과정에서 위기를 직면할 때 순발력을 발휘하여 위험과 위기를 벗어날 능력이 있습니다.

미래에 대한 불확실성과 주변의 곱지 않은 눈치를 보며 걱정과 불안감에 쉽게 젖어듭니다. 토에게서 화평한 마음을 도움 받아 걱정과 불안감을 감소시킬 수 있습니다(토생화). 목에게서 성취에 대한 동기와 의욕을 도움 받아 목표지향성과 성취에 대한 동기와 열정이 강화될 수 있습니다(목생화).

금이 3개여서 정신적 육체적 고통을 참고이기는 인내심이 강하고 정성스럽고 참되며 거짓이 없고 매우 성실하며 겉으로 들어나지는 않는 이익을 강하게 추구합니다. 일에 집착하여 집중력은 있지만 고집불통일 가능성이 매우 높습니다. 수와 상생 관계이어서 수에게서 유연함, 융통성과 공감능력을 약간 도움 받아 고집불통을 약화시킬 가능성이 있습니다(수생금). 그리고 토의 열린 마음을 충분하게 도움을 받을 수 있어 매우 높은 금의 집착력을 약간 감소시킬 가능성이 있습니다(토생금). 금의 성질은 이성적이고 합리적인 인정이 메말라 쌀쌀하게 행동합니다. 화에게서 사랑하는 마음을 받아들여 인정이 싹이 트고 따뜻한 마음씨를 회복할 가능성이 있습니다(화극금 : 상극은 넘치는 것은 덜어내고 모자라는 것은 채워주는 관계입니다.). 감성적 욕구(화의 성질)를 이성적으로 제어하는 절제력이 매우 강합니다(금극화). 금의 성질은 조심성 있고 신중하며 도전을 꺼리고 안전을 선호합니다. 목에게서 도전 정신을 도움 받아 도전하는 마음을 품게 할 가능성이 있습니다(목극금: 상극은 넘치는 것을 덜어주고 모자라는 것은 채워주는 관계입니다). 세상에서 얻은 경험과 쌓은 지식이 융합되어 나오는 생각으로 정확하게 판단하는 능력이 뛰어나 남을 함부로 비판할 가능성이 매우 높습니다. 토에게서 남의 처지를 이해하고 있는 그대로 받아들이는 포용 정신을 도움 받아 날카로운 비판을 줄일 가능성이 있습니다(토생금).

목, 토, 수가 각각 하나씩이지만 이들 성질 밑바탕이 '양'이면 목, 토, 수의 성질 활성화 정도가 중간단계(오행평균분포수 1.6개) 가까이 도달할 수 있습니다. '양'의 성질은 활동적이고 능동적이며 적극적이어서 이들의 성질은 그 자신을 활성화 시킬 가능성이 있기 때문입니다. 그러나 목, 토, 수의 성질 밑바탕이 '음'이면 이들의 성질 기능 활성화 정도가 최저 수준에 머물러 있기 때문에 이들의 성질이 행동으로 드러나는 횟수가 매우 적을 가능성이 있습니다. 목, 토, 수의 성질 기능 활성화를 높이기 위해서는 '음'속의 '양의 씨앗' 활성화 방법의 활용이 필수충분조건입니다. 활성화 방법을 익히고 활용하는 것의 열쇠는 노력입니다. 활성화 방법은 p165~168에 자세히 설명되어 있습니다.

예제9는 금과 화가 중심역할을 하는 성격입니다. 금의 인내심, 성실함과 집중력이 매우 높고 화의 열정, 정열과 순발력이 높아 사회생활 어느 분야에서나 자신의 꿈을 성취할 가능성이 높습니다. 다른 한편으로 목, 토, 수의 성질 활성화 정도가 중간단계보다 낮아 상생과 상극 활용으로 중간단계 가까이 도달할 가능성은 있지만, 교육과 훈련으로 목, 토, 수의 성질을 강화시키면 중간단계보다 약간 높은 인생의 꿈도 어려움 없이 성취할 가능성도 높고 삶의 즐거움과 행복도 충분히 만족시킬 가능성이 높습니다. 다만 금은 자신의 일에 집착심과 의지력이 강렬하여 개미처럼 일만하는 일벌레가 될 우려가 있습니다. 수의 밑바탕이 음이면 친화력이 매우 낮아 성공에만 매달리는 사이코패스가 될 가능성이 높습니다. 교육과 훈련으로 수의 융통성과 친화력, 토의 포용력과 열린 마음을 교육과 훈련으로 몸에 익히면 원활한 사회생활과 자기의 잠재력을 실현하는 사람(self-actualization)이 될 가능성이 높습니다.

30개의 예제에 목, 화, 토, 금, 수의 각각 설명이 중복되는 것이 많아 부록에 모아서 정리했습니다. 각 예제에 해당되는 목, 화, 토, 금, 수의 부분을 찾아 반드시 읽고 이해하셔야 합니다. 각각의 예제를 간략하게 정리한 것이 앞부분이고 부록에 있는 해당부분이 뒷부분으로 예제의 바탕이고 중심이 되는 부분입니다. 앞부분은 예제의 일반적인 이론을 해설한 내용이고, 뒷부분은 목, 화, 토, 금, 수 하나하나를 사실적으로 자세히 설명한 내용입니다.

부록에 목 1개(p393), 화 2개(p398), 토 1개(p401), 금 3개(p408), 수 1개(p410)의 설명과 활용이 자세히 기록되어 있으니 꼭 참고 하시기를 바랍니다. 음과 양의 성격 특성(p164), 오행성격특성의 요약(p169~175)도 참고 하시기 바랍니다.

예제10) 목 1개, 화3개, 토 2개, 금 1개, 수 1개(사주8자에 오행 분포수)

목과 화의 성질근원은 자연생태계에 적응한 생물 본능(자기생존본능과 자기종족보존본능)이 첫째이고, 사람이 만들어 낸 사회생태계(도덕, 법률, 문화 환경)에 적응한 사회본능이 둘째입니다. 그리고 개인발달본능(성장과 성숙)도 근원이 됩니다. 전체적인 목·화(생물본능)와 금·수(사회본능)의 균형과 조화는 사회본능이 근원이 된 금, 수 성질보다 생물본능이 근원된 목, 화 성질 쪽으로 많이 기울어져 있습니다. (목+화 4개>금+수2개), 개인발달본능은 자신의 목표를 성취하기 위해서 목, 화 성질이나 금, 수 성질을 상황과 환경에 맞도록 전략적으로 변화를 자유롭게 합니다. 개인발달본능 토의 성질 활용과 상당히 비슷합니다.

예제10의 오행성격 구성의 강점은 화 3개와 토 2개가 분포 된 것입니다. 이들은 오행성격 기능 활성화의 3단계 상·중·하 중의 중간단계(사주8자÷오행 5자=1.6개=오행 평균 분포수) 1.6개보다 화는 매우 높고 토는 약간 높습니다(화 3

개, 토 2개〉중간단계 1.6개). 이것은 화와 토의 여러 부분 성질이 자연스럽게 힘들이지 않고 상황과 환경에 맞추어 다양한 행동으로 외부에 드러나는 횟수가 매우 많을 가능성을 미리 암시하여 알려주는 것입니다. 그러나 목, 금, 수의 성질 기능 활성화 정도는 중간단계 보다 낮습니다(목, 금, 수 1개〈중간단계 1.6개). 이것은 이들의 성질이 자연스럽게 힘들이지 않고 상황과 환경에 맞추어 다양한 행동으로 외부에 드러나는 횟수가 중간정도 보다 적을 가능성을 알려주는 것입니다.

화의 성질인 열정, 정열과 순발력의 활성화 정도는 중간단계보다 매우 높고, 토의 성질인 포용력과 열린 마음과 창의력의 활성화 정도는 중간단계보다 약간 높습니다. 화 3개는 목 1개에게 충분한 도움을 주어 중간단계 보다 상당히 낮은 목의 성질인 욕망, 야망과 도전정신의 활성화 정도를 중간단계 가까이 끌어 올릴 가능성이 높습니다(화생목). 더불어 토 2개도 목1개에 욕망과 야망의 활동 무대를 넓힐 수 있게 약간의 도움을 줄 수 있습니다(토극목, 상생은 서로서로 도움을 주는 관계이고, 상극은 넘치는 것을 덜어내고 모자라는 것은 채워 조절하는 관계입니다). 토 2개는 금 1개에 충분한 도움을 주어 중간단계보다 상당히 낮은 금의 성질인 인내심, 성실함, 집착심과 절제력의 활성화 정도를 중간단계 가까이 끌어 올릴 가능성이 높습니다(토생금). 더불어 화3개도 금 1개에 약간의 도움을 주어 금의 성질 활성화를 높일 수 있습니다(화극금). 화 3개와 토2개는 함께 수 1개에 상당한 도움을 주어 중간단계보다 상당히 낮은 수의 성질인 유연함, 융통성, 공감능력과 친화력의 활성화 정도를 중간단계 가까이 끌어 올릴 가능성이 있습니다(화극수+토극수). 상생과 상극활용은 목, 금, 수의 성질들의 활성화 정도를 중간단계 가까이 끌어 올려 오행의 전체적인 균형과 조화를 상당히 이룰 수 있게 하여 어느 상황이나 환경에 직면하여도 대응할 성격들이 자연스럽게 행동으로 드러나 유능하고 즐거운 사회생활을 할 수 있게 합니다.

　성격은 적성(무슨 일에 알맞은 성질, Aptitude)의 밑바탕의 중요한 부분입니다. 자신의 성질 중에 강점을 더욱 활성 시키고 지속하는데 에너지와 집중이 필요합니다. 성격에 맞는 일을 하는 것은 즐겁고 행복하고 일의 성과도 뛰어납니다. 예제10 성격의 강점인 화(3개), 토(2개)만을 차례대로 서술하였습니다. 그리고 목, 금, 수는 부록에 자세히 설명되어 있으니 꼭 참고 하시기를 바랍니다.

　화의 성질은 열정적이고 정열적이며 에너지가 넘치며 따뜻함, 돌봄, 연민과 같은 감정의 본바탕입니다. 신경이 예민하여 주변의 작은 자극에도 감정이 쉽게 흔들리고 화를 내거나 분노를 쉽게 밖으로 드러냅니다. 적당하고도 적절한 때에 올바른 목적과 방법으로 화를 내거나 잠재우는 것은 금에게서 차가운 이성적 생각과 절제력의 도움을 받아 조절할 수 있습니다(금극화). 일에 열정적이고 사랑에 정열이 불타올라 타오르는 정열에 자신을 불사를 수 있습니다. 수에게서 겨울의 찬물 같은 성질을 도움 받아 불타는 정열을 중간단계로 낮추어 안정시킬 가능성이 있습니다(수극화). 눈앞의 위험과 삶의 과정에서 위기를 직면할 때 순발력을 발휘하여 위험과 위기를 벗어날 능력이 있습니다.

　미래에 대한 불확실성과 주변의 곱지 않은 눈치를 보며 걱정과 불안감에 쉽게 젖어듭니다. 토에게서 화평한 마음을 도움 받아 걱정과 불안감을 감소시킬 수 있는 가능성이 높습니다(토생화). 목에게서 성취에 대한 동기와 의욕을 도움 받아 목표지향성과 성취에 대한 동기와 열정이 강화될 수 있습니다(목생화).

토의 성질은 만물을 넓은 품안에 감싸는 포용력이 있습니다. 봄과 여름 사이, 여름과 가을, 가을과 겨울, 겨울과 봄 사이의 날씨가 뒤섞인 기간에 계절의 변화에 쉽게 적응하도록 도움을 주는 협력자 역할이 토의 근본 성질입니다. 그리고 목, 화, 금, 수의 성질을 상당부분 공유합니다.

토의 성질은 사계절처럼 환경이 달라져도 변함없는 정직함을 보입니다. 정직하고 진실하여 상대방에게 신뢰감을 줍니다. 안정성을 중요하게 생각하고 변화와 모험을 꽤 싫어하여 위기 상황 대처 능력이 떨어집니다. 화에게서 순발력의 도움을 받으면 위기 대처 능력을 높일 가능성이 매우 높습니다(화생토). 토의 성질은 인간관계를 상당히 중요하게 생각하여 친구와 소통이 원활합니다. 믿음과 의리 그리고 포용력이 있으며 활동적이고(목의 성질) 부드러움(수의 성질)과 열정(화의 성질)이 있어 리더쉽이 강합니다. 인내력이 강하고 고집이 세며(금의 성질) 성취욕이 강해서(목의 성질) 주어진 일을 끝까지 해냅니다. 수에게서 융통성을 도움 받으면 고집 센 성질을 완화시킬 가능성이 있습니다(수극토).

토의 성질은 영리하고 재주가 많습니다. 총명함과 지혜로 세상 변화에 슬기롭게 대처해 나갑니다. 총명함과 지혜는 위험이 없고 무사하여 마음에 걱정이 없는 것을 선호하여 위험한 도전을 피합니다. 목에게서 적극적인 도전적인 정신을 도움 받으면 위험한 도전을 피하지 않을 가능성이 있습니다(목극토). 땅(토)은 동물과 식물에게 삶의 터전을 차별하지 않고 개방합니다. 토의 성질은 땅처럼 생각과 행동이 포용적이고 개방적이어서 타인의 생각과 행동을 옳고 그름, 아름다움과 추함에 비추어 판단하지 않고 받아들여 자신의 생각이 없는 것처럼 보일 가능성이 있습니다. 금에게서 냉철한 판단정신을 도움을 받으면 적절한 때에 적당하게 자신의 생각이 다름을 주장할 가능성이 있습니다(금생토).

목, 금, 수의 오행분포 수는 각각 하나씩이지만 이들의 성질 밑바탕이 '양'이면 목, 금, 수의 성질 활성화 정도가 중간단계 가까이 도달할 가능성이 있습니다. '양'성질은 활동적이고 능동적이며 적극적이어서 목, 금, 수의 성질들을 활성화 시킬 가능성이 있기 때문입니다. 그러나 목, 금, 수의 성질 밑바탕이 '음'이면 이들의 성질 활성화 정도가 최저 수준에 머물러 있기 때문에 이들의 성질들이 행동으로 드러나는 횟수가 매우 적을 가능성이 있습니다. 목, 금, 수의 성질 기능 활성화를 높이기 위해서는 '음'속의 '양의 씨앗' 활성화 방법의 활용이 필수충분조건입니다. 활성화 방법을 익히고 활용하는 것의 열쇠는 노력입니다. 활성화 방법은 p165~168에 자세히 설명되어 있습니다.

예제10은 화와 토가 중심역할을 하는 성격입니다. 화의 성질인 매우 강렬한 열정, 정열 그리고 넘치는 에너지를 가지고 있어 이들을 쏟아 낼 수 있는 출구가 필요합니다. 일과 사랑에도 열정과 정열이 불타오릅니다. 다행히 토가 2개여서 열정, 정열과 에너지를 쏟을 수 있는 넓은 활동무대를 제공할 수 있어서 강렬한 정열과 에너지 자신을 불사를 수 있는 가능성은 적습니다. 토의 열린 마음, 창의력과 짝을 이루어 다산 정약용처럼(화 4개, 토 2개) 창작활동으로 문화적 공적을 남길 가능성이 높습니다. 다만 목, 금, 수의 성질이 중간단계보다 낮아 상생과 상극으로 중간단계 가까이 도달할 수 있지만, 교육과 훈련으로 이들의 성질을 강화 시키는 것이 필요합니다.

30개의 예제에 목, 화, 토, 금, 수의 각각 설명이 중복되는 것이 많아 부록에 모아서 정리했습니다. 각 예제에 해당되는 목, 화, 토, 금, 수의 부분을 찾아 반드시 읽고 이해하셔야 합니다. 각각의 예제를 간략하게 정리한 것이 앞부분이고 부록에 있는 해당부분이 뒷부분으로 예제의 바탕이고 중심이 되는 부분입니다. 앞부분은 예제의 일반적인 이론을 해설한 내용이고, 뒷부분은 목, 화, 토, 금, 수 하나하나를 사실적으로 자세히 설명한 내용입니다.

부록에 목 1개(p393), 화 3개(p399), 토 2개(p402), 금 1개(p406), 수 1개(p410)의 설명과 활용이 자세히 기록되어 있으니 꼭 참고 하시기를 바랍니다. 음과 양의 성격 특성(p164), 오행성격특성의 요약(p169~175)도 참고 하시기 바랍니다.

예제11) 목 1개, 화 1개, 토 2개, 금 2개, 수 2개(사주8자에 오행 분포수)

목과 화의 성질근원은 자연생태계에 적응한 생물본능(자기생존본능과 자기종족보존본능)이 첫째이고, 사람이 만들어 낸 사회생태계(도덕, 법률, 문화환경)에 적응한 사회본능이 둘째입니다. 그리고 개인발달본능(성장과 성숙)도 근원이 됩니다. 전체적인 목·화(생물본능)와 금·수(사회본능)의 균형과 조화는 생물본능이 근원이 된 목, 화 성질보다 사회본능이 근원된 금, 수 성질 쪽으로 많이 기울어져 있습니다(목+화 2개〈금+수 4개). 개인발달본능은 자신의 목표를 성취하기 위해서 목, 화 성질이나 금, 수 성질을 상황과 환경에 맞도록 전략적으로 변화를 자유롭게 합니다. 개인발달본능 토의 성질 활용과 상당히 비슷합니다.

예제11의 오행성격 구성의 강점은 토, 금, 수 성질이 각각 2개씩 분포 된 것입니다. 이들은 오행성격 기능 활성화의 3단계 상·중·하 중의 중간단계(사주8자÷오행5자=1.6개=오행 평균 분포수) 1.6개보다 약간 높습니다.(토, 금, 수 2개)중간단계 1.6개) 이것은 토, 금, 수의 여러 부분 성질이 자연스럽게 힘들이지 않고 상황과 환경에 맞추어 다양한 행동으로 외부에 드러나는 횟수가 매우 많을 가능성을 미리 암시하여 알려주는 것입니다. 그러나 목과 화의 성질 기능 활성화 정도는 중간단계 보다 낮습니다(목, 화 1개<중간단계 1.6개). 이것은 이들의 성질이 자연스럽게 힘들이지 않고 상황과 환경에 맞추어 다양한 행동으로 외부에 드러나는 횟수가 중간정도 보다 적을 가능성을 알려주는 것입니다.

토의 성질인 포용력, 창조력과 열린 마음, 금의 성질인 인내심, 성실함, 집착심과 절제력, 수의 성질인 유연함, 융통성, 공감 능력과 친화력의 활성화 정도는 중간 단계보다 약간 높습니다. 토2개는 화 1개에 충분한 도움을 주어 중간단계보다 상당히 낮은 화의 성질인 열정, 정열과 순발력의 활성화 정도를 중간단계 가까이 끌어올릴 가능성이 높습니다(토생화). 더불어 금 2개와 수 2개도 화 1개에 힘을 합하여 도움을 주어 중간단계 보다 낮은 화의 성질 활성화를 높일 수 있습니다(금극화+수극화: 상생은 서로서로 도움을 주는 관계이고, 상극은 넘치는 것은 덜어내고 모자라는 것은 채워 조절하는 관계입니다). 수 2개는 목 1개에 충분한 도움을 주어 중간단계보다 상당히 낮은 목의 성질인 욕망, 야망과 도전정신의 활성화 정도를 중간단계 가까이 끌어 올릴 가능성이 높습니다(수생목). 더불어 토 2개와 금 2개도 화 1개에 힘을 합하여 도움을 주어 중간단계보다 낮은 화의 성질 활성화를 높일 수 있습니다(토극목+금극목).

상생과 상극 활용은 목과 화의 성질 활성화 정도를 중간단계 가까이 끌어 올려 오행의 전체적인 균형과 조화를 상당히 이룰 수 있게 하여 어느 상황이나 환경에 직면하여도 대응할 성격들이 자연스럽게 행동으로 드러나 유능하고 즐거운 사회생활을 할 수 있게 합니다.

성격은 적성(무슨 일에 알맞은 성질, Aptitude)의 밑바탕의 중요한 부분입니다. 자신의 성질 중에 강점을 더욱 활성 시키고 지속하는데 에너지와 집중이 필요합니다. 성격에 맞는 일을 하는 것은 즐겁고 행복하고 일의 성과도 뛰어납니다. 예제11의 성격의 강점인 토(2개), 금(2개), 수(2개)만을 차례대로 서술하였습니다. 그리고 목, 화는 부록에 자세히 설명되어 있으니 꼭 참고 하시기를 바랍니다.

토의 성질은 만물을 넓은 품안에 감싸는 포용력이 있습니다. 봄과 여름 사이, 여름과 가을, 가을과 겨울, 겨울과 봄 사이의 날씨가 뒤섞인 기간에 계절의 변화에 쉽게 적응하도록 도움을 주는 협력자 역할이 토의 근본 성질입니다. 그리고 목, 화, 금, 수의 성질을 상당부분 공유합니다.

토의 성질은 사계절처럼 환경이 달라져도 변함없는 정직함을 보입니다. 정직하고 진실하여 상대방에게 신뢰감을 줍니다. 안정성을 중요하게 생각하고 변화와 모험을 꽤 싫어하여 위기 상황 대처 능력이 떨어집니다. 화에게서 순발력의 도움을 받으면 위기 대처 능력을 높일 가능성이 있습니다(화생토). 토의 성질은 인간관계를 상당히 중요하게 생각하여 친구와 소통이 원활합니다. 믿음과 의리 그리고 포용력이 있으며 활동적이고(목의 성질) 부드러움(수의 성질)과 열정(화의 성질)이 있어 리더쉽이 강합니다. 인내력이 강하고 고집이 세며(금의 성질) 성취욕이 강해서(목의 성질) 주어진 일을 끝까지 해냅니다.

수에게서 융통성을 도움 받으면 고집 센 성질을 완화시킬 가능성이 있습니다(수극토).

토의 성질은 영리하고 재주가 많습니다. 총명함과 지혜로 세상 변화에 슬기롭게 대처해 나갑니다. 총명함과 지혜는 위험이 없고 무사하여 마음에 걱정이 없는 것을 선호하여 위험한 도전을 피합니다. 목에게서 적극적인 도전적인 정신을 도움 받으면 위험한 도전을 피하지 않을 가능성이 있습니다(목극토). 땅(토)은 동물과 식물에게 삶의 터전을 차별하지 않고 개방합니다. 토의 성질은 땅처럼 생각과 행동이 포용적이고 개방적이어서 타인의 생각과 행동을 옳고 그름, 아름다움과 추함에 비추어 판단하지 않고 받아들여 자신의 생각이 없는 것처럼 보일 가능성이 있습니다. 금에게서 냉철한 판단정신을 도움을 받으면 적절한 때에 적당하게 자신의 생각이 다름을 주장할 가능성이 큽니다(금생토).

금의 성질은 매우 이성적이고 합리적이며 감정에 치우치지 않고 싸늘하게 행동합니다. 화에게 사랑하는 마음을 도움(조절)을 받아 사랑이 있는 마음씨를 회복할 가능성이 있습니다(화극금). 신중하고 조심성이 많아 도전을 꺼리고 안전을 선호합니다. 목에게서 도전정신을 도움(조절) 받아 도전정신을 마음에 품게 할 가능성이 있습니다(목극금). 일관성과 일에 집착하는 집중력은 있지만 고집불통이 정도에 지나칠 가능성이 높습니다. 수에게서 융통성과 유연성을 충분히 도움 받을 수 있어 고집불통을 완화시킬 가능성이 높습니다(수생금). 세상에서 쌓은 경험과 배운 지식이 융합되어 나오는 생각으로 일의 이치를 정확하게 판단하는 능력이 있어 남을 비판할 가능성이 높습니다. 토에게서 남을 이해하고 있는 그대로의 포용정신을 도움 받아 비판을 줄일 가능성이 높습니다(토생금).

수의 성질은 주위로부터 마음의 충동과 자극을 받아도 흔들리지 않고 물처럼 천연스럽게 미지근한 행동을 하는 유연성이 높습니다. 수는 화에게서 화끈한 성질을 도움 받을 수 있어 미지근한 성질을 때로는 화끈한 성질로 조절이 가능합니다(화극수). 겸손함이 정도에 지나치고 자기주장이 거의 없어 비위만 맞추는 사람으로 보일 수 있습니다. 목에게서 자기주장과 자존심을 격려 받을 가능성이 있어 가끔 겸손함과 자기주장을 적절하게 균형을 맞추어 행동하면 진정한 겸손함으로 보일 수 있는 가능성이 있습니다(목생수). 수의 성질은 현실적 감각이 뛰어나고 사물에 대하여 객관적으로 판단하여 상황과 환경에 적응력이 높습니다. 머리 회전이 빠르고 깨달음을 바탕으로 한 정신적 기능이 높아 학자로 성공할 가능성이 있지만, 금에게서 성실성, 인내심과 집착심을 충분히 도움 받아야만 그 가능성이 더욱 높아집니다(금생수).

수는 친화력과 포용력이 높아 인간관계가 물 흐르듯 원활합니다. 연민과 동정심이 높아 남을 돕는데 적극적이어서 타인에게 이용당할 가능성이 있어 자신과 가족에게 경제적 피해를 줄 가능성이 높습니다. 흙으로 제방을 쌓아 흘러가버리는 물을 모아두어 필요한 때만 물(재물)을 사용하는 지혜가 토에게 있습니다. 수가 토에게서 재물을 절약하는 지혜를 충분히 지원받을 가능성이 매우 높아 가족과 자신에게 경제적 피해를 줄일 가능성이 높습니다(토극수). 남을 친절하게 배려하고 상황에 따라 있는 그대로를 받아들이는 융통성이 있습니다.

목과 화는 각각 하나씩이지만 이들의 성질 밑바탕이 '양'이면 목과 화의 성질 활성화 정도가 중간단계(오행 평균분포 수 1.6개) 가까이 도달할 수 있습니다. '양'의 성질은 활동적이고 능동적이며 적극적이어서 목과 화의 성질을 그 자신을 활성화 시킬 가능성이 있기 때문입니다. 그러나 목과 화의 성질 밑바탕이 '음'이면 목과 화의 성질 기능 활성화 정도가 최저 수준에 머물러 있기 때문에 목과 화의 성질들이 행동으로 드러나는 횟수가 매우 적을 가능성이 있습니다. 목과 화의 성질 기능 활성화를 높이기 위해서는 '음'속의 '양의 씨앗' 활성화 방법의 활용이 필수충분조건입니다. 활성화 방법을 익히고 활용하는 것의 열쇠는 노력입니다. 활성화 방법은 p165~168에 자세히 설명되어 있습니다.

예제11은 토, 금, 수가 중심역할을 하는 성격입니다. 금의 성질인 인내심, 성실함, 집착심과 절제력 그리고 수의 유연함, 융통성 총명한 지혜와 친화력은 사회생활을 유능하고 슬기롭게 하는 핵심 성격입니다. 더불어 토의 포용력, 창조력과 열린 마음이 조화를 이루어 사회생활을 유능하고 원활하게 할 가능성이 매우 높습니다. 목의 야망과 도전 정신 그리고 화의 열정과 정열과 순발력을 교육과 훈련으로 더 강화시켜 중간단계보다 조금 높이면 어느 정도 인생 꿈도 어렵지 않게 이룰 수 있고 삶의 즐거움과 행복도 충분히 만족시킬 가능성이 높습니다.

30개의 예제에 목, 화, 토, 금, 수의 각각 설명이 중복되는 것이 많아 부록에 모아서 정리했습니다. 각 예제에 해당되는 목, 화, 토, 금, 수의 부분을 찾아 반드시 읽고 이해하셔야 합니다. 각각의 예제를 간략하게 정리한 것이 앞부분이고 부록에 있는 해당부분이 뒷부분으로 예제의 바탕이고 중심이 되는 부분입니다. 앞부분은 예제의 일반적인 이론을 해설한 내용이고, 뒷부분은 목, 화, 토, 금, 수 하나하나를 사실적으로 자세히 설명한 내용입니다.

부록에 목 1개(p393), 화 1개(p397), 토 2개(p402), 금 2개(p407), 수 2개(p411)의 설명과 활용이 자세히 기록되어 있으니 꼭 참고 하시기를 바랍니다. 음과 양의 성격 특성(p164), 오행성격특성의 요약(p169~175)도 참고 하시기 바랍니다.

예제12) 목 1개, 화 1개, 토 1개, 금 3개, 수 2개(사주8자에 오행 분포수)

금과 수의 성질근원은 사람이 만들어 낸 사회생태계(도덕, 법률, 문화 환경)에 적응한 사회본능이 첫째이고, 자연생태계에 적응한 생물본능(자기생존본능과 자기종족보존본능)이 둘째입니다. 그리고 개인발달본능(성장과 성숙)도 근원이 됩니다. 전체적인 목·화(생물본능)와 금·수(사회본능)의 균형과 조화는 생물본능이 근원이 된 목, 화 성질보다 사회본능이 근원된 금, 수 성질 쪽으로 많이 기울어져 있습니다. (목+화 2개〈금+수 5개), 개인발달본능은 자신의 목표를 성취하기 위해서 목, 화 성질이나 금, 수 성질을 상황과 환경에 맞도록 전략적으로 변화를 자유롭게 합니다. 개인발달본능 토의 성질 활용과 상당히 비슷합니다.

예제12의 오행성격 구성의 강점은 금이 3개, 수가 2개 분포 된 것입니다. 이들은 오행성격 기능 활성화의 3단계 상·중·하 중의 중간단계(사주8자÷오행 5자=1.6개=오행 평균 분포 수) 1.6개보다 금은 매우 높고 수는 약간 높습니다(금 3개, 수 2개〉중간단계 1.6개). 이것은 금, 수의 여러 부분 성질이 자연스럽게 힘들이지 않고 상황과 환경에 맞추어 다양한 행동으로 외부에 드러나는 횟수가 많을 가능성을 미리 암시하여 알려주는 것입니다. 그러나 목과 화, 토의 성질 기능 활성화 정도는 중간단계 보다 상당히 낮습니다. (목, 화, 토 1개〈중간단계 1.6개) 이것은 이들의 성질이 외부에 드러나는 횟수가 중간정도 보다 적을 가능성을 알려주는 것입니다.

금의 성질인 인내심, 성실함, 집착심과 절제력 그리고 수의 성질인 유연함, 융통성, 총명한 지혜와 친화력의 활성화 정도가 금은 매우 높고 수는 약간 높습니다. 금 3개는 토 1개에 충분한 도움을 주어 중간단계보다 상당히 낮은 토의 성질인 포용력과 열린 마음의 활성화 정도를 중간단계 가까이 끌어올릴 가능성이 높습니다(금생토). 더불어 수 2개도 토 1개에 약간의 도움을 주어 토의 성질 활성화를 높일 수 있습니다(수극화: 상생은 서로서로 도움을 주는 관계이고, 상극은 넘치는 것은 덜어 주고 모자라는 것은 채워 조절하는 관계입니다). 수 2개는 목 1개에 충분한 도움을 주어 중간단계보다 상당히 낮은 목의 성질인 욕망, 야망과 도전정신의 활성화 정도를 중간단계 가까이 끌어 올릴 가능성이 높습니다(수생목). 더불어 금 3개도 목 1개에 약간의 도움 주어 목의 성질 활성화를 높일 수 있습니다(금극목). 금과 수는 함께 화의 성질인 열정, 정열과 순발력의 활성화 정도를 중간단계 가까이 끌어 올릴 가능성이 있습니다(금극화+수극화).

상생과 상극활용은 목, 화, 토의 성질 활성화 정도를 중간단계 가까이 끌어 올려 오행의 전체적인 균형과 조화를 상당히 이룰 수 있게 하여 어느 상황이나 환경에 직면하여도 대응할 성격들이 자연스럽게 행동으로 드러나 유능하고 즐거운 사회생활을 할 수 있게 합니다.

성격은 적성(무슨 일에 알맞은 성질, Aptitude)의 밑바탕의 중요한 부분입니다. 자신의 성질 중에 강점을 더욱 활성 시키고 지속하는데 에너지와 집중이 필요합니다. 성격에 맞는 일을 하는 것은 즐겁고 행복하고 일의 성과도 뛰어납니다. 예제12 성격의 강점인 금(3개), 수(2개)만을 차례대로 서술하였습니다. 그리고 목, 화, 토는 부록에 자세히 설명되어 있으니 꼭 참고 하시기를 바랍니다.

금이 3개여서 정신적 육체적 고통을 참고이기는 인내심이 강하고 정성스럽고 참되며 거짓이 없고 매우 성실하며 겉으로 들어나지는 않는 이익을 강하게 추구합니다. 일에 집착하여 집중력은 있지만 고집불통일 가능성이 매우 높습니다. 수와 상생 관계이어서 수에게서 유연함, 융통성과 공감능력을 약간 도움 받아 고집불통을 약화시킬 가능성이 높습니다(수생금). 그리고 토의 열린 마음을 충분하게 도움을 받을 수 있어 매우 높은 금의 집착력을 약간 감소시킬 가능성이 있습니다(토생금). 금의 성질은 이성적이고 합리적인 인정이 메말라 쌀쌀하게 행동합니다. 화에게서 사랑하는 마음을 받아들여 인정이 싹이 트고 따뜻한 마음씨를 회복할 가능성이 있습니다(화극금 : 상극은 넘치는 것은 덜어내고 모자라는 것은 채워주는 관계입니다.).

감성적 욕구(화의 성질)를 이성적으로 제어하는 절제력이 매우 강합니다(금극화). 금의 성질은 조심성 있고 신중하며 도전을 꺼리고 안전을 선호합니다. 목에게서 도전 정신을 도움 받아 도전하는 마음을 품게 할 가능성이 있습니다(목극금). 세상에서 얻은 경험과 쌓은 지식이 융합되어 나오는 생각으로 정확하게 판단하는 능력이 뛰어나 남을 함부로 비판할 가능성이 매우 높습니다. 토에게서 남의 처지를 이해하고 있는 그대로 받아들이는 포용 정신을 도움 받아 날카로운 비판을 줄일 가능성이 있습니다(토생금).

수의 성질은 주위로부터 마음의 충동과 자극을 받아도 흔들리지 않고 물처럼 천연스럽게 미지근한 행동을 하는 유연성이 높습니다. 수는 화에게서 화끈한 성질을 도움 받을 수 있어 미지근한 성질을 때로는 화끈한 성질로 조절이 가능합니다(화극수). 겸손함이 정도에 지나치고 자기주장이 거의 없어 비위만 맞추는 사람으로 보일 수 있습니다. 목에게서 자기주장과 자존심을 격려 받을 가능성이 있어 가끔 겸손함과 자기주장을 적절하게 균형을 맞추어 행동하면 진정한 겸손함으로 보일 수 있는 가능성이 있습니다(목생수). 수의 성질은 현실적 감각이 뛰어나고 사물에 대하여 객관적으로 판단하여 상황과 환경에 적응력이 높습니다. 머리 회전이 빠르고 깨달음을 바탕으로 한 정신적 기능이 높아 학자로 성공할 가능성이 있지만, 금에게서 성실성, 인내심과 집착심을 충분히 도움 받아야만 그 가능성이 매우 높아집니다(금생수).

수는 친화력과 포용력이 높아 인간관계가 물 흐르듯 원활합니다. 연민과 동정심이 높아 남을 돕는데 적극적이어서 타인에게 이용당할 가능성이 있어 자신과 가족에게 경제적 피해를 줄 가능성이 높습니다. 흙으로 제방을 쌓아 흘러가버리는 물을 모아두어 필요한 때만 물(재물)을 사용하는 지혜가 토에게 있습니다. 수가 토에게서 재물을 절약하는 지혜를 충분히 지원받을 가능성이 매우 높아 가족과 자신에게 경제적 피해를 줄일 가능성이 있습니다(토극수). 남을 친절하게 배려하고 상황에 따라 있는 그대로를 받아들이는 융통성이 있습니다.

목, 화, 토는 각각 1개씩이지만, 이들의 성질 밑바탕이 '양'이면 목, 화, 토의 성질 활성화 정도가 중간단계(오행 평균분포 수 1.6개) 가까이 도달할 수 있습니다. '양' 성질은 활동적이고 능동적이며 적극적이어서 목, 화, 토의 성질을 그 자신을 활성화 시킬 가능성이 있기 때문입니다. 그러나 목, 화, 토의 성질 밑바탕이 '음'이면 목과 화의 성질 기능 활성화 정도가 최저 수준에 머물러 있기 때문에 목, 화, 토의 성질들이 행동으로 드러나는 횟수가 매우 적을 가능성이 있습니다. 목, 화, 토의 성질 기능 활성화를 높이기 위해서는 '음' 속의 '양의 씨앗' 활성화 방법의 활용이 필수충분조건입니다. 활성화 방법을 익히고 활용하는 것의 열쇠는 노력입니다. 활성화 방법은 p165~168에 자세히 설명되어 있습니다.

예제12는 금, 수가 중심역할을 하는 성격입니다. 금의 성질인 인내심, 성실함, 집착심과 절제력이 매우 높고 수의 유연함, 융통성 총명한 지혜와 친화력은 사회생활을 유능하고 슬기롭게 할 가능성이 매우 높습니다. 다른 한편으로는 목, 화, 토의 성질 활성화 정도가 중간단계 보다 낮아 상생과 상극 활용으로 중간 단계 가까이 도달할 가능성은 있지만 교육과 훈련으로 목, 화, 토의 성질을 강화시키면 중간단계 보다 약간 높은 인생의 꿈도 어려움 없이 성취할 가능성이 높고 삶에 즐거움과 행복도 충분히 만족시킬 가능성이 높습니다. 다만 금과 수는 상생관계이어서 금의 성실 활성화를 더욱 높일 가능성이 있어 개미처럼 일벌레가 될 우려가 있습니다. 수가 2개여서 수의 도움을 충분히 받을 수 있어 성공에만 매달리는 사이코패스가 될 가능성이 낮습니다. 교육과 훈련으로 사랑하는 마음과 기술을 몸에 익히고 포용력을 넓히면 원활하게 사회생활과 자기의 잠재력을 실현하는 사람이 될 가능성이 높습니다.

30개의 예제에 목, 화, 토, 금, 수의 각각 설명이 중복되는 것이 많아 부록에 모아서 정리했습니다. 각 예제에 해당되는 목, 화, 토, 금, 수의 부분을 찾아 반드시 읽고 이해하셔야 합니다. 각각의 예제를 간략하게 정리한 것이 앞부분이고 부록에 있는 해당부분이 뒷부분으로 예제의 바탕이고 중심이 되는 부분입니다. 앞부분은 예제의 일반적인 이론을 해설한 내용이고, 뒷부분은 목, 화, 토, 금, 수 하나하나를 사실적으로 자세히 설명한 내용입니다.

부록에 목 1개(p393), 화 1개(p397), 토 1개(p401), 금 3개(p408), 수 2개(p411)의 설명과 활용이 자세히 기록되어 있으니 꼭 참고 하시기를 바랍니다. 음과 양의 성격 특성(p164), 오행성격특성의 요약(p169~175)도 참고 하시기 바랍니다.

〔금과 수의 관점을 중심으로 분류〕

예제13) 목 1개, 화 1개, 토 3개, 금 2개, 수 1개(사주8자에 오행분포수)

금과 수의 성질근원은 사람이 만들어 낸 사회생태계(도덕, 법률, 문화 환경)에 적응한 사회본능이 첫째이고, 자연생태계에 적응한 생물본능(자기생존본능과 자기종족보존본능)이 둘째입니다. 그리고 개인발달본능(성장과 성숙)도 근원이 됩니다. 전체적인 목·화(생물본능)와 금·수(사회본능)의 균형과 조화는 생물본능이 근원이 된 목, 화 성질보다 사회본능이 근원된 금, 수 성질 쪽으로 많이 기울어져 있습니다(목+화 2개〈금+수 3개). 개인발달본능은 자신의 목표를 성취하기 위해서 목, 화 성질이나 금, 수 성질을 상황과 환경에 맞도록 전략적으로 변화를 자유롭게 합니다. 개인발달본능 토의 성질 활용과 상당히 비슷합니다.

예제13의 오행성격 구성의 강점은 토가 3개, 금이 2개 분포 된 것입니다. 오행성격 기능 활성화의 3단계 상·중·하 중의 중간단계(사주8자÷오행5자=1.6개=오행평균 분포수) 1.6개보다 토는 매우 높고 금은 약간 높습니다(토 3개, 금 2개)

중간단계 1.6개). 이것은 토와 금의 여러 부분 성질이 자연스럽게 상황과 환경에 맞추어 다양한 행동으로 외부에 드러나는 횟수가 많을 가능성을 미리 암시하여 알려주는 것입니다. 그리고 목, 화, 수의 성질 기능 활성화 정도는 중간단계 보다 낮습니다(목, 화, 수 1개<중간단계 1.6개). 이것은 이들의 성질이 행동으로 외부에 드러나는 횟수가 중간정도 보다 적을 가능성을 알려주는 것입니다.

토의 성질인 포용력과 열린 마음과 금의 성질인 인내심, 성실함, 집착심과 절제력의 활성화 정도가 중간단계보다 매우 높습니다. 토 3개는 화 1개에게 충분한 도움을 주어 중간단계보다 상당히 낮은 화의 성질인 열정, 정열과 순발력의 활성화 정도를 중간단계 가까이 끌어 올릴 가능성이 매우 높습니다(토생화). 금 2개는 수 1개에 충분한 도움을 주어 중간단계 보다 상당히 낮은 수의 성질인 유연함, 융통성, 공감 능력과 친화력의 활성화 정도를 중간단계 가까이 끌어 올릴 가능성이 높습니다(금생수). 토 3개는 목 1개에 충분한 도움을 주어 중간단계보다 상당히 낮은 목의 성질인 욕심, 욕망, 야망과 도전정신의 활성화 정도를 중간단계 가까이 끌어 올릴 가능성이 높습니다(토극목: 상생은 서로서로 도와주는 관계이고, 상극은 넘치는 것을 덜어내고 모자라는 것은 채워 조절하는 관계입니다).

상생과 상극 활용으로 목, 화(생물본능) 성질들의 활성화 정도를 중간단계 가까이 끌어 올려 오행의 전체적인 균형과 조화를 상당히 이룰 수 있게 하여 어느 상황이나 환경에 직면 하여도 대응할 성격들이 자연스럽게 행동으로 드러나 유능한 사회생활을 할 수 있게 합니다. 다만 토 3개와 금 2개는 서로 도움을 주는 상생 관계로 서로에게 덧셈 효과를 주어 토 3개와 금 2개의 성질이 더욱 활성화 가능성이 높습니다.

성격은 적성(무슨 일에 알맞은 성질, Aptitude)의 밑바탕의 중요한 부분입니다. 자신의 성질 중에 강점을 더욱 활성 시키고 지속하는데 에너지와 집중이 필요합니다. 성격에 맞는 일을 하는 것은 즐겁고 행복하고 일의 성과도 뛰어납니다. 예제13 성격의 강점인 토(3개), 금(2개)만을 차례대로 서술하였습니다. 그리고 목, 화, 수는 부록에 자세히 설명되어 있습니다. 꼭 참고 하시기를 바랍니다.

토 3개는 사계절이 오고 가는 동안 날씨가 뒤섞인 기간에 계절의 변화에 쉽게 적응하도록 도움을 주는 협력자 역할이 근본적인 성질입니다. 사계절 간기가 토의 성질이기 때문에 토는 목(봄), 화(여름), 금(가을), 그리고 수(겨울)의 성질을 상당부분 공동으로 가지고 있습니다. 사계절처럼 환경이 달라져도 변함없는 정직함과 의리가 있어 상대방에게 신뢰감을 줍니다. 다양한 날씨를 가진 사계절을 있는 그대로 받아들이는 토의 성질은 포용력이 매우 높습니다.(토3개) 토는 활동적이고(목의 성질) 열정적이며(화의 성질), 공감능력과 융통성(수의 성질) 그리고 인내심과 절제력(금의 성질)을 가지고 있습니다. 삶의 터전을 모든 생물에게 차별하지 않고 개방하는 열린 마음을 가지고 있습니다. 이러한 성질을 모두 갖춘 토는 리더쉽이 강렬해서 CEO가 될 가능성이 높습니다. 그리고 토의 열린 마음은 옛것과 새로운 것에 개방적인 사고를 하기 때문에 창의력이 높습니다.

금이 2개여서 정신적 육체적 고통을 참고이기는 인내심이 강하고 정성스럽고 참되며 거짓이 없고 실속 있으며 매우 성실 합니다. 일에 집착하여 집중력은 있지만 고집불통일 가능성이 높습니다. 수와 상생 관계이어서 수에게서 유연함, 융통성과 공감능력은 도움 받을 수 있어 고집불통을 약화시킬 가능성이 있습니다(수생금). 여기에 토의 열린 마음을 충분하게 도움 받을 수 있어 금의 집착력도 감소시킬 가능성이 높습니다(토생금). 세상에서 쌓은 경험과 지식이 융합되어 나오는 생각으로 정확하게 판단하는 능력이 뛰어나 남을 비판할 가능성이 높습니다. 토에게서 남의 처지를 이해하고 있는 그대로를 받아들이는 포용력을 충분히 도움 받을 수 있어 날카로운 비판을 줄일 가능성이 매우 높습니다(토생금). 조심성 있고 신중하여 도전을 꺼리고 안전을 선호합니다. 목에게서 도전 정신을 도움 받아 도전하는 마음을 품게 할 가능성이 있습니다(목극금). 감성적 욕구를 이성적으로 제어하는 절제력이 강해 사랑에 무관심할 수 있습니다. 화에게서 사랑하는 마음을 도움 받아 사랑이 있는 마음씨를 회복할 가능성이 있습니다(화극금: 상생은 서로서로 돕는 관계이고, 상극은 넘치는 것을 덜어내고 모자라는 것은 채워 조절하는 관계입니다).

목, 화, 수는 각각 1개씩이지만 이들의 성질 밑바탕이 '양'이면 목, 화, 수의 성질 활성화 정도가 중간단계(오행평균 분포수 1.6개) 가까이 도달할 수 있습니다. '양' 성질은 활동적이고 능동적이며 적극적이어서 목, 화, 수의 성질을 그 자신을 활성화 시킬 가능성이 있기 때문입니다. 그러나 목, 화, 수의 성질 밑바탕이 '음'이면 목, 화, 수의 성질 기능 활성화 정도가 최저 수준에 머물러 있기 때문에 목, 화, 수의 성질들이 행동으로 드러나는 횟수가 매우 적을 가능성이 있습니다. 목, 화, 수의 성질 기능 활성화를 높이기 위해서는 '음' 속의 '양의 씨앗' 활성화 방법의 활용이 필수충분조건입니다. 활성화 방법을 익히고 활용하는 것의 열쇠는 노력입니다. 활성화 방법은 p165~168에 자세히 설명되어 있습니다.

예제13은 토와 금이 중심역할을 하는 성격입니다. 토의 매우 높은 포용력과 열린 마음이 바탕이 되어 리더쉽이 강하고 금의 강한 인내심, 집중력과 성실함이 있어 사회 어느 분야에서나 인정받는 리더가 될 가능이 있습니다. 다만 생물본능에 근원이 된 목의 야망과 화의 열정의 활성화 정도가 중간단계보다 낮아서 생물본능을 지속적으로 자극하고 훈련하여 활성화 정도를 높이는 것이 필요합니다.

30개의 예제에 목, 화, 토, 금, 수의 각각 설명이 중복되는 것이 많아 부록에 모아서 정리했습니다. 각 예제에 해당되는 목, 화, 토, 금, 수의 부분을 찾아 반드시 읽고 이해하셔야 합니다. 각각의 예제를 간략하게 정리한 것이 앞부분이고 부록에 있는 해당부분이 뒷부분으로 예제의 바탕이고 중심이 되는 부분입니다. 앞부분은 예제의 일반적인 이론을 해설한 내용이고, 뒷부분은 목, 화, 토, 금, 수 하나하나를 사실적으로 자세히 설명한 내용입니다.

부록에 목 1개(p393), 화 1개(p397), 토 3개(p404), 금 2개(p407), 수 1개(p410)의 설명과 활용이 자세히 기록되어 있으니 꼭 참고 하시기를 바랍니다. 음과 양의 성격 특성(p164), 오행성격특성의 요약(p169~175)도 참고 하시기 바랍니다.

예제14) 목 1개, 화 1개, 토 1개, 금 2개, 수 3개(사주8자에 오행분포수)

금과 수의 성질근원은 사람이 만들어 낸 사회생태계(도덕, 법률, 문화 환경)에 적응한 사회본능이 첫째이고, 자연생태계에 적응한 생물본능(자기생존본능과 자기종족보존본능)이 둘째입니다. 그리고 개인발달본능(성장과 성숙)도 근원이 됩니다. 전체적인 목·화(생물본능)와 금·수(사회본능)의 균형과 조화는 생물본능이 근원이 된 목, 화 성질보다 사회본능이 근원된 금, 수 성질 쪽으로 많이 기울어져 있습니다(목+화 2개〈금+수 5개). 개인발달본능은 자신의 목표를 성취하기 위해서 목, 화 성질이나 금, 수 성질을 상황과 환경에 맞도록 전략적으로 변화를 자유롭게 합니다. 개인발달본능은 토의 성질 활용과 상당히 비슷합니다.

예제14의 오행성격 구성의 강점은 금의 성질 2개와 수의 성질 3개씩으로 분포 된 것입니다. 오행성격특성 기능 활성화의 3단계 상·중·하 중의 중간단계(사주8자÷오행5자=1.6개=오행 평균 분포수) 1.6개보다 금은 약간 높고, 수는 매우 높습니다(금 2개, 수 3개〉중간단계 1.6개). 이것은 금, 수의 여러 부분 성질이 자연스럽게 상황과 환경에 맞추어 다양한 행동으로 외부에 드러나는 횟수가 많을 가능성을 미리 암시하여 알려주는 것입니다. 그리고 목, 화, 토의 성질 기능 활성화 정도는 중간단계 보다 낮습니다(목, 화, 토 1개〈중간단계 1.6개). 이것은 이들의 성질이 행동으로 외부에 드러나는 횟수가 중간정도 보다 적을 가능성을 알려주는 것입니다.

금의 성질인 인내심, 성실함, 의지력과 절제력의 활성화 정도가 중간단계 보다 약간 높습니다. 수의 성질인 유연함, 융통성, 공감능력과 친화력의 활성화 정도가 중간단계보다 매우 높습니다. 수 3개는 목 1개에 충분한 도움을 주어 중간단계보다 상당히 낮은 목의 성질인 욕심, 욕망과 야망의 활성화 정도를 중간단계 가까이 끌어 올릴 가능성이 높습니다(수생목). 더불어 금 2개도 목 1개에 도움을 주어 목의 성질 활성화를 중간단계 가까이 끌어 올리는데 약간의 도움을 줄 수 있습니다(금극목: 상생은 서로서로 도움을 주는 관계이고 상극은 넘치는 것을 덜어주고 모자라는 것을 채워 조절하는 관계입니다). 금 2개와 수 3개는 화 1개에 약간씩 도움을 주어 중간단계 보다 상당히 낮은 화의 성질인 열정, 정열과 순발력의 활성화 정도를 중간단계 가까이 끌어올릴 가능성이 높습니다(금극화+수극화).

금 2개는 토 1개에 충분한 도움을 주어 중간단계보다 상당히 낮은 토의 성질인 포용력과 개방성의 활성화 정도를 중간단계 가까이 끌어 올릴 가능성이 높습니다(금생토). 더불어 수 3개도 토 1개에 약간의 도움을 주어 낮은 토의 성질인 포용력과 개방성의 활성화 정도를 중간단계 가까이 끌어 올릴 가능성이 있습니다(수극토).

상생과 상극 활용은 목, 화, 토 성질들의 활성화 정도를 중간단계 가까이 끌어 올려 오행의 전체적인 균형과 조화를 이룰 수 있게 하여 어느 상황이나 환경에 직면하여도 대응할 성격들이 자연스럽게 드러나 행동으로 유능한 사회생활을 할 수 있게 합니다. 다만 금 2개와 수 3개는 상생관계로 서로에게 덧셈효과를 주어 금 2개와 수3개의 성질이 더욱 활성화 될 가능성이 있습니다(금생수+수생금).

성격은 적성(무슨 일에 알맞은 성질, Aptitude)의 밑바탕의 중요한 부분입니다. 자신의 성질 중에 강점을 더욱 활성 시키고 지속하는데 에너지와 집중이 필요합니다. 성격에 맞는 일을 하는 것은 즐겁고 행복하고 일의 성과도 뛰어납니다. 예제14 성격의 강점인 금(2개), 수(3개)만을 차례대로 서술하였습니다. 그리고 목, 화, 토는 부록에 자세히 설명되어 있으니 꼭 참고 하시기를 바랍니다.

금 2개는 이성적이고 합리적인 성격으로 인정에 메말라 쌀쌀하게 행동합니다. 화에게서 사랑하는 마음을 받아들여 인정이 싹이 트고 따뜻한 마음씨를 회복할 가능성이 있습니다(화극금). 외부의 제약이나 구속을 받지 아니하고 목표를 실행할 수 있는 의지력이 강렬합니다. 정신적 육체적 고통을 참고 견디는 인내심이 강합니다. 감성적 욕구(화의 성질)를 이성적으로 제어하는 절제력이 강합니다(금극화). 차근차근하며 조심성이 있고 도전을 꺼리고 안전을 선호합니다. 목에게서 도전정신을 도움 받아 도전하는 마음을 품게할 가능성이 있습니다(목극금). 정성스럽고 참되며 거짓 없고 실속 있으며 매우 성실 합니다. 일에 집착하여 집중력은 있지만 고집불통이 될 가능성이 높습니다. 수에게서 유연성과 융통성과 공감능력을 충분히 도움 받을 수 있어 고집불통을 완화시킬 가능성이 매우 높습니다(수생금). 세상에서 얻은 경험과 쌓은 지식이 융합되어 나오는 생각으로 정확하게 판단하는 능력이 뛰어나 남을 비판할 가능성이 높습니다. 토에게서 남의 처지를 이해하고 있는 그대로 받아들이는 포용정신을 도움 받아 날카로운 비판을 줄일 가능성이 있습니다(토생금).

수가 3개여서 주위로부터 마음의 충동과 자극을 받아도 흔들리지 않고 물처럼 천연스럽고 미지근한 행동을 하는 유연성이 매우 높습니다. 화와 수는 서로 조절하고 도움을 주는 상극 관계로 화에게서 화끈한 성질을 도움 받을 수 있어 미지근한 성질을 때로는 적절하게 화끈한 성질로 조절이 가능합니다(화극수). 겸손함이 정도에 지나치고 자기주장이 거의 없어 남의 비위만 맞추는 사람으로 보일 수 있습니다. 목에게서 자기주장과 자존심을 도움 받아 가끔 겸손함과 자기주장을 적절하게 조절해서 행동하면 타인들이 진정한 겸손함을 보일 수 있는 가능성이 있습니다(목생수). 수의 성질은 현실적인 감각이 뛰어나고 사물에 대하여 객관적으로 판단하며 상황과 환경변화에 적응력이 높습니다. 금으로부터 성실성을 충분히 도움 받을 수 있고 머리 회전이 빠르며 깨달음을 바탕으로 사물을 분별하고 판단하는 일이 쉽게 이루어지는 정신적 기능이 매우 높아 학자로 성공할 가능성이 더욱 높아집니다(금생수). 수는 친화력과 포용력이 매우 높아 인간관계가 물 흐르듯 원활합니다. 연민과 동정심이 매우 높아 남을 돕는데 적극적이어서 타인에게 이용당할 수 있어 가족에게 경제적 피해를 줄 수 있는 가능성이 매우 높습니다. 토와 수는 서로 조절하고 도움을 주는 상극관계입니다. 흙으로 제방을 쌓아 흘러 가버리는 물을 모아두어 필요한 때만 물(재물)을 사용하는 지혜가 토에게 있습니다. 토에게서 재물을 절약하는 지혜를 받아들일 수 있어 가족과 자신에게 경제적 피해를 줄일 가능성이 있습니다. 토가 1개여서 수의 3개를 조절하는 힘이 약합니다(토극수). 교육과 훈련으로 수의 한량끼를 조절하는 것이 필요합니다.

목, 화, 토는 각각 1개씩이지만 이들의 성질 밑바탕이 '양'이면 목, 화, 토의 성질 활성화 정도가 중간단계(오행 평균분포 수 1.6개) 가까이 도달할 수 있습니다. '양'의 성질은 활동적이고 능동적이며 적극적이어서 이들의 성질은 그 자신을 활성화 시킬 가능성이 있기 때문입니다. 그러나 이들의 성질밑바탕이 '음'이면 이들의 성질 기능 활성화 정도가 최저 수준에 머물러 있기 때문에 이들의 성질 특성이 행동으로 나타나는 횟수가 매우 적습니다. 목, 화, 토의 성질 기능 활성화를 높이기 위해서는 '음' 속의 '양의 씨앗' 활성화 방법의 활용이 필수충분조건입니다. 활성화 방법을 익히고 활용하는 것의 열쇠는 노력입니다. 활성화 방법은 p165~168에 자세히 설명되어 있습니다.

예제14는 금과 수가 중심역할을 하는 성격입니다. 지성(사회본능, 금 2개, 수 3개)이 야성(생물본능, 목 1개, 화 1개)보다 매우 높습니다. 자연생태계보다 사람이 만든 사회생태계에 적응한 지성이 높아 사회생활을 유능하게 할 가능성이 높습니다. 사회생활의 유능함이 지속되기 위해서는 지성과 야성이 균형과 조화를 이루어야 합니다. 교양과 세련미와 꾸밈없는 순박함, 문명의 화려함과 자연 그대로 단순함의 조화가 이루어져야 합니다.

예제14는 사회 어느 분야에서나 성공할 가능성이 높습니다. 특히 사회 복지 분야나 연구, 교육 분야에 재능을 발휘할 가능성이 높습니다. 가능성이 현실화되기 위해서는 지속적인 노력이 필요합니다.

30개의 예제에 목, 화, 토, 금, 수의 각각 설명이 중복되는 것이 많아 부록에 모아서 정리했습니다. 각 예제에 해당되는 목, 화, 토, 금, 수의 부분을 찾아 반드시 읽고 이해하셔야 합니다. 각각의 예제를 간략하게 정리한 것이 앞부분이고 부록에 있는 해당부분이 뒷부분으로 예제의 바탕이고 중심이 되는 부분입니다. 앞부분은 예제의 일반적인 이론을 해설한 내용이고, 뒷부분은 목, 화, 토, 금, 수 하나하나를 사실적으로 자세히 설명한 내용입니다.

부록에 목 1개(p393), 화 1개(p397), 토 1개(p401), 금 2개(p407), 수 3개(p413)의 설명과 활용이 자세히 기록되어 있으니 꼭 참고 하시기를 바랍니다. 음과 양의 성격 특성(p164), 오행성격특성의 요약(p169~175)도 참고 하시기 바랍니다.

예제15) 목 2개, 화 1개, 토 2개, 금 2개, 수 1개(사주8자에 오행분포수)

금과 수의 성질근원은 사람이 만들어 낸 사회생태계(도덕, 법률, 문화 환경)에 적응한 사회본능이 첫째이고, 자연생태계에 적응한 생물본능(자기생존본능과 자기종족보존본능)이 둘째입니다. 그리고 개인발달본능(성장과 성숙)도 근원이 됩니다. 전체적인 목, 화(생물본능)와 금, 수(사회본능)의 균형과 조화가 이루어져 있습니다(목, 화 3개=금, 수 3개). 개인발달본능은 자신의 목표를 성취하기 위해서 목, 화 성질이나 금, 수 성질을 상황과 환경에 맞도록 전략적으로 변화를 자유롭게 합니다. 개인발달본능 토의 성질 활용과 상당히 비슷합니다.

예제15의 오행성격 구성의 강점은 목, 토, 금의 성질이 2개씩으로 분포 된 것입니다. 이들은 오행성격특성 기능 활성화의 3단계 상·중·하 중의 중간단계(사주8자÷오행5자=1.6개=오행평균 분포 수) 1.6개보다 약간 높습니다(목, 토, 금 2개〉중간단계 1.6개=오행의 평균분포 수1.6개). 이것은 목, 토, 금의 여러 부분 성질이 자연스럽게 상황과 환경에 맞추어 다양한 행동으로 외부에 드러나는 횟수가 많을 가능성을 미리 암시하여 알려주는 것입니다. 그러나 화, 수의 성질 활성화 정도는 중간단계보다 낮습니다. 이것은 이들의 성질이 행동으로 드러나는 횟수가 중간정도보다 적을 가능성을 알려주는 것입니다(화, 수 1개〈중간단계 1.6개).

금의 성질인 인내심, 성실함, 의지력과 절제력, 목의 성질인 욕심, 욕망과 야망, 토의 성질인 포용력과 개방성의 활성화 정도가 중간단계보다 약간 높습니다(목, 토, 금 2개〉중간단계 1.6개). 화의 성질인 열정, 정열과 순발력, 수의 성질인 유연함, 융통성, 공감능력과 친화력의 활성화 정도가 중간단계보다 낮습니다(화, 수 1개〈중간단계 1.6개). 중간단계보다 낮은 화의 성질인 순발력의 활성화 정도는 토의 충분한 도움을 받아 중간단계 가까이 도달 될 가능성이 높습니다(토생화). 중간단계보다 낮은 수의 성질인 유연함, 융통성과 친화력의 활성화 정도는 금의 충분한 도움 받아 중간단계 가까이 도달될 가능성이 높습니다(금생수). 더불어 화와 수의 성질 활성화는 목의 충분한 도움을 받아 중간단계 가까이 도달할 가능성은 매우 높습니다(목생화와 목생수: 상생은 서로서로 도움을 주는 관계이고, 상극은 넘치는 것은 덜어내고 모자라는 것은 채워 조절하는 관계입니다).

상생 활용은 화, 수 성질들의 활성화 정도를 중간단계 가까이 끌어 올려 오행의 전체적인 균형과 조화를 상당히 이룰 수 있게 하여 어느 상황이나 환경에 직면하여도 대응할 성격들이 자연스럽게 행동으로 드러나 유능한 사회생활을 할 수 있게 합니다. 다만 토 2개와 금 2개는 서로 도움을 주는 상생 관계로 서로에게 덧셈효과를 주어 토 2개와 금 2개의 성질이 더욱 활성화 될 가능성이 있습니다(토생금+금생토).

성격은 적성(무슨 일에 알맞은 성질, Aptitude)의 밑바탕의 중요한 부분입니다. 자신의 성질 중에 강점을 더욱 활성 시키고 지속하는데 에너지와 집중이 필요합니다. 성격에 맞는 일을 하는 것은 즐겁고 행복하고 일의 성과도 뛰어납니다. 예제15 성격의 강점인 목(2개), 토(2개), 금(2개)만을 차례대로 서술하였습니다. 그리고 화, 수는 부록에 자세히 설명되어 있으니 꼭 참고 하시기를 바랍니다.

금이 2개여서 정신적 육체적 고통을 참고이기는 인내심이 강하고 정성스럽고 참되며 거짓이 없고 실속이 있으며 매우 성실합니다. 일에 집착하여 집중력은 있지만 고집불통일 가능성이 높습니다. 수와 상생관계이어서 수에게서 유연함, 융통성과 공감능력을 도움 받을 수 있어 고집불통을 약화시킬 가능성이 높습니다(수생금). 여기에 토의 열린 마음을 충분하게 도움을 받을 수 있는 가능성이 높아 금의 집착력을 감소시킬 수 있습니다(토생금). 세상에서 쌓은 경험과 지식이 융합되어 나오는 생각으로 정확하게 판단하는 능력이 뛰어나 남을 비판할 가능성이 높습니다. 토에게서 남을 이해하고 있는 그대로를 받아들이는 포용력을 충분히 도움 받을 수 있어 비판을 줄일 가능성이 높습니다. 조심성 있고 신중하여 도전을 꺼리고 안전을 선호합니다. 목에게서 도전정신을 도움 받아 도전하는 마음을 품게 할 가능성이 높습니다(목극금). 감성적인 욕구를 이성적으로 제어하는 절제력이 강해 사랑에 무관심 할 수 있습니다(금극화). 화에게서 사랑하는 마음을 도움 받아 사랑이 있는 마음씨를 회복할 가능성이 있습니다(화극금: 상생은 서로서로 도움 주는 관계이고 상극은 넘치는 것은 덜어내고 모자라는 것은 채워 조절하는 관계입니다).

목이 2개여서 욕심, 욕망, 야망 그리고 도전정신이 강합니다. 높은 목표를 세우고 실현하려는 의욕과 의지가 강렬합니다. 첫째 목표와 예비 목표를 세울 가능성이 높습니다. 금이 실현가능한 목표를 차가운 이성으로 객관적 사실에 근거하여 조절하는데 도움을 줄 가능성이 높습니다(금극목). 중간단계보다 낮은 화의 성질인 위험과 위기를 빠르게 알아차리는 예민함과 위험과 위기에 재빨리 대처하는 순발력의 활성화 정도를 목이 화에게 충분한 도움을 주어 중간단계 가까이 끌어올릴 가능성이 높습니다(목생화).

토가 2개여서 목의 큰 야망을 펼칠 수 있는 활동무대를 충분히 제공할 가능성이 높습니다(목극토). 출세욕이 강렬해서 사회의 지도자가 되고 싶은 목의 큰 야망을 성취하는데 필요한 포용력, 개방성 그리고 리더쉽을 토에게서 적절하게 조절하여 도움 받을 가능성이 높습니다(토극목). 토는 신뢰감이 높고 열린 마음씨를 가지고 있어 창의력을 도움 받을 수 있는 가능성이 있어 창의력이 높습니다.

화, 수는 1개씩이지만 성질 밑바탕이 '양'이면 화, 수의 성질 활성화 정도가 중간단계(오행평균 분포 수 1.6개) 가까이 도달할 수 있습니다. '양'의 성질은 활동적이고 능동적이며 적극적이어서 이들의 성질은 그 자신을 활성화 시킬 가능성이 있기 때문입니다. 그러나 화, 수의 성질 밑바탕이 '음'이면 이들의 성질 기능 활성화 정도가 최저 수준에 머물러 있기 때문에 이들의 성질이 외부 행동으로 드러나는 횟수가 매우 적을 가능성이 있습니다. 화, 수의 성질 기능 활성화를 높이기 위해서는 '음' 속의 '양의 씨앗' 활성화 방법의 활용이 필수충분조건입니다. 활성화 방법을 익히고 활용하는 것의 열쇠는 노력입니다. 활성화 방법은 p165~168에 자세히 설명되어 있습니다.

예제15는 금, 목, 토가 중심역할을 하는 성격입니다. 금의 인내심, 성실함과 집중력이 높고 목의 욕망, 야망 그리고 도전정신이 강렬하고 토의 높은 포용력과 열린 마음이 바탕이 되어 있어 사회 어느 분야에서나 자신의 목표를 성취할 가능이 높으며, 분야별 리더가 될 가능성도 있습니다. 다만 생물본능이 근원이 된 화의 열정과 정열 그리고 사회본능이 근원이 된 수의 융통성, 유연성과 친화력이 중간 단계 보다 낮아서 교육과 훈련으로 이들의 성질을 몸에 익히는 것이 필요합니다.

30개의 예제에 목, 화, 토, 금, 수의 각각 설명이 중복되는 것이 많아 부록에 모아서 정리했습니다. 각 예제에 해당되는 목, 화, 토, 금, 수의 부분을 찾아 반드시 읽고 이해하셔야 합니다. 각각의 예제를 간략하게 정리한 것이 앞부분이고 부록에 있는 해당부분이 뒷부분으로 예제의 바탕이고 중심이 되는 부분입니다. 앞부분은 예제의 일반적인 이론을 해설한 내용이고, 뒷부분은 목, 화, 토, 금, 수 하나하나를 사실적으로 자세히 설명한 내용입니다.

부록에 목 2개(p394), 화 1개(p397), 토 2개(p402), 금 2개(p407), 수 1개(p410)의

설명과 활용이 자세히 기록되어 있으니 꼭 참고 하시기를 바랍니다. 음과 양의 성격 특성(p164), 오행성격특성의 요약(p169~175)도 참고 하시기 바랍니다.

예제16) 목 2개, 화 1개, 토 1개, 금 3개, 수 1개(사주8자에오행분포수)

금과 수의 성질근원은 사람이 만들어 낸 사회생태계(도덕, 법률, 문화 환경)에 적응한 사회본능이 첫째이고, 자연생태계에 적응한 생물본능(자기생존본능과 자기종족보존본능)이 둘째입니다. 그리고 개인발달본능(성장과 성숙)도 근원이 됩니다. 전체적인 목·화(생물본능)와 금·수(사회본능)의 균형과 조화는 생물본능이 근원이 된 목, 화 성질보다 사회본능이 근원된 금, 수 성질 쪽으로 약간 기울어져 있습니다. (목, 화 3개<금, 수 4개), 개인발달본능은 자신의 목표를 성취하기 위해서 목, 화 성질이나 금, 수 성질을 상황과 환경에 맞도록 전략적으로 변화를 자유롭게 합니다. 개인발달본능 토의 성질 활용과 상당히 비슷합니다.

예제16의 오행성격 구성의 강점은 금이 3개, 목이 2개로 분포 된 것입니다. 이들은 오행성격 기능 활성화의 3단계 상·중·하 중의 중간단계(사주8자÷오행5자=1.6개=오행평균분포 수) 1.6개보다 금은 매우 높고 목은 약간 높습니다.(금 3개, 목 2개>중간단계 1.6개=오행의 평균분포 수) 이것은 금, 목의 여러 부분 성질이 자연스럽게 상황과 환경에 맞추어 다양한 행동으로 외부에 드러나는 횟수가 많을 가능성을 미리 암시하여 알려주는 것입니다. 그리고 화, 토, 수의 성질 활성화 정도는 중간단계보다 낮습니다. 이것은 이들의 성질이 행동으로 외부에 드러나는 횟수가 중간정도보다 적을 가능성을 알려주는 것입니다.(화, 토, 수 1개<중간단계 1.6개)

금의 성질인 인내심, 성실함, 집착심, 의지력과 절제력의 활성화 정도가 중간단계보다 매우 높습니다. 목의 성질인 욕심, 욕망과 야망 그리고 도전정신은 중간단계보다 약간 높습니다. 목 2개는 화 1개에 도움을 주어 중간단계보다 상당히 낮은 화의 성질인 열정, 정열과 순발력의 활성화 정도를 중간단계 가까이 끌어 올릴 가능성이 높습니다(목생화). 더불어 금 3개도 화 1개에 약간의 도움을 주어 화의 성질 활성화 정도를 높일 수 있습니다(금극화). 금 3개는 토 1개에게 충분한 도움을 주어 중간단계보다 상당히 낮은 토의 성질인 포용력과 개방성의 활성화 정도를 중간단계 가까이 끌어 올릴 가능성이 매우 높습니다(금생토). 더불어 목 2개도 토 1개에 약간의 도움을 주어 토의 성질 활성화 정도를 높여 줄 수 있습니다(목극토). 중간단계보다 상당히 낮은 수의 성질인 유연함, 융통성과 친화력의 활성화 정도를 중간단계 가까이 끌어 올릴 가능성이 매우 높습니다(금생수: 상생은 서로서로 도움을 주는 관계이고 상극은 넘치는 것은 덜어내고 모자라는 것은 채워주는 조절 관계입니다).

상생과 상극 활용은 화, 토, 수의 성질들의 활성화 정도를 중간단계 가까이 끌어 올려 오행의 전체적인 균형과 조화를 상당히 이룰 수 있게 하여 어느 상황이나 환경에 직면하여도 대응할 성격들이 자연스럽게 행동으로 드러나 유능한 사회생활을 할 수 있게 합니다.

성격은 적성(무슨 일에 알맞은 성질, Aptitude)의 밑바탕의 중요한 부분입니다. 자신의 성질 중에 강점을 더욱 활성 시키고 지속하는데 에너지, 집중이 필요합니다. 성격에 맞는 일을 하는 것은 즐겁고 행복하고 일의 성과도 뛰어납니다. 예제16 성격의 강점인 목(2개), 금(3개)만을 차례대로 서술하였습니다. 그리고 화, 토, 수는 부록에 자세히 설명되어 있으니 꼭 참고 하시기를 바랍니다.

금이 3개여서 정신적 육체적 고통을 참고이기는 인내심이 강하고 정성스럽고 참되며 거짓이 없고 매우 성실하며 겉으로 들어나지는 않는 이익을 강하게 추구합니다. 일에 집착하여 집중력은 있지만 고집불통일 가능성이 매우 높습니다. 수와 상생 관계이어서 수에게서 유연함, 융통성과 공감능력을 약간 도움 받아 고집불통을 약화시킬 가능성이 있습니다(수생금). 그리고 토의 열린 마음을 충분하게 도움을 받을 수 있어 매우 높은 금의 집착력을 약간 감소시킬 가능성이 있습니다(토생금). 금의 성질은 이성적이고 합리적이며 인정이 메말라 쌀쌀하게 행동합니다. 화에게서 사랑하는 마음을 받아들여 인정이 싹이 트고 따뜻한 마음씨를 회복할 가능성이 있습니다(화극금). 감성적 욕구(화의 성질)를 이성적으로 제어하는 절제력이 매우 강합니다(금극화). 금의 성질은 조심성 있고 신중하며 도전을 꺼리고 안전을 선호합니다. 목에게서 도전 정신을 도움 받아 도전하는 마음을 품게 할 가능성이 높습니다(목극금). 세상에서 얻은 경험과 쌓은 지식이 융합되어 나오는 생각으로 정확하게 판단하는 능력이 뛰어나 남을 함부로 비판할 가능성이 매우 높습니다. 토에게서 남의 처지를 이해하고 있는 그대로 받아들이는 포용 정신을 도움 받아 날카로운 비판을 줄일 가능성이 있습니다(토생금).

목이 2개여서 욕심, 욕망, 야망 그리고 도전정신이 강합니다. 중간 단계보다 높은 목표를 세우고 실현하려는 의욕과 의지가 강합니다. 첫째 목표와 예비 목표를 세울 가능성이 높습니다. 금이 실현 가능한 목표를 차가운 이성으로 객관적 사실에 근거하여 조절하는데 도움을 줄 가능성이 매우 높습니다(금극목). 화의 성질인 위험과 위기를 빠르게 알아차리는 예민함과 위기에 재빨리 대처하는 순발력의 활성화 정도를 중간단계 가까이 끌어올릴 가능성이 높습니다(목생화). 목의 큰 야망을 펼칠 수 있는 활동무대를 토에게서 제공받을 수 있습니다(토극목).

화, 토, 수가 각각 하나씩이지만 이들 성질 밑바탕이 '양'이면 화, 토, 수의 성질 활성화 정도가 중간단계(오행평균분포수 1.6개) 가까이 도달할 수 있습니다. '양'의 성질은 활동적이고 능동적이며 적극적이어서 이들의 성질은 그 자신을 활성화 시킬 가능성이 있기 때문입니다. 그러나 화, 토, 수의 성질 밑바탕이 '음'이면 이들의 성질 기능 활성화 정도가 최저 수준에 머물러 있기 때문에 이들의 성질이 행동으로 드러나는 횟수가 매우 적을 가능성이 있습니다. 화, 토, 수의 성질 기능 활성화를 높이기 위해서는 '음' 속의 '양의 씨앗' 활성화 방법의 활용이 필수충분조건입니다. 활성화 방법을 익히고 활용하는 것의 열쇠는 노력입니다. 활성화 방법은 p165~168에 자세히 설명되어 있습니다.

예제16은 금과 목이 중심역할을 하는 성격입니다. 금의 인내심, 성실함과 집중력이 매우 높고, 목의 욕망, 야망 그리고 도전정신이 강렬합니다. 중간정도 목표를 세우고 금의 인내심, 성실함과 집중력을 활용할 수 있어 삶의 목표성취 가능성은 높습니다. 그러나 화가 1개여서 화의 열정과 에너지가 지속적인 목표 수행 도움에 한계가 있을 가능성이 있습니다. 다행스럽게 체력이 강건하며 에너지가 넘치는 사람은 더 높은 삶의 목표도 성취할 가능성이 높습니다. 자기 몸을 아는 것이 중요합니다. 다만 금의 성질 활성화 정도가 지나칠 정도로 높기 때문에 일벌레가 될 우려가 있습니다.

만약 수의 밑바탕이 음이면 수의 활성화가 최저수준에 있어 수의 유연함과 융통성을 도움을 받을 가능성이 매우 낮아 성공에만 매달리는 사이코패스가 될 가능성이 높습니다. 화의 사랑, 토의 포용력과 열린 마음 그리고 수의 유연함, 융통성과 공감능력을 몸에 익혀 습관(제2 천성)이 되게 교육과 훈련이 필요합니다.

30개의 예제에 목, 화, 토, 금, 수의 각각 설명이 중복되는 것이 많아 부록에 모아서 정리했습니다. 각 예제에 해당되는 목, 화, 토, 금, 수의 부분을 찾아 반드시 읽고 이해하셔야 합니다. 각각의 예제를 간략하게 정리한 것이 앞부분이고 부록에 있는 해당부분이 뒷부분으로 예제의 바탕이고 중심이 되는 부분입니다. 앞부분은 예제의 일반적인 이론을 해설한 내용이고, 뒷부분은 목, 화, 토, 금, 수 하나하나를 사실적으로 자세히 설명한 내용입니다.

부록에 목 2개(p394), 화 1개(p397), 토 1개(p401), 금 3개(p408), 수 1개(p410)의 설명과 활용이 자세히 기록되어 있으니 꼭 참고 하시기를 바랍니다. 음과 양의 성격 특성(p164), 오행성격특성의 요약(p169~175)도 참고 하시기 바랍니다.

예제17) 목 2개, 화 1개, 토 2개, 금 1개, 수 2개(사주8자에 오행분포수)

금과 수의 성질근원은 사람들이 만들어낸 사회생태계(도덕, 법률, 문화 환경)에 적응한 사회본능이 첫째이고 자연생태계에 적응한 생물본능(자기보존본능과 자기종족보존본능=생식본능)이 둘째입니다. 그리고 개인발달본능(성장과 성숙)도 근원이 됩니다. 전체적인 목·화(생물본능)와 금·수(사회본능)의 균형과 조화가 이루어져 있습니다. (목·화 3개=금·수3개), 개인발달본능은 자신의 목표를 성취하기 위해서 목, 화 성질이나 금, 수 성질을 상황과 환경에 맞도록 전략적으로 변화를 자유롭게 합니다. 개인발달본능 토의 성질 활용과 상당히 비슷합니다.

예제17의 오행성격 구성의 강점은 목, 토, 수의 성질이 2개씩으로 분포 된 것입니다. 이들은 오행 성격 특성 기능 활성화의 3단계 상·중·하 중의 중간단계(사주8자÷오행5자=1.6개=오행평균 분포수) 1.6개보다 약간 높습니다.(목, 토, 수 2개)중간단계1.6개=오행의 평균분포수) 이것은 목, 토, 수의 여러 부분 성질이 자연스럽게 상황과 환경에 맞추어 다양한 행동으로 외부에 드러나는 횟수가 많을 가능성을 미리 암시하여 알려주는 것입니다. 그리고 화, 금의 성질 활성화 정도는 중간단계보다 낮습니다. 이것은 이들의 성질이 행동으로 외부에 드러나는 횟수가 중간정도보다 적을 가능성을 알려주는 것입니다.(화, 금 1개〈중간단계1.6개〉

목의 성질인 욕심, 욕망, 야망과 도전정신, 토의 성질인 포용력과 개방성, 그리고 수의 성질인 유연함, 융통성과 친화력의 활성화 정도가 중간단계보다 약간 높습니다(목, 토, 수 2개〉중간단계 1.6개). 화의 성질인 열정, 정열과, 순발력, 금의 성질인 인내심, 성실함, 의지력, 절제력의 활성화 정도는 중간단계보다 낮습니다(화, 금 1개〈중간단계 1.6개). 중간단계보다 낮은 화의 성질인 열정, 정열과 순발력의 활성화 정도는 목과 토의 충분한 도움을 받아 중간단계 가까이 도달될 가능성이 매우 높습니다(목생화+토생화). 중간단계보다 낮은 금의 성질인 인내심, 성실함, 집착심과 절제력의 활성화 정도도 토와 수의 충분한 도움을 받아 중간단계 가까이 도달될 가능성이 매우 높습니다(토생금+수생금: 상생은 서로서로 도움을 주는 관계이고 상극은 넘치는 것은 덜어내고 모자라는 것은 채워주는 조절 관계입니다). 상생의 활용은 화, 금 성질들의 활성화 정도를 중간단계 가까이 끌어올려 오행의 전체적인 균형과 조화를 이룰 수 있게 하여 어느 상황이나 환경에 직면하여도 대응할 성격들이 자연스럽게 행동으로 드러나 유능한 사회생활을 할 수 있게 합니다. 다만 목과 수는 상생관계이어서 서로 도움을 주어 목 2개와 수 2개의 성질 활성화를 보다 더 높게 끌어 올릴 가능성이 높습니다.

성격은 적성(무슨 일에 알맞은 성질, Aptitude)의 밑바탕의 중요한 부분입니다. 자신의 성질 중에 강점을 더욱 활성 시키고 지속하는데 에너지와 집중이 필요합니다. 성격에 맞는 일을 하는 것은 즐겁고 행복하고 일의 성과도 뛰어납니다. 예제17 성격의 강점인 목(2개), 토(2개), 수(2개)만을 차례대로 서술하였습니다. 그리고 화, 금은 부록에 자세히 설명되어 있으니 꼭 참고 하시기를 바랍니다.

목이 2개여서 욕심, 욕망, 야망 그리고 도전정신이 강렬합니다. 높은 목표를 세우고 실현하려는 의욕과 의지가 강합니다. 높은 첫째 목표와 예비 목표도 세울 가능성이 높습니다. 화가 하나여서 목의 높은 목표를 실행하는데 필요한 열정과 정열이 한계가 있으므로 목의 목표를 중간단계 가까이 낮추어야 목표 성취가 가능합니다. 금이 실현 가능한 목의 목표를 차가운 이성으로 객관적 사실에 근거하여 조절하는데 도움을 줄 수 있습니다(금극목). 금이 1개지만 중간단계 목표를 실현하는데 필요한 인내심, 성실함과 집중력으로 지원을 할 가능성이 있습니다(금극목).

토가 2개여서 목의 야망을 펼칠 수 있는 활동무대를 충분히 제공할 가능성이 높습니다(토극목). 출세욕이 강렬해서 사회 지도자가 되고 싶은 목의 야망을 성취하는데 필요한 포용력, 개방성 그리고 리더쉽을 토에게서 적절하게 조절하여 도움 받을 가능성이 높습니다(토극목). 토는 신뢰감 높고 열린 마음을 가지고 있어 창의력이 높습니다.

수의 성질은 주위로부터 마음의 충동과 자극을 받아도 흔들리지 않고 물처럼 천연스럽게 미지근한 행동을 하는 유연성이 높습니다. 수는 화에게서 화끈한 성질을 도움 받을 수 있어 미지근한 성질을 때로는 화끈한 성질로 조절이 가능합니다(화극수). 겸손함이 정도에 지나치고 자기주장이 거의 없어 비위만 맞추는 사람으로 보일 수 있습니다. 목에게서 자기주장과 자존심을 격려 받을 가능성이 있어 가끔 겸손함과 자기주장을 적절하게 균형을 맞추어 행동하면 진정한 겸손함으로 보일 수 있는 가능성이 높습니다(목생수). 수의 성질은 현실적 감각이 뛰어나고 사물에 대하여 객관적으로 판단하여 상황과 환경에 적응력이 높습니다.

머리 회전이 빠르고 깨달음을 바탕으로 한 정신적 기능이 높아 학자로 성공할 가능성이 있지만, 금에게서 성실성, 인내심과 집착심을 충분히 도움 받아야만 그 가능성이 있습니다(금생수).

수는 친화력과 포용력이 높아 인간관계가 물 흐르듯 원활합니다. 연민과 동정심이 높아 남을 돕는데 적극적이어서 타인에게 이용당할 가능성이 있어 자신과 가족에게 경제적 피해를 줄 가능성이 높습니다. 흙으로 제방을 쌓아 흘러가버리는 물을 모아두어 필요한 때만 물(재물)을 사용하는 지혜가 토에게 있습니다. 수가 토에게서 재물을 절약하는 지혜를 충분히 지원받을 가능성이 매우 높아 가족과 자신에게 경제적 피해를 줄일 가능성이 있습니다(토극수). 남을 친절하게 배려하고 상황에 따라 있는 그대로를 받아들이는 융통성이 있습니다.

화와 금이 하나씩이지만 이들 성질 밑바탕이 '양'이면 화, 금의 성질 활성화 정도가 중간단계(오행 평균분포 수 1.6개) 가까이 도달할 수 있습니다. '양'의 성질은 활동적이고 능동적이며 적극적이어서 이들의 성질은 그 자신을 활성화 시킬 가능성이 있기 때문입니다. 그러나 화, 금의 성질 밑바탕이 '음'이면 이들의 성질 기능 활성화 정도가 최저 수준에 머물러 있기 때문에 이들의 성질이 행동으로 드러나는 횟수가 매우 적을 가능성이 있습니다. 화, 금의 성질 기능 활성화를 높이기 위해서는 '음' 속의 '양의 씨앗' 활성화 방법의 활용이 필수충분조건입니다. 활성화 방법을 익히고 활용하는 것의 열쇠는 노력입니다. 활성화 방법은 p165~168에 자세히 설명되어 있습니다.

예제17은 목, 토, 수가 중심역할을 하는 성격입니다. 목의 욕심, 욕망, 야망 그리고 도전정신, 토의 포용력과 열린 마음, 그리고 수의 유연함, 융통성과 공감능력, 친화력이 조화를 이루어 사회 어느 분야에서나 자신의 꿈을 이룰 수 있는 성격입니다. 지성(사회본능, 금 1개, 수 2개)과 야성(생물본능, 목 2개, 화 1개)이 균형을 이루고 토 2개가 이 균형과 조화를 계속 유지 시킬 가능성이 높아 사회생활을 원만히 할 가능성이 높습니다.

30개의 예제에 목, 화, 토, 금, 수의 각각 설명이 중복되는 것이 많아 부록에 모아서 정리했습니다. 각 예제에 해당되는 목, 화, 토, 금, 수의 부분을 찾아 반드시 읽고 이해하셔야 합니다. 각각의 예제를 간략하게 정리한 것이 앞부분이고 부록에 있는 해당부분이 뒷부분으로 예제의 바탕이고 중심이 되는 부분입니다. 앞부분은 예제의 일반적인 이론을 해설한 내용이고, 뒷부분은 목, 화, 토, 금, 수 하나하나를 사실적으로 자세히 설명한 내용입니다.

부록에 목 2개(p394), 화 1개(p397), 토 2개(p402), 금 1개(p406), 수 2개(p411)의 설명과 활용이 자세히 기록되어 있으니 꼭 참고 하시기를 바랍니다. 음과 양의 성격 특성(p164), 오행성격특성의 요약(p169~175)도 참고 하시기 바랍니다.

예제18) 목 3개, 화 1개, 토 1개, 금 1개, 수 2개(사주8자에 오행분포수)

목과 화의 성질근원은 자연생태계에 적응한 생물본능(자기보존본능과 자기종족보존본능=생식본능)이 첫째이고 사람이 만들어 낸 사회생태계(도덕, 법률, 문화 환경)에 적응한 사회본능이 둘째입니다. 그리고 개인발달본능(성장과 성숙)도 근원이 됩니다. 전체적인 목, 화(생물본능)와 금, 수(사회본능)의 균형과 조화는 사회본능이 근원이 된 금, 수 성질보다 생물본능이 근원이 된 목, 화 성질 쪽으로 약간 기울어져 있습니다(목, 화 4개>금, 수 3개). 개인발달본능은 자신의 목표를 성취하기 위해서 목, 화 성질이나 금, 수 성질을 상황과 환경에 맞도록 전략적으로 변화를 자유롭게 합니다. 개인발달본능 토의 성질 활용과 상당히 비슷합니다.

예제18의 오행성격 구성의 강점은 목의 성질 3개와 수의 성질이 2개로 분포 된 것입니다. 이들은 오행성격 기능 활성화의 3단계 상·중·하 중의 중간단계(사주8자÷오행5자=오행평균 분포수) 1.6개보다 목은 매우 높고 수는 약간 높습니다(목 3개, 수 2개>중간단계 1.6개). 이것은 목과 수의 여러 부분 성질이 자연스럽게 상황과 환경에 맞추어 다양한 행동으로 외부에 드러나는 횟수가 많을 가능성을 미리 암시하여 알려주는 것입니다. 그리고 화, 토, 금의 성질 활성화 정도는 중간단계보다 낮습니다. 이것은 이들의 성질이 행동으로 외부에 드러나는 횟수가 중간정도보다 적을 가능성을 알려주는 것입니다(화, 토, 금 1개<중간단계 1.6개).

목의 성질인 욕심, 욕망, 야망과 도전정신의 활성화 정도가 중간단계보다 매우 높습니다. 수의 성질인 유연함, 융통성과 친화력의 활성화 정도가 중

간단계보다 약간 높습니다(목 3개, 수 2개〉중간단계 1.6개)

　그러나 화의 성질인 열정, 정열과, 순발력, 토의 성질인 포용력과 열린 마음, 그리고 금의 성질인 인내심, 성실함, 의지력, 절제력의 활성화 정도는 중간단계보다 낮습니다(화, 토, 금 1개〈중간단계 1.6개) 목 3개는 화 1개에게 충분한 도움을 주어 중간단계보다 낮은 화의 성질인 열정, 정열과 순발력의 활성화 정도를 중간단계 가까이 끌어 올릴 가능성이 매우 높습니다(목생화). 더불어 수 2개도 화 1개에게 약간 도움을 주어 화의 성질 활성화를 높일 수 있습니다(수극화). 목은 토 1개에게 약간의 도움을 주어 중간단계 보다 낮은 토의 성질인 포용력과 열린 마음의 활성화 정도를 중간단계 가까이 끌어 올릴 가능성이 매우 높습니다(목극토: 상생은 서로서로 도움을 주는 관계이고 상극은 넘치는 것은 덜어내고 모자라는 것은 채워주는 조절 관계입니다). 수 2개는 금에게 도움을 주어 중간단계보다 낮은 금의 성질 활성화 정도를 중간단계 가까이 끌어 올릴 가능성이 높습니다(수생금). 더불어 목 3개도 금 1개에게 약간의 도움을 주어 금의 성질 활성화를 높일 수 있습니다(목극금).

　상생과 상극 활용은 화, 토, 금의 성질들의 활성화 정도를 중간단계 가까이 끌어 올려 오행의 전체적인 균형과 조화를 이룰 수 있게 하여 어느 상황이나 환경에 직면하여도 대응할 성격들이 자연스럽게 행동으로 드러나 유능한 사회생활을 할 수 있게 합니다. 다만 목 3개와 수 2개는 서로 도움을 주는 상생관계로 덧셈효과를 주어 목 3개와 수 2개의 성질이 더욱 활성화 될 가능성이 있습니다.

　성격은 적성(무슨 일에 알맞은 성질, Aptitude)의 밑바탕의 중요한 부분입니다. 자신의 성질 중에 강점을 더욱 활성 시키고 지속하는데 에너지와 집중이 필요합니다. 성격에 맞는 일을 하는 것은 즐겁고 행복하고 일의 성과도 뛰어납니다. 예제18 성격의 강점인 목(3개), 수(2개)만을 차례대로 서술하였습니다. 그리고 화, 토, 금은 부록에 자세히 설명되어 있으니 꼭 참고 하시기를 바랍니다.

목이 3개여서 야망을 품고 있어 매우 높은 목표를 세울 가능이 있으며, 여러 개의 꿈을 한꺼번에 이루려는 욕망도 강렬합니다. 높은 목표를 실행하는 데는 여기에 맞은 지속되는 열정과 에너지가 필수 조건입니다. 그러나 화가 1개여서 목의 높은 목표와 여러 개 꿈을 이루는데 지원할 수 있는 열정과 에너지를 목 3개가 화 1개를 활성 시켜 중간단계까지 끌어올려 있지만 높은 목표를 이루기는 불가능에 가깝습니다. 금의 현명하고 성실한 조언을 받아들여(금극목) 높은 목표를 중간단계보다 조금 높게 낮추고, 여러 개의 목표 중에 하나를 선택하여 화가 지원할 수 있는 에너지를 집중하여 실행하면 성취할 가능성이 높습니다(화생목). 여기에 금의 인내심, 성실함과 절제력을 도움 받을 수 있어 목표 성취가 확실해 집니다(금극목). 목 3개는 매우 도전적이고, 활동적이며, 충동적이어서 청소년 때에는 정도에 지나치게 많은 활동 모습이 나타날 수 있습니다. 말이나 몸가짐이 가볍고 생각 없이 행동할 가능성이 높습니다. 청소년기는 아직 사회본능(금과 수의 성질)이 발달하고 있는 과정이기 때문에 금의 절제력, 신중함과 인내심을 지원받기 쉽지 않습니다. 그러나 부모님과 선생님들이 사회화 교육과 훈련으로 사회본능을 강화시킬 수 있습니다. 교육과 훈련은 인간이 만든 창작예술품이며 사회본능과 개인발달본능의 필요충분조건입니다.

수가 2개여서 주위로부터 마음의 충동과 자극을 받아도 흔들리지 않고 물처럼 천연스럽고 미지근한 행동을 하는 유연성이 있습니다. 화에게서 화끈한 성질로 도움 받을 수 있어 미지근한 성질을 때로는 화끈한 성질로 나타낼 가능성이 있습니다(화극수). 연민과 동정심이 중간단계보다 높아 남을 돕는데 적극적이어서 타인에게 이용당할 가능성이 높아 자신과 가족에게 경제적 피해를 줄 수 있는 가능성이 있습니다. 흙으로 제방을 쌓아 흘러가 버리는 물을 모아 두어 필요한 때만 물(재물)을 사용하는 지혜가 토에게 있습니다. 토에게서 재물을 절약하는 지혜를 받아들여 가족에게 경제적 피해를 줄일 가능성이 있습니다(토극수). 남을 친절하게 배려하는 친화력이 높고 있는 그대로 받아들이는 융통성이 있으며 그때그때 상황에 맞추어 적절하게 일을 처리하는 재주도 많습니다.

화, 토, 금이 각각 1개씩이지만 이들 성질 밑바탕이 '양'이면 화, 토, 금의 성질 활성화 정도가 중간단계(오행평균 분포수 1.6개) 가까이 도달할 수 있습니다. '양'의 성질은 활동적이고 능동적이며 적극적이어서 이들의 성질은 그 자신을 활성화 시킬 가능성이 있기 때문입니다. 그러나 화, 토, 금의 성질 밑바탕이 '음'이면 이들의 성질 기능 활성화 정도가 최저 수준에 머물러 있기 때문에 이들의 성질이 행동으로 드러나는 횟수가 매우 적을 가능성이 있습니다. 화, 토, 금의 성질 기능 활성화를 높이기 위해서는 '음'속의 '양의 씨앗' 활성화 방법의 활용이 필수충분조건입니다. 활성화 방법을 익히고 활용하는 것의 열쇠는 노력입니다. 활성화 방법은 p165~168에 자세히 설명되어 있습니다.

예제18은 목과 수가 중심역할을 하는 성격입니다. 목의 욕심, 욕망, 야망 그리고 도전정신이 매우 강렬합니다. 야망이 매우 커서 높은 인생목표와 여러 개의 목표를 세워 한꺼번에 실행하려는 가능성이 있습니다. 화가 1개여서 높은 목표를 수행하는 열정과 에너지가 부족합니다. 금의 현명하고 성실한 조언을 받아들여 높은 목표를 화의 열정과 에너지에 맞추어 중간단계보다 약간 높게 조절하는 것이 필요합니다. 그러나 체력이 강건한 사람은 부족한 화의 에너지를 보완할 수 있어 높은 목표도 성취할 가능성이 있습니다. 수의 유연함, 융통성, 친화력과 지혜가 있어 사회생활을 원만하고 순조롭게 할 가능성이 높습니다.

30개의 예제에 목, 화, 토, 금, 수의 각각 설명이 중복되는 것이 많아 부록에 모아서 정리했습니다. 각 예제에 해당되는 목, 화, 토, 금, 수의 부분을 찾아 반드시 읽고 이해하셔야 합니다. 각각의 예제를 간략하게 정리한 것이 앞부분이고 부록에 있는 해당부분이 뒷부분으로 예제의 바탕이고 중심이 되는 부분입니다. 앞부분은 예제의 일반적인 이론을 해설한 내용이고 뒷부분은 목, 화, 토, 금, 수 하나하나를 사실적으로 자세히 설명한 내용입니다.

부록에 목 3개(p395), 화 1개(p397), 토 1개(p401), 금 1개(p406), 수 2개(p411)의 설명과 활용이 자세히 기록되어 있으니 꼭 참고 하시기를 바랍니다. 음과 양의 성격 특성(p164), 오행성격특성의 요약(p169~175)도 참고 하시기 바랍니다.

〔금과 수의 관점을 중심으로 분류〕

예제19) 목 1개, 화 1개, 토 3개, 금 1개, 수 2개(사주8자에 오행분포수)

수와 금의 성질은 사람이 만들어낸 사회 생태계(도덕, 법률, 문화 환경)에 적응한 사회본능이 첫째이고, 자연생태계에 적응한 생물 본능(자기생존본능과 자기종족보존본능)이 둘째입니다. 그리고 개인발달본능(성장과 성숙)도 근원이 됩니다. 전체적인 목, 화(생물본능)와 금, 수(사회본능)의 균형과 조화는 생물본능이 근원이 된 목, 화 성질보다 사회본능이 근원된 금, 수 성질 쪽으로 약간 기울어져 있습니다. (목, 화 2개<금, 수 3개), 개인발달본능은 자신의 목표를 성취하기 위해서 목, 화 성질(생물본능)이나 금, 수 성질(사회본능)을 상황과 환경에 맞도록 전략적으로 변화를 자유롭게 합니다. 개인발달본능 토의 성질 활용과 상당히 닮았습니다.

예제19의 오행성격 구성의 강점은 토가 3개, 수가 2개 분포 된 것입니다. 오행성격 기능 활성화의 3단계 상·중·하 중의 중간단계(사주8자÷오행5자=1.6개=오행 평균 분포수) 1.6개보다 토는 매우 높고 수는 약간 높습니다.(토 3개, 수 2개> 중간단계 1.6개) 이것은 토와 수의 여러 부분 성질이 자연스럽게 상황과 환경에 맞추어 다양한 행동으로 외부에 드러나는 횟수가 많을 가능성을 미리 암시하여 알려주는 것입니다. 그리고 목, 화, 금의 성질 기능 활성화 정도는 중간단계 보다 낮습니다. (목, 화, 금 1개<중간단계 1.6개) 이것은 이들의 성질이 행동으로 외부에 드러나는 횟수가 중간정도 보다 적을 가능성을 알려주는 것입니다.

토의 성질인 포용력과 열린 마음, 그리고 수의 성질인 유연함, 융통성, 친화력과 공감능력의 활성화 정도가 중간단계보다 매우 높습니다. 토 3개는 화 1개에 충분한 도움을 주어 중간단계보다 상당히 낮은 화의 성질인 열정, 정열과 순발력의 활성화 정도를 중간단계 가까이 끌어 올릴 가능성이 매우 높습니다(토생화). 그리고 토 3개는 금 1개에게 충분한 도움을 주어 중간단계 보다 상당히 낮은 금의 성질인 인내심, 성실함, 절제력의 활성화 정도를 중간 단계 가까이 끌어 올릴 가능성이 매우 높습니다(토생금). 더불어 수 2개는 금에게 도움을 주어 금의 성질 활성화 정도를 중간단계 가까이 끌어 올릴 수 있는 것을 확실하게 합니다(수생금). 수 2개는 목 1개에게 충분한 도움을 주어 상당히 낮은 목의 성질인 욕망, 야망과 도전정신의 활성화 정도를 중간단계 가까이 끌어 올릴 가능성이 높습니다(수생목). 토가 목에게 목의 욕망과 야망을 마음껏 펼칠 수 있는 활동 무대를 조절하여 적당하게 제공할 수 있습니다(토극목: 상생은 서로서로 도움을 주는 관계이고 상극은 넘치는 것은 덜어내고 모자라는 것은 채워 조절하는 관계입니다).

상생과 상극 활용은 목, 화, 금 성질들의 활성화 정도를 중간단계 가까이 끌어 올려 오행의 전체적인 균형과 조화를 상당히 이룰 수 있게 하여 어느 상황이나 환경에 직면하여도 대응할 성격들이 자연스럽게 행동으로 드러나 유능한 사회생활을 할 수 있게 합니다.

성격은 적성(무슨 일에 알맞은 성질, Aptitude)의 밑바탕의 중요한 부분입니다. 자신의 성질 중에 강점을 더욱 활성 시키고 지속하는데 에너지와 집중이 필요합니다. 성격에 맞는 일을 하는 것은 즐겁고 행복하고 일의 성과도 뛰어납니다. 예제19 성격의 강점인 토(3개), 수(2개)만을 차례대로 서술하였습니다. 그리고 목, 화, 금은 부록에 자세히 설명되어 있으니 꼭 참고 하시기를 바랍니다.

토 3개는 사계절이 오고 가는 동안 날씨가 뒤섞인 기간에 계절의 변화에 쉽게 적응하도록 도움을 주는 협력자 역할이 근본적인 성질입니다. 사계절 간기가 토의 성질이기 때문에 토는 목(봄), 화(여름), 금(가을), 그리고 수(겨울)의 성질을 상당부분 공동으로 가지고 있습니다. 사계절처럼 환경이 달라져도 변함없는 정직함과 의리가 있어 상대방에게 신뢰감을 줍니다. 다양한 날씨를 가진 사계절을 있는 그대로 받아들이는 토의 성질은 포용력이 매우 높습니다(토 3개). 토는 활동적이고(목의 성질) 열정적이며(화의 성질), 공감능력과 융통성(수의 성질) 그리고 인내심과 절제력(금의 성질)을 가지고 있습니다. 삶의 터전을 모든 생물에게 차별하지 않고 개방하는 열린 마음을 가지고 있습니다. 이러한 성질을 모두 갖춘 토는 리더쉽이 강렬해서 CEO가 될 가능성이 높습니다. 그리고 토의 열린 마음은 옛것과 새로운 것에 개방적인 사고를 하기 때문에 창의력이 높습니다.

수의 성질은 주위로부터 마음의 충동과 자극을 받아도 흔들리지 않고 물처럼 천연스럽게 미지근한 행동을 하는 유연성이 높습니다. 수는 화에게서 화끈한 성질을 도움 받을 수 있어 미지근한 성질을 때로는 화끈한 성질로 조절이 가능합니다(화극수). 겸손함이 정도에 지나치고 자기주장이 거의 없어 남의 비위만 맞추는 사람으로 보일 수 있습니다. 목에게서 자기주장과 자존심을 격려 받을 가능성이 있어 가끔 겸손함과 자기주장을 적절하게 균형을 맞추어 행동하면 진정한 겸손함으로 보일 수 있는 가능성이 높습니다 (목생수). 수의 성질은 현실적 감각이 뛰어나고 사물에 대하여 객관적으로 판단하여 상황과 환경에 적응력이 높습니다. 머리 회전에 빠르고 깨달음을 바탕으로 한 정신적 기능이 높아 학자로 성공할 가능성이 있지만, 금에게서 성실성, 인내심과 집착심을 충분히 도움 받아야 학자로 성공할 가능성이 높아집니다.(금생수)

다행히 토가 3개로 금의 성질 활성화 정도를 중간단계 가까이 높이는데 충분한 지원을 할 수 있어(토생금), 금이 수에게 인내심, 성실함의 도움을 줄 수 있는 능력이 있습니다. 수는 친화력과 포용력이 높아 인간관계가 물 흐르듯 원활합니다. 연민과 동정심이 높아 남을 돕는데 적극적이어서 타인에게 이용당할 가능성이 있어 자신과 가족에게 경제적 피해를 줄 가능성이 높습니다. 흙으로 제방을 쌓아 흘러가버리는 물을 모아두어 필요한 때만 물(재물)을 사용하는 지혜가 토에게 있습니다. 수가 토에게서 재물을 절약하는 지혜를 충분히 지원받을 가능성이 매우 높아 가족과 자신에게 경제적 피해를 줄일 가능성이 높습니다.(토극수) 남을 친절하게 배려하고 상황에 따라 있는 그대로를 받아들이는 융통성이 있습니다.

목, 화, 금이 각각 1개씩이지만 이들의 성질 밑바탕이 '양'이면 목, 화, 금의 성질 활성화 정도가 중간단계(오행평균분포수 1.6개) 가까이 도달할 수 있습니다. '양'성질은 활동적이고 능동적이며 적극적이어서 목, 화, 금의 성질을 그 자신을 활성화 시킬 가능성이 있기 때문입니다. 그러나 목, 화, 금의 성질 밑바탕이 '음'이면 목과 화의 성질 기능 활성화 정도가 최저 수준에 머물러 있기 때문에 목, 화, 금의 성질들이 행동으로 드러나는 횟수가 매우 적을 가능성이 있습니다. 목, 화, 금의 성질 기능 활성화를 높이기 위해서는 '음'속의 '양의 씨앗' 활성화 방법의 활용이 필수충분조건입니다. 활성화 방법을 익히고 활용하는 것의 열쇠는 노력입니다. 활성화 방법은 p165~168에 자세히 설명되어 있습니다.

예제19은 토와 수가 중심역할을 하는 성격입니다. 토는 목, 화, 금, 수에게 이들의 성질이 활성화 되도록 돕는 협력자의 역할을 합니다. 토가 3개여서 협력자 역할을 강력하게 할 가능성이 높습니다. CEO의 자질을 모두 갖춘 성격이 될 수 있어 예제 19는 CEO가 될 가능성이 높습니다. 수의 성질은 머리 회전이 빠르고 깨달음을 바탕으로 한 정신적 기능이 높아 학문분야에 유능함을 발휘할 가능성이 높고 연민과 동정심 그리고 공감능력이 높아 사회봉사 분야에서도 능력을 발휘할 가능성이 높습니다.

30개의 예제에 목, 화, 토, 금, 수의 각각 설명이 중복되는 것이 많아 부록에 모아서 정리했습니다. 각 예제에 해당되는 목, 화, 토, 금, 수의 부분을 찾아 반드시 읽고 이해하셔야 합니다. 각각의 예제를 간략하게 정리한 것이 앞부분이고 부록에 있는 해당부분이 뒷부분으로 예제의 바탕이고 중심이 되는 부분입니다. 앞부분은 예제의 일반적인 이론을 해설한 내용이고, 뒷부분은 목, 화, 토, 금, 수 하나하나를 사실적으로 자세히 설명한 내용입니다.

부록에 목 1개(p393), 화 1개(p397), 토 3개(p404), 금 1개(p406), 수 2개(p411)의 설명과 활용이 자세히 기록되어 있으니 꼭 참고 하시기를 바랍니다. 음과 양의 성격 특성(p164), 오행성격특성의 요약(p169~175)도 참고 하시기 바랍니다.

예제20) 목 1개, 화 1개, 토 2개, 금 1개, 수 3개(사주8자에 오행분포수)

수와 금의 성질은 사람이 만들어낸 사회 생태계(도덕, 법률, 문화 환경)에 적응한 사회본능이 첫째이고, 자연생태계에 적응한 생물본능(자기생존본능과 자기종족보존본능)이 둘째입니다. 그리고 개인발표본능(성장과 성숙)도 근원이 됩니다. 전체적인 목, 화(생물본능)와 금, 수(사회본능)의 균형과 조화는 생물본능이 근원이 된 목, 화 성질보다 사회본능이 근원된 금, 수 성질 쪽으로 많이 기울어져 있습니다(목, 화 2개<금, 수 4개). 개인발달본능은 자신의 목표를 성취하기 위해서 목, 화 성질(생물본능)이나 금, 수 성질(사회본능)을 상황과 환경에 맞도록 전략적으로 변화를 자유롭게 합니다. 개인발달본능 토의 성질 활용과 상당히 닮았습니다.

예제20의 오행성격 구성의 강점은 토의 성질 2개와 수의 성질 3개로 분포 된 것입니다. 오행성격 기능 활성화의 3단계 상·중·하 중의 중간단계(사주 8자÷오행5자=1.6개=오행평균 분포수) 1.6개보다 토는 약간 높고 수는 매우 높습니다.(토 2개, 수 3개〉중간단계 1.6개) 이것은 토, 수의 여러 부분 성질이 자연스럽게 상황과 환경에 맞추어 다양한 행동으로 외부에 드러나는 횟수가 많을 가능성을 미리 암시하여 알려주는 것입니다. 그리고 목, 화, 금의 성질 기능 활성화 정도는 중간단계 보다 낮습니다(목, 화, 금 1개〈중간단계 1.6개) 이것은 이들의 성질이 행동으로 외부에 드러나는 횟수가 중간정도 보다 적을 가능성을 알려주는 것입니다.

수의 성질인 유연함, 융통성, 공감능력과 친화력의 활성화 정도가 중간단계보다 매우 높습니다. 토의 성질인 포용력과 열린 마음의 활성화 정도가 중간단계보다 약간 높습니다. 수 3개는 목 1개에 충분한 도움을 주어 중간단계보다 상당히 낮은 목의 성질인 욕심, 욕망과 야망의 활성화 정도를 중간단계 가까이 끌어 올릴 가능성이 매우 높습니다(수생목). 토 2개는 화 1개에 충분한 도움을 주어 중간단계보다 상당히 낮은 화의 성질인 열정, 정열과 순발력의 성질 활성화를 중간단계 가까이 끌어올릴 가능성이 높습니다(토생화). 수 3개는 금 1개에 충분한 도움을 주어 중간단계보다 상당히 낮은 금의 성질인 인내심, 성실함, 절제력과 집착심의 활성화 정도를 중간 단계 가까이 끌어올릴 가능성이 매우 높습니다(수생금). 수와 함께 토 2개가 금1개에게 도움을 줄 수 있어 금의 성질 활성화 정도를 중간단계까지 끌어 올릴 가능성이 높습니다(토생금). 그리고 토 2개가 목에게 목의 야망을 마음껏 펼칠 수 있는 활동무대를 알맞게 조절하여 도움을 제공할 수 있습니다(토극목: 상극은 넘치는 것을 덜어주고 모자라는 것을 채워 조절하는 관계이고 상생은 서로서로 도움을 주는 관계입니다).

상생과 상극 활용은 목, 화, 금 성질들의 활성화 정도를 중간단계 가까이 끌어 올려 오행의 전체적인 균형과 조화를 상당히 이룰 수 있게 하여 어느 상황이나 환경에 직면 하여도 대응할 성격들이 자연스럽게 행동으로 드러나 유능한 사회생활을 할 수 있게 합니다.

성격은 적성(무슨 일에 알맞은 성질, Aptitude)의 밑바탕의 중요한 부분입니다. 자신의 성질 중에 강점을 더욱 활성 시키고 지속하는데 에너지, 집중이 필요합니다. 성격에 맞는 일을 하는 것은 즐겁고 행복하고 일의 성과도 뛰어납니다. 예제20 성격의 강점인 토(2개), 수(3개)만을 차례대로 서술하였습니다. 그리고 목, 화, 금은 부록에 자세히 설명되어 있으니 꼭 참고 하시기를 바랍니다.

수는 주위로부터 마음의 충동과 자극을 받아도 흔들리지 않고 물처럼 천연스럽게 미지근한 행동을 하는 유연성이 높습니다. 수는 화에게서 화끈한 성질을 도움 받을 수 있어 미지근한 성질을 때로는 화끈한 성질로 조절이 가능합니다(화극수). 겸손함이 정도에 지나치고 자기주장이 거의 없어 비위만 맞추는 사람으로 보일 수 있습니다. 목에게서 자기주장과 자존심을 격려 받을 가능성이 있어 가끔 겸손함과 자기주장을 적절하게 균형을 맞추어 행동하면 진정한 겸손함으로 보일 수 있는 가능성이 높습니다(목생수). 수의 성질은 현실적 감각이 뛰어나고 사물에 대하여 객관적으로 판단하여 상황과 환경에 적응력이 높습니다. 머리 회전에 빠르고 깨달음을 바탕으로 한 정신적 기능이 높아 학자로 성공할 가능성이 있지만, 금에게서 성실성, 인내심과 집착심을 충분히 도움 받아야 학자로 성공할 가능성이 높아집니다(금생수). 수는 친화력과 포용력이 높아 인간관계가 물 흐르듯 원활합니다. 연민과 동정심이 높아 남을 돕는데 적극적이어서 타인에게 이용당할 가능성이 있어 자신과 가족에게 경제적 피해를 줄 가능성이 높습니다. 토에게 재물을 절약하는 지혜를 충분히 지원받을 가능성이 높아 가족과 자신에게 경제적 피해를 줄일 가능성이 있습니다(토극수). 남을 배려하고 상황에 따라 있는 그대로를 받아들이는 융통성이 높습니다.

토는 사계절이 오고 가는 동안 날씨가 뒤섞인 기간에 계절의 변화에 쉽게 적응하도록 도움을 주는 협력자 역할이 근본적인 성질입니다. 사계절 간기가 토의 성질이기 때문에 토는 목(봄), 화(여름), 금(가을), 그리고 수(겨울)의 성질을 상당부분 공동으로 가지고 있습니다. 사계절처럼 환경이 달라져도 변함없는 정직함과 의리가 있어 상대방에게 신뢰감을 줍니다. 다양한 날씨를 가진 사계절을 있는 그대로 받아들이는 토의 성질은 포용력이 매우 높습니다. 삶의 터전을 모든 생물에게 차별하지 않고 받아들이며 열린 마음을 가지고 있기 때문에 창의력이 높습니다.

목, 화, 금이 각각 1개씩이지만 이들의 성질 밑바탕이 '양'이면 목, 화, 금의 성질 활성화 정도가 중간단계(오행평균분포수 1.6개) 가까이 도달할 수 있습니다. '양'의 성질은 활동적이고 능동적이며 적극적이어서 이들의 성질은 그 자신을 활성화 시킬 가능성이 있기 때문입니다. 그러나 목, 화, 금의 성질 밑바탕이 '음'이면 이들의 성질 기능 활성화 정도가 최저 수준에 머물러 있기 때문에 이들의 성질 특성이 행동으로 나타나는 횟수가 매우 적습니다. 목, 화, 금의 성질 기능 활성화를 높이기 위해서는 '음' 속의 '양의 씨앗' 활성화 방법의 활용이 필수충분조건입니다. 활성화 방법을 익히고 활용하는 것의 열쇠는 노력입니다. 활성화 방법은 p165~168에 자세히 설명되어 있습니다.

예제20은 수와 토가 중심역할을 하는 성격입니다. 수는 현실적인 감각이 뛰어나고 사물에 대해 객관적으로 판단하여 총명하고 깨달음을 바탕으로 한 정신적 기능이 높아 학자로 성공할 가능성이 높습니다. 여기에 금에게서 학자에게 필수적인 성질인 인내심, 성실함과 집착심을 도움 받을 수 있고, 수의 사고의 유연성과 융통성 그리고 토의 열린 마음으로 새로운 아이디어를 받아들일 수 있어 창의적인 학자가 될 가능성이 높습니다. 예제20은 수의 유연성, 융통성과 공감능력, 친화력이 토의 포용력과 열린 마음과 조화를 사회 어느 분야에서나 성공할 가능성이 높습니다. 다만 수가 3개여서 한량끼가 높습니다. 토가 절약의 지혜를 도움주고(토극수) 화가 한량끼를 조절이 가능해서(화극수) 사회생활을 융통성 있게 할 수 있습니다.

30개의 예제에 목, 화, 토, 금, 수의 각각 설명이 중복되는 것이 많아 부록에 모아서 정리했습니다. 각 예제에 해당되는 목, 화, 토, 금, 수의 부분을 찾아 반드시 읽고 이해하셔야 합니다. 각각의 예제를 간략하게 정리한 것이 앞부분이고 부록에 있는 해당부분이 뒷부분으로 예제의 바탕이고 중심이 되는 부분입니다. 앞부분은 예제의 일반적인 이론을 해설한 내용이고, 뒷부분은 목, 화, 토, 금, 수 하나하나를 사실적으로 자세히 설명한 내용입니다.

부록에 목 1개(p393), 화 1개(p397), 토 2개(p402), 금 1개(p406), 수 3개(p413)의 설명과 활용이 자세히 기록되어 있으니 꼭 참고 하시기를 바랍니다. 음과 양의 성격 특성(p164), 오행성격특성의 요약(p169~175)도 참고 하시기 바랍니다.

예제21) 목 2개, 화 1개, 토 1개, 금 2개, 수 2개(사주8자에 오행분포수)

금과 수의 성질근원은 사람이 만들어 낸 사회생태계(도덕, 법률, 문화 환경)에 적응한 사회본능이 첫째이고, 자연생태계에 적응한 생물본능(자기생존본능과 자기종족보존본능)이 둘째입니다. 그리고 개인발달본능(성장과 성숙)도 근원이 됩니다. 전체적인 목, 화(생물본능)와 금, 수(사회본능)의 균형과 조화가 이루어져 있습니다(목, 화 3개〈금, 수 4개). 개인발달본능은 자신의 목표를 성취하기 위해서 목, 화 성질이나 금, 수 성질을 상황과 환경에 맞도록 전략적으로 변화를 자유롭게 합니다. 개인발달본능 토의 성질을 닮았습니다.

예제21의 오행성격 구성의 강점은 목, 금, 수의 성질이 2개씩으로 분포 된 것입니다. 이들은 오행성격 기능 활성화의 3단계 상·중·하 중의 중간단계(사주8자÷오행5자=1.6개=오행평균 분포수) 1.6개보다 약간 높습니다.(목, 금, 수 2개〉중간단계1.6개=오행의 평균분포수1.6개) 이것은 목, 금, 수의 여러 부분 성질이 자연스럽게 상황과 환경에 맞추어 다양한 행동으로 외부에 드러나는 횟수가 많을 가능성을 미리 암시하여 알려주는 것입니다. 그리고 화, 토의 성질 활성화 정도는 중간단계보다 낮습니다. 이것은 이들의 성질이 행동으로 드러나는 횟수가 중간정도보다 적을 가능성을 알려주는 것입니다(화, 토 1개〈중간단계 1.6개).

목의 성질인 욕심, 욕망과 야망, 금의 성질인 인내심, 성실함, 의지력과 절제력과 집착심, 수의 성질인 유연함, 융통성과 친화력의 활성화 정도가 중간단계보다 약간 높습니다.(목, 금, 수 2개〉중간단계 1.6개) 목 2개는 화 1개에게 충분한 도움을 주어 중간단계보다 상당히 낮은 화의 성질인 열정, 정열과 순발력의 활성화를 중간단계 가까이 도달시킬 가능성이 높습니다(목생화). 더불어 금 2개와 수 2개도 화에게 약간의 도움을 줄 수 있습니다(금극화+수극화). 금 2개는 토 1개에게 충분한 도움을 주어 중간단계보다 상당히 낮은 토의 성질인 포용력과 열린 마음의 활성화를 중간단계 가까이 끌어 올릴 가능성이 높습니다(금생토) 더불어 수 2개도 토 1개의 성질 활성화에 약간의 도움을 줄 수 있습니다(수극화: 상생은 서로 서로 도움을 주는 관계이고, 상극은 넘치는 것은 덜어내고 모자라는 것은 채워 조절하는 관계입니다).

상생과 상극 활용은 화, 토 성질들의 활성화 정도를 중간단계 가까이 끌어 올려 전체적인 균형과 조화를 상당히 이룰 수 있게 하여 어느 상황이나 환경에 직면해도 대응할 성격들이 자연스럽게 행동으로 드러나 유능한 사회생활을 할 수 있게 합니다. 다만 수 2개와 목 2개는 서로 도움 주는 상생 관계로 서로에게 덧셈효과를 주어 수와 목의 성질이 2개보다 더 활성화 될 가능성이 높습니다(수생목, 목생수).

성격은 적성(무슨 일에 알맞은 성질, Aptitude)의 밑바탕의 중요한 부분입니다. 자신의 성질 중에 강점을 더욱 활성 시키고 지속하는데 에너지와 집중이 필요합니다. 성격에 맞는 일을 하는 것은 즐겁고 행복하고 일의 성과도 뛰어납니다. 예제21 성격의 강점인 목(2개), 금(2개), 수(2개)만을 차례대로 서술하였습니다. 그리고 화, 토는 부록에 자세히 설명되어 있으니 꼭 참고 하시기를 바랍니다.

목의 성질은 욕망, 야망과 도전정신이 중간단계보다 상당히 높습니다. 삶의 높은 목표를 세우고 실현하려는 의욕과 의지가 높습니다. 예비 목표를 세울 가능성도 있습니다. 흥미와 호기심이 강렬하여 새로운 것에 머뭇거림 없이 도전합니다. 자신의 능력을 높게 평가해서 고집스럽고 비협조적인 모습을 보입니다. 수에게서 유연함과 지혜의 도움을 받아 고집을 융통성 있게 바꿀 수 있고 비협조적인 면도 감소시킬 가능성이 높습니다(수생목). 상황과 환경에 민감하게 행동하며 주변상황에 따라 카멜레온처럼 전략적으로 자신에게 유리하도록 행동합니다. 이러한 전략적인 행동이 정도에 벗어나지 않도록 금에게서 성실성을 도움 받아 조절될 수 있습니다(금극목). 출세욕과 명예욕이 강렬해 야망의 활동무대를 욕심껏 넓히려는 의욕을 제한하고 조절할 수 있습니다(토극목).

　금의 성질은 매우 이성적이고 합리적이며 감정에 치우치지 않고 싸늘하게 행동합니다. 화에게서 사랑하는 마음을 받아들여 사랑이 있는 마음씨를 회복할 가능성이 있습니다(화극금). 신중하고 조심성이 많아 도전을 꺼리고 안전을 선호합니다. 목에게서 도전정신을 도움 받아 도전하는 마음을 품게 할 가능성이 높습니다(목극금). 일관성과 일에 집착하는 집중력은 있지만 고집불통이 정도에 지나칠 가능성이 높습니다. 수에게서 유연함, 융통성과 공감능력을 도움 받을 수 있어 고집불통을 약화시킬 가능성이 높습니다(수생금). 세상에서 쌓은 경험과 배운 지식이 융합되어 나오는 생각으로 정확하게 판단하는 능력이 있어 남을 비판할 가능성이 높습니다. 토에게서 남의 처지를 이해하고 있는 그대로 받아들이는 포용정신을 도움 받아 날카로운 비판을 줄일 가능성이 있습니다(토생금).

　수는 주위로부터 마음의 충동과 자극을 받아도 흔들리지 않고 물처럼 천연스럽게 미지근한 행동을 하는 유연성이 높습니다. 수는 화에게서 화끈한 성질을 도움 받을 수 있어 미지근한 성질을 때로는 화끈한 성질로 조절이 가능합니다(화극수). 겸손함이 정도에 지나치고 자기주장이 거의 없어 비위만 맞추는 사람으로 보일 수 있습니다. 목에게서 자기주장과 자존심을 격려 받을 가능성이 있어 가끔 겸손함과 자기주장을 적절하게 균형을 맞추어 행동하면 진정한 겸손함으로 보일 수 있는 가능성이 높습니다(목생수). 수의 성질은 현실적 감각이 뛰어나고 사물에 대하여 객관적으로 판단하여 상황과 환경에 적응력이 높습니다. 머리 회전에 빠르고 깨달음을 바탕으로 한 정신적 기능이 높아 학자로 성공할 가능성이 있지만, 금에게서 성실성, 인내심과 집착심을 충분히 도움 받아야 학자로 성공할 가능성이 높아집니다(금생수). 수는 친화력과 포용력이 높아 인간관계가 물 흐르듯 원활합니다. 연민과 동정심이 높아 남을 돕는데 적극적이어서 타인에게 이용당할 가능성이 있어 자신과 가족에게 경제적 피해를 줄 가능성이 높습니다. 토에게 재물을 절약하는 지혜를 충분히 지원받을 가능성이 높아 가족과 자신에게 경제적 피해를 줄일 가능성이 있습니다(토극수). 남을 배려하고 상황에 따라 있는 그대로를 받아들이는 융통성이 높습니다.

화와 토가 각각 1개씩이지만 이들의 성질 밑바탕이 '양'이면 화와 토의 성질 활성화 정도가 중간단계(오행평균 분포수 1.6개) 가까이 도달할 수 있습니다. '양'의 성질은 활동적이고 능동적이며 적극적이어서 이들의 성질은 그 자신을 활성화 시킬 가능성이 있기 때문입니다. 그러나 화와 토의 성질 밑바탕이 '음'이면 이들의 성질 기능 활성화 정도가 최저 수준에 머물러 있기 때문에 이들의 성질이 외부 행동으로 드러나는 횟수가 매우 적을 가능성이 있습니다. 화와 토의 성질 기능 활성화를 높이기 위해서는 '음' 속의 '양의 씨앗' 활성화 방법의 활용이 필수충분조건입니다. 활성화 방법을 익히고 활용하는 것의 열쇠는 노력입니다. 활성화 방법은 p165~168에 자세히 설명되어 있습니다.

　예제21은 목, 금, 수가 중심역할을 하는 성격입니다. 목의 욕망, 야망 그리고 도전정신이 강렬하고 금의 인내심, 성실함과 집중력이 높고 수의 유연함, 융통성, 친화력과 공감능력이 높아 사회 어느 분야에서나 자신의 목표를 성취할 가능성이 높으며 사회생활도 원활하게 할 가능성이 높습니다. 다만 생물 본능이 근원이 된 화의 열정, 정열, 순발력 그리고 토의 포용력과 열린 마음이 중간단계보다 낮아서 교육과 훈련으로 이들의 성질을 몸에 익히는 것이 필요합니다.

　30개의 예제에 목, 화, 토, 금, 수의 각각 설명이 중복되는 것이 많아 부록에 모아서 정리했습니다. 각 예제에 해당되는 목, 화, 토, 금, 수의 부분을 찾아 반드시 읽고 이해하셔야 합니다. 각각의 예제를 간략하게 정리한 것이 앞부분이고 부록에 있는 해당부분이 뒷부분으로 예제의 바탕이고 중심이 되는 부분입니다. 앞부분은 예제의 일반적인 이론을 해설한 내용이고, 뒷부분은 목, 화, 토, 금, 수 하나하나를 사실적으로 자세히 설명한 내용입니다.

　부록에 목 2개(p394), 화 1개(p397), 토 1개(p401), 금 2개(p407), 수 2개(p411)의 설명과 활용이 자세히 기록되어 있으니 꼭 참고 하시기를 바랍니다. 음과 양의 성격 특성(p164), 오행성격특성의 요약(p169~175)도 참고 하시기 바랍니다.

예제22) 목 2개, 화 2개, 토 1개, 금 1개, 수 2개(사주8자에 오행분포수)

　목과 화의 성질근원은 자연생태계에 적응한 생물본능(자기생존본능과 자기종족보존본능)이 첫째이고, 사람이 만들어 낸 사회생태계(도덕, 법률, 문화 환경)에 적응한 사회본능이 둘째입니다. 그리고 개인발달본능(성장과 성숙)도 근원이 됩니다. 전체적인 목, 화(생물본능)와 금, 수(사회본능)의 균형과 조화는 사회본능이 근원이 된 금, 수 성질보다 생물본능이 근원이 된 목, 화 성질 쪽으로 약간 기울어져 있습니다(목, 화 4개>금, 수 3개). 개인발달본능은 자신의 목표를 성취하기 위해서 목, 화 성질이나 금, 수 성질을 상황과 환경에 맞도록 전략적으로 변화를 자유롭게 합니다. 개인발달본능 토의 성질을 닮았습니다.

예제22의 오행성격 구성의 강점은 목, 화, 수의 성질이 2개씩으로 분포 된 것입니다. 이들은 오행성격 기능 활성화의 3단계 상·중·하 중의 중간단계(사주8자÷오행5자=오행평균 분포수) 1.6개보다 약간 높습니다(목, 화, 수 2개>중간단계 1.6개). 이것은 목, 화, 수의 여러 부분 성질이 자연스럽게 상황과 환경에 맞추어 다양한 행동으로 외부에 드러나는 횟수가 많을 가능성을 미리 암시하여 알려주는 것입니다. 그리고 토, 금의 성질 활성화 정도는 중간단계보다 낮습니다. 이것은 이들의 성질이 행동으로 외부에 드러나는 횟수가 중간정도보다 적을 가능성을 알려주는 것입니다(토, 금1개<중간단계 1.6개).

목의 성질인 욕심, 욕망과 야망, 화의 성질인 열정, 정열과 순발력, 수의 성질인 유연함, 융통성과 친화력의 활성화 정도가 중간단계보다 약간 높습니다(목, 화, 수 2개>중간단계 1.6개). 수 2개는 금 1개에게 충분한 도움을 주어 중간단계보다 상당히 낮은 금의 성질인 인내심, 성실함, 절제력과 집착심의 활성화를 중간단계 가까이 도달될 가능성이 높습니다. 더불어 목 2개도 금 1개에게 약간의 도움을 줄 수 있습니다(수생금+목극금: 상생은 서로 서로 도움을 주는 관계이고, 상극은 넘치는 것은 덜어내고 모자라는 것은 채워 조절하는 관계입니다). 화

2개는 토 1개에게 충분한 도움을 주어 중간단계보다 상당히 낮은 토의 성질인 포용력과 열린 마음의 활성화를 중간단계 가까이 끌어 올릴 가능성이 높습니다. 더불어 수 2개도 토 1개에게 약간의 도움을 줄 수 있습니다.(화생토+수극토)

상생과 상극 활용은 토, 금 성질들의 활성화 정도를 중간단계 가까이 끌어 올려 오행의 전체적인 균형과 조화를 이룰 수 있게 하여 어느 상황이나 환경에 직면하여도 대응할 성격들이 자연스럽게 행동으로 드러나 유능한 사회생활을 할 수 있게 합니다. 다만 목 2개와 화 2개는 서로 도움을 주는 상생관계로 서로에게 덧셈효과를 주어 목과 화의 성질이 2개보다 더욱 활성화 될 가능성이 높습니다(목생화, 화생목).

성격은 적성(무슨 일에 알맞은 성질, Aptitude)의 밑바탕의 중요한 부분입니다. 자신의 성질 중에 강점을 더욱 활성 시키고 지속하는데 에너지, 집중이 필요합니다. 성격에 맞는 일을 하는 것은 즐겁고 행복하고 일의 성과도 뛰어납니다. 예제22 성격의 강점인 목(2개), 화(2개), 수(2개)만을 차례대로 서술하였습니다. 그리고 토, 금는 부록에 자세히 설명되어 있으니 꼭 참고 하시기를 바랍니다.

목의 성질은 욕망, 야망과 도전정신이 중간단계보다 상당히 높습니다. 삶의 높은 목표를 세우고 실현하려는 의욕과 의지가 높습니다. 예비 목표를 세울 가능성도 있습니다. 흥미와 호기심이 강렬하여 새로운 것에 머뭇거림 없이 도전합니다. 자신의 능력을 높게 평가해서 고집스럽고 비협조적인 모습을 보입니다. 수에게서 유연함과 지혜의 도움을 받아 고집을 융통성 있게 바꿀 수 있고 비협조적인 면도 감소시킬 가능성이 높습니다(수생목). 상황과 환경에 민감하게 행동하며 주변상황에 따라 카멜레온처럼 전략적으로 자신에게 유리하도록 행동합니다. 이러한 전략적인 행동이 정도에 벗어나지 않도록 금에게서 성실성을 도움 받아 조절될 수 있습니다(금극목). 출세욕과 명예욕이 강렬해 야망의 활동무대를 욕심껏 넓히려는 의욕을 토가 제한하고 조절할 수 있습니다(토극목).

화의 성질은 열정적이고 정열적이며 에너지가 넘치며 따뜻함, 돌봄, 연민과 같은 감정의 본바탕입니다. 신경이 예민하여 주변의 작은 자극에도 감정이 쉽게 흔들리고 화를 내거나 분노를 쉽게 밖으로 드러냅니다. 적당하고도 적절한 때에 올바른 목적과 방법으로 화를 내거나 잠재우는 것은 금에게서 차가운 이성적 생각과 절제력의 도움을 받아 조절할 수 있습니다(금극화). 일에 열정적이고 사랑에 정열이 불타올라 타오르는 정열에 자신을 불사를 수 있습니다. 수에게서 겨울의 찬물 같은 성질을 도움 받아 불타는 정열을 중간단계로 낮추어 안정시킬 가능성이 높습니다(수극화). 눈앞의 위험과 삶의 과정에서 위기를 직면할 때 순발력을 발휘하여 위험과 위기를 벗어날 능력이 있습니다.

미래에 대한 불확실성과 주변의 곱지 않은 눈치를 보며 걱정과 불안감에 쉽게 젖어듭니다. 토에게서 화평한 마음을 도움 받아 걱정과 불안감을 감소시킬 수 있습니다(토생화). 목에게서 성취에 대한 강한 동기와 의욕을 도움 받아 목표지향성과 성취에 대한 동기와 열정이 강화될 수 있습니다(목생화).

수의 유연함, 융통성과 공감능력, 친화력이 높아 인간관계가 원활합니다. 현실적 감각이 뛰어나고 사물에 대하여 객관적으로 판단하여 상황과 환경 변화에 적응력이 강합니다. 모험보다 현실의 안전을 중요하게 생각하여 머뭇거리는 성질이 있습니다. 목에게서 도전정신을 도움 받아 머뭇거림을 줄일 가능성이 높습니다(목생수). 예절 바르고 정직하고 자신을 드러내지 않은 겸손함이 있어 굳이 자기 의견을 내세우지 않아 친구가 많습니다. 연민과 동정심이 있어 남을 돕는데 적극적이어서 타인에게 이용당할 가능성이 높고 자신과 가족에게 경제적 피해를 줄 수 있습니다. 토에게서 제물을 절약하는 지혜를 받아들여 가족에게 경제적 피해를 줄일 가능성이 있습니다(토극수).

토와 금이 1개씩이지만 이들의 성질 밑바탕이 '양'이면 토와 금의 성질 활성화 정도가 중간단계(오행평균분포 수 1.6개) 가까이 도달할 수 있습니다. '양'의 성질은 활동적이고 능동적이며 적극적이어서 이들의 성질은 그 자신을 활성화 시킬 가능성이 있기 때문입니다. 그러나 토, 금의 성질 밑바탕이 '음'이면 이들의 성질 기능 활성화 정도가 최저 수준에 머물러 있기 때문에 이들의 성질이 행동으로 드러나는 횟수가 매우 적을 가능성이 있습니다. 토, 금의 성질 기능 활성화를 높이기 위해서는 '음' 속의 '양의 씨앗' 활성화 방법의 활용이 필수충분조건입니다. 활성화 방법을 익히고 활용하는 것의 열쇠는 노력입니다. 활성화 방법은 p165~168에 자세히 설명되어 있습니다.

예제22는 목, 화, 수가 중심역할을 하는 성격입니다. 목의 욕망, 야망과 도전정신이 강렬하고, 화의 열정, 정열과 순발력이 뛰어나며 수의 유연함, 융통성과 친화력, 공감능력이 중간단계보다 높으며 금의 인내심, 성실함, 절제력과 집착심도 목과 수의 도움으로 중간단계에 이룰 수 있어 목의 인생목표를 중간단계 가까이 맞추어 세우면 성취할 가능성이 매우 높습니다. 수의 친화력과 공감능력 그리고 토의 포용과 열린 마음이 조화를 이루어 사회생활을 원만하고 행복하게 할 가능성이 높습니다.

30개의 예제에 목, 화, 토, 금, 수의 각각 설명이 중복되는 것이 많아 부록에 모아서 정리했습니다. 각 예제에 해당되는 목, 화, 토, 금, 수의 부분을 찾아 반드시 읽고 이해하셔야 합니다. 각각의 예제를 간략하게 정리한 것이 앞부분이고 부록에 있는 해당부분이 뒷부분으로 예제의 바탕이고 중심이 되는 부분입니다. 앞부분은 예제의 일반적인 이론을 해설한 내용이고, 뒷부분은 목, 화, 토, 금, 수 하나하나를 사실적으로 자세히 설명한 내용입니다.

부록에 목 2개(p394), 화 2개(p398), 토 1개(p401), 금 1개(p406), 수 2개(p411)의 설명과 활용이 자세히 기록되어 있으니 꼭 참고 하시기를 바랍니다. 음과 양의 성격 특성(p164), 오행성격특성의 요약(p169~175)도 참고 하시기 바랍니다.

예제23) 목 1개, 화 3개, 토 1개, 금 2개, 수 1개(사주8자에 오행분포수)

화와 목의 성질근원은 자연생태계에 적응한 생물본능(자기생존본능과 자기종족보존본능)이 첫째이고, 사람이 만들어 낸 사회생태계(도덕, 법률, 문화 환경)에 적응한 사회본능이 둘째입니다. 그리고 개인발달본능(성장과 성숙)도 근원이 됩니다. 전체적인 목, 화(생물본능)와 금, 수(사회본능)의 균형과 조화는 사회본능이 근원된 금, 수(사회본능) 성질보다 목, 화(생물본능) 성질 쪽으로 기울어져 있습니다(목, 화 4개〉금, 수 3개). 개인발달본능은 자신의 목표를 성취하기 위해서 목, 화(생물본능) 성질이나 금, 수(사회본능) 성질을 상황과 환경에 맞도록 전략적으로 변화를 자유롭게 합니다. 개인발달본능 토의 성질 활용을 닮았습니다.

예제23의 오행성격 구성의 강점은 화 3개와 금 2개로 분포 된 것입니다. 이들은 오행성격 기능 활성화의 3단계 상·중·하 중의 중간단계(사주8자÷오행 5자=오행평균 분포수) 1.6개보다 화는 매우 높고 금은 약간 높습니다(화 3개, 금 2 개>중간단계 1.6개) 이것은 화, 금의 여러 부분 성질이 자연스럽게 상황과 환경 에 맞추어 다양한 행동으로 외부에 드러나는 횟수가 많을 가능성을 미리 암시하여 알려주는 것입니다. 그리고 목, 토, 수의 성질 활성화 정도는 중간 단계보다 낮습니다. 이것은 이들의 성질이 행동으로 외부에 드러나는 횟수 가 중간정도보다 적을 가능성을 알려주는 것입니다(목, 토, 수 1개<중간단계 1.6 개).

화의 성질인 열정, 정열과 순발력, 그리고 금의 성질인 인내심, 성실함, 절제력과 집착심의 활성화 정도가 중간단계보다 매우 높습니다. 화 3개 는 목 1개에게 충분한 도움을 주어 중간단계보다 상당히 낮은 목의 성질 인 욕망, 야망과 도전정신의 활성화 정도를 중간단계 가까이 끌어 올릴 가 능성이 매우 높습니다(화생목). 그리고 화 3개는 토 1개에게 충분한 도움을 주어 중간단계보다 상당히 토의 성질인 포용력과 열린 마음의 활성화 정 도를 중간단계 가까이 끌어 올릴 가능성이 매우 크고, 이와 매한가지로 금 2개도 토 1개에게 도움을 주어 토의 성질 활성화 정도를 중간단계 가 까이 끌어 올리는데 협력합니다(화생토+금생토). 금 2개는 수 1개에게 충분 한 도움을 주어 중간단계보다 상당히 낮은 수의 성질인 유연함, 융통성과 공감능력, 친화력의 활성화 정도를 중간단계 가까이 끌어 올릴 가능성이 높습니다. 더불어 화3개도 수 1개에 약간의 도움을 줄 수 있습니다(금생수+ 화극수: 상생은 서로서로 돕는 관계이고, 상극은 넘치는 것은 덜어내고 모자라는 것은 채 워 조절하는 관계입니다).

상생과 상극활용은 목, 토, 수 성질들의 활성화 정도를 중간단계 가까이 끌어올려 오행의 전체적인 균형과 조화를 상당히 이룰 수 있게 하여 어느 상황이나 환경에 직면하여도 대응할 성격들이 자연스럽게 행동으로 드러나 유능한 사회생활을 할 수 있게 합니다.

　　성격은 적성(무슨 일에 알맞은 성질, Aptitude)의 밑바탕의 중요한 부분입니다. 자신의 성질 중에 강점을 더욱 활성 시키고 지속하는데 에너지와 집중이 필요합니다. 성격에 맞는 일을 하는 것은 즐겁고 행복하고 일의 성과도 뛰어납니다. 예제23 성격의 강점인 화(3개), 금(2개)만을 차례대로 서술하였습니다. 그리고 목, 토, 수는 부록에 자세히 설명되어 있으니 꼭 참고 하시기를 바랍니다.

　　화 3개의 성질은 열정, 정열과 순발력의 활성화 정도가 중간단계보다 매우 높은 편이며(화 3개>중간단계 1.6개), 에너지가 넘치는 여름의 성질을 닮았습니다. 일에는 열정적이고 사랑에는 정열이 불타오릅니다. 강렬하게 타오르는 정열은 기뻐하고 즐거움에 빠져들어 자신마저 불사를 가능성이 매우 높습니다. 수에게서 겨울의 찬물 같은 지혜와 총명함을 도움 받아 강렬한 정열을 중간단계 가까이 낮출 가능성이 있습니다(수극화). 수의 지혜와 총명함을 도움 받으면 원자 폭탄 같은 에너지를 자기 발전과 확장 그리고 목표 성취 등 여러 곳에 나눠 활용할 수 있습니다. 신경이 지나치게 예민하여 생활 주변의 자극에도 감정이 크게 흔들리고 버럭 화를 내거나 분노가 폭발할 가능성이 매우 높습니다. 적당하고 적절한 때에 올바른 목적과 방향(의분: 정의를 위하여 일어나는 분노)으로 화를 내거나 잠재우는 것은 금에게서 차가운 이성, 절제력과 인내심을 도움 받아 조절이 가능합니다(금극화). 눈앞에 위협적인 상황과 미래의 불확실성에 대해 불안과 걱정이 많습니다. 토에게서 화평한 마음을 도움 받아 걱정과 불안감을 감소시킬 수 있습니다(화생토). 순발력이 뛰어나 위험과 위기의 대처 능력이 매우 높습니다. 목에게서 동기와 의욕을 도움 받아 목표지향성에 대한 동기와 열정이 더욱 강화 될 수 있습니다(목생화).

금의 성질은 매우 이성적이고 합리적이며 감정에 치우치지 않고 싸늘하게 행동합니다. 화에게서 사랑하는 마음을 받아들여 사랑이 있는 마음씨를 회복할 가능성이 있습니다(화극금). 신중하고 조심성이 많아 도전을 꺼리고 안전을 선호합니다. 목에게서 도전정신을 도움 받아 도전하는 마음을 품게 할 가능성이 높습니다(목극금). 일관성과 일에 집착하는 집중력은 있지만 고집불통이 정도에 지나칠 가능성이 높습니다. 수에게서 유연함, 융통성과 공감능력을 도움 받을 수 있어 고집불통을 약화시킬 가능성이 있습니다(수생금). 세상에서 쌓은 경험과 배운 지식이 융합되어 나오는 생각으로 정확하게 판단하는 능력이 있어 남을 비판할 가능성이 높습니다. 토에게서 남의 처지를 이해하고 있는 그대로 받아들이는 포용정신을 도움 받아 날카로운 비판을 줄일 가능성이 있습니다(토생금).

목, 토, 수가 각각 1개씩이지만 이들의 성질 밑바탕이 '양'이면 목, 토, 수의 성질 활성화 정도가 중간단계(오행 평균분포 수 1.6개) 가까이 도달할 수 있습니다. '양'의 성질은 활동적이고 능동적이며 적극적이어서 이들의 성질은 그 자신을 활성화 시킬 가능성이 있기 때문입니다. 그러나 목, 토, 수의 성질 밑바탕이 '음' 이면 이들의 성질 기능 활성화 정도가 최저 수준에 머물러 있기 때문에 이들의 성질이 행동으로 드러나는 횟수가 매우 적을 가능성이 있습니다. 목, 토, 수의 성질 기능 활성화를 높이기 위해서는 '음' 속의 '양의 씨앗' 활성화 방법의 활용이 필수충분조건입니다. 활성화 방법을 익히고 활용하는 것의 열쇠는 노력입니다. 활성화 방법은 p165~168에 자세히 설명되어 있습니다.

예제23은 화와 금이 중심역할을 하는 성격입니다. 화의 성질은 매우 높게 활성화 된 열정과 정열과 에너지를 가지고 있어 이들을 살려낼 수 있는 출구가 필요합니다. 금이 세상에서 얻은 경험과 지식에서 나오는 생각으로 정확하게 판단할 수 있는 능력을 도움 받을 가능성이 높아 화의 필요한 출구를 찾을 수 있습니다. 화의 타오르는 열정과 에너지가 금의 현명한 지혜와 인내심 성실함과 절제력이 짝을 이룰 수 있어 야심찬 인생의 목표도 성취시킬 가능성이 높습니다. 화는 금에게 넘치는 것을 덜어내고 모자라는 것은 채워 조절해주는 매우 이성적인 상극관계입니다.

30개의 예제에 목, 화, 토, 금, 수의 각각 설명이 중복되는 것이 많아 부록에 모아서 정리했습니다. 각 예제에 해당되는 목, 화, 토, 금, 수의 부분을 찾아 반드시 읽고 이해하셔야 합니다. 각각의 예제를 간략하게 정리한 것이 앞부분이고 부록에 있는 해당부분이 뒷부분으로 예제의 바탕이고 중심이 되는 부분입니다. 앞부분은 예제의 일반적인 이론을 해설한 내용이고, 뒷부분은 목, 화, 토, 금, 수 하나하나를 사실적으로 자세히 설명한 내용입니다.

부록에 목 1개(p393), 화 3개(p399), 토 1개(p401), 금 2개(p407), 수 1개(p410)의 설명과 활용이 자세히 기록되어 있으니 꼭 참고 하시기를 바랍니다. 음과 양의 성격 특성(p164), 오행성격특성의 요약(p169~175)도 참고 하시기 바랍니다.

예제24) 목 3개, 화 1개, 토 1개, 금 2개, 수 1개(사주8자에 오행분포수)

금과 수의 성질근원은 사람이 만들어 낸 사회생태계(도덕, 법률, 문화 환경)에 적응한 사회본능이 첫째이고, 자연생태계에 적응한 생물본능(자기생존본능과 자기종족보존본능)이 둘째입니다. 그리고 개인발달본능(성장과 성숙)도 근원이 됩니다. 전체적인 목, 화(생물본능)와 금, 수(사회본능)의 균형과 조화는 사회본능이 근원이 된 금, 수 성질보다 생물본능이 근원이 된 목, 화 성질 쪽으로 조금 기울어져 있습니다.(목, 화 4개>금, 수 3개) 개인발달본능은 자신의 목표를 성취하기 위해서 목, 화 성질이나 금, 수 성질을 상황과 환경에 맞도록 전략적으로 변화를 자유롭게 합니다. 개인발달본능 토의 성질을 닮았습니다.

예제24의 오행성격 구성의 강점은 목이 3개, 금 2개로 분포 된 것입니다. 이들은 오행성격 기능 활성화의 3단계 상·중·하 중의 중간단계(사주8자÷오행5자=오행 평균 분포수) 1.6개보다 목은 매우 높고 금은 약간 높습니다(목 3개, 금 2개>중간단계 1.6개) 이것은 목과 금의 여러 부분 성질이 자연스럽게 상황과 환경에 맞추어 다양한 행동으로 외부에 드러나는 횟수가 많을 가능성을 미리 암시하여 알려주는 것입니다. 그리고 화, 토, 수의 성질 활성화 정도는 중간단계보다 낮습니다. 이것은 이들의 성질이 행동으로 외부에 드러나는 횟수가 중간정도보다 적을 가능성을 알려주는 것입니다.(화, 토, 수 1개<중간단계 1.6개)

목의 성질인 욕심, 욕망, 야망과 도전정신의 활성화 정도가 중간단계보다 매우 높습니다. 금의 성질인 인내심, 성실함, 절제력과 집착심도 중간단계보다 약간 높습니다. 그러나 화의 성질인 열정, 정열과, 순발력, 토의 성질인 포용력과 열린 마음, 그리고 수의 성질인 유연함, 융통성, 공감 능력과 친화력의 활성화 정도는 중간단계보다 낮습니다(화, 토, 수 1개〈중간단계 1.6개〉). 목 3개는 화 1개에게 충분한 도움을 주어 중간단계보다 낮은 화의 성질인 열정, 정열과 순발력의 활성화 정도를 중간단계 가까이 끌어 올릴 가능성이 매우 높습니다. 더불어 금 2개도 화 1개에게 약간 도움을 주어 화의 성질 활성화를 높일 수 있습니다(목생화+금극화). 목 3개는 수 1개에게 충분한 도움을 주어 중간단계보다 낮은 수의 성질인 유연함, 융통성, 공감 능력과 친화력의 활성화 정도를 중간단계 가까이 끌어 올릴 가능성이 매우 높습니다(목생수). 금 2개는 수에게 도움을 주어 수의 성질 활성화 정도를 중간단계 가까이 끌어 올릴 수 있는 것을 확실하게 합니다(금생수). 금 2개는 토 1개에게 도움을 주어 중간단계보다 낮은 토의 성질인 포용력과 열린 마음의 활성화 정도를 중간단계 가까이 끌어 올릴 가능성이 높습니다(금생토). 여기에 목 3개가 토에게 도움을 줄 수 있어 토의 성질 활성화 정도를 중간단계 가까이 끌어 올릴 수 있는 것을 확실하게 합니다(목극토: 상생은 서로서로 도움을 주는 관계이고 상극은 넘치는 것은 덜어내고 모자라는 것은 채워주는 조절 관계입니다).

상생과 상극 활용은 화, 토, 수의 성질들의 활성화 정도를 중간단계 가까이 끌어 올려 오행의 전체적인 균형과 조화를 이룰 수 있게 하여 어느 상황이나 환경에 직면하여도 대응할 성격들이 자연스럽게 행동으로 드러나 유능한 사회생활을 할 수 있게 합니다.

성격은 적성(무슨 일에 알맞은 성질, Aptitude)의 밑바탕의 중요한 부분입니다. 자신의 성질 중에 강점을 더욱 활성 시키고 지속하는데 에너지, 집중이 필요합니다. 성격에 맞는 일을 하는 것은 즐겁고 행복하고 일의 성과도 뛰어납니다. 예제24 성격의 강점인 목(3개), 금(2개)만을 차례대로 서술하였습니다.

그리고 화, 토, 수는 부록에 자세히 설명되어 있습니다. 꼭 참고 하시기를 바랍니다.

목이 3개여서 야망을 품고 있어 매우 높은 목표를 세울 가능이 있으며, 여러 개의 꿈을 한꺼번에 이루려는 욕망도 강렬합니다. 높은 목표를 실행하는 데는 여기에 맞은 지속되는 열정과 에너지가 필수 조건입니다. 그러나 화가 1개여서 목의 높은 목표와 여러 개의 꿈을 이루는데 지원할 수 있는 열정과 에너지는 중간단계에 머물러 있어 높은 목표를 이루기는 불가능에 가깝습니다. 금의 현명하고 성실한 조언을 받아들여(금극목) 높은 목표를 조금 낮추고, 여러 개의 목표 중에 하나를 선택하여 화가 지원할 수 있는 에너지를 집중하여 실행하면 성취할 가능성이 있습니다(화생목). 여기에 금의 인내심, 성실함과 절제력을 도움 받을 수 있어 목표 성취가 확실해 집니다(금극목). 목 3개는 매우 도전적이고, 활동적이며, 충동적이어서 청소년 때에는 정도에 지나치게 많은 활동 모습이 나타날 수 있습니다. 말이나 몸가짐이 가볍고 생각 없이 행동할 가능성이 높습니다. 청소년기는 아직 사회본능(금과 수의 성질)이 발달하고 있는 과정이기 때문에 금의 절제력, 신중함과 인내심을 지원받기 쉽지 않습니다. 그러나 부모님과 선생님들의 사회화 교육과 훈련으로 사회본능을 강화시킬 수 있습니다. 교육과 훈련은 인간이 만든 창작예술품이며 사회본능과 개인발달본능의 필요충분조건입니다.

금의 성질은 매우 이성적이고 합리적이며 감정에 치우치지 않고 싸늘하게 행동합니다. 화에게서 사랑하는 마음을 받아들여 사랑이 있는 마음씨를 회복할 가능성이 있습니다(화극금). 신중하고 조심성이 많아 도전을 꺼리고 안전을 선호합니다. 목에게서 도전정신을 도움 받아 도전하는 마음을 품게 할 가능성이 높습니다(목극금). 일관성과 일에 집착하는 집중력은 있지만 고집불통이 정도에 지나칠 가능성이 높습니다. 수에게서 유연함, 융통성과 공감능력을 도움 받을 수 있어 고집불통을 약화시킬 가능성이 있습니다(수생금). 세상에서 쌓은 경험과 배운 지식이 융합되어 나오는 생각으로 정확하게 판단하는 능력이 있어 남을 비판할 가능성이 높습니다. 토에게서 남의 처지를 이해하고 있는 그대로 받아들이는 포용정신을 도움 받아 날카로운 비판을 줄일 가능성이 있습니다(토생금).

화, 토, 수는 각각 1개씩이지만 이들 성질 밑바탕이 '양'이면 화, 토, 수의 성질 활성화 정도가 중간단계(오행평균분포 수 1.6개) 가까이 도달할 수 있습니다. '양'의 성질은 활동적이고 능동적이며 적극적이어서 이들의 성질은 그 자신을 활성화 시킬 가능성이 있기 때문입니다. 그러나 화, 토, 수의 성질 밑바탕이 '음'이면 이들의 성질 기능 활성화 정도가 최저 수준에 머물러 있기 때문에 이들의 성질이 행동으로 드러나는 횟수가 매우 적을 가능성이 있습니다. 화, 토, 수의 성질 기능 활성화를 높이기 위해서는 '음' 속의 '양의 씨앗' 활성화 방법의 활용이 필수충분조건입니다. 활성화 방법을 익히고 활용하는 것의 열쇠는 노력입니다. 활성화 방법은 p165~168에 자세히 설명되어 있습니다.

예제24는 목과 금이 중심역할을 하는 성격입니다. 목의 욕심, 욕망, 야망 그리고 도전정신이 매우 강렬합니다. 야망이 매우 커서 높은 인생목표와 여러 개의 목표를 세워 한꺼번에 실행하려는 가능성이 있습니다. 화가 1개여서 높은 목표를 수행하는 열정과 에너지가 부족합니다. 금의 현명하고 성실한 조언을 받아들여 높은 목표를 화의 열정과 에너지에 맞추어 중간단계

보다 약간 높게 조절하는 것이 필요합니다. 그러나 체력이 강건한 사람은 부족한 화의 에너지를 보완할 수 있어 높은 목표도 성취할 가능성이 있습니다. 생물본능이 매우 강렬한 목의 성질은 억누르기 보다는 사회본능이 근원이 된 금이 지혜롭게 조절하여 도움을 받고 수의 유연함, 융통성을 지원받으면 사회 어느 분야에서나 성공할 가능성이 높습니다.

30개의 예제에 목, 화, 토, 금, 수의 각각 설명이 중복되는 것이 많아 부록에 모아서 정리했습니다. 각 예제에 해당되는 목, 화, 토, 금, 수의 부분을 찾아 반드시 읽고 이해하셔야 합니다. 각각의 예제를 간략하게 정리한 것이 앞부분이고 부록에 있는 해당부분이 뒷부분으로 예제의 바탕이고 중심이 되는 부분입니다. 앞부분은 예제의 일반적인 이론을 해설한 내용이고, 뒷부분은 목, 화, 토, 금, 수 하나하나를 사실적으로 자세히 설명한 내용입니다.

부록에 목 3개(p395), 화 1개(p397), 토 1개(p401), 금 2개(p407), 수 1개(p410)의 설명과 활용이 자세히 기록되어 있으니 꼭 참고 하시기를 바랍니다. 음과 양의 성격 특성(p164), 오행성격특성의 요약(p169~175)도 참고 하시기 바랍니다.

〔토의 관점을 중심으로 분류〕

예제25) 목 1개, 화 2개, 토 3개, 금 1개, 수 1개(사주8자에 오행분포수)

토의 성질근원은 자연생태계에 적응한 생물본능(자기생존본능과 자기종족보존본능)과 사람이 만들어낸 사회생태계(도덕, 법률, 문화 환경)에 적응한 사회본능 그리고 개인발달본능(성장과 성숙)이 근원이 됩니다. 전체적인 목, 화(생물본능)와 금, 수(사회본능)의 균형과 조화는 사회본능이 근원된 금, 수 성질보다 생물본능이 근원이 된 목, 화 성질 쪽으로 약간 기울어져 있습니다. (목, 화 3 개〉금, 수2개), 개인발달본능은 자신의 목표를 성취하기 위해서 목, 화 성질(생물본능)이나 금, 수 성질(사회본능)을 상황과 환경에 맞도록 전략적으로 변화를 자유롭게 합니다. 개인발달본능 토의 성질 활용과 상당히 닮았습니다.

예제25의 오행성격 구성의 강점은 토가 3개, 화가 2개 분포 된 것입니다. 오행성격 기능 활성화의 3단계 상·중·하 중의 중간단계(사주8자÷오행5자=오행 평균 분포수) 1.6개보다 토는 매우 높고 화는 약간 높습니다(토 3개, 화 2개〉중간 단계 1.6개). 이것은 토와 화의 여러 부분 성질이 자연스럽게 힘들이지 않고 상황과 환경에 맞추어 다양한 행동으로 외부에 드러나는 횟수가 많을 가능성을 미리 암시하여 알려주는 것입니다. 그리고 목, 금, 수의 성질 기능 활성화 정도는 중간단계 보다 상당히 낮습니다(목, 금, 수 1개〈중간단계 1.6개) 이것은 이들의 성질이 행동으로 외부에 드러나는 횟수가 중간단계 보다 적을 가능성을 알려주는 것입니다.

토의 성질인 포용력, 열린 마음과 창의력, 그리고 화의 성질인 열정, 정열과 순발력의 기능 활성화 정도가 중간단계보다 매우 높습니다. 토 3개는 금 1개에게 충분한 도움을 주어 중간단계보다 상당히 낮은 금의 성질인 인내심, 성실함, 절제력과 집착심의 활성화 정도를 중간단계 가까이 끌어 올릴 가능성이 매우 높습니다(토생금). 더불어 화 2개도 금 1개에게 약간의 도움을 주어 중간단계 보다 상당히 낮은 금의 성질인 인내심, 성실함과 절제력의 활성화 정도를 중간 단계 가까이 끌어 올릴 수 있습니다(화극금). 화 2개는 목 1개에게 충분한 도움을 주어 상당히 낮은 목의 성질인 욕망, 야망과 도전정신의 활성화 정도를 중간단계 가까이 끌어 올릴 가능성이 높습니다 (화생목). 토 3개도 목 1개에게 목의 욕망과 야망을 마음껏 펼칠 수 있는 활동 무대를 조절하여 적당하게 제공할 수 있습니다(토극목: 상생은 서로서로 도움을 주는 관계이고 상극은 넘치는 것은 덜어내고 모자라는 것은 채워 조절하는 관계입니다).

상생과 상극 활용은 목, 금, 수 성질들의 활성화 정도를 중간단계 가까이 끌어 올려 오행의 전체적인 균형과 조화를 상당히 이룰 수 있게 하여 어느 상황이나 환경에 직면하여도 대응할 성격들이 자연스럽게 행동으로 드러나 유능한 사회생활을 할 수 있게 합니다. 더불어 토 3개와 화 2개는 서로에게 덧셈효과를 주어 토 3개와 화 2개의 성질이 더욱 활성화 될 가능성이 있습니다.

성격은 적성(무슨 일에 알맞은 성질, Aptitude)의 밑바탕의 중요한 부분입니다. 자신의 성질 중에 강점을 더욱 활성 시키고 지속하는데 에너지와 집중이 필요합니다. 성격에 맞는 일을 하는 것은 즐겁고 행복하고 일의 성과도 뛰어납니다. 예제25 성격의 강점인 화(2개), 토(3개)만을 차례대로 서술하였습니다. 그리고 목, 금, 수는 부록에 자세히 설명되어 있으니 꼭 참고 하시기를 바랍니다.

토 3개는 사계절이 오고 가는 동안 날씨가 뒤섞인 기간에 계절의 변화에 쉽게 적응하도록 도움을 주는 협력자 역할이 근본적인 성질입니다. 사계절 간기가 토의 성질이기 때문에 토는 목(봄), 화(여름), 금(가을), 그리고 수(겨울)의 성질을 상당부분 공동으로 가지고 있습니다. 사계절처럼 환경이 달라져도 변함없는 정직함과 의리가 있어 상대방에게 신뢰감을 줍니다. 다양한 날씨를 가진 사계절을 있는 그대로 받아들이는 토의 성질은 포용력이 매우 높습니다.(토3개) 토는 활동적이고(목의 성질) 열정적이며(화의 성질), 공감능력과 융통성(수의 성질) 그리고 인내심과 절제력(금의 성질)을 가지고 있습니다. 삶의 터전을 모든 생물에게 차별하지 않고 개방하는 열린 마음을 가지고 있습니다. 이러한 성질을 모두 갖춘 토는 리더쉽이 강렬해서 CEO가 될 가능성이 높습니다. 그리고 토의 열린 마음은 옛것과 새로운 것에 개방적인 사고를 하기 때문에 창의력이 높습니다.

화의 성질은 열정적이고 정열적이며 에너지가 넘치며 따뜻함, 돌봄, 연민과 같은 감정의 본바탕입니다. 신경이 예민하여 주변의 작은 자극에도 감정이 쉽게 흔들리고 화를 내거나 분노를 쉽게 밖으로 드러냅니다. 적당하고도 적절한 때에 올바른 목적과 방법으로 화를 내거나 잠재우는 것은 금에게서 차가운 이성적 생각과 절제력의 도움을 받아 조절할 수 있습니다(금극화). 일에 열정적이고 사랑에 정열이 불타올라 타오르는 정열에 자신을 불사를 수 있습니다. 수에게서 겨울의 찬물 같은 성질을 도움 받아 불타는 정열을 중간단계로 낮추어 안정시킬 가능성이 높습니다(수극화). 눈앞의 위험과 삶의 과정에서 위기를 직면할 때 순발력을 발휘하여 위험과 위기를 벗어날 능력이 있습니다.

미래에 대한 불확실성과 주변의 곱지 않은 눈치를 보며 걱정과 불안감에 쉽게 젖어듭니다. 토에게서 화평한 마음을 도움 받아 걱정과 불안감을 감소시킬 수 있습니다(토생화). 목에게서 성취에 대한 강한 동기와 의욕을 도움 받아 목표지향성과 성취에 대한 동기와 열정이 강화될 수 있습니다(목생화).

목, 금, 수는 각각 1개씩이지만 이들의 성질 밑바탕이 '양'이면 목, 금, 수의 성질 활성화 정도가 중간단계(오행 평균분포 수 1.6개) 가까이 도달할 수 있습니

다. '양'의 성질은 활동적이고 능동적이며 적극적이어서 목, 금, 수의 성질로
그 자신을 활성화 시킬 가능성이 있기 때문입니다. 그러나 목, 금, 수의 성질
밑바탕이 '음' 이면 목, 금, 수의 성질 기능 활성화 정도가 최저 수준에 머물
러 있기 때문에 목, 금, 수의 성질들이 행동으로 드러나는 횟수가 매우 적을
가능성이 있습니다. 목, 금, 수의 성질 기능 활성화를 높이기 위해서는 '음'
속의 '양의 씨앗' 활성화 방법의 활용이 필수충분조건입니다. 활성화 방법
을 익히고 활용하는 것의 열쇠는 노력입니다. 활성화 방법은 p165~168에 자
세히 설명되어 있습니다.

예제25는 토와 화가 중심역할을 하는 성격입니다. 토는 목, 화, 금, 수에게
이들의 성질이 활성화 되도록 돕는 협력자의 역할을 합니다. 토가 3개여서
협력자 역할을 강력하게 할 가능성이 높습니다. CEO의 자질을 모두 갖춘
성격이 될 수 있어 예제 25는 CEO가 될 가능성이 높습니다. 더욱이 토와 화
는 서로 도움을 주는 상생관계로 서로 덧셈효과를 주어 토 3개와 화 2개의
성질이 더욱 활성화 될 가능성이 높습니다. 토의 포용력과 개방성, 그리고
화의 열정, 정열과 순발력이 융합되어 사회 어느 분야에서나 자신의 꿈을
이룰 수 있습니다. 여기에 금의 인내심, 성실함, 집착심 그리고 절제력의 도
움이 필요합니다.

30개의 예제에 목, 화, 토, 금, 수의 각각 설명이 중복되는 것이 많아 부록
에 모아서 정리했습니다. 각 예제에 해당되는 목, 화, 토, 금, 수의 부분을 찾
아 반드시 읽고 이해하셔야 합니다. 각각의 예제를 간략하게 정리한 것이
앞부분이고 부록에 있는 해당부분이 뒷부분으로 예제의 바탕이고 중심이
되는 부분입니다. 앞부분은 예제의 일반적인 이론을 해설한 내용이고, 뒷부

분은 목, 화, 토, 금, 수 하나하나를 사실적으로 자세히 설명한 내용입니다.

부록에 목 1개(p393), 화 2개(p398), 토 3개(p404), 금 1개(p406), 수 1개(p410)의 설명과 활용이 자세히 기록되어 있으니 꼭 참고 하시기를 바랍니다. 음과 양의 성격 특성(p164), 오행성격특성의 요약(p169~175)도 참고 하시기 바랍니다.

예제26) 목 2개, 화 1개, 토 3개, 금 1개, 수 1개(사주8자에 오행분포수)

토의 성질근원은 자연생태계에 적응한 생물본능(자기생존본능과 자기종족 보존본능)과 사람이 만들어낸 사회 생태계(도덕, 법률, 문화 환경)에 적응한 사회 본능 그리고 개인발달본능(성장과 성숙)이 근원이 됩니다. 전체적인 목, 화(생 물본능)와 금, 수(사회본능)의 균형과 조화는 사회본능이 근원된 금, 수 성질보 다 생물본능이 근원이 된 목, 화 성질 쪽으로 약간 기울어져 있습니다(목, 화 3개〉금, 수 2개). 개인발달본능은 자신의 목표를 성취하기 위해서 목, 화 성질(생 물본능)이나 금, 수 성질(사회본능)을 상황과 환경에 맞도록 전략적으로 변화 를 자유롭게 합니다. 개인발달본능 토의 성질 활용과 상당히 닮았습니다.

예제26의 오행성격 구성의 강점은 토 3개와 목 2개가 분포된 것입니다. 오행성격 기능 활성화의 3단계 상·중·하 중의 중간단계(사주8자÷오행5자=오행 평균 분포 수) 1.6개보다 토는 매우 높고, 목은 약간 높습니다(토 3개, 목 2개〉중간 단계 1.6개). 이것은 토, 목의 여러 부분 성질이 자연스럽게 상황과 환경에 맞 추어 다양한 행동으로 외부에 드러나는 횟수가 많을 가능성을 미리 암시 하여 알려주는 것입니다. 1개씩인 화, 금, 수의 성질 기능 활성화 정도는 중 간단계 보다 상당히 낮습니다(화, 금, 수 1개〈중간단계 1.6개). 이것은 이들의 성질이 행동으로 외부에 드러나는 횟수가 중간정도 보다 적을 가능성을 알려주는 것입니다.

    토의 성질인 포용력과 열린 마음, 그리고 목의 욕심, 욕망, 야망과 도전정신의 활성화 정도가 중간단계보다 매우 높습니다. 토 3개는 화 1개에게 충분한 도움을 주어 중간단계보다 상당히 낮은 화의 성질인 열정, 정열과 순발력의 활성화 정도를 중간단계 가까이 끌어 올릴 가능성이 매우 높습니다(토생화). 목 2개도 화 1개에게 충분한 도움을 주어 중간단계보다 정열과 순발력의 활성화 정도를 중간단계 가까이 끌어 올릴 가능성이 높습니다(목생화). 그리고 토 3개는 금 1개에게 충분한 도움을 주어 중간단계 보다 상당히 낮은 금의 성질인 인내심, 성실함 집착심과 절제력의 활성화 정도를 중간단계 가까이 끌어올릴 가능성이 매우 높습니다(토생금). 목 2개도 금 1개에게 약간의 도움을 주어 중간단계보다 상당히 낮은 금의 성질인 인내심, 성실함과 절제력의 활성화 정도를 중간단계 가까이 끌어올릴 가능성이 있습니다(목극금). 목 2개는 수 1개에게 충분한 도움을 주어 중간단계 보다 상당히 낮은 수의 성질인 유연함, 융통성, 공감 능력과 친화력의 활성화 정도를 중간단계 가까이 끌어 올릴 가능성이 매우 높습니다(목생수: 상생은 서로서로 도움을 주는 관계이고 상극은 넘치는 것을 덜어주고 모자라는 것을 채워 조절하는 관계입니다). 토 3개도 수 1개에게 약간의 도움을 주어 중간단계보다 상당히 낮은 수의 성질인 유연함, 융통성, 공감능력과 친화력의 활성화 정도를 중간단계 가까이 끌어 올릴 가능성이 있습니다(토극수). 토가 목의 욕심, 욕망과 야망을 조절할 수 있습니다(토극목).
    상생과 상극 활용은 목, 화, 토, 금, 수의 성질들의 활성화 정도를 중간단계 가까이 끌어 올려 오행의 전체적이 균형과 조화를 상당히 이룰 수 있게 하여 어느 상황이나 환경에 직면 하여도 대응할 성격들이 자연스럽게 행동으로 드러나 유능한 사회생활을 할 수 있게 합니다.

　성격은 적성(무슨 일에 알맞은 성질, Aptitude)의 밑바탕의 중요한 부분입니다. 자신의 성질 중에 강점을 더욱 활성 시키고 지속하는데 에너지, 집중이 필요합니다. 성격에 맞는 일을 하는 것은 즐겁고 행복하고 일의 성과도 뛰어납니다. 예제26 성격의 강점인 목(2개), 토(3개)만을 차례대로 서술하였습니다. 그리고 화, 금, 수는 부록에 자세히 설명되어 있으니 꼭 참고 하시기를 바랍니다.

　토 3개는 사계절이 오고 가는 동안 날씨가 뒤섞인 기간에 계절의 변화에 쉽게 적응하도록 도움을 주는 협력자 역할이 근본적인 성질입니다. 사계절 간기가 토의 성질이기 때문에 토는 목(봄), 화(여름), 금(가을), 그리고 수(겨울)의 성질을 상당부분 공동으로 가지고 있습니다. 사계절처럼 환경이 달라져도 변함없는 정직함과 의리가 있어 상대방에게 신뢰감을 줍니다. 다양한 날씨를 가진 사계절을 있는 그대로 받아들이는 토의 성질은 포용력이 매우 높습니다.(토3개) 토는 활동적이고(목의 성질) 열정적이며(화의 성질), 공감능력과 융통성(수의 성질) 그리고 인내심과 절제력(금의 성질)을 가지고 있습니다. 삶의 터전을 모든 생물에게 차별하지 않고 개방하는 열린 마음을 가지고 있습니다. 이러한 성질을 모두 갖춘 토는 리더쉽이 강렬해서 CEO가 될 가능성이 높습니다. 그리고 토의 열린 마음은 옛것과 새로운 것에 개방적인 사고를 하기 때문에 창의력이 높습니다.

　목의 성질은 욕망, 야망과 도전정신이 중간단계보다 상당히 높습니다. 삶의 높은 목표를 세우고 실현하려는 의욕과 의지가 높습니다. 예비 목표를 세울 가능성도 있습니다. 목표를 수행하는데 필요한 에너지와 열정을 화에게 도움 받을 수 있습니다(화생목). 흥미와 호기심이 강렬하여 새로운 것에 머뭇거림 없이 도전합니다. 자신의 능력을 높게 평가해서 고집스럽고 비협조적인 모습을 보입니다. 수에게서 유연함과 지혜의 도움을 받아 고집을 융통성 있게 바꿀 수 있고 비협조적인 면도 감소시킬 가능성이 높습니다(수생목). 상황과 환경에 민감하게 행동하며 주변상황에 따라 카멜레온처럼 전략적으로 자신에게 유리하도록 행동합니다. 이러한 전략적인 행동이 정도에 벗어나지 않도록 금에게서 성실성을 도움 받아 조절될 수 있습니다(금극목). 출세욕과 명예욕이 강렬해 야망의 활동무대를 욕심껏 넓히려는 의욕을 제한하고 조절할 수 있습니다(토극목).

화, 금, 수는 각각 1개씩이지만 이들의 성질 밑바탕이 '양'이면 화, 금, 수의 성질 활성화 정도가 중간단계(오행 평균분포 수 1.6개) 가까이 도달할 수 있습니다. '양'의 성질은 활동적이고 능동적이며 적극적이어서 이들의 성질은 그 자신을 활성화 시킬 가능성이 있기 때문입니다. 그러나 화, 금, 수의 성질 밑바탕이 '음' 이면 이들의 성질 기능 활성화 정도가 최저 수준에 머물러 있기 때문에 이들의 성질 특성이 행동으로 나타나는 횟수가 매우 적습니다. 화, 금, 수의 성질 기능 활성화를 높이기 위해서는 '음'속의 '양의 씨앗' 활성화 방법의 활용이 필수충분조건입니다. 활성화 방법을 익히고 활용하는 것의 열쇠는 노력입니다. 활성화 방법은 p165~168에 자세히 설명되어 있습니다.

예제26은 토와 목이 중심역할을 하는 성격입니다. 토는 목, 화, 금, 수에게 이들의 성질이 활성화 되도록 돕는 협력자의 역할을 합니다. 토가 3개여서 협력자 역할을 강력하게 할 가능성이 높습니다. 지도자의 자질을 모두 갖춘 성격이 될 수 있어 예제 26은 사회 어느 분야에서 지도자가 될 가능성이 있습니다. 토가 목의 욕심, 욕망과 야망을 적절하게 조절하여 목의 높은 목표를 중간단계 보다 약간 높게 세울 가능성이 있어 목표 성취가 가능합니다. 다만 화의 열정과 순발력 그리고 금의 인내심, 성실함과 집착심의 도움이 필요합니다.

30개의 예제에 목, 화, 토, 금, 수의 각각 설명이 중복되는 것이 많아 부록에 모아서 정리했습니다. 각 예제에 해당되는 목, 화, 토, 금, 수의 부분을 찾아 반드시 읽고 이해하셔야 합니다. 각각의 예제를 간략하게 정리한 것이 앞부분이고 부록에 있는 해당부분이 뒷부분으로 예제의 바탕이고 중심이 되는 부분입니다. 앞부분은 예제의 일반적인 이론을 해설한 내용이고, 뒷부분은 목, 화, 토, 금, 수 하나하나를 사실적으로 자세히 설명한 내용입니다.

부록에 목 2개(p394), 화 1개(p397), 토 3개(p404), 금 1개(p406), 수 1개(p410)의 설명과 활용이 자세히 기록되어 있으니 꼭 참고 하시기를 바랍니다. 음과 양의 성격 특성(p164), 오행성격특성의 요약(p169~175)도 참고 하시기 바랍니다.

예제27) 목 1개, 화 1개, 토 4개, 금 1개, 수1개(사주8자에 오행분포수)

토의 성질근원은 자연생태계에 적응한 생물본능(자기생존본능과 자기종족보존본능)과 사람이 만들어낸 사회생태계(도덕, 법률, 문화 환경)에 적응한 사회본능 그리고 개인발달본능(성장과 성숙)이 근원이 됩니다. 전체적인 목, 화(생물본능)와 금, 수(사회본능)의 균형과 조화가 이루어져 있습니다. (목, 화 2개=금, 수 2

개), 개인발달본능은 자신의 목표를 성취하기 위해서 목, 화 성질(생물본능)이나 금, 수 성질(사회본능)을 상황과 환경에 맞도록 전략적으로 변화를 자유롭게 합니다. 개인발달본능 토의 성질 활용과 상당히 닮았습니다.

예제27의 오행성격 구성의 강점은 토가 4개 분포 된 것입니다. 토는 오행성격 기능 활성화의 3단계 상·중·하 중의 중간단계(사주8자÷오행5자=오행 평균 분포수) 1.6개보다 최고의 높이에 가깝습니다(토 4개〉중간단계 1.6개). 이것은 토의 여러 부분 성질이 자연스럽게 상황과 환경에 맞추어 다양한 행동으로 외부에 드러나는 횟수가 많을 가능성을 미리 암시하여 알려주는 것입니다. 1개씩인 목, 화, 금, 수의 성질 활성화 정도는 중간단계보다 상당히 낮습니다(목, 화, 금, 수 1개씩〈중간단계 1.6개). 이것은 이들의 성질이 행동으로 드러나는 횟수가 중간정도보다 적을 가능성을 알려주는 것입니다.

토의 성질인 포용력과 열린 마음과 리더쉽의 활성화 정도가 최고수준에 가깝게 높습니다. 토 4개는 화 1개에게 충분한 도움을 주어 중간단계보다 상당히 낮은 화의 성질인 열정, 정열과 순발력의 활성화 정도를 중간단계 가까이 끌어 올릴 가능성이 매우 높습니다(토생화). 그리고 금 1개에게도 충분한 도움을 주어 중간단계 보다 상당히 낮은 금의 성질인 인내심, 성실함 집착심과 절제력의 활성화 정도를 중간단계 가까이 끌어올릴 가능성이 매우 높습니다(토생금). 토 4개는 목 1개에게 충분한 도움을 주어 중간단계보다 상당히 낮은 목의 욕심, 욕망, 야망과 도전정신의 활성화 정도를 중간단계 가까이 끌어올릴 가능성이 높습니다(토극목). 그리고 수 1개에게도 도움을 주어 중간단계 보다 상당히 낮은 수의 성질인 유연함, 융통성, 공감 능력과 친화력의 활성화 정도를 중간단계 가까이 끌어 올릴 가능성이 높습니다

(토극수: 상생은 서로서로 도움을 주는 관계이고 상극은 넘치는 것을 덜어주고 모자라는 것을 채워 조절하는 관계입니다).

　상생과 상극활용은 목, 화, 금, 수의 성질들의 활성화 정도를 중간단계 가까이 끌어 올려 오행의 전체적이 균형과 조화를 상당히 이룰 수 있게 하여 어느 상황이나 환경에 직면 하여도 대응할 성격들이 자연스럽게 행동으로 드러나 유능한 사회생활을 할 수 있게 합니다.

　성격은 적성(무슨 일에 알맞은 성질, Aptitude)의 밑바탕의 중요한 부분입니다. 자신의 성질 중에 강점을 더욱 활성 시키고 지속하는데 에너지와 집중이 필요합니다. 성격에 맞는 일을 하는 것은 즐겁고 행복하고 일의 성과도 뛰어납니다. 예제27 성격의 강점인 토(4개)만을 요약해서 서술하였습니다. 그리고 목, 화, 금, 수와 토 부분은 부록에 자세히 설명되어 있으니 꼭 참고 하시기를 바랍니다.

　오행의 토는 사계절이 오고 가는 동안 날씨가 뒤섞인 기간에 계절의 변화에 쉽게 적응하도록 도움을 주는 협력자 역할이 근본적인 성질입니다. 사계절 간기가 토의 성질이기 때문에 토는 목(봄), 화(여름), 금(가을), 그리고 수(겨울)의 성질을 상당부분 공동으로 가지고 있습니다. 사계절처럼 환경이 달라져도 변함없는 정직함과 의리가 있어 상대방에게 신뢰감을 줍니다. 다양한 날씨를 가진 사계절을 있는 그대로 받아들이는 토의 성질은 포용력이 매우 높습니다.(토4개) 토는 활동적이고(목의 성질) 열정적이며(화의 성질), 공감능력과 융통성(수의 성질) 그리고 인내심과 절제력(금의 성질)을 가지고 있습니다. 삶의 터전을 모든 생물에게 차별하지 않고 개방하는 열린 마음을 가지고 있습니다. 이러한 성질을 모두 갖춘 토는 리더쉽이 강렬해서 CEO가 될 가능성이 높습니다. 그리고 토의 열린 마음은 옛것과 새로운 것에 개방적인 사고를 하기 때문에 창의력이 높습니다.

목, 화, 금, 수가 각각 1개씩이지만 이들의 성질 밑바탕이 '양'이면 목, 화, 금, 수의 성질 활성화 정도가 중간단계(오행평균분포 수 1.6개) 가까이 도달할 수 있습니다. '양'의 성질은 활동적이고 능동적이며 적극적이어서 이들의 성질은 그 자신을 활성화 시킬 가능성이 있기 때문입니다. 그러나 목, 화, 금, 수의 성질 밑바탕이 '음'이면 이들의 성질 기능 활성화 정도가 최저 수준에 머물러 있기 때문에 이들의 성질 특성이 행동으로 나타나는 횟수가 매우 적습니다. 목, 화, 금, 수의 성질 기능 활성화를 높이기 위해서는 '음' 속의 '양의 씨앗' 활성화 방법의 활용이 필수충분조건입니다. 활성화 방법을 익히고 활용하는 것의 열쇠는 노력입니다. 활성화 방법은 p165~168에 자세히 설명되어 있습니다.

예제27은 토가 중심역할을 하는 성격입니다. 토는 사계절이 오고 가는 동안 날씨가 뒤섞인 기간에 계절의 변화에 쉽게 적응하도록 도움을 주는 협력자 역할이 근본적인 성질입니다. 토가 4개여서 협력자 역할을 매우 강력하게 할 수 있어서 목, 화, 금, 수의 성질을 중간단계 보다 높게 활성화 시킬 가능성이 높습니다. 포용력과 열린 마음이 토의 성질의 핵심 부분입니다. 토의 성질 안에는 목, 화, 금, 수의 성질이 모두 활성화 되어 있어 상황과 환경에 적합하게 알맞은 성격이 자연스럽게 행동으로 드러납니다. 현재 자주 사용하는 CEO(chief executive officer: 최고 경영자) 또는 지도자들의 성격입니다. 활동적이고 도전적인 목의 성격, 일에는 열정적이고 베품과 사랑에는 정열적인 화의 성격, 인내심, 냉철한 판단력과 절제력을 가지고 있는 금의 성격, 공감능력과 융통성을 가진 수의 성격이 중간단계 보다 활성화 되어 있는 것이 토 4개의 성격입니다.

회사의 CEO나 사회 여러 분야에 리더가 될 가능성이 높습니다. 누구에게나 이러한 토의 성격은 가지고 있습니다. 이 성격이 자연스럽게 활성 되어 있는 사람도 있고 활성화가 낮은 정도에 머물러 있거나, 잠자고 있는 상태의 차이가 있을 뿐입니다. 자기의 성격을 알고 있는 그대로 이해하고 성질 활성화 방법을 활용하여 몸에 익히면 목, 화, 토, 금, 수의 성격들이 상황과 환경에 알맞게 행동으로 드러날 수 있습니다. 카멜레온의 색깔변화는 자연생태계의 변화에 적응한 자기보존하는 생존기술입니다. 프로테우스 같은 (proteus: 그리스 신 포세이돈이 데리고 다니는 신으로 예언과 변신술이 능함) 인간은 21세기처럼 변화의 속도가 가속되고 있는 정보화 사회에 적합한 생존기술을 융통성 있게 활용할 가능성이 높습니다. 토 4개의 성질은 이러한 생존기술을 가지고 있는 것으로 생각됩니다. 예제 27은 사회 어느 분야에서나 지도자가 될 가능성이 있습니다.

30개의 예제에 목, 화, 토, 금, 수의 각각 설명이 중복되는 것이 많아 부록에 모아서 정리했습니다. 각 예제에 해당되는 목, 화, 토, 금, 수의 부분을 찾아 반드시 읽고 이해하셔야 합니다. 각각의 예제를 간략하게 정리한 것이 앞부분이고 부록에 있는 해당부분이 뒷부분으로 예제의 바탕이고 중심이 되는 부분입니다. 앞부분은 예제의 일반적인 이론을 해설한 내용이고, 뒷부분은 목, 화, 토, 금, 수 하나하나를 사실적으로 자세히 설명한 내용입니다.

부록에 목 1개(p393), 화 1개(p397), 토 4개(p404), 금 1개(p406), 수 1개(p410)의 설명과 활용이 자세히 기록되어 있으니 꼭 참고 하시기를 바랍니다. 음과 양의 성격 특성(p164), 오행성격특성의 요약(p169~175)도 참고 하시기 바랍니다.

예제28) 목 2개, 화 1개, 토 1개, 금 1개, 수 3개(사주8자에 오행분포수)

수와 금의 성질은 사람이 만들어낸 사회생태계(도덕, 법률, 문화 환경)에 적응한 사회본능이 첫째이고, 자연생태계에 적응한 생물본능(자기생존본능과 자기종족보존본능)이 둘째입니다. 개인발달본능(성장과 성숙)도 근원입니다. 전체적인 목·화(생물본능)와 금·수(사회본능)의 균형과 조화는 생물본능이 근원이 된 목, 화 성질보다 사회본능이 근원된 금, 수 성질 쪽으로 약간 기울어져 있습니다(목, 화 3개〈금, 수 4개). 개인발달본능은 자신의 목표를 성취하기 위해서 목, 화 성질(생물본능)이나 금, 수 성질(사회본능)을 상황과 환경에 맞도록 전략적으로 변화를 자유롭게 합니다. 개인발달본능 토의 성질 활용과 상당히 닮았습니다.

예제28의 오행성격 구성의 강점은 수 3개와 목 2개가 분포 된 것입니다. 오행성격 기능 활성화의 3단계 상·중·하 중의 중간단계(사주8자÷오행5자=오행 평균 분포 수) 1.6개보다 수는 매우 높고 목은 약간 높습니다.(수 3개, 목 2개〉중간단계1.6개) 이것은 수와 목의 여러 부분 성질이 자연스럽게 힘들이지 않고 상황과 환경에 맞추어 다양한 행동으로 외부에 드러나는 횟수가 많을 가능성을 미리 암시하여 알려주는 것입니다. 화, 토, 금의 성질 기능 활성화 정도는 중간단계 보다 상당히 낮습니다(화, 토, 금 1개〈중간단계 1.6개). 이것은 이들의 성질이 행동으로 외부에 드러나는 횟수가 중간정도 보다 상당히 적을 가능성을 알려주는 것입니다.

수의 성질인 유연함, 융통성, 공감능력과 친화력 그리고 목의 욕심, 욕구, 야망과 도전정신의 기능 활성화 정도가 중간단계보다 매우 높습니다. 수 3개는 금 1개에게 충분한 도움을 주어 중간단계보다 상당히 낮은 금의 성질인 인내심, 성실함, 절제력의 활성화 정도를 중간단계 가까이 끌어 올릴 가능성이 높습니다(수생금). 그리고 수 3개는 토 1개에게 약간의 도움을 주어 중간단계 보다 상당히 낮은 토의 성질인 포용력, 열린 마음과 창의력의 기능 활성화 정도를 중간 단계 가까이 끌어 올릴 가능성이 있습니다(수극토: 상생은 서로서로 도움을 주는 관계이고 상극은 넘치는 것은 덜어내고 모자라는 것은 채워 조절하는 관계입니다). 목 2개는 화 1개에게 도움을 주어 중간 단계 보다 상당히 낮은 화의 성질인 열정과 순발력의 기능 활성화 정도를 중간단계 가까이 끌어올릴 가능성이 높습니다(목생화). 목 2개는 금 1개에게 약간의 도움을 주어 중간단계보다 상당히 낮은 금의 성질인 인내심, 성실함, 절제력의 활성화 정도를 중간단계 가까이 끌어 올릴 가능성이 있습니다(목극금).

상생과 상극의 활용은 화, 토, 금의 성질들의 기능 활성화 정도를 중간단계 가까이 끌어 올려 오행의 전체적인 균형과 조화를 상당히 이룰 수 있게 하여 어느 상황이나 환경에 직면하여도 대응할 성격들이 자연스럽게 행동으로 드러나 유능한 사회생활을 할 수 있게 합니다. 다만 수 3개와 목 2개는 서로 도움을 주는 상생관계로 서로에게 덧셈효과를 주어 성질을 더욱 활성화시킬 가능성이 있습니다.

성격은 적성(무슨 일에 알맞은 성질, Aptitude)의 밑바탕의 중요한 부분입니다. 자신의 성질 중에 강점을 더욱 활성 시키고 지속하는데 에너지, 집중이 필요합니다. 성격에 맞는 일을 하는 것은 즐겁고 행복하고 일의 성과도 뛰어납니다. 예제28 성격의 강점인 목(2개), 수(3개)만을 차례대로 서술하였습니다.

그리고 화, 토, 금은 부록에 자세히 설명되어 있습니다. 꼭 참고 하시기를 바랍니다.

수는 주위로부터 마음의 충동과 자극을 받아도 흔들리지 않고 물처럼 천연스럽게 미지근한 행동을 하는 유연성이 높습니다. 수는 화에게서 화끈한 성질을 도움 받을 수 있어 미지근한 성질을 때로는 화끈한 성질로 조절이 가능합니다(화극수). 겸손함이 정도에 지나치고 자기주장이 거의 없어 비위만 맞추는 사람으로 보일 수 있습니다. 목에게서 자기주장과 자존심을 격려 받을 가능성이 있어 가끔 겸손함과 자기주장을 적절하게 균형을 맞추어 행동하면 진정한 겸손함으로 보일 수 있는 가능성이 높습니다(목생수). 수의 성질은 현실적 감각이 뛰어나고 사물에 대하여 객관적으로 판단하여 상황과 환경에 적응력이 높습니다. 머리 회전에 빠르고 깨달음을 바탕으로 한 정신적 기능이 높아 학자로 성공할 가능성이 있지만, 금에게서 성실성, 인내심과 집착심을 충분히 도움 받아야 학자로 성공할 가능성이 높아집니다(금생수). 수는 친화력과 포용력이 높아 인간관계가 물 흐르듯 원활합니다. 연민과 동정심이 높아 남을 돕는데 적극적이어서 타인에게 이용당할 가능성이 있어 자신과 가족에게 경제적 피해를 줄 가능성이 높습니다. 토에게 재물을 절약하는 지혜를 충분히 지원받을 가능성이 높아 가족과 자신에게 경제적 피해를 줄일 가능성이 있습니다(토극수). 남을 배려하고 상황에 따라 있는 그대로를 받아들이는 융통성이 높습니다.

목의 성질은 욕망, 야망과 도전정신이 중간단계보다 상당히 높습니다. 삶의 높은 목표를 세우고 실현하려는 의욕과 의지가 높습니다. 예비 목표를 세울 가능성도 있습니다. 목표를 수행하는데 필요한 에너지와 열정을 화에게 도움 받을 수 있습니다(화생목). 흥미와 호기심이 강렬하여 새로운 것에 머뭇거림 없이 도전합니다. 자신의 능력을 높게 평가해서 고집스럽고 비협조적인 모습을 보입니다. 수에게서 유연함과 지혜의 도움을 받아 고집을 융통성 있게 바꿀 수 있고 비협조적인 면도 감소시킬 가능성이 높습니다(수생목). 상황과 환경에 민감하게 행동하며 주변상황에 따라 카멜레온처럼 전략적으로 자신에게 유리하도록 행동합니다. 이러한 전략적인 행동이 정도에 벗어나지 않도록 금에게서 성실성을 도움 받아 조절될 수 있습니다(금극목). 출세욕과 명예욕이 강렬해 야망의 활동무대를 욕심껏 넓히려는 의욕을 제한하고 조절할 수 있습니다(토극목).

화, 토, 금이 각각 1개씩이지만 이들의 성질 밑바탕이 '양'이면 화, 토, 금의 성질 활성화 정도가 중간단계(오행 평균분포 수 1.6개) 가까이 도달할 수 있습니다. '양'의 성질은 활동적이고 능동적이며 적극적이어서 이들의 성질은 그 자신을 활성화 시킬 가능성이 있기 때문입니다. 그러나 화, 토, 금의 성질 밑바탕이 '음'이면 이들의 성질 기능 활성화 정도가 최저 수준에 머물러 있기 때문에 이들의 성질이 행동으로 드러나는 횟수가 매우 적을 가능성이 있습니다. 화, 토, 금의 성질 기능 활성화를 높이기 위해서는 '음' 속의 '양의 씨앗' 활성화 방법의 활용이 필수충분조건입니다. 활성화 방법을 익히고 활용하는 것의 열쇠는 노력입니다. 활성화 방법은 p165~168에 자세히 설명되어 있습니다.

예제28은 수와 목이 중심역할을 하는 성격입니다. 목의 욕망, 야망과 도전정신이 강렬합니다. 출세욕과 명예욕도 중간단계보다 높은 큰 꿈을 가질 가능성이 높습니다. 꿈을 이루기 위해서는 화의 열정, 정열과 순발력 그리고 금의 성실함과 집착심이 필요합니다. 화는 목과 상생관계이고 금은 수와 상생관계이어서 화와 금의 성질 기능 활성화 정도가 중간단계에 도달할 수 있어 목의 큰 꿈을 중간단계보다 약간 높은 정도로 낮추면(금극목) 성공할 가능성이 높습니다. 여기에 수의 유연함, 융통성, 공간능력과 친화력(사회본능)이 매우 높고 사회생태계에 적응력이 매우 높아(수 3개>중간단계1.6개) 사회생활을 유능하게 할 수 있기 때문에 사회 어느 분야에 진출하든 자신의 꿈을 성취할 가능성이 높습니다.

30개의 예제에 목, 화, 토, 금, 수의 각각 설명이 중복되는 것이 많아 부록에 모아서 정리했습니다. 각 예제에 해당되는 목, 화, 토, 금, 수의 부분을 찾아 반드시 읽고 이해하셔야 합니다. 각각의 예제를 간략하게 정리한 것이 앞부분이고 부록에 있는 해당부분이 뒷부분으로 예제의 바탕이고 중심이 되는 부분입니다. 앞부분은 예제의 일반적인 이론을 해설한 내용이고, 뒷부분은 목, 화, 토, 금, 수 하나하나를 사실적으로 자세히 설명한 내용입니다.

부록에 목 2개(p394), 화 1개(p397), 토 1개(p401), 금 1개(p406), 수 3개(p413)의 설명과 활용이 자세히 기록되어 있으니 꼭 참고 하시기를 바랍니다. 음과 양의 성격 특성(p164), 오행성격특성의 요약(p169~175)도 참고 하시기 바랍니다.

예제29) 목 1개, 화 2개, 토 1개, 금 1개, 수 3개(사주8자에 오행분포수)

수와 금의 성질은 사람이 만들어낸 사회생태계(도덕, 법률, 문화 환경)에 적응한 사회본능이 첫째이고, 자연생태계에 적응한 생물본능(자기생존본능과 자기종족보존본능)이 둘째입니다. 개인발달본능(성장과 성숙)도 근원입니다. 전체적인 목, 화(생물본능)와 금, 수(사회본능)의 균형과 조화는 생물본능이 근원이 된 목, 화 성질보다 사회본능이 근원된 금, 수 성질 쪽으로 약간 기울어져 있습니다(목, 화 3개〈금, 수 4개). 개인발달본능은 자신의 목표를 성취하기 위해서 목, 화 성질(생물본능)이나 금, 수 성질(사회본능)을 상황과 환경에 맞도록 전략적으로 변화를 자유롭게 합니다. 개인발달본능 토의 성질 활용과 상당히 닮았습니다.

예제29의 오행성격 구성의 강점은 수 3개와 화 2개가 분포 된 것입니다. 오행성격 기능 활성화의 3단계 상·중·하 중의 중간단계(사주8자÷오행5자=오행 평균 분포수) 1.6개보다 수는 매우 높고 화는 약간 높습니다(수 3개, 화 2개〉중간단계 1.6개). 이것은 수와 화의 여러 부분 성질이 자연스럽게 힘들이지 않고 상황과 환경에 맞추어 다양한 행동으로 외부에 드러나는 횟수가 많을 가능성을 미리 암시하여 알려주는 것입니다. 목, 토, 금의 성질 기능 활성화 정도는 중간단계 보다 상당히 낮습니다(목, 토, 금 1개〈중간단계 1.6개). 이것은 이들의 성질이 행동으로 외부에 드러나는 횟수가 중간정도 보다 상당히 적을 가능성을 알려주는 것입니다.

수의 성질인 유연함, 융통성, 공감능력과 친화력 그리고 화의 열정, 정열과 순발력의 기능 활성화 정도가 중간단계보다 매우 높습니다. 수 3개는 금 1개에게 충분한 도움을 주어 중간단계보다 상당히 낮은 금의 성질인 인내심, 성실함, 절제력의 활성화 정도를 중간단계 가까이 끌어 올릴 가능성이 높습니다(수생금). 그리고 수 3개는 목 1개에게 충분한 도움을 주어 중간단계 보다 상당히 낮은 목의 성질인 욕심, 욕망, 야망과 도전정신의 기능 활성화 정도를 중간 단계 가까이 끌어 올릴 가능성이 높습니다(수생목). 또 수 3

개는 토 1개에게 약간의 도움을 주어 중간단계 보다 상당히 낮은 토의 성질인 포용력, 열린 마음과 창의력의 기능 활성화 정도를 중간 단계 가까이 끌어 올릴 가능성이 있습니다(수극토: 상생은 서로서로 도움을 주는 관계이고 상극은 넘치는 것은 덜어내고 모자라는 것은 채워 조절하는 관계입니다). 더불어 화 2개는 토 1개에게 충분한 도움을 주어 중간단계 보다 상당히 낮은 토의 성질인 포용력, 열린 마음과 창의력의 기능 활성화 정도를 중간단계 가까이 끌어올릴 가능성이 매우 높습니다(화생토+수극토). 그리고 화 2개는 금 1개와 목 1개에게 약간의 도움을 주어 중간단계보다 상당히 낮은 이들의 오행성격 활성화 정도를 중간단계 가까이 끌어 올릴 가능성이 있습니다(화극금+수생금, 화극목+수생목).

상생과 상극의 활용은 목, 토, 금의 성질들의 기능 활성화 정도를 중간단계 가까이 끌어 올려 오행의 전체적인 균형과 조화를 상당히 이룰 수 있게 하여 어느 상황이나 환경에 직면하여도 대응할 성격들이 자연스럽게 행동으로 드러나 유능한 사회생활을 할 수 있게 합니다.

성격은 적성(무슨 일에 알맞은 성질, Aptitude)의 밑바탕의 중요한 부분입니다. 자신의 성질 중에 강점을 더욱 활성 시키고 지속하는데 에너지와 집중이 필요합니다. 성격에 맞는 일을 하는 것은 즐겁고 행복하고 일의 성과도 뛰어납니다. 예제29 성격의 강점인 화(2개), 수(3개)만을 차례대로 서술하였습니다. 그리고 목, 토, 금은 부록에 자세히 설명되어 있습니다. 꼭 참고 하시기를 바랍니다.

수의 성질은 주위로부터 마음의 충동과 자극을 받아도 흔들리지 않고 물처럼 천연스럽게 미지근한 행동을 하는 유연성이 높습니다. 수는 화에게서 화끈한 성질을 도움 받을 수 있어 미지근한 성질을 때로는 화끈한 성질로 조절이 가능합니다(화극수). 겸손함이 정도에 지나치고 자기주장이 거의 없어 비위만 맞추는 사람으로 보일 수 있습니다. 목에게서 자기주장과 자존심을 격려 받을 가능성이 있어 가끔 겸손함과 자기주장을 적절하게 균형을 맞추어 행동하면 진정한 겸손함으로 보일 수 있는 가능성이 높습니다(목생수). 수의 성질은 현실적 감각이 뛰어나고 사물에 대하여 객관적으로 판단하여 상황과 환경에 적응력이 높습니다. 머리 회전에 빠르고 깨달음을 바탕으로 한 정신적 기능이 높아 학자로 성공할 가능성이 있지만, 금에게서 성실성, 인내심과 집착심을 충분히 도움 받아야 학자로 성공할 가능성이 높아집니다(금생수). 수는 친화력과 포용력이 높아 인간관계가 물 흐르듯 원활합니다. 연민과 동정심이 높아 남을 돕는데 적극적이어서 타인에게 이용당할 가능성이 있어 자신과 가족에게 경제적 피해를 줄 가능성이 높습니다. 토에게 재물을 절약하는 지혜를 충분히 지원받을 가능성이 높아 가족과 자신에게 경제적 피해를 줄일 가능성이 있습니다(토극수). 남을 친절하게 배려하고 상황에 따라 있는 그대로를 받아들이는 융통성이 높습니다.

화의 성질은 열정적이고 정열적이며 에너지가 넘치며 따뜻함, 돌봄, 연민과 같은 감정의 본바탕입니다. 신경이 예민하여 주변의 작은 자극에도 감정이 쉽게 흔들리고 화를 내거나 분노를 쉽게 밖으로 드러냅니다. 적당하고도 적절한 때에 올바른 목적과 방법으로 화를 내거나 잠재우는 것은 금에게서 차가운 이성적 생각과 절제력의 도움을 받아 조절할 수 있습니다(금극화). 일에 열정적이고 사랑에 정열이 불타올라 타오르는 정열에 자신을 불사를 수 있습니다. 수에게서 겨울의 찬물 같은 성질을 도움 받아 불타는 정열을 중간단계로 낮추어 안정시킬 가능성이 높습니다(수극화). 눈앞의 위험과 삶의 과정에서 위기를 직면할 때 순발력을 발휘하여 위험과 위기를 벗어날 능력이 있습니다.

미래에 대한 불확실성과 주변의 곱지 않은 눈치를 보며 걱정과 불안감에 쉽게 젖어듭니다. 토에게서 화평한 마음을 도움 받아 걱정과 불안감을 감소시킬 수 있습니다(토생화). 목에게서 성취에 대한 동기와 의욕을 도움 받아 목표지향성과 성취에 대한 동기와 열정이 강화될 수 있습니다(목생화).

목, 토, 금이 각각 1개씩이지만 이들의 성질 밑바탕이 '양'이면 목, 토, 금의 성질 활성화 정도가 중간단계(오행 평균분포 수 1.6개) 가까이 도달할 수 있습니다. '양'의 성질은 활동적이고 능동적이며 적극적이어서 이들의 성질은 그 자신을 활성화 시킬 가능성이 있기 때문입니다. 그러나 목, 토, 금의 성질 밑바탕이 '음'이면 이들의 성질 기능 활성화 정도가 최저 수준에 머물러 있기 때문에 이들의 성질이 행동으로 드러나는 횟수가 매우 적을 가능성이 있습니다. 목, 토, 금의 성질 기능 활성화를 높이기 위해서는 '음' 속의 '양의 씨앗' 활성화 방법의 활용이 필수충분조건입니다. 활성화 방법을 익히고 활용하는 것의 열쇠는 노력입니다. 활성화 방법은 p165~168에 자세히 설명되어 있습니다.

예제29는 수와 화가 중심역할을 하는 성격입니다. 화의 열정, 정열과 순발력이 강렬합니다. 인생의 목표를 성취하기 위해서 목의 성질인 의욕, 욕망, 야망과 도전 정신이 필요합니다. 다행히 화와 목 그리고 수와 목이 상생관계(화생목+수생목)이어서 충분한 도움을 받을 수 있어 중간단계 인생 목표를 세울 수 있습니다. 목표 성취에 필요한 화의 열정과 순발력이 충분합니다. 다만 금의 성질인 인내심, 성실함, 집착심과 절제력의 도움이 필요하지만 충분하지 않습니다. 금의 성격은 교육과 훈련으로 몸에 익혀 습관이 될 수 있습니다. 습관이 되면 금의 성질들이 자연스럽게 무의식 중 나타나게 됩니다. 수 3개는 사회 어느 분야에서 활동하든지 유능하고 즐겁게 생활을 할 수 있는 가능성이 매우 높습니다. 화와 수의 결합은 즐거운 삶의 바탕입니다.

30개의 예제에 목, 화, 토, 금, 수의 각각 설명이 중복되는 것이 많아 부록에 모아서 정리했습니다. 각 예제에 해당되는 목, 화, 토, 금, 수의 부분을 찾아 반드시 읽고 이해하셔야 합니다. 각각의 예제를 간략하게 정리한 것이 앞부분이고 부록에 있는 해당부분이 뒷부분으로 예제의 바탕이고 중심이 되는 부분입니다. 앞부분은 예제의 일반적인 이론을 해설한 내용이고, 뒷부분은 목, 화, 토, 금, 수 하나하나를 사실적으로 자세히 설명한 내용입니다.

부록에 목 1개(p393), 화 2개(p398), 토 1개(p401), 금 1개(p406), 수 3개(p413)의 설명과 활용이 자세히 기록되어 있으니 꼭 참고 하시기를 바랍니다. 음과 양의 성격 특성(p164), 오행성격특성의 요약(p169~175)도 참고 하시기 바랍니다.

예제30) 목 1개, 화 1개, 토 5개, 금 0개, 수 1개(사주8자에 오행분포수)

토의 성질근원은 자연생태계에 적응한 생물본능(자기생존본능과 자기종족보존본능)과 사람이 만들어낸 사회생태계(도덕, 법률, 문화 환경)에 적응한 사회본능 그리고 개인발달본능(성장과 성숙)이 근원이 됩니다. 전체적인 목, 화(생물본능)와 금, 수(사회본능)의 균형과 조화는 사회본능이 근원이 된 금, 수의 성질보다 생물본능이 근원이 된 목, 화의 성질 쪽으로 약간 기울어져 있습니다(목+화=2개>금+수=1개). 개인발달본능은 자신의 목표를 성취하기 위해서 목,

화 성질(생물본능)이나 금, 수 성질(사회본능)을 상황과 환경에 맞도록 전략적으로 변화를 자유롭게 합니다. 개인발달본능 토의 성질 활용과 상당히 닮았습니다.

예제30의 오행성격 구성의 강점은 토가 5개 분포 된 것입니다. 토는 오행성격 기능 활성화의 3단계 상·중·하 중의 중간단계(사주8자÷오행5자=오행 평균 분포 수) 1.6개보다 최고로 높습니다(토 5개>중간단계 1.6개). 이것은 토의 여러 부분 성질이 자연스럽게 상황과 환경에 맞추어 다양한 행동으로 외부에 드러나는 횟수가 많을 가능성을 미리 암시하여 알려주는 것입니다. 목, 화, 수의 성질 활성화 정도는 중간단계보다 상당히 낮습니다(목, 화, 수 1개씩<중간단계 1.6개). 이것은 이들의 성질이 행동으로 드러나는 횟수가 중간정도보다 적을 가능성을 알려주는 것입니다. 금의 성질 기능 활성화 정도는 '0'개로 나타났습니다. 이것은 금의 성질이 행동으로 외부에 드러나는 횟수가 지극히 적을 가능성을 알려 주고 있는 것입니다.

토의 성질인 포용력과 열린 마음과 리더쉽의 활성화 정도가 최고수준에 가깝게 높습니다. 토 5개는 화 1개에게 충분한 도움을 주어 중간단계보다 상당히 낮은 화의 성질인 열정, 정열과 순발력의 활성화 정도를 중간단계 가까이 끌어 올릴 가능성이 매우 높습니다(토생화).

금의 성질이 외부 행동으로 거의 드러나지 않은 상태(금 '0'개)에 있는 금의 성질인 인내심, 성실함, 절제력과 집착심을 토 5개가 충분한 도움을 주어 중간단계 가까이 끌어 올릴 가능성이 있습니다(토생금). 토의 성질은 목, 화, 금, 수의 성질을 상당부분 가지고 있습니다. 토의 성질 안에 있는 금의 성질을 활성화 시킨다는 의미입니다.

토 5개가 목에게 목의 욕망과 야망을 마음껏 펼칠 수 있는 활동 무대를 적당하게 제공할 가능성이 매우 높습니다(토극목). 토 5개가 수 1개에게 도움을 주어 중간단계 보다 상당히 낮은 수의 성질인 유연함, 융통성, 공감 능력의 활성화 정도를 중간단계 가까이 끌어 올릴 가능성이 있습니다(토극수: 상생은 서로서로 도움을 주는 관계이고 상극은 넘치는 것을 덜어주고 모자라는 것을 채워 조절하는 관계입니다).

상생과 상극 활용은 목, 화(생물본능)와 금, 수(사회본능) 성질들의 활성화 정도를 중간단계 가까이 끌어 올려 오행의 전체적인 균형과 조화를 상당히 이룰 수 있게 하여 어느 상황이나 환경에 직면 하여도 대응할 성격들이 자연스럽게 행동으로 드러나 유능한 사회생활을 할 수 있게 합니다.

성격은 적성(무슨 일에 알맞은 성질, Aptitude)의 밑바탕의 중요한 부분입니다. 자신의 성질 중에 강점을 더욱 활성 시키고 지속하는데 에너지, 집중이 필요합니다. 성격에 맞는 일을 하는 것은 즐겁고 행복하고 일의 성과도 뛰어납니다. 예제30 성격의 강점인 토(5개)만을 요약해서 서술하였습니다. 그리고 목, 화, 금, 수는 부록에 자세히 설명되어 있으니 꼭 참고 하시기를 바랍니다.

오행의 토는 사계절이 오고 가는 동안 날씨가 뒤섞인 기간에 계절의 변화에 쉽게 적응하도록 도움을 주는 협력자 역할이 근본적인 성질입니다. 사계절 간기가 토의 성질이기 때문에 토는 목(봄), 화(여름), 금(가을), 그리고 수(겨울)의 성질을 상당부분 공동으로 가지고 있습니다. 사계절처럼 환경이 달라져도 변함없는 정직함과 의리가 있어 상대방에게 신뢰감을 줍니다. 다양한 날씨를 가진 사계절을 있는 그대로 받아들이는 토의 성질은 포용력이 매우 높습니다(토5개). 토는 활동적이고(목의 성질) 열정적이며(화의성질), 공감

능력과 융통성(수의 성질) 그리고 인내심과 절제력(금의 성질)을 가지고 있습니다. 삶의 터전을 모든 생물에게 차별하지 않고 개방하는 열린 마음을 가지고 있습니다. 이러한 성질을 모두 갖춘 토는 리더쉽이 강렬해서 CEO가 될 가능성이 높습니다. 그리고 토의 열린 마음은 옛것과 새로운 것에 개방적인 사고를 하기 때문에 창의력이 높습니다.

목, 화, 수가 각각 1개씩이지만 이들의 성질 밑바탕이 '양'이면 목, 화, 수 성질 활성화 정도가 중간단계(오행 평균분포 수 1.6개) 가까이 도달할 수 있습니다. '양'의 성질은 활동적이고 능동적이며 적극적이어서 이들의 성질은 그 자신을 활성화 시킬 가능성이 있기 때문입니다. 그러나 목, 화, 수의 성질 밑바탕이 '음'이면 이들의 성질 기능 활성화 정도가 최저 수준에 머물러 있기 때문에 이들의 성질 특성이 행동으로 나타나는 횟수가 매우 적습니다. 목, 화, 수의 성질 기능 활성화를 높이기 위해서는 '음'속의 '양의 씨앗' 활성화 방법의 활용이 필수충분조건입니다. 활성화 방법을 익히고 활용하는 것의 열쇠는 노력입니다. 활성화 방법은 p165~168에 자세히 설명되어 있습니다.

예제30에 금을 '0'개로 표시된 것은 금의 성질 씨앗이 근본적으로 없는 것이 아니라 내부에 깊이 잠들어 있는 상태입니다. 얕은 잠을 자고 있는 사람은 말소리만 들어도 잠을 깹니다. 그러나 깊은 잠을 자고 있는 사람은 여러 번 세게 흔들어야 잠이 깹니다. 잠은 쉬고 있는 상태입니다. 잠자고 있는 (휴면) 식물 씨앗은 외부환경조건인 수분, 산소, 온도와 같은 휴면을 깨우는 조건이 주어지면 휴면(잠)에서 깨어나 싹이 트고 싹이 땅위를 뚫고 나와 성장합니다. 이와 같은 원리로 깊이 잠들어 있는 금의 성질을 깨우기 위해서는 외부에서 반복적인 강한 자극(세게 흔듦)이 필요합니다.

가족과 사회 환경 그리고 자연환경이 이러한 자극을 만들어 냅니다. 이러한 경우는 부모가 자극이 되는 환경을 만들어 주고, 교육과 훈련을 지속적으로 해야 합니다.

맹자 어머니의 3번 이사(孟母三遷之敎)가 좋은 실제적인 예제입니다. 박지원(조선후기실학자, 문학자, 진보적사상가, 『열하일기』 등 저술. 1797~1805AD)과 정약용(조선후기실학자로 진보적 학풍 총괄, 정리하여 문학적 공적을 남김. 저서: 『목민심서』, 『경세유표』 등, 1762~1836AD)의 사주에는 금이 '0'개입니다. 그러나 두 분은 양반집에서 태어나 어릴 때부터 철저한 유교교육과 훈련으로 금의 성질인 인내심, 성실함, 절제력과 집착심을 몸에 익혀 활용한 좋은 실제적인 예제입니다.

예제30은 토가 중심역할을 하는 성격입니다. 토는 목, 화, 금, 수에게 이들의 성질이 활성화 되도록 돕는 역할을 합니다. 토가 5개여서 협력자 역할을 최고 단계로 할 가능성이 매우 높습니다. 지도자의 자질을 모두 갖춘 성격이 될 수 있어 예제30은 지도자가 될 가능성이 매우 높습니다. 한국 최고의 정치 지도자가 되신 분의 오행성격분포는 목 2개, 토 6개였습니다. 화, 금, 수는 모두 '0'개였습니다. 토 6개로부터 충분히 지원을 받을 수 있어 지도자의 자질을 갖춘 것으로 생각됩니다. 목 2개는 성공에 대한 의지가 강렬하고 출세욕과 명예욕도 매우 강합니다. 예제30은 지도자의 길을 걷는다면 지도자가 될 가능성이 높습니다. 여기에 자신의 의지(목)와 믿음(토) 그리고 끊임없는 도전(목)과 노력(금)이 필수입니다.

30개의 예제에 목, 화, 토, 금, 수의 각각 설명이 중복되는 것이 많아 부록에 모아서 정리했습니다. 각 예제에 해당되는 목, 화, 토, 금, 수의 부분을 찾아 반드시 읽고 이해하셔야 합니다. 각각의 예제를 간략하게 정리한 것이 앞부분이고 부록에 있는 해당부분이 뒷부분으로 예제의 바탕이고 중심이 되는 부분입니다. 앞부분은 예제의 일반적인 이론을 해설한 내용이고, 뒷부분은 목, 화, 토, 금, 수 하나하나를 사실적으로 자세히 설명한 내용입니다.

부록에 목 1개(p393), 화 1개(p397), 토 5개(p404), 수 1개(p410)의 설명과 활용이 자세히 기록되어 있으니 꼭 참고 하시기를 바랍니다. 음과 양의 성격 특성(p164), 오행성격특성의 요약(p169~175)도 참고 하시기 바랍니다.

6장
나이가 성격을 변화시키는가?

행복한 삶은

생물본능, 사회본능과 개인발달본능의

조화와 균형에서 만들어집니다.

삶의 과정은 몇 단계로 나눌 수 있을까?

식물의 성장과정은 씨가 싹이 튼 후에 뿌리와 줄기, 잎이 생장하고 발달합니다. 그 후에 꽃이 피고 열매를 맺습니다. 그리고 노화되고 일생을 마감합니다. '벼'처럼 우리의 일생에도 삶의 단계가 있다고 생각해서 청소년기, 중년기, 장년기, 노년기로 나누었습니다.

과거 현인들은 '벼'의 일생이 단계별로 반복되는 것처럼 사람의 일생도 비슷하게 반복되는 일생주기(life cycle)에 관심을 가지게 된 것으로 보입니다. 고대 중국의 성인 공자는 일생을 여섯 단계로 나누었습니다. 15세에 이학(而學)-배우기, 인생준비기, 30세에 이립(而立)-부모로부터 독립, 사회 구성원이 된 시기, 40세에 불혹(不惑)-삶의 목표에 매진하는 시기, 50세 지천명(知天命)-사회적 정의 실현에 어긋남이 없는지 되돌아보고, 60세에 이순(而順)-인간관계를 중요하게 여기는 시기, 70세에 종심(從心)-세상일에 초월한 자유로운 삶을 즐기는 시기로 분류했습니다.

반면, 스페인의 현인 발타자르 그라시안(Balthasar Gracian 1601~1658)은 일생 과정을 동물에 비유하여 일곱 단계로 나누었습니다. 스물은 아름다움을 상징하는 공작, 서른은 육체적, 정신적으로 힘이 절정에 달하는 시기로 사자, 마흔은 생산성이 최고인 시기로 낙타, 쉰 살을 지혜와 총명의 상징인 뱀, 예순일 때는 열린 마음으로 다른 사람들을 포용하는 개, 일흔이 되면 풍부한 경험과 지식으로 사회적 능력이 성숙한 원숭이로, 마지막 여든이 되면 사회의 시야에 벗어난 사람, 아무것도 아니다. 라고 쉽게 이해하도록 표현했습니다.

공자의 여섯 단계로 나눈 일생과정을 동북아시아에서는 2500년이 지난 근대까지도 금옥과 같이 귀중하게 여기어 신봉하는 법칙(Golden rule)으로 여겼습니다.

서양에서는 발타하르 그라시안의 일생 일곱 단계를 쇼펜하우어, 니체 등 많은 지식인들이 인용하여 널리 사람들의 대화 주제에 오르내렸습니다. 이 두 분의 인생 단계 분류 안에는 성격의 변화가 나이에 따라 이루어진다는 것이 암시 되어 있습니다.

현대에 들어서면서 많은 학자들이 사람의 일생과정을 여러 단계로 나누었습니다. 레빈슨(Levinson, D. T,1978)은 사람의 일생을 1년으로 비유해 각 단계를 봄, 여름, 가을, 겨울로 비유하였습니다(성격 발달과 심리의 이해. 박아청). 1년 4계절을 일생으로 비유하여 생각한 것은 동양의 오랜 관습이었습니다. 봄은 청춘시절 즉 청년기로 생각했습니다. 그리고 '귀 밑에 하얀 서리가 내렸으니 내 인생도 가을이 되었구나!'라는 표현은 인생이 이미 장년기에 접어들었다는 의미입니다. 오행의 성격 특성은 4계절에 맞추어져 있습니다.

공자와 그라시안은 인생 단계에 따라 성격이 다르게 나타남을 보여 주었습니다. 사람처럼 환경 변화에 예민하게 적응하는 생명체는 없습니다. '만물의 영장'이 된 것도 바로 이 적응 때문이라 생각됩니다. 나이에 맞는 행동은 사회생활에 필수적입니다. 인생의 각 단계별 적절한 성격을 이해하면 자기 발전과 성장의 토대가 될 수 있습니다. 오행성격은 사주책에 계절별로 차례를 쫓아 설명한 것이 여러 곳에 있습니다. 집필자는 이것들을 인생단계, 즉 청년기, 중년기, 장년기, 노년기에 맞추어 정리하여 쉽게 설명하려고 시도 하였습니다. 이치에 닿지 않은 내용을 꿰어 맞춘 것이라는 전문가들의 비평이 있을 수 있습니다. 독자들의 아량을 부탁드립니다.

'성격특성은 신기루 같다'는 표현이 생각납니다. 저에게 성격특성은 무지개처럼 보입니다. 어릴 적에 무지개를 만져보려고 달려가면 무지개는 저만큼 물러서 있는 것을 보았습니다. 볼 수는 있어도 만질 수는 없는 것이 무지개라는 것을 깨달았습니다. 행동을 보면 성격을 대충 알아볼 수는 있어도 성격을 만져 볼 수는 없습니다.

청소년기 '목'의 성격

인간의 성격은 일생동안 발달한다고 발달심리학자들은 주장합니다. 생물학적 발달은 대부분 청소년기에 완성되지만 심리적, 사회적 적응 능력은 노년기까지 발달하는 것으로 보고 있습니다. 현대사회 이전까지는 인간의 평균수명이 40세에 머물러 있었지만 지금은 80세에 근접하고 있습니다. 정보화 사회에 접어들어 세계의 이질적인 문화의 교류가 폭넓게 이루어져서 전통적인 가치관이나 생활양식이 하나로 융합되어가는, 지금까지 들어본 적이 없고 기대도 하지 않았던 새로운 역동적인 시대가 열려 모든 세대가 사회생활 적응에 힘겨워 하고 있습니다. 지금 세계는 문화, 문명의 과도기로 생각됩니다.

변화하는 과도기의 대처 방법은 기본 원칙에 따라 대응하는 것이 좋다고 생각됩니다. 음양오행의 성격특성요인들은 자연법칙에 근거해 사계절의 변화에 주목(注目)했습니다. 생물학적 변화는 자연의 법칙입니다. 생물학적 변화인 연령증가에 따라 5대 성격요인 모델 중에 신경성, 외향성 그리고 개방성은 거의 안정성을 유지하는 것으로 알려졌습니다. 이들 성격특성요인은 생물 본능에서 유래되었습니다. 그러나 사회적 본능에서 유래된 성실성과 친화성은 나이가 들수록 높아지는 것으로 알려졌습니다.

청년기에는 생존과 생식 본능에 따라 욕망, 야망, 그리고 정욕과 열정에 관련된 목(木)과 화(火)의 성격이 도드라지게 나타나는 시기입니다. 바로 이 청년기는 사회인이 되는 준비기간으로 봅니다. 태아기에서 유아기, 아동기 그리고 청소년기를 거쳐서 청년기에 이르러 몸과 마음이 성장하고 발달하게 됩니다. 출생 시는 23%의 성장을 보인 뇌가 7세 무렵에는 90% 성장하고 20대에 뇌의 성숙이 이루어진다고 합니다. 2~3세 때 무렵에 부모 사랑의 정도를 판단할 수 있는 것으로 보입니다. 아이가 엄마와 친근감을 표현할 때 '엄마가 세상에서 제일 좋아' 그리고 아빠와 이야기 할 때도 '아빠가 세상에서 제일 좋아'라고 합니다. 엄마와 아빠가 함께 '누가 더 세상에서 제일 좋아?'라고 질문하면 아이는 고개 숙이고 한참 생각한 후에 '엄마 아빠가 똑같이 좋아'라고 대답합니다. '엄마가 더 좋아'라고 말하고 싶었지만, 인간관계 상황에 따라 마음을 숨길 수 있는 사회적 적응 능력이 생긴 것입니다. 생물학적 사람(人, man)이 사회적 인간(人間, human being)으로 변화를 시작한 것입니다.

동양에는 '세 살 적 버릇이 여든까지 간다.'는 속담이 있습니다. 어릴 때 몸에 젖은 나쁜 습관을 늙도록 고치기가 힘들다는 뜻입니다. 세 살 때부터 사회 교육이 필요하다는 의미입니다. 3세가 되면 성격형성도 상당한 수준까지 발달 된 것으로 보입니다. '타고난 성품은 서로 비슷하다. 습관이 서로를 차이 나게 만든다.' 『논어』 17;2는 공자의 교육 철학이 담긴 말씀입니다. 아이가 부모에게 처음 거짓말한 것을 철없는 어린애의 귀여운 행동으로 생각해서 가볍게 지나치면, 거짓말은 반복되고 습관이 되어 성격으로 굳어져 건전한 청년으로 성장할 수 없습니다. 반면, '모든 행동에는 목적이 있다'는 심리학자의 주장이 있습니다. 처음 거짓말 한 것을 심한 꾸중으로 나무라면 아이는 기가 죽어 자신의 생각과 감정을 표현하는 행동이 위축될 수 있습니다. 그래서 우리 아이들의 잘못된 행동에 대해서 부모들은 사랑이 담긴 말로 타일러서 가르치면 올바른 아이로 자랄 수 있습니다.

봄철에 자라기 시작하는 어린 나무 줄기는 작은 지주목 하나를 옆에 세워 의지해 주면 비바람이 몰아쳐도 넘어지거나 부러지지 않고 곧게 자랍니다. 유년, 소년기의 지주목은 부모와 가족입니다. 지주목은 부모의 재정적 지원(수생목)과 사랑(화생목)입니다. 특히 어린이에게는 따뜻한 사랑이 필요합니다. 어린이는 가족의 사랑을 먹고 성장합니다.

우리는 소년소녀들을 '꿈나무'라고 부릅니다. 부모가 원하는 바람직한 인물이 되기를 바라는 마음의 표현입니다. 농부는 가을에 풍성한 수확을 얻기 위해 봄부터 가을까지 열심히 땀 흘려 노력합니다. 이른 봄부터 밭을 갈고 씨 뿌릴 준비를 합니다. 씨가 잘 싹이 트도록 고운 땅, 즉 묘상에 씨를 뿌리고 적당한 수분과 온도를 관리하여 싹을 틔우고 기릅니다. 밭에 옮겨 심을 시기가 되면 미리 퇴비와 비료를 뿌려 준비한 토양에 옮겨 심고 물 관리를 성실하게 합니다. 밭 토양은 묘상보다 환경이 거칠고 비바람, 찬이슬, 서리에도 적응해야 합니다. 집안에서 부모의 사랑과 보살핌을 받아온 아동이 초등학교에 입학한 것은 홀로서기 생활의 시작과 비슷합니다. 부모의 품안을 떠나 우물 안에서 우물 밖 넓은 세상에 도전한 개구리의 삶과 같습니다.

옮겨 심은 어린 나무는 새로운 땅에 적응력을 보여 새 뿌리가 나기 시작합니다. 이때 물 부족이 생길 가능성이 있습니다. 그렇다고 물을 많이 주면 침수피해 즉, 산소 부족으로 뿌리의 호흡이 곤란하여 생장에 어려움을 줍니다. 학교생활에 잘 적응하도록 부모의 보살핌은 필요하지만 지나친 보호는 자녀들이 학교생활에 적응을 하는데 오히려 어려움을 줍니다.

친구를 사귀는데 경쟁하고, 싸우고……. 사회생활의 경험과 지식을 쌓기 시작합니다. 성격이 사회생활에 중요한 역할을 하게 됩니다. 부모들이 자신들의 성격을 되돌아보면 자녀들이 타고난 성격의 많은 부분을 알 수 있습니다. 부모가 양(외향적)성격인지, 음(내성적)성격인지, 또는 음양의 성격을 비슷하게 가지고 있는지를 알면 자녀의 사회생활에 확실한 멘토 역할이 가능합니다.

또한 오행의 성격특성과 상생, 상극 활용 방법을 알면 자녀들이 초등, 중등 그리고 고등학교 생활을 무난하게 할 수 있도록 도와주고 지도해 줄 수 있습니다.

유년, 소년기는 성장하는 삶에 자신을 확장하고 실현시키기 위한 투쟁의 시기입니다. 욕망(木)과 열정(火)이 강렬해야 '목생화'(木生火) 사회생활의 시작, 즉 초등학교 생활을 수월하게 적응해 나갈 수 있습니다. 욕망(木)이 적고 유순한 소년들은 경쟁과 다툼, 싸움 그리고 규칙적인 생활 같은 것이 싫어서 학교 가기를 싫어하고, 엄마 치맛자락만 잡고 빙빙 돌려고 합니다. 소년기의 성격이 발달해 가는 기간입니다. 우리는 양(외향성)과 음(내향성) 성격을 함께 가지고 있습니다. 내향성이 우세한 소년에게는 부모의 관심과 사랑이 더 필요하고 외향성이 활성화 되도록 도와주어야 합니다. 필자가 미국 유학 시절 초등학생 정도 되어 보이는 소년, 소녀들이 조금 높은 언덕의 가파르고 위험한 곳에서 자전거를 타며 놀고 있는 것을 보고 깜짝 놀랐습니다. 시간이 흐른 후에야 도전과 경쟁을 통해서 외향성 성격을 길러 가는 미국 교육 방법임을 이해하게 되었습니다. 목의 성격이 주요하게 반영되는 자신감, 사회성, 활동성은 외향성의 핵심 부분입니다. 미국의 아이들은 도전적인 놀이를 통해서 그 사회가 선호하는 외향성을 강화하고 있었습니다.

봄 햇살이 따사로운 시기에 성장이 왕성한 나무는 물이 부족할 수 있습니다. 적당히 물을 주면 나무의 성장은 계속됩니다. 물이 나무의 성장을 돕는 것 '수생목'(水生木)입니다. 나무에게 필요한 이 시기의 물은 아이들에게는 재정적 지원을 의미합니다. 소년, 소녀들도 사회생활을 하고 있기 때문에 용돈이 필요합니다. 돈 쓰는 법을 가르쳐 주어야 합니다. 미국 부모들은 집 앞 잔디 깎기를 시키고 땀 흘린 대가로 용돈을 줍니다. 많은 학생들이 아르바이트(Arbeit, 독일어)로 용돈을 충당합니다. 몸으로 익히는 경제교육입니다. 나무가 물 없이 생장할 수 없듯이 삶을 이어가는 데는 '돈'이 필수임을 알게 되어 절약 정신이 싹트게 됩니다. '수생목'입니다. 욕망(木)과 열정(火)이 강렬한 소년, 소녀들에게 지혜와 친화성(수의 성격특성요인)을 가르쳐 몸에 익히도록 해야 합니다.

소년, 소녀시기에는 오행성격 중에 생물의 본능인 생존본능, 목(木)과 생식본능(이성 친구 만들기), 화(火)와 같은 야성적인 성격이 쉽게 드러나는 때입니다. 자기중심적 생활 태도가 강합니다. 거친 행동과 말투 때문에 또래들 간에 다툼이 쉽게 생기고 서로 말하지 않고 등 돌리는 때가 흔히 일어납니다. 인간관계에 대한 지혜와 친화성(수의성격)을 가르쳐 주어야 합니다. 이것이 또한 수생목입니다. 몸이나 마음이 약하여 학교생활에 잘 견디지 못하는 소년, 소녀도 있습니다. 또래들에게 왕따 당하기 쉽습니다. 이들에게 자존감을 심어 주어야 합니다. 선생님과 부모의 도움이 꼭 필요합니다. 태권도, 권투 같은 격투기 운동을 훈련하면 또래의 경쟁에 자신감을 갖게 됩니다. 이런 도전적인 성격은 목의 성격입니다. '목과 수'는 상생관계입니다. 유약한 '수'의 성격은 도전적인 '목'의 성격을 훈련으로 받아 들여 자신감을 가진 소년, 소녀가 될 수 있습니다. 사람은 성격대로 행동합니다.

속리산 법주사 가는 길에 거목이 된 소나무 한그루가 있습니다. 조선 왕조 7대왕 세조가 정일품 관직을 하사한 소나무로 많은 사람들의 칭송과 사랑을 받아 왔습니다. 어느 날 대통령이 되신 분이 속리산 법주사 가는 길에 정일품 소나무를 보고 자동차를 멈추게 한 후 내려서 소나무 아래를 거닐었습니다. 소나무 잎이 약간 시들어 보이고 큰 뿌리들이 땅위로 뻗어 있는 것을 보았습니다. 대통령께서 지역 관리에게 정일품 소나무 관리를 소홀했다고 호통을 쳤습니다. 대통령께서 서울로 돌아간 후 지역 관리는 거름기가 많고 부드러운 밭 흙으로 큰 뿌리까지 풍성하게 덮어 주었습니다. 그 관리는 일주일쯤 지난 후 돌아와 소나무 잎이 싱싱하게 되었을 것이라고 상상하며 소나무를 보자 깜짝 놀랐습니다. 소나무 잎이 싱싱하기는커녕 더 시들어져 있었습니다. 관리는 털썩 주저앉아 고민하고 있었는데, 하얀 백발의 도사(?)가 나타났습니다. 도사는 관리를 보고 빙긋이 웃으며 '여보게! 왜 소나무 잎이 시들어 가는 것인지 아나?' '뿌리가 땅위를 나와 물을 제대로 흡수 하지 못해서 시든 것 아니에요?' '땅을 살펴보아라! 자갈, 모래가 섞인 땅이냐? 황토가 많이 섞인 땅이냐?' '황토가 많이 섞였는데요?' '황토에서는 산소가 땅 속 깊이 들어 갈 수 없어 뿌리들이 숨 쉬려고 땅위로 올라온 것이 아니냐! 원상태로 밭 흙을 치우고 가뭄일 때는 가끔 물을 주어라!' 어린 나무는 흙의 깊이가 30cm정도로 물 빠짐이 좋은 토양에 심어야 뿌리에 산소 공급이 원활해서 생장, 발달이 순조롭게 이루어집니다. 산소는 평상시 공기의 기압이 1기압 아래에서 땅 속 30cm정도까지 들어갑니다.

우리가 재배하고 있는 대부분의 작물 뿌리는 땅속 30cm이내에 뻗어 숨쉬고 있습니다. 트렉타로 밭을 가는 깊이도 30cm이내입니다. 작물을 심거나 씨를 뿌리기 전 밭을 경운하는 것은 산소가 쉽게 땅속으로 들어갈 수 있도록 만드는 작업입니다.

'토'의 성격은 포용적이고 개방적입니다. 대지는 모든 식물과 생물들에게 차별 없이 삶의 터를 제공합니다. 아직 성장을 하고 있는 소년, 소녀들이 또래들에게 과도하게 포용적이고 개방적인 성격을 드러내면 욕심 많은 (목의 성격) 또래들에게 이용당하고 못난 사람으로 취급당할 수 있습니다. 이것이 '목극토'(나무가 땅에 뿌리를 내리고 삶)의 한 쪽 모습입니다. 물론 성년이 되었을 때는 주위사람에게 칭찬 받을 수 있는 성격이 됩니다. 이때는 '토극목'(토가 목의 성격조절)이 됩니다. 같은 상극이라도 시기에 따라 다르게 활용됩니다. 시의적절(時宜適切) 그 때 그 때의 일이 형편이나 까닭에 꼭 알맞음이 있습니다.

어린 나무가 생장할 때는 원 줄기와 곁가지들도 함께 우거져 자랍니다. 몇 년이 지나고 나면 나무 종류에 따라 겉모습이 달라집니다. 은행나무처럼 키가 60m까지 자라는 나무의 원줄기는 힘차게 자라지만 곁가지들은 자람이 둔화됩니다. 사과나무는 원줄기에 나온 곁가지들이 원가지와 비슷하게 자랍니다. 철쭉은 원줄기 곁에서 여러 개의 가지가 돋아나 가지들이 무성하게 자랍니다. 농부는 키우는 나무들의 형태를 알고 있어서 용도에 맞추어 가지치기, 가지 솎음, 전정을 합니다. 재목을 생산할 목적이라면 곁가지치기, 가지 솎음을 열심히 해서 재목 생산에 햇볕에너지가 모아지도록 기릅니다. 사과의 생산을 늘리고 고급화하려면 사과나무를 심은 지 몇 년 후에 원줄기와 곁가지 생장을 가지치기와 가지 솎음으로 조절해서 곁가지들에게 생기는 작은 가지들을 키워 많은 사과가 열리게 합니다. 철쭉 같은 관상식물은 관상 용도에 따라 줄기의 끝을 전정(줄기 끝을 자름)합니다. 그래야 작은 곁가지들이 많이 나와 그곳에서 꽃봉오리가 맺히므로 많은 꽃을 피게 할 수 있습니다.

소년, 소녀 시절에는 꿈이 많습니다. 축구 경기를 구경 가면 축구 선수가 되고 싶고, 야구 경기를 구경 가면 야구 선수가 되고 싶어 합니다. 팝, 가수들의 공연장에 가면 팝가수가 되고 싶고 미술 전시회에 가면 화가가 되고 싶어 합니다. 국회의원, 장관, 장군 그리고 대통령도 되는 꿈도 꾸게 됩니다. 소년, 소녀시절의 꿈이 많다는 이유로 부모들이 꿈을 조절하려는 경향이 있습니다.

조절이 가능할까요? 꿈을 조절하는 시기가 적당할까요? 소년, 소녀시절의 자녀들은 성장하고 있는 시기입니다. 성격도 사회생활에 맞추어 적응하여 형성되고 있을 때입니다. 소년, 소녀의 미래는 은행나무, 사과나무와 철쭉처럼 성장 후 형태가 정해져 있지 않습니다. 우리의 유전자는 운동선수, 예술인, 정치인이 될 수 있는 잠세력(潛勢力, potentiality)을 가지고 있습니다. 이러한 잠세력이 현실에서 실현되는 것은 환경과 본인의 의지 등 많은 요인이 협력해야 이루어질 수 있습니다. 각 분야에 '스타'가 되는 것은 쉬운 일이 아닙니다. 소년, 소녀시절의 꿈들을 부모가 원하고 있는 꿈으로 조절해 버리면 자녀의 꿈은 모두 잘려지고 자기를 잃어버려 부모가 시키는 대로 부모의 인생을 대신 살아가는 꼴이 됩니다. 꿈을 잃은 자녀들은 수동적이 되고 방황할 수밖에 없습니다. 그들이 꿈을 가질 때 꿈은 인생의 목적지로 가는 길을 안내합니다.

목과금은 상극관계입니다. 톱이나 전지가위로 어린 나뭇가지를 자르는 것은 어린나무의 앞날을 망치게 할 가능성이 높습니다. 어린나무에게는 잘려나간 가지의 상처로 생장이 멈출 수도 있고, 심하면 죽을 수도 있습니다. 가지치기는 시기가 중요합니다. 가지치기를 감당할 수 있는 시기를 결정하는 것은 농부의 몫입니다. 부모들은 자녀들이 많은 꿈들을 실현하려고 노력하는 경험을 가지도록 많은 기회를 만들어 주어야 합니다. 꿈에 대한 경험과 지식이 축적되면 자연스럽게 자신의 여러 꿈들을 스스로 정리할 수 있게 됩니다. 그것은 청년기가 되어서야 비로소 가능합니다. 소년은 소년다워야 하고 청년은 청년다워야 합니다. 소년 때 꿈을 스스로 조절한다면 애-늙은이가 되기 쉽습니다. 아이와 노인에게는 열정의 차이가 있습니다. 열정은 생장의 에너지입니다. 애-늙은이는 꿈을 이루려는 열정이 부족할 수 있습니다.

야망이 큰 목의 성격은 화의 성격인 열정과 토의 성격인 포용과 개방성을 적당한 수준으로 받아들여야 자신의 야망을 펼 수 있습니다. 오행으로 표현하면 목의 큰 야망을 성취시키는 에너지인 열정(화생목)입니다. 순조로운 성취의 조건인 포용과 개방이 필요합니다(토극목). 여기서 적당한 수준은 넘치지도 않고 모자람도 없는 중용을 의미합니다.

소년, 소녀의 성격은 차가운 금의 성격과 물처럼 유연한 수의 성격보다 야망 있는 목의 성격과 열정이 있는 화의 성격이어야 자연스럽습니다. 금과수의 성격은 인위적입니다. 자연스러운 행동에는 야성이 있고, 인위적인 행동에는 사회생활에 필요한 교양이 있습니다. 야성과 교양의 균형은 청년기에 시작해서 중년기에 이루어집니다.

청소년기 '화'의 성격

따뜻한 봄볕에너지에 모든 생물이 겨울잠에서 깨어나 꽃눈과 잎눈은 두터운 겨울 외투를 벗고 꽃과 잎으로 성장합니다. 성장은 삶과 동의어입니다. 어린아이들은 손을 뻗어 잡히는 물건을 움켜쥐어 입으로 먹으려 합니다. 소년, 소녀시절은 사람의 일생 중에서 성장이 가장 왕성합니다. 성장에 대한 욕망이 강하고 주위 환경의 자극에 대해서 민감하게 반응합니다. 매우 충동적입니다. 이러한 충동은 생존기작(survival mechanism)입니다. 성질은 타고나지만 성격은 성질이 환경에 적응하며 형성됩니다. 어린이 때는 성질대로 환경자극에 반응하고 행동하지만 소년, 소녀로 성장하면서 성격이 형성되어 청년기에 거의 완성되지만 완성된 성격도 고정되어 있는 것이 아니라 노년기까지 나이와 환경에 따라 변화되는 것으로 알려졌습니다.

성장을 욕망하는 성격은 '목'(木)이고 성장에 대한 예민함과 열정은 '화'(火)의 성격입니다. 삶에 대한 욕망이 약하면 열정도 오래가지 못합니다. 욕망(木)이 강렬해야 열정(火)도 강해지고 열정이 강하면 약해진 욕망도 살아날 수 있습니다. 이것이 '목'과 '화'의 성격 상생관계입니다. 어린이에서 소년, 소녀 시기까지는 거의 생물의 본능인 '목'과 '화'의 성격이 두드러지게 나타납니다. 사회적 본능의 성격인 '금'과 '수'는 사회생활에서 얻은 경험으로 청년기에 서서히 형성되어 중년기에 거의 완성되지만 노년기까지 변화를 반복합니다.

꿈이 많으면 (목이 2개 이상 될 때 나타날 확률이 높음) 열정이 여러 개의 꿈으로 나누어져 열정이 약화 됩니다. 소년, 소녀시절의 여러 개의 꿈은 낭만적이어서 구체적인 계획이 없기 때문에 열정이 분산되는 경우는 많지 않아 염려할 필요는 없습니다. 청년기가 되어야 꿈의 실현을 위한 구체적 계획을 세우고 준비하게 됩니다. 꿈을 선택하고 열정을 다해 집중해야 꿈을 이룰 가능성이 높아집니다. 이루고 싶은 여러 개의 꿈 중에 하나를 선택하는 것은 괴로운 일입니다. 꿈을 포기하는 것은 아픔의 대명사입니다. 아픔은 성장의 진통입니다. '아프니까 청춘이다.'라는 말은 동감이 갑니다. 괴로움과 아픔을 위로 받을 수 있는 멘토가 필요합니다. '화'와 '금'은 상극관계, 즉 멘토의 관계입니다. '금'의 합리적 사고와 판단, 강한 의지력 그리고 집중력을 받아들이면 선택의 괴로움과 포기의 아픔을 위로 받을 수 있습니다. 금의 합리적인 사고와 의지가 꿈들에 대한 열정을 조절하는 것을 '금극화' 즉 상극이라고 말합니다.

천둥, 폭풍, 홍수, 태풍 같은 자연계의 드라마처럼 통제하기 힘든 정열의 화산을 분출시키고 욕망의 홍수를 드러내는 것은 청소년기의 성격입니다. 이 시기는 자기 성장과 자신의 주체성을 강하게 의식할 때입니다. 생명의 기본 원리인 생존에 대한 욕망(木)과 생식에 대한 정열(火)이 자기를 표현하는 행동으로 자주 나타납니다. 그러나 사회생활을 경험하면서 사회생활에 적응하기 위해 인간의 근본적 원동력인 욕망(木)과 성적 충동(火)표현은 겉으로는 줄어들지만 내부에는 그대로 존재합니다. 내부에 웅크리고 있는 생물본능은 밖으로 나오는 출구를 찾으려고 노력합니다. 다행스럽게도 주위에 멘토가 있어 청소년들의 마음을 알아채고 이들에 출구를 마련해 주면 위기를 벗어날 수 있습니다. 그렇지 못할 경우 우울증, 불안장애를 겪을 수 있습니다.

2019년 초, 중학교 2학년 A양이 자기 방에서 자해 행위를 했습니다. 부모가 물어도 침묵만 했던 A양은 상담교사에 속마음을 털어 놨습니다. '부모님은 오직 공부만 하라고 몰아세우기만 할뿐 제 이야기는 전혀 들어주지 않습니다. 오직 제 마음을 이해해주고 감싸주는 사람은 제 남자 친구뿐이었습니다. 그런데 제 남자 친구가 다른 여자 친구가 생겼는지 헤어지자고 했습니다. 정신적으로 무너져 버린 것 같았습니다. 눈앞이 깜깜해지고 이 넓은 세상에 홀로 남겨진 거 같았습니다. 방 밖으로 나서기가 불안하고 방안에 홀로 있는 것은 외롭고 우울했습니다.' 보고서에 따르면 2015년 우울증으로 병원 치료를 받은 19세 이하 청소년들은 2만 3,771명이었던 것이 2018년에는 4만 3,739명으로 늘었습니다.(조선일보, 2019년 5월 18일자 사회면에서 인용) 홀로 우울함과 정신불안장애에 고통 받고 있는 청소년들이 얼마나 많은지 헤아리기가 어렵습니다.

　무한 경쟁이 현실화된 정보화 사회에서 미래를 보장할 수 있는 길은 학교 공부뿐이라고 대부분의 부모들은 믿고 있습니다. 그런데 그 공부가 시험 준비를 잘해서 성적을 올리는 데만 올인 하고 있는 것이 현실입니다. '행복은 성적순인가요?'라는 비웃는 말이 유행한 적이 있었습니다. 기성세대들에 대한 소극적인 저항 표현입니다. 청소년들은 시험 점수가 그들의 미래를 보장한다고 믿지 않고 있다는 의미입니다. 청소년들이 미래의 꿈을 키우고 성취하기 위해 지식을 배우고 몸에 익히는 교육이 아니라 입시 교육에만 몰입하는 교육현장이 되었습니다. 청소년들은 대학입시 지옥에서부터 취업시험 지옥에 갇혀 신음하고 있습니다. 인간 정신발달과 성격을 대상으로 하는 인성(人性)교육이 제대로 이뤄지지 않고 있습니다. A양처럼 남자 친구와의 관계가 위기에 직면했을 때 해결하는 방법을 아무도 가르쳐 주지 않았습니다. 생존 본능과 생식 본능은 삶을 성장시키고 이어가는 수레의 두 바퀴와 같습니다. 한 바퀴가 고장 나면 수레는 멈출 수밖에 없습니다. 생식 본능을 아름답게 표현한 것이 남녀 간의 자연스러운 사랑입니다. 사랑은 정열에서 비롯되고 정열은 화의 성격입니다. 정열(pathos)과 열정(passion)은 주요한 화의 성격으로 이들을 조절할 수 있는 금의 성격 능력이 필요합니다.

행동하기 전에 잠시 조용히 앉아서 생각하는 침착성과 인내심을 길러야 합니다. 침착성과 인내심은 금의 성격입니다. 화는 금으로부터 침착성과 인내심을 받아들이는 것이 '금극화', 즉 상극관계입니다. 금의 성격은 사회생활에 적응하는데서 비롯되었습니다. 꾸준한 노력과 몸에 익힘이 필요합니다. 아는 것으로 그치면 소용이 없습니다. 아는 것을 행동으로 익히고 실행해야 그 성과를 볼 수 있습니다. 정열과 열정의 강도가 높은 성격의 소유자는 에너지가 넘쳐서 일처리를 대충 대충하는 경향이 있습니다. 금의 성실함과 침착함을 받아들이는 훈련이 필요합니다. '금극화'의 상극관계이기 때문에 노력하면 쉽게 해결될 수 있습니다. 화의 성격이 예민하기 때문에 외부 자극에 즉각 반응하는 순발력이 있습니다. 사회가 역동적으로 변화하는 환경에서 순발력이 금의 성실성과 협력이 되면 유능한 일꾼이 될 수 있습니다.

청소년기 '토'의 성격

1950년대 초등학생들은 봄이 오면 전교생이 보리밟기 운동에 동원됩니다. 선생님은 학생들을 일렬로 세우고 조심스럽게 보리 잎을 밟고 지나가게 했습니다. 짓이기지 않도록 주의를 시켰습니다. '선생님! 보리 잎들을 밟아버리면 아파서 죽을 텐데 왜 밟아요?' '좋은 질문이구나! 보리는 겨울을 지내는 동안 땅이 얼어 서리발이 서면 뿌리가 서리 발과 함께 땅 위로 솟구쳐 뜨게 된단다. 그러면 뿌리가 땅 속의 물을 흡수하지 못해 목말라 죽을 수가 있겠지? 그래서 이렇게 조심스럽게 밟아주면 뿌리가 땅속과 잘 접촉되어 물을 마실 수 있게 되고 따뜻한 봄볕을 받으며 무럭무럭 자랄 수 있단다.' '5월이 오면 보리그을음도 할 수 있겠네! 야 신난다.'

대부분 식물은 땅에 뿌리를 내리고 삽니다. 만물이 땅위와 땅속에서 생활합니다. 땅은 만물을 차별하지 않고 포용하고 삶의 터전을 내어줍니다. 나무들이 자연스럽게 자라는 거친 산, 토양도 있고 작물을 재배하는 논, 밭 토양도 있습니다. 거친 토양에서 생존, 생장하는 나무와 풀들은 인간의 원시인들의 생활과 닮았고 논, 밭에서 재배되는 작물들은 문명인들의 생활을 닮았습니다. 야생에서 자라는 식물들은 스스로 생존하며 능력을 갖추고 생장하고 발달합니다. 그러나 작물들은 생존 능력보다는 사람의 필요에 맞도록 개량했기 때문에 농민의 보호 없이 자연 환경에서 생존, 생장 그리고 번성하기가 쉽지 않습니다.

대부분의 청소년들은 기름지고 관개시설이 잘 되어 있는 논, 밭과 같은 부모와 가족이 있는 환경에서 성장하고 있습니다. 반면, 기름지지 못한 땅과 관개시설이 없는 메마른 야생의 토양에서 자라는 나무와 같이 자신의 힘으로만 꿋꿋하게 성장하고 있는 청소년들도 있습니다.

청소년이 소나무나 은행나무처럼 큰 나무가 될 성질을 가지고 태어나는지 또는 장미, 철쭉과 보리, 벼처럼 남을 위해 봉사하고 희생하는 성질인지 구별하여 자녀를 키우는 것이 중요합니다. 소나무와 은행나무처럼 자기 성장을 향한 큰 꿈을 가진 청소년들은 산과 같이 거칠고 기름지지 않는 땅과 수분도 비에 의지하며 다른 나무들과 햇볕을 경쟁하여 생장하는 환경이 그들의 꿈을 이루어지게 하는 좋은 환경입니다. 장미나 보리처럼 작고 아름다운 꿈을 가진 청소년들은 논, 밭과 같이 개간되고 보호되는 토양과 같은 환경을 마련해 주어야 제대로 성장, 발전할 수 있습니다.

봄철을 맞이하는 보리는 뿌리가 밭 토양과 밀착되어야 봄볕에 말라 죽지 않고 생장할 수 있습니다. 보리(木)와 밭 흙(土)의 관계는 상극관계입니다. 밭 흙은 보리에게 성장의 터전를 마련해주고 보리는 풍성하게 생장해서 밭 흙의 역할을 크게 향상시킵니다. 어린이에게 가족은 사회에 적응해 가는데 밭과 같습니다. 보리가 땅속으로 뿌리를 뻗어 내리고 보리의 잎과 줄기가 자라게 하는 것은 따뜻한 봄볕입니다. 봄볕은 어린이에게 가족의 사랑입니다. 봄볕은 화(사랑)이고 밭 흙(토)은 가정입니다. 이것의 관계는 '화생토' 상생관계입니다. 어린이의 생활공간은 가정이고 가족의 사랑으로 무럭무럭 성장합니다.

봄비가 내리면 보리는 쑥쑥 자랍니다. 그러나 봄 가뭄이 있으면 성장이 더디고, 계속되면 보리가 말라 죽을 수도 있습니다. 물은 보리의 생존과 생장에 필수 조건입니다. 집이 가난하여 성장에 필요한 음식물을 제공 받지 못한 어린이는 영양실조로 생장이 더디고 심하면 생명을 잃을 수도 있습니다. 명리학에서 물은 '돈' 즉 재물을 표현합니다. 흘러가는 물은 제방을 쌓아 저장해서 필요할 때 사용합니다. 물과 제방(토양)은 제방이 물을 조절하는 상극관계, '토극수'입니다. 어린이가 청소년으로 성장하는 데는 재정적 지원이 필수적입니다. 재정적 지원은 가족의 몫입니다.

반면, 봄에도 장마가 있습니다. 물이 잘 빠지지 않는 밭은 침수피해를 입어 보리의 생장이 더디거나 심하면 뿌리가 산소 부족으로 호흡이 어려워져 죽을 수도 있습니다. 청소년이 성장하는데 재정적 지원은 필요하지만(토극수), 필요 이상을 지원할 때는 봄장마처럼 보리에 피해를 주어 보리를 죽일 수 있는 것처럼 청소년의 정상적인 성장을 막아 청소년의 일생을 고난의 길로 몰아넣을 수 있습니다. 이런 경우는 '수극화'의 한 쪽 면입니다.

오래된 밭 토양은 지기(地氣:토양 중의 공기, 산소가 적고 탄산가스, CO_2 많음)가 떨어져 몇 년마다 황토 같은 야생의 토양을 객토하여 토질을 개량해야 작물 생장에 도움이 됩니다. 토양입자가 작은 덩어리로 만들어져야 토양의 작은 덩어리 사이사이에 산소가 들어갈 공간이 생깁니다. 이 역할을 황토가 하게 되고 지력(地力.토양의 생산력)이 회복됩니다. 비옥한 토양인 경작지 토양에 거름기가 거의 없는 황토를 넣는 것은 비옥도를 떨어트린다고 걱정하고 근심할 수 있습니다. 그러나 아무리 비옥도가 좋은 토양이라도 토질이 개선되지 않으면 작물의 생장은 더디게 마련입니다. 우리는 문명화 된 사고에 습관화되어 있습니다. 전통적인 사고에서 벗어나면 이단자, 또는 정신장애자로 취급될 수 있습니다. 천재들이 대부분 전통적인 사회에 적응하기 어려운 이유입니다. 청소년 때에는 전통이나 권위에 도전하는 경우가 흔히 있습니다. 이때 부모들은 그들의 창의적인 사고를 펼칠 수 있는 환경(밭 흙에 황토를 넣는 것)을 만들어 주어야 합니다. 문제 해결에 여러 가지 가능한 해답을 내놓을 수 있는 경험을 쌓도록 해야 합니다. '토'의 개방적인 성격이 여기에 해당합니다. 청소년들에게 사고의 자율성을 받아들이고 호기심을 자극하고 상상력을 북돋워 도전할 기회를 만들어 주어야 합니다. 청소년들은 새로운 것을 탐구하고 개척하고 모험을 추구하는 경향이 있습니다. 기성세대들은 이러한 청소년의 성격을 이해해야 합니다.

청소년기 '금'의 성격

Abraham Maslow박사는 인간의 욕구를 7단계가 있다고 제안했습니다. 생리적 욕구, 안전 욕구, 소속감과 사랑에 대한 욕구, 인정받으려는 욕구, 그리고 자기실현에 대한 욕구입니다. 이 이론에 대한 다른 의견도 있습니다. 대부분의 사람들은 계단을 오르듯 낮은 차원의 욕구에서 점차 높은 차원의 욕구를 향해 단계적으로 상승하는 것이 아니라 서로 다른 욕구 사이를 옮겨 다니거나, 동시에 서로 다른 욕구들이 나타난다고 합니다. 식욕과 성욕 같은 생리적 욕구와 안전, 즉 생존에 대한 욕구는 목의 성격에서 나타납니다. 소속감과 사랑에 대한 욕구는 화의 성격으로 나타납니다. 인정을 받으려는 욕구는 사회의 구성원이 되는 것만으로 만족하지 않고 다른 사람에게 자신의 능력을 인정받기를 바라는 욕구입니다. 사회에서 높은 평판을 받고 싶어 하고 사회적 높은 지위와 명성을 얻고자 하는 욕구입니다. 이 욕구가 금의 성격에서 나타납니다.

인간 사회는 사람이 만든 생태계입니다. 원시인들은 자연 생태계에 적응하여 수렵채집의 삶을 이어갔습니다. 이들의 삶은 순간순간 발생하는 자극(옆을 지나가는 사냥감, 돌발적인 맹수의 공격, 예기치 않았던 타인의 공격으로 소속된 구성원의 죽음 등등)에 즉각 대응해야 하는 일들의 연속이었습니다. 이 시기처럼 불안전하고 뜻밖의 사건이 돌발되는 시대는 생각하고 행동을 취하는 것(금의 성격)이 아니라 충동적이고(화의 성격), 활기차고(목의 성격), 육체적으로 잽싸게 반응할 수 있었던 사람들이 자연 생태계에 적응력이 높아 생존력이 좋았을 것입니다. 청소년의 성격은 수렵인 들의 성격과 비슷합니다. 충동적인 욕망(목의 성격), 격렬한 충동(화의 성격)을 상황에 따라 신속하게 행동으로 순발력을 보여줍니다.

그러나 안정적이고 예측 가능한 현대사회에서는 개인들이 자신의 목표를 세우고 실현하기 위한 생활 스케줄에 따라 자신이 선택했거나 주어진 일에 최선을 다하는 성실한 성격을 가진 사람이 높이 평가됩니다. 성실한 사람은 부지런하기 때문에 직장에서 소중히 여기는 직원이 될 수 있습니다. 학교에서 공부를 잘하는 학생들의 성격입니다. 「토끼와 거북의 경쟁」 우화에서 쉬지 않고 열심히 기어가 승리하는 거북이가 금의 성격인 성실과 근면의 표본입니다. 거북이는 토끼처럼 달릴 수 있는 능력을 가지지 못한 것을 부끄럽게 여기지 않습니다. 자신의 삶 전선에서 성실성을 제일 앞에 배치하는 사람은 열등의식, 우울증, 신경쇠약 같은 신경계 질환이 찾아올 시간을 주지 않습니다.

그러나 청소년 시절에는 수렵인을 닮은 것이 더 자연스럽습니다. 초등학교 일학년에 입학하던 날 초등생들은 한없이 자유롭습니다. 반면 6학년 졸업식 때는 대부분 학생들이 사회의 규칙과 도덕에 상당히 규격화된 모습을 보입니다. 성격의 성실성은 현대사회에 적응해 가는 과정에서 강화 된 것입니다. 사람에 따라 차이가 있지만 청년기가 끝날 무렵 대부분 사람은 사회생활에 적응할 정도의 성실성을 가지게 됩니다.

성실한 젊은이는 자기 자신에 진실하려고 노력합니다. 성실성은 자아발전의 기회를 제공합니다. 자아발전을 열망하는 젊은이는 인내심과 끈기를 가지게 됩니다. 수렵시대와 다르게 현대는 미래에 대한 예측이 가능합니다. 치밀한 계획을 세워 노력하면 인내심과 끈기가 훨씬 더 증가합니다. 목표 달성을 위한 스케줄에 따라 일상생활도 합니다. 성실성이 지나치게 높아지면 완벽주의와 집착의 기질이 강화됩니다. 또 자기의 욕망, 충동, 감정 따위를 의지의 힘으로 억눌러 이기는 사람이 되기 쉽습니다. 개방성과 포용성인 토의 성격을 받아들여야 합니다. 이것은 '토'와 '금'의 서로 미흡한 점을 보충해 주는 관계로 상생관계의 활용입니다. 또한 수의 유연성과 융통성을 받아들여야 금의 성격이 빛이 날 수 있습니다. 이것이 금의 완벽주의와 고집불통의 성격에서 유연성과 융통성을 보충해주는 수와금의 상생관계입니다.

중, 고등학교와 대학교 시절, 성실한 청소년은 학교 공부에 열중하여 좋은 성적을 올리는 것이 중요한 목표였습니다. 대학 졸업 후 세상에 나오면 갑자기 그 다음 목표가 불투명해져서 마음의 혼란을 겪을 수 있습니다. 저의 젊은 시절 최대 목표는 유학 가서 박사학위를 취득하고 교수가 되는 것이었습니다. 막상 교수가 되는 목표가 이뤄지자 마음이 허탈해져 상당기간 일이 손에 잡히지 않은 경험을 했습니다. 청년기, 중년기 그리고 장년기 단계로 일생의 목표를 나누어 계획해 두면 중단 없이 자신의 목표를 향해 전진 할 수 있습니다. 이러한 장기 계획은 자신의 야망에 따라 세워져야 합니다. 청년기까지 일생의 목표를 세울 수 있다면 행운입니다. 목(야망)과 금(성실)은 상극관계입니다. 야망이 크다면 성실하게 인내심을 가지고 끈기 있게 이루어 나갈 수 있습니다. 야망은 굳건한 의지를 가지게 하고 의지는 끈기를 가지게 합니다(상극은 넘치는 것을 덜어내고 모자라는 것은 채워 조절하는 관계입니다).

젊은이들은 직감에 따라 느낌에 따라 충동적으로 행동을 하는 때가 많습니다(화의 성격). 어떠한 외부 자극에 의하여 순간적으로 몸을 움직여 곧 힘을 낼 수 있는 능력이 있습니다. 수렵인의 성격이 그들의 내부에 살아 움직이고 있습니다. 이솝 우화 중에 베짱이를 닮았습니다. 저는 대학 정문 바로 옆에 있는 아파트에 살았습니다. 음식점, 카페, 노래방, 여러 종류의 놀이 시설 등이 학교 앞에 모여 있어 젊은이들을 쉽게 접할 수가 있었습니다. 젊은이들이 항상 넘쳐나고 축제 분위기가 계속되는 곳입니다. 그곳에는 취업 걱정, 경제 불황 같은 삶의 고난이 없는 것처럼 보였습니다. 오늘을 즐길 수 있는 것이 젊은이의 특권처럼 보였습니다. 청춘을 담보하고 미래를 위해서 개미처럼 살아왔던 저와 같은 세대에게 오늘을 만끽할 수 있는 삶을 보낼 수 있는 지금의 젊은이들이 한편으론 걱정도 되지만 부럽기도 합니다.

어떤 심리학자는 '개미의 정신세계와 베짱이의 정신세계는 모두 최선의 이익을 추구하지만 다만 시간대가 다를 뿐이다'라고 주장하였습니다. 물론 이솝우화의 근본 취지는 개미를 본받아 항상 미래를 대비해야한다는 것입니다. 베짱이는 단기 이익을 취했고 개미는 장기 이익을 택했습니다. 이 우화는 기원전 6세기 노예로 살다가 자유인이 된 이솝에 의해 쓰여 졌습니다. 이솝이 후세들에게 말해주고 싶었던 진짜 내용은 무엇일까? 필자의 생각엔 노예생활은 하루하루 고된 삶의 연속이었지만 배 굶는 일은 없었고, 자유인이 되었을 때는 자유를 즐길 수는 있었지만 그 생활은 배고픔이 걱정되는 삶이라는 것을 경험하고 '어떤 삶이 진정한 인간의 삶일까요?'라는 질문을 던진 것 같습니다.

지금 젊은이들은 인류 역사상 가장 풍요롭고 개인의 자유가 보장된 시대에 살아가고 있습니다. 이런 시대에 젊음을 즐길 수 있는 것은 당연한 것처럼 보입니다. 그러나 베짱이처럼 즐거움에 몰두하고 미래를 준비하지 않으면 그들의 장래는 어떻게 될까요? 그들은 자신의 미래에 대한 꿈이 없는 것일까요? 기성세대의 눈으로 세상을 보면 젊은이들의 미래를 걱정하는 것은 당연합니다. 지금은 정보화 시대입니다. 젊은이들은 정보를 모으고 활용하는 방법도 기성세대보다 빠르고 넓습니다. 장기적인 보상에만 매달려 일생을 일만하는 삶을 살아가는 기성세대를 보며 젊은이들은 오히려 연민의 정을 가집니다. 그들은 베짱이와 개미의 우화를 깊이 이해하고 자신들의 삶에 활용하는 것으로 보입니다. '노세 노세 젊어서 놀아 늙어지면은 못노나니 화무는 십일홍이요 달도 차면 기우나니라 얼시구 절시구 차차차'는 한국가요 '노래 가락 차차차'입니다. 베짱이의 삶과 개미의 삶의 균형을 유지하는 것이 삶의 행복이라는 것을 노래하고 있습니다. 베짱이의 삶은 감성적인 화의 성격이고 개미의 삶은 이성적인 금의 성격입니다.

장기적 이익을 보상 받기 위해 일에만 매진하고 집착하는 금의 성격을 가진 사람은 화의 성격처럼(단기이익) 삶을 그 때 그 때 즐겨 장기이익과 단기이익의 균형을 맞추어야 후회 없는 일생이 될 수 있습니다. '금과화'는 상극관계로 서로 조절 할 수 있는 사이입니다. 젊은이들은 이미 개미의 장기이익 보상과 베짱이의 단기이익 보상의 균형이 중요함을 기성세대보다 빠르게 느끼고 실행하는 것으로 생각됩니다. 청소년들이 감각적 쾌락에 끌리지 않도록 기성세대들의 교육을 저항 없이 받아들여 사회에 순응해 젊음을 상징하는 베짱이의 즐거움을 맛보지도 못하고 성인이 되어버린다면 안타까운 일입니다. 세계의 무대에서 환호 받는 방탄소년단들의 능력은 '노래 가락 차차차'에서 보여준 베짱이 같은 한국인의 삶에 대한 태도에 근본이 있다고 언급한다면 저의 주장을 무리하게 내세우려는 편견일까요?

청소년기 '수'의 성격

꾸불꾸불한 좁고 험한 언덕길에 늙은이가 한발 한발 힘겹게 수레를 끌고 가고 있습니다. 한 참 뒤에서 젊은이가 바쁘게 수레를 끌고 왔으나 늙은이가 끄는 수레에 막혀 올라갈 수가 없었습니다. 언덕 위까지는 멀지 않았지만 늙은이의 수레가 올라가는 데는 꽤 시간이 걸릴 듯 보였습니다. 뒤에서 보던 젊은이가 잠깐 생각하다가 늙은이가 끄는 수레를 뒤에서 밀어주어 어렵지 않게 노인의 수레가 언덕 위까지 올라왔습니다. '젊은이 참으로 고맙구먼!' 노인도 청년의 수레를 밀어 주어 빠르게 언덕 위에 올라갔습니다. 우리는 때때로 공동의 어려움에 처해 있을 뿐만 아니라 공동의 이해관계에 놓일 때가 많이 있습니다. 이럴 때 남을 위해 해주는 일은 곧 자신을 위한 일이기도 합니다. 청년이 노인의 어려움을 보고 짜증보다 친절하게 노인을 도와준 것이 결국 자신을 돕는 일이고 친절을 베푼 것이 자신을 기쁘게 하는 일임을 깨달았습니다. 청년의 이러한 체험은 그의 인생길에 밝은 등불이 될 것입니다(수의 성격).

중고등학교 때 봉사활동을 억지로 시킵니다. 처음에 청소년들이 짜증내는 경우도 있지만 반복하다 보면 청소년들은 남을 돕는다는 것이 자신에게 기분 좋은 일이 된다는 것을 느끼게 됩니다. 공부해야 되는데 시간을 빼앗겼다고 불평하는 청소년도 있습니다. 자신의 일보다 남을 돕는 일을 즐기는 청소년도 있습니다. 가족관계가 친밀하고 끈끈한 가족 환경에서 자란 어린이, 청소년들은 공감 능력이 자연스럽게 발달합니다. 남의 고통과 슬픔에 대해서 감정이입이 잘 됩니다. 타인에게 필요한 것이 무엇인지 찾아 그들에게 친절을 베풉니다. 자신의 일보다 남을 돕는 일을 즐기는 청소년의 경우,

연민이나 동정심을 한없이 발휘하다보면 자신의 인생길을 잃을 수도 있습니다. 남의 말을 쉽게 믿어 나쁜 사람에게 이용당해 빈털터리가 될 수도 있습니다. 이러한 수의 성격을 가진 사람은 금의 성격인 실리적 의지력과 사고력을 가져야 합니다. 느끼고 행동하는 것과 생각하고 행동하는 것의 조화도 필요합니다. 이것이 '금생수' 상생관계입니다. 또한 자기의 꿈을 성취하려는 욕망에 충실해야 합니다. 자기 확장에도 관심을 가져야 합니다. 이것은 목의 성격입니다. 수와 목은 상생관계입니다. '목'(욕망)이 '수'를 생하게 해야 합니다. 즉 '목생수'가 가능합니다.

가족, 사회에서 어려움을 경험한 청소년들은 사회적으로 고립감을 느껴 주변 사람들의 어려움에 반응하는 민감도가 떨어진다는 심리학자의 연구가 있습니다. 이런 청소년들은 타인에 대하여 냉정하고, 적대적이고, 온화하지도 부드럽지도 않습니다. 오직 자신의 성취에만 초점을 맞추어 행동합니다. 이런 성격이 청년기를 거쳐 중년기에 이르게 되면 더욱 강화되어 사이코패스(Psychopath) 성격으로 굳어질 수 있습니다. 이런 청소년에게는 주위의 관심과 사랑이 필요합니다. 사랑은 닫혀있는 마음을 열리게 해서 주위와 소통하게 합니다. 사랑을 받은 경험이 그들에게 사랑할 수 있는 힘을 줍니다. 봉사활동은 남에게 사랑을 주는 연습입니다. 준비되어 있지 않은 봉사활동 즉 강요는 위선만 키울 수 있습니다. 사이코패스 성격은 수의 성격인 친화성이 가장 낮은 단계에 머물러 있는 상태입니다. 그들의 마음속에 시들어져 있는 친화성 불씨를 타오르게 하는 환경을 만들어 주어야 합니다. '화극수'는 상극관계입니다(상극은 넘치는 것은 덜어내고, 모자라는 것은 채워 조절하는 관계입니다). 화(사랑과 관심)는 사이코패스의 성격을 정상적인 성격 즉 친화성을 중간정도까지 이끌어 올릴 수 있습니다.

대부분의 청소년들은 정상적으로 성장합니다. 성격도 정상적으로 발전합니다. 자신의 희생과 봉사에 치우치는 이타적인 청소년과 자신의 성취에만 심취한 이기주의적 청소년의 성격은 정상적 성격에서 벗어나 있습니다. 이들은 모두 사회생활 적응에 어려움을 겪게 될 것입니다. 이타주의와 이기주의가 균형을 이룬 곳, 중간 정도의 친화성이 정상적인 성격이고 사회생활 적응에 이로움이 있습니다.

중년기의 성격

청년 후기는 중년기로 들어가는 과도기로 보여 집니다. 근대와 다르게 현대는 평균 수명이 80세를 넘어가고 추월하고 있습니다. 대부분 나이 30대에 직장을 가지게 되고 결혼도 해서 부모의 집에서 독립해 나와 사회생활을 시작하게 됩니다. 공자가 말한 이립의 시기입니다. 이립은 정신적, 경제적, 사회적으로 독립할 수 있는 경지에 이르렀다는 의미입니다. 그러나 현대에는 사회적 환경과 문화적 영향으로 이립의 과정이 40대 초반까지 이어지고 있습니다. 청년 후기는 희망과 절망이 함께 있는 불안정하고 괴로움이 많은 시기입니다. 산다는 것이 괴롭고 힘든 일임을 서서히 체험하게 됩니다.

독립된 사회인으로 사회생활의 첫 걸음은 직업과 배우자 선택입니다. 선택은 괴롭고, 아프고, 어렵고 중대한 일입니다. 직업은 생계를 유지하기 위한 기본 수단이며 한 인간이 인간답게 사는 필수적인 요소입니다. 스스로의 힘으로 생계를 유지할 수 있는 것은 경제적인 독립을 의미합니다. 경제적 독립은 다른 사람에게 의지하지 않는 사회적 독립은 물론 정신적으로도 독립되어 자유로움을 가질 수 있습니다. 자신을 사랑할 수 있는 여유를 가지고 꿈을 이뤄 가는데 일터에서 최선의 노력을 집중할 수 있게 됩니다.

직장은 출근과 퇴근이라는 새로운 생활 리듬이 만들어지는 곳입니다. 우리는 생활 리듬에 적응하여 생체리듬이 형성됩니다. 새로운 생체리듬이 만들어질 때까지는 상당한 훈련이 필요합니다. 일어나는 시간을 맞추기 위해 누구나 처음에는 알람시계에 의존합니다. 지금은 핸드폰 알람에 의지하지만……. 제가 처음 기상과 취침의 생체리듬을 갖게 된 계기는 군대에서였습니다. 취침나팔은 즐거웠지만 기상나팔은 싫었습니다. 출근시간에 맞추어 일어나는 것은 고통스러운 일입니다.

직업은 우리의 생각, 행동, 감정, 생활, 성격 등을 지배합니다. 중학교 영어책에 있었던 이야기 하나를 소개합니다. 공사 현장을 지나가는 어떤 사람이 교회 건축에 쓰일 돌을 다듬고 있는 세 사람의 석공을 보고 얼굴 표정이 각각 다름을 이상하게 생각했습니다. 첫째 석공 얼굴에 불평불만이 가득차서 투덜거리며 괴로운 표정으로 돌을 쪼고 있었습니다. 다른 석공 얼굴은 아무 표정 없이 담담한 마음으로 돌을 계속 쪼고 있었습니다. 세 번째 석공은 흥얼거리며 자기의 일에 신바람이 나서 열심히 일하고 있었습니다. 그의 얼굴 표정에는 기쁨과 만족이 넘쳐나 있었습니다.

이들 표정을 이상하게 생각한 나그네는 첫 번째 불만이 가득한 석공에게 '당신은 왜 그렇게 싫은 일을 하고 있습니까?'라고 묻자, '나는 죽지 못하여 이 일을 하고 있습니다. 목구멍이 포도청이니까요!'라고 대답했고, 두 번째 무표정한 석공의 대답은 '내 아내와 자녀를 먹여 살리려고 힘들지만 이 일을 계속하고 있습니다.'라고 했으며, 기쁨과 만족의 표정이 가득한 세 번째 석공은 '나는 하나님의 영광과 가족을 위하여 이 일을 하고 있습니다. 내가 정성을 들여 돌을 아름답게 다듬어 장엄한 교회가 건립되면 얼마나 기쁘고 보람 있는 일입니까?'라고 답했다.

세 사람의 석공 중에 어느 석공이 행복할까요? 똑 같은 일을 하는데도 일에 대한 생각과 감정 그리고 성격에 따라 괴로운 삶이 될 수도 있고 즐거운 삶이되기도 합니다. 세 번째 석공은 긍정적 사고로 현실 세계를 그대로 받아들이고 자신의 직업에 대한 가치를 부여해서 자신의 일을 사랑하고 즐기며 긍지를 가지고 있어 행복한 생활을 이어 갔을 것입니다.

일에 대한 태도는 성격과 관련이 있습니다. 꿈과 기대를 가지고 취업한 직장에서 맡은 일이 자신의 기대와는 다를 수 있습니다. 직장 상사는 신입사원의 업무 부서를 배정할 때 그들의 성격과 재능을 참고합니다. 재능은 감추어져 있지만 성격은 바로 드러납니다. 신입사원 연수중에 인사담당 선임자들은 신입사원을 관찰할 기회가 제일 많습니다. 적극적인지 소극적인지, 쾌활한지 신중한지. 동료를 챙기고 협조를 잘하는지, 빠른지 느긋한지 등등……. 회사에서 주어진 업무에 대해서 어떠한 태도를 취하는 것이 좋은가요? 배정된 업무가 어렵다고 또는 일이 많다고 투덜대는 것이 올바른 태도일까요? 업무를 배정한 직장 상사의 생각을 받아들이고 '왜 나에게 이러한 업무를 시키는 것일까?' 곰곰이 생각해 보면 상사의 뜻을 깨달을 수 있습니다. 어려운 임무를 배정 받았다면 당신의 능력을 높게 평가한 것입니다. 또한 당신의 성격을 내향적인 '금'의 성격으로 파악하고 업무를 배정한 것입니다. 일의 양이 많은 부서에 배정 받았다면 당신의 성격이 외향적이고 성공에 대한 의지와 의욕이 강한 '목'의 성격이어서 열정적(화의성격)으로 빠르게 일을 처리할 것이라고 직장 상사는 판단했을 것입니다. 신입사원 연수중에 업무에 대한 적성테스트도 했을 것입니다. 적성검사(직업, 또는 업무에 대한 개인의 적성을 알기 위하여 하는 검사)는 업무 배정에 중요한 참고자료가 됐을 것입니다.

직장 생활은 새로운 인공생태환경에 적응하는 과정입니다. 결혼 생활은 자연환경에 적응하는 과정입니다. 성격에 따라서 인공생태환경에 적응을 잘하는 사람도 있고 가정생활에 더 편안함을 느끼는 사람도 있습니다. 직장과 가정에서 자유롭고 여유롭던 청년기와는 다르게 열심히 일을 해야 하는 중년기에 들어섰다는 것을 실감하게 될 것이고 스페인의 현인 그라시안이 '40대 나이는 일만하는 낙타와 같다'는 말을 온몸으로 받아들이게 될 것입니다. 이처럼 중년기는 직장과 가정생활에서 세상 유혹에 흔들리지 않고 성실하게 일하며 지켜 나가는 때입니다. 40대 나이를 '불혹'이라고 한 공자의 말이 새삼스럽게 가슴에 와 닿을 것입니다.

우리에게 사용할 수 있는 시간과 에너지는 한계가 있습니다. 어느 곳에 얼마만큼 사용할 것인지는 각 개인의 삶의 태도에 달려 있습니다. 직장에 시간과 에너지를 대부분 사용하는 사람, 직장과 가정에 절반씩 시간과 에너지를 사용하는 사람, 가정에 대부분 시간과 에너지를 사용하는 사람 가운데 당신의 생활은 어느 쪽에 가깝습니까?

중년 전반의 성격 활용

여름은 태양의 계절입니다. 중년은 사계절 중 여름철에 해당합니다. 에너지가 차고 넘치는 때입니다. 열정(화의 성격)이 최고조에 이릅니다. 여름은 일주일만 비가 오지 않으면 나무(목의 야망)는 물 부족으로 왕성한 생장을 할 수가 없습니다. 오직 자신의 인생목표 달성에만 몰입(모든 에너지=열정을 직장 혹은 일터에 쏟아 부음)하면 가족에게 사용할 에너지가 고갈 될 우려가 큽니다. 친밀한 인간관계를 형성하는 감성적 조율이 필요합니다. 뜨거운 열정(화)은 찬물(수) 한 그릇으로 식힐 수가 있습니다. '수'가 '화'를 조절하는 상극관계입니다. 수의 지혜를 받아 열정을 자신의 목표달성과 가족사랑에 균형을 맞추어야 열정의 능력이 최대로 발휘될 수 있습니다. 또한 '수'와 '목'은 상생관계입니다. 물은 나무의 목마름을 해결할 수 있습니다. 충분한 물이 공급되어야 나무는 여름철의 태양 에너지를 모아 왕성한 생장을 계속할 수 있습니다. 여기에서 '수'는 가족의 사랑과 도움입니다.

일 중독자는 퇴근 후 거의 바닥이 난 에너지 때문에 안락의자에 몸을 눕힌 체 아내와 대화도, 자녀와의 놀이도 거의 하지 않습니다. 또한 자녀들의 교육마저 아내에게 미루고 가족으로부터 스스로 벽을 만들어나갑니다. '나는 가족의 생계를 위해 열심히 일하고 인생 목표를 달성하기 위해 최선을 다하고 있다.'는 변명으로 자신을 위로하며 의무를 소홀히 하는 가장이 될 가능성이 있습니다. 일에 쏟아 붓는 에너지 중에 30%정도만 남겨서 그 에너지를 아내와 자녀에게 쏟으면 그의 가족은 사랑과 활력이 넘치는 행복한 가정이 될 것입니다.

사회적 지위와 돈 버는 데만 에너지를 모두 쏟는 것은 무거운 짐을 싣고 사막을 걸어가는 낙타의 삶과 다를 바가 없습니다. 일만 짝사랑하지 말고 자신과 가족을 사랑하고 이웃도 사랑하는 열린 마음, 즉 마음을 개방하면 행복은 저절로 찾아와 노크할 것입니다. 이것이 '화'(열정)와 '토'(포용과 개방)의 진정한 상생관계입니다.

　일에 몰입하는 사람은 성실한 사람입니다. 일과 물질에 집착하는 성질이 강합니다. '토'로부터 포용과 개방성 그리고 '수'로부터 융통성을 받아들여야 성실성이 아름답고 밝게 빛납니다. '토'와 '금' 그리고 '수'와 '금'은 상생관계입니다. 오행의 성격을 알고 상황과 환경에 따라 상생과 상극을 활용할 줄 알면 삶은 고통의 바다가 아닌 낙원 또는 에덴동산이 될 수 있습니다. 우리는 대부분 음(내향성)과 양(외향성)을 함께 가지고 있고, 오행의 성격특성을 2~3개는 가지고 있습니다. 이들을 활용하면 어떤 상황이나 환경에도 적절한 성격으로 대응할 수 있습니다.

　어느 직장이나 일터에 경쟁이 없는 곳은 없습니다. 경쟁을 피하는 성격을 가진 사람은 키가 큰 나무 그늘에서 햇볕(에너지)의 10%정도만 받고 힘겹게 사는 음지 식물처럼 활력 없는 생활을 이어갈 수밖에 없습니다. 식물은 지상에서 줄기와 잎이 햇볕을 많이 받기 위해 경쟁하고 땅속에서는 뿌리가 수분과 양분을 흡수하기 위한 경쟁을 합니다.

　식물 생장이 가장 왕성한 계절은 여름철입니다. 생장에너지가 가장 많이 필요한 시기입니다. 일생에서 자신의 확장, 즉 자기의 성장을 위해 가장 많은 일을 하는 시기가 중년기입니다.

　자기성장에 대한 의욕과 의지가 강한 사람은 '목'의 성격이 강하고 '화'의 성격인 열정도 강합니다. 이들은 경쟁을 즐기는 사람들입니다. 경쟁을 피하는 사람도 자신의 내부에 잠자고 있는 생물본능에 뿌리를 두고 있는 '목'과 '화'의 성질을 훈련하여 성격으로 만들면 경쟁을 즐기는 사람이 될 수 있습니다. 가족과 친지 그리고 이웃들이 그 훈련의 시작을 도와주어야 합니다. 음지에서 자라고 있는 식물을 바로 양지에 옮겨 놓으면 강렬한 햇볕에 잎이 말라서 죽을 수가 있습니다. 햇볕의 강도가 낮은 곳부터 시작하여 높은 곳으로 서서히 옮기면 강한 햇볕에 적응하여 풍부한 햇볕을 받아 왕성한 성장을 계속할 수 있습니다.

소년기와 청년기를 지나는 동안 이러한 훈련을 받는 행운아도 있지만 중년기에도 도전과 경쟁에 대한 훈련은 가능합니다. 그러나 경쟁을 피하는 사람들은 화분에서 자라는 식물과 비슷해서 강렬한 여름 햇볕에 물 부족 현상이 생기지 않도록 날마다 주의 깊게 사랑으로 지켜보아야 합니다. 나무는 물이 있어야 생장합니다. 상생관계인 '수생목'입니다. 여기에서 물은 재물, 시간, 사랑입니다. '목'과 '화'는 상생관계입니다. 화분의 화초는 주인의 사랑과 돌봄으로 생장하여 꽃을 피웁니다. 사랑은 관심입니다. 경쟁을 즐기는 사람이든 피하는 사람이든 우리의 관심 대상입니다.

중년 후반의 성격 활용

여름철의 하지(6월21일~22일경)는 일 년 중 지구북반구에서 낮의 길이가 가장 길고 햇빛의 양도 가장 많습니다. 하지가 지나고 동지(12월22일~23일경) 때까지 햇빛 양이 계속 감소됩니다. 자연 순리에 따라 사람도 50세에 이르면 우리 몸의 에너지를 합성하고 발산하는 양도 감소하기 시작합니다. 에너지 합성이 충분하지 않은 유기체인 우리 몸 중 어느 부분인가에 기능이 떨어지게 됩니다. 저의 경우는 49세에 신문을 읽을 수 없을 정도로 눈이 원시가 되어 상당한 충격을 받았습니다. '아니 벌써 노인의 눈이 되었단 말인가?' 절로 한숨이 나왔습니다.

허리둘레가 늘어나고 쉽게 피곤해지고, 그 피로와 스트레스가 시간이 걸려야 풀어지는 것을 체험하면서 체력에 대해 자신감이 떨어지는 것을 느꼈습니다.

성적 정력이 줄어들고 쇠약해지는 것을 느끼면서 남성다움이 상실해 가는 것에 불안함과 우울한 마음으로 몸을 뒤척이는 밤이 늘어갔습니다.

여성의 중년기는 남성에 비해 더 많은 어려움을 겪게 됩니다. 갱년기의 신체는 생리적 변화에 대한 심리적 적응 과정에서 여러 가지 어려움을 겪게 됩니다. 자신도 모르게 주위의 작은 자극에도 예민하게 반응하고 기분도 종잡을 수 없을 정도로 변화가 심해지고 초조해짐을 느낍니다.

자녀들이 사춘기에 접어들면서 어머니 품을 떠나가기 시작합니다. 고등학교, 대학교에 진학하는 때가 되면 자녀들은 부모로부터 독립을 선언하게 됩니다. 자연스러운 자녀의 성장과정이지만 자녀가 떠난 엄마의 품안 빈자리에는 찬바람이 불기 시작합니다. 더욱이 자녀들이 결혼하게 되어 자신의 분신처럼 느끼던 아들은 며느리의 남편이 되고 곱게 키워놓은 딸은 사위의 아내가 되어 집을 떠나면 자녀들만을 위해 몸과 마음을 바쳐 있는 힘을 다한 전업주부들은 직장을 가진 주부와 다르게 자신의 일과 사랑의 대상이 한꺼번에 상실된 크나큰 아픔을 겪게 됩니다. 인생의 실직자 또는 외톨이가 된 느낌이 들어 고독감에 빠질 수 있습니다.

남성들은 자신이 선택한 직장에서 일하며 보람을 느낍니다. 자기 스스로 생계유지를 할 수 있고 사회에서 필요한 사람으로 인정받게 되어 뿌듯한 느낌을 가지게 됩니다. 열심히 일을 하면 자신의 꿈을 이룰 수 있다고 믿습니다. 50대에 접어들면서 자신의 앞만 보고 달려왔던 과거와 꿈에 부푼 미래에 대해서 생각하는 시간이 길어지게 됩니다. 정년퇴임 전에 자신의 꿈이 이루어질지, 자녀들을 결혼시키고 독립시킬 수 있을지, 정년퇴임 후에는 어떻게 살아야할지, 현재의 건강은 유지할 수 있을지, 또 정년퇴임 전에 실직을 하게 되지 않을까? 이런저런 염려들이 고개를 들기 시작합니다. 공자는 50대를 '지천명', 그리스안은 '뱀'이라고 말한 의미를 되새겨 보게 됩니다.

중년기 후반은 사회생활 속에서 얻은 지식과 지혜가 쌓여서 자연의 섭리와 사회의 순리를 어렴풋이 깨달을 수 있게 됩니다.

인간의 생명은 활동과 휴식의 리듬임을 알게 되었습니다. 이 리듬은 직장생활에서 자연스럽게 얻어졌습니다. 직업은 우리의 관심을 지배하고 행동과 생활, 감정과 성격을 지배해 왔습니다. 우리는 모두 자신의 직업에 알맞도록 일상생활과 생각, 성격이 적응되어 있습니다. 장년기는 앞으로 맞이할 정년퇴임 후의 생활에 대한 준비가 필요하고 삶의 지혜가 요구되는 때입니다.

신체적 변화는 자연의 섭리이고 가정생활과 직업의 변화는 사회적 순리입니다. 이 변화들의 현실을 그대로 받아들이면 우리는 슬기롭게 중년후기의 위기를 극복하고 제2의 인생(장년기와 노령기)을 즐겁게 맞이할 수 있습니다. 인생 전환기인 50대까지는 야망이 중심이 되는 '목'의 성격과 열정, 정열이 핵심인 '화'의 성격이 삶의 성장에 주도적인 역할을 했다면 인생후반기에는 성장과 성숙이 지혜롭게 균형을 이룰 수 있는 이성적이고 성실한 속성을 가진 '금'의 성격과 공감, 융통성의 속성을 가진 '수'의 성격이 주도적인 역할을 해야 합니다. '목'과 '화'는 야성적인 생물본능의 속성이 강한 편이지만

'금'과 '수'는 문화적인 사회본능의 속성이 강한 성격입니다.

50대가 되어도 자신의 꿈을 향한 욕망과 야망은 변함없이 강합니다. 그러나 신체능력은 자신의 욕망과 야망을 계속 추진하기에는 한계를 드러내기 시작합니다. 직장에서도 대부분 사람들은 자신의 꿈을 이루는데 한계가 있음을 체험으로 알게 됩니다. 이상(꿈)과 현실 사이에는 상당한 간격이 있음을 깨닫게 됩니다. 이러한 상황과 환경에 맞도록 성격도 활용해야 합니다. '목'과 '금'은 상극관계입니다. '금'으로 '목'의 야망을 조절해야 합니다. 즉 '금'의 냉철한 이성으로 자신의 이상(꿈)을 현실에서 실현 가능할 정도로 낮추는 것이 필요합니다. 이렇게 되면 자연스럽게 나이에서 오는 신체적 스트레스도 줄어들어 건강한 중년후반을 보낼 수 가 있습니다.

여름철 하지가 지나면 태양에너지도 조금씩 줄어들게 됩니다. 50대에 들어서면 하지가 지나간 것처럼 열정도 줄어갑니다. 조그마한 자극에도 버럭화를 내던 횟수가 감소됩니다. '저것을 보고 참아? 옛날 성질 다 죽었어!' 자극에 대한 분노도, 일에 대한 열정도, 이성에 대한 정열도 점점 식어가는 것을 느끼는 나이입니다. '수'의 성격인 총명함과 지혜로 삶의 변화에 대처해야 합니다. '수'와 '화'는 상극관계로 의지만 가지면 어렵지 않게 조절할 수 있습니다.

현인 그리스안의 말대로 50대는 '뱀'의 지혜를 활용할 수 있는 나이임을 자각하면 됩니다. 50대를 지천명으로 말한 공자의 말도 비슷한 내용입니다. 자연의 섭리, 즉 생존본능인 성격의 '목'과 '화'가 삶의 주연에서 조연으로 역할이 바뀌고 사회적 본능의 성격인 '금'과 '수'가 삶의 주연으로서 역할을 해야 한다는 뜻입니다. 삶의 현장에서 차가운 이성으로 판단하여 행동하고 성실함과 의리를 지키는 '금'의 성격과 융통성, 공감, 친화력을 발휘하여 인간관계에 유연함을 높이는 '수'의 성격으로 삶을 이어가는 것이 50대 이후에는 중요하다는 것을 강조하여 말한 것입니다.

'금'과 '수'는 상생관계로, 서로 협력하고 보완해주는 관계입니다. '금'의 의지력, 절제력, 비판정신과 집착기질을 '수'의 유연성과 융통성이 균형과 조화를 이루게 하고 '수'는 의지력 강화나 실익추구, 냉정함을 '금'으로부터 받아들여 균형과 조화를 이룰 수가 있습니다.

장년기의 성격

중년기에는 누구나 자기의 욕구, 능력, 믿음 그리고 처음부터 끝까지 자기 초상을 이뤄 가기위해 열심히 일을 수행합니다. 자신의 꿈이 이루어지고 있다는 느낌을 받을 때 여러 가지 고난도 이겨내고 힘차게 앞으로 나갑니다. 세월을 의식하지 않고 삶을 이어온 중년 후반기에서 누구나 자연스럽게 자신의 일생 전체의 시간표를 의식하게 됩니다.
'아! 정년이 코앞에까지 왔구나! 부모님 회갑잔치를 해드린 것이 엊그제 같은데 아들과 딸들이 나의 회갑잔치를 준비하는 소리가 들리네!'……

장년기의 큰 변화는 정년퇴직입니다. 남성은 일과 자기를 동일시 할 만큼 일에 가치를 두었습니다. 이 시기에 장년들에게는 자기 직업에 있어서 수십 년간 쌓아 온 경험으로 무슨 일이든지 능수능란하게 처리할 수 있는 전문가라는 확신과 자부심을 가지고 있습니다. 사회법칙이 만들어낸 정년퇴직

제도는 대부분 사람들에게 자신들의 직업분야에서 닦아 쌓아 놓은 지위와 권위의 상실과 수입 및 생활비 지출의 축소를 의미합니다. 일터로부터 해방감은 잠시이고 사회에서 소외되는 느낌에 빠지기 쉽습니다.

전업주부는 남편과 자녀를 위해 인생을 올인(all-in)했는데, 자녀들의 결혼과 분가로 잠시 해방감을 가지지만 자녀들이 떠난 빈방을 돌아보면 저절로 한숨이 나옵니다. 더욱이 갱년기의 아픔을 겪으면서 '이제는 더 이상 여성으로써의 가치도 없고 쓸모도 없게 되었구나!' 라고 무력감에 빠지기 쉽습니다. 그러나 직장여성은 청년, 중년기에 가정주부의 역할뿐만 아니라 직장생활에 적응하기 위해 사방으로 이리저리 바쁘게 돌아다니며 일을 수행한 결과 장년기에 오히려 '자신을 위한 인생을 시작할 수 있다.'는 기대로 정년퇴임과 빈 둥지의 외로움을 어렵지 않게 적응할 수 있게 됩니다.

필자가 장년기에 가까워질 무렵, 우연하게도 텔레비전 대담 프로그램에서 95세가 된 정년퇴임 교수가 정년 후 지금까지 마음속에 담아 두었던 여러 가지 생각과 감정을 들어내어 인터뷰한 내용 중 제 마음에 깊게 와 닿은 말이 있습니다. '나에게도 정년 후 생의 종점이 멀지 않은 장래에 올 것이라고 생각했습니다. 그 당시에는 대부분 선배 교수들이 70세 전, 후에서 세상을 떠났거든요! 저는 하는 일 없이 생의 종점만 기다리다가 30년을 헛되이 보냈습니다. 지난 세월을 헛되이 보낸 것을 지금 아무리 후회하여도 어찌할 수가 없지 않습니까? 후배 교수님들은 저의 전철을 밟지 않기를 바랍니다…….'

지금은 백세 시대가 되었습니다. 평균 수명이 80세를 넘었습니다. 장년기에는 체력이 악화되어 신체의 온갖 기능 장애와 면역력이 떨어져 여러 가지 병 발생이 잦아지고 회복력도 느려져 고통 받는 분들도 있습니다. 그러나 현대는 발달된 의료기술과 체계 그리고 몸을 건강하게 관리하는 방법을 쉽게 알 수 있어서 제2의 삶에 대한 의지와 인생 후반기에 대한 꿈을 가진다면 그들의 체력과 기력을 회복시킬 가능성이 높습니다.

60대 청년을 머릿속에 그려 본적이 있습니까?

사무엘 얼만(Samuel Ulman, 1840~1924, 미국 시인·작가)이 쓴 〈젊음〉이란 시가 60대 청년을 제대로 표현한 것 같습니다.

젊음은 인생의 한 시기가 아니요, 마음을 쓰는 태도입니다.

젊음은 장밋빛 볼과 붉은 입술, 유연한 몸매가 아니라,

강한 의지와 풍부한 상상력과 활기찬 감정에 달려 있습니다.

젊음이란 기질이 소심하기보다는 용기가 넘치고

편안함을 좋아하기보다는 모험을 즐깁니다.

젊음은 가끔 스무 살 청년보다 예순 살 노인의 삶 속에서도 생동합니다.

꿈을 가지면 나이도 그저 숫자에 불과합니다.

성취하고자 하는 꿈을 상실할 때 우리는 늙어갑니다.

그대와 나의 가슴 한가운데 정보 무선국이 있습니다.

그것이 사람들로부터 또는 하늘로부터

아름다움, 희망, 응원, 용기 그리고 힘의 메시지를 수신하는 한

그대 젊음은 영원하리라

60대에도 제2의 인생에 대한 꿈을 가지고 목표를 세워 앞을 향해 나아가면 100년 된 은행나무의 줄기가 생장하고, 매년 꽃을 피우고 열매를 맺듯이 장년기에도 자기 성장과 확장이 계속됩니다. 과거 경험이나 추억의 속박과 집착에서 벗어나 새로운 경험을 개방적으로 받아 들여 즐기며 자기에 대한 깊고 넓은 지식을 가지게 된다면 제2의 인생 목표도 효과적으로 성취할 수 있게 됩니다. 또한 보람 있는 성취 결과에 기대가 커서 패배에 직면했을 때 더 많은 노력과 지속성을 보일 수 있으므로 적극적인 삶을 이어가 즐겁고 희망찬 장년기를 보낼 수 있습니다.

'살아남은 자는 가장 강한 자도, 현명한 자도 아닌 변화하는 자다'라고 주장한 찰스 다윈의 명언은 제2의 인생을 시작하는 60대 사람들에게 적절한 충고로 생각됩니다. 장년기에 이르면 대부분 사람들은 자기 직업분야에 있어 많은 지식과 경험을 쌓아 전문가가 되어 있고, 그 분야에서 지위도 높이 올라 성공한 사람들입니다. 이들은 자기 나름의 삶의 방식이나 생각이 제일 좋다고 마음속으로 인정하고 믿는 경향이 강합니다. 이러한 삶의 태도 때문에 사고방식이 굳어져 있고 폐쇄될 가능성이 커서 상황과 환경이 변화된 장년기를 맞이하여 상당한 위기를 맞이할 수 있습니다. 오히려 중년기에 성공과 실패를 함께 경험한 사람들은 장년기에 접어들어 변화된 새로운 환경의 위기를 슬기롭게 적응해 나갈 가능성이 높습니다.

행동은 성격이 선택합니다. 선택된 행동들이 개인의 인생사를 만들어가는 것입니다. 중년기에는 중년 생활에 적합한 음양오행의 성격특성의 활용 방법이 있었고, 장년기에는 퇴임 후 제2인생에 알맞은 성격특성의 조화와 균형이 필요합니다.

조선왕조 4대 세종대왕 때 영의정에 올라 18년간 정승을 지낸 이름난 재상 황희(1363~1452)의 가족 이야기입니다.

황희 정승이 왕궁에서 근무를 마치고 집에 돌아오자

'여보! 요사이 며느리와 갈등이 심해져 세상사는 맛이 나질 않아요! 며느리는 시키는 대로 고분고분 하지 않고 때때로 자기주장을 하고, 금이야 옥이야 키운 아들은 자기 아내만 편들어요! 제가 자식 교육을 잘못했나요?'라고 부인이 투정하자, '당신의 마음이 편하지 않겠구려! 당신같이 마음씨 고운 시어머니가 이 세상에 어디 있다고 며느리가 철이 덜든 모양이오! 아들 녀석은 결혼하더니 새아기에게 푹 빠진 모양이고, 내가 며느리에게 따끔하게 주의를 주고 아들에게도 결혼 전처럼 어머니께 효도하라고 일러두리다!'

얼마 후 며느리가 차를 들고 시아버지 방에 들어와서 '아버님! 궁궐에서, 집에서 말씀 많이 하시느라 목이 컬컬하시지요? 따끈한 차 한 잔 드세요!' '그래, 고맙구나! 그런데 요즘 시집살이 하느라 힘들지? 너의 시어머니도 깐깐한 내 어머니한테 시집살이 좀 했지! 신혼 살이 하던 때 너의 시어머니가 내 어머니에게 야단맞은 날 밤에는 나도 꽤나 시달렸단다. 지금은 아름다운 추억이 되었지만 그때는 괜히 결혼을 서둘렀다고 후회도 했었다.' '너의 시어머니는 네 남편을 나보다 더 아꼈단다. 그런 아들이 어머니보다 네 편을 많이 들어주니 너의 시어머니 마음이 얼마나 괴로우셨겠니!' '아버님 죄송해요 제가 어리고 어리석어 어머님의 마음을 아프게 해 드린 것 같습니다. 되돌아 생각해 보니 며느리와 아내의 역할을 잘 하도록 가르쳐 주신 것인데 저는 짧은 소견으로 어머님이 일부러 저에게 시집살이 시킨다고 오해했어요!'

아들이 아버지를 찾아와 말했습니다.

'아버님! 오늘 궁궐에서는 별일 없으셨나요? 저는 요사이 어머니와 아내의 갈등사이에 끼어 많이 힘듭니다.'

'아하하!, 너도 어른이 되어가는 과정에서 수고를 하는구나! 아들의 역할과 남편의 역할을 제대로 해야 한다. 가정이 화목해야 모든 일이 잘 된단다.'

며칠이 지난 후 세 사람이 자신들의 사정을 하소연한 것을 모두 들어주고, 이해하고, 위로해 준 것을 알고 황희 정승에게 그 이유를 물었습니다.

'세 사람 모두 자신의 입장에서 말하는 것은 옳습니다. 상대방의 처지에서 생각하고 말 하면 서로 간에 갈등이 해결 됩니다. 우리가족은 서로 사랑하고 있지요, 회갑을 지나면서 이 사람도 상대방의 이야기를 공경하는 마음으로 듣고 이해하려고 노력하고 있습니다. 이렇게 하면 뜻이 서로 통하여 오해가 없어집니다. 오해가 이해로 바뀌고 이해는 서로 공경하게 합니다.'

장년기의 성격 활용

청·중년기에 외향성이 높게 나타난 사람도 장년기에는 행동 전에 생각을 많이 하는 내향성 성격으로 변하는 경향이 있습니다. '양'의 성격보다 '음'의 성격이 외부로 더 많이 드러나기 시작합니다. 어리석게 상황을 헤아려 보지도 않고 덤벙이던 젊은이도 장년기에 이르면 자연스럽게 점잖고 무게가 있게 행동합니다. 이것은 삶의 여정에서 쌓아온 체험에서 비롯된 지혜의 덕분입니다. '수'와 '목'은 상생관계로 '수'의 성격인 지혜와 유연성을 '목'이 받아들인 것입니다. 자연스러운 현상입니다.

가을은 더위가 최고조에 달하는 삼복더위 중 말복의 끝자락에 가까운 8

월 7~8일경(입추)에 시작합니다. 햇볕은 뜨겁게 느껴지지만 실제로 입추의 햇볕 에너지는 하지(하지의 햇볕 에너지를 100%로 기준함)의 75% 정도입니다. 장년기는 가을에 해당합니다. 한창 나이인 중년기 중반에 비교하면 장년기 초기에 벌써 열정이 25% 정도 감소된 것은 자연의 현상이지만 마음은 거의 젊음 그대로입니다.

조선왕조 중기 도학자 서경덕(1489~1546)의 시조가 장년기의 마음 상태를 시원스럽게 표현한 것 같습니다.

마음아, 너는 어찌 늘 젊어 있느냐!
내가 늙을 때면 너인들 늙지 않겠는가?
아마도 너(마음)를 쫓아 다니다가 남을 웃길까 두렵구나!
(고어체로 쓴 시조를 현대어로 풀이한 것임)

우리의 욕망과 야망은 끝이 없지만 에너지와 시간은 한계가 있습니다. 몸의 작업 능력은 25%나 감소했는데 욕망과 야망을 성취하려는 마음의 작용(의지)에 이끌려 일에 몰입하는 시간이 길어지면 몸에 에너지의 부족현상이 나타나고 에너지 부족현상이 장기화 되면 신체의 약한 부분에 기능이 저하되어 여러 가지 질병에 걸릴 위험성이 커집니다. 첫 징후가 대부분 사람에게 나타나는 몸살과 감기입니다. 신체조건에 따라 건강 위험 징후는 여러 가지로 나타납니다. 입술이 불어 튼다든가, 눈꺼풀에 경련이 일어난다든가, 발목에 쥐가 난다든가, 피로감에 찌든다든가……. 등등 수많은 징후가 나타나게 됩니다.

장년기의 전반에는 욕망과 야망 그리고 욕정을 조절할 때가 되었음을 알고 현실을 받아 들여야 합니다. '목'의 성격을 이루고 있는 욕망과 야망을 조절해야 합니다. '토'와 '목'은 상극관계입니다. '토'는 현실을 있는 그대로 받아들이는 포용력으로 욕망과 야망의 정도를 장년기에 맞도록 낮추어야 합니다. 이것이 '토극목'의 관계입니다. 청·중년기의 높은 욕정의 수위도 아래로 내려 조절해야 합니다. '화'의 욕정을 차가운 '수'의 지혜로 조절할 줄 알아야 하는 것, 이것이 바로 '수극화'의 상극관계를 활용하는 것입니다.

가을이 한창인 추석 무렵이 되면 벼 이삭이 익어가면서 고개를 숙이고 바람에 찰랑거립니다. 벼 이삭의 목이 뻣뻣해서 바람결에 움직이지 않으면 결국에는 꺾이고 말겠지요!

우리 인간의 삶도 마찬가지입니다. 장년기에는 자기 나름의 삶의 방식이나 의견과 평가가 유연성은 줄어들고 새로운 변화를 싫어하는 보수적 태도가 되기 쉽습니다. 더 나가면 태도가 완고하고, 고집이 세고, 고루해지기 까지 합니다. 벼가 익어갈수록 고개를 숙이고 바람에 찰랑거리듯 장년기도 고지식함과 보수적인 생각을 버리고 유연성 있는 삶을 살아야 할 것입니다. 공자는 60대를 '이순(耳順)'이라고 했습니다. 남의 의견에 조용히 귀를 기울이는 것을 표현한 것입니다.

그라시안은 60대를 주위 상황에 맞게 행동하는 '개'에 비유했습니다. 60대는 외적 환경변화(정년퇴임 등)와 내적 환경변화(신체의 기능약화)를 동시에 적응해야 하는 어려운 시기입니다. 목을 꼿꼿하게 세우고 컴퓨터 작업을 오래하면 목 디스크에 걸릴 위험이 큽니다. 가끔은 좌우상하로 목을 움직여 주어야 목이 굳어지지 않습니다. 장년기 후반에는 '수'의 지혜, 유연함 그리고 융통성을 받아들여 '목'의 자만 또는 오만과 고집의 정도를 조절해야 합니다. 이것이 '수'와 '목'의 상생관계입니다(수생목). 상생은 자연스런 것이어서 상극처럼 에너지가 많이 들지는 않습니다.

가을의 한창 시기인 추분(9월 23~24일경)이 지나면 햇볕 에너지가 하지 때보다 50%이하로 줄어듭니다. 장년기 중반을 지나 하반기에 이르면 '화'의 성격 근본 중 하나인 생식본능이 자연법칙에 따라 감소됩니다. 여기에 체력도 함께 감소됩니다. 생명의 힘이 감소되어 삶에 대한 꿈과 생식본능에 대한 욕망도 약화되며 노화의 진행은 빨라지기 시작합니다. 장년기에는 누구나 늙어가는 것보다는 젊음을 유지하기를 희망합니다. 인생 후반기에 대한 '목'의 성격인 꿈과 생식본능에 대한 시들지 않는 욕망을 가지고 행동할 때 '화'의 성격인 젊음의 열정이 약화되는 것을 줄일 수 있습니다. '목'과 '화'는 상생관계입니다. 젊어지고 싶은 욕망은 생존 본능에서 비롯된 것입니다. 도학자 서경덕의 시(마음아, 너는 어찌 늘 젊어 있느냐!)를 낮은 목소리로 뜻을 음미하며 읽어보면 젊어지고 싶은 장년기의 욕망을 이해하게 될 것입니다. 그리고 이 시의 마지막 절의 '남을 웃길까 두렵구나!'를 깊이 생각해 볼 필요가 있습니다.

장년기에 '화'의 성격의 근본인 감정을 다스릴 수 있어야 체면을 차릴 수가 있습니다. '토'의 성격인 포용성과 개방성이 크면 마음의 편안함을 얻어 타오르는 정열을 사그라지게 할 수 있습니다. 이것이 '토'와 '화'의 상생관계인 '토생화'입니다.

가을은 '금'의 계절이어서 장년기의 대부분 사람들은 정열을 차가운 이성인 '금'으로 절제하여 성숙된 모습을 보여주기 때문에 좋은 평판을 얻을 수 있습니다. '화'와 '금'은 상극관계인 '금극화'입니다. 상극관계는 인위적인 것이어서 이 관계를 유지하기 위해서는 에너지 소모가 큽니다.

가을에 비가 많이 내리면 곡식과 열매 작물이 햇빛에너지를 충분히 저장할 수가 없어 농부에게 흉년을 가져다줍니다. 장년기에는 열정이 청, 중년기의 절반 이하로 줄어 들 수 있습니다. '화'의 성격의 정도가 상에서 중 이하로 나타납니다. 반대로 '수'의 성격의 정도는 중 이상으로 올라가게 되는 일반적인 현상입니다. '수'와 '화'는 상극관계로 '수'가 '화'를 조절하게 됩니다. '수'의 성격이 강할수록 '화'의 성격인 열정과 정열은 약화됩니다. 장년기의 중반을 넘어서면 자연의 법칙에 따라 열정과 정열의 정도가 낮아지는데 여기에 '수'의 성격이 강해지면 낮아지는 속도가 더 빨라질 수 있습니다. 열정과 정열이 감소되면 활동이 줄어들고 활동이 줄어들면 신체의 여러 기능이 약화되면서 노화가 촉진될 수 있습니다. 제방을 쌓아 물을 조절하는 것이 흙(土)입니다. '토'는 '토생화'로 열정과 정열을 보존해줄 수 있습니다. '토'는 만물을 생장하는 터를 제공합니다. 만물의 생장활동은 '화'의 열정과 정열의 덕분입니다. '토'는 '화'의 활동성을 유지시키는 것입니다. 또한 '토'는 '수'와 상극관계로 제방을 쌓아 물을 조절할 수 있어 '수'가 강해지는 것을 조절할 수 있습니다. '수'의 특성 중에 꾸물거리고 게으름을 피우는 경향이 있습니다. 장년기에 이러한 성향이 심해지는 것이 다분히 나타납니다.

화로에는 물이 끓고 처마에 참새가 우짖는데
늙은 부인은 세수하고 음식에 간 맞추네
해가 떠 대낮이 되어도 이불 밑이 따뜻하여
조금만 더 잠을 자고 싶어 일어나기가 싫네

이 시조는 고려 말 고위직을 지낸 성리학자 이색(1328~1396)이 지은 '새벽에 깨어'입니다. 규칙적인 생활을 철저히 하여 모든 사람의 존경을 받은 대학자

임에도 나이가 들어가면서 게으름의 유혹을 뿌리치기가 쉽지 않았던 마음을 솔직하게 표현한 글입니다. 게으름은 에너지를 적게 소모하기 위한 동물의 생존전략의 하나입니다. 우리에게는 지금도 동물의 속성이 남아서 가끔 밖으로 표출됩니다. 몸이 피곤함을 느끼는 것은 몸 안에 활동할 에너지가 부족하다는 신호입니다. 에너지가 충전 될 때까지 몸은 우리 의지와 다르게 쉼을 선택합니다. 쉼과 게으름의 경계가 분명하지 않습니다. 장년기 후반에 이르면 몸 기능이 낮아져 에너지를 생산하는데 시간이 많이 걸립니다. 쉼과 게으름을 조절할 수 있는 능력이 '토'에게 있습니다. '토'와 '수'는 상극관계입니다. 바로 '금'의 도움이 필요한 때입니다. 즉 금의 절제력이 쉼과 게으름을 조절하는데 보조역할을 하게 됩니다. 쉼과 게으름을 포용하는 '토'와 절제하는 '금'의 협력으로 우리 생활에 중요한 역할을 계속하게 됩니다. 오행성격의 각 특성들은 서로 협력하여 우리의 행동의 최선을 이룹니다.

가을은 '금'의 계절입니다. 장년기에는 '금'의 성격 특성이 강화되는 때입니다. 삶의 지나온 여행 길 위에서 지식과 체험 그리고 지혜가 상당히 쌓이게 됩니다. 여기에서 세상의 판단 기준은 개인의 경험이 크게 영향을 미칩니다. 여러 가지 직업에서 성공한 사람들은 성실성, 즉 '금'의 성격 특성이 강한 사람입니다. '금'의 성격 특징들은 자연생태계에서 보다는 직장과 같은 인공생태계에 의해서 생겨난 것입니다. 자연생태계보다 에너지가 많이 소모되는 삶입니다. 직장에서 성공한 사람들은 자신에게 맡겨진 업무에 열심히 일하였습니다. '열심'이라는 것은 게으름보다 에너지가 훨씬 많이 듭니다.

장년기 사람들은 청년들에게 자신의 삶에서 얻은 지혜가 최고인 것으로 착각하고 삶의 방법을 주입식으로 교육하려고 합니다. 대부분 청년들은 장년기 사람들의 진심어린 충고를 잔소리로 들을 가능성이 큽니다. '시대가 변했는데 왜 어른들은 자신의 성공담이 최고라고 생각하지?'이러한 젊은이들의 생각을 눈치 챈 장년기 사람들은 충고가 훈시로, 비판으로 변합니다. 사실 젊은이의 성격은 자연생태계 성격인 충동과 게으름이 주를 이루고 있습니다. 따라서 이런 현상은 젊은이의 자연생태계 성격과 장년기의 인공생태계 성격이 충돌하는 현상입니다. '나도 젊었을 때는 어른들의 말씀을 잔소리로 들었는데 지금 젊은이들도 나와 똑같네!'라며 표현은 하지 않지만 장년기 사람들도 이런 생각을 마음속으로 합니다.

　장년기 나이는 어른이 되었음을 세상이 인정합니다. 어른들은 청·중년기 사람들을 넓고 깊은 마음으로 포용하고 그들의 생각과 행동을 받아들일 수 있도록 마음의 문을 열어 놓아야 합니다. 이런 어른들에게는 청·중년기 사람들이 허물없이 찾아올 수 있습니다. 노소동락(老小同樂), 나이든 어른과 젊은이가 나이를 가리지 않고 함께 즐긴다는 소중한 우리의 옛말이 있습니다. 어른을 받들어 모시던 수직사회에서도 생활의 본보기가 될 내용을 가진 격언이 귀중하게 활용되었습니다. 현대와 같은 수평사회에서는 더욱 필요한 격언입니다. 바로 이것이 '토'와 '금'의 상생관계입니다(토생금). '금'의 성격이 강한 어른들이 '토'의 포용과 개방정신을 받아들일 때 젊은이들의 존경을 받을 수 있습니다.

　어른들은 신중하고 절제력 있고 인내심이 강하고 주어진 일에 최선을 다합니다. 젊은이들에게는 가까이 하기에 너무 먼 당신처럼 느껴지기 쉽습니다. '금'의 성격인 어른들은 '화'의 성격 특징인 따뜻함과 젊은이들의 고민 공감, 도움과 보호, 연민의 정을 받아 들여야 합니다. 이렇게 되면 젊은이들은 어른들의 절제력, 인내심, 일에 대한 성실함을 쉽게 받아들일 겁니다. '화'와 '금'의 성격 특성은 서로 조절해주는 상극관계입니다. 어른과 젊은이의 열정이 감염되어 서로 서로에게 플러스(plus) 되는 윈-윈(win-win)전략이 됩니다.

60대 나이를 '이순(耳順)'이라고 합니다. 남의 말에 귀를 기울여 마음의 문을 열고 들으라는 의미입니다. 장년기에 들어섰지만 엄격하고 금욕적이며 고집스럽고 융통성이 없는 성격이 더욱 심해질 수 있습니다. 삶을 성실하게 이어와 경험이 쌓여 자신을 현명한 사람이라고 믿을 가능성이 높습니다. 언제나 자신이 옳다는 것을 증명하려고 어떤 논쟁이든 이겨야만 하는 사람이 되어, 다른 사람들의 의견에는 귀를 기울이지 않고 자기 말만 앞세워 주변 사람들을 피곤하게 하고 정 떨어지게 만듭니다.

나이가 들면 젊은이들과 비교하여 현명해지는 건 사실입니다. 제임스 플린(James Flynn)은 10년 마다 최소 IQ점수가 5점씩 꾸준히 상승하고 있는 사실을 발견했습니다. 이른바 플린 효과로 불립니다. 20대 IQ는 100인 평범한 청년이 60대 즉 40년이 지난 후 120이 되어 수제 급이 된다는 의미입니다. 성취한 60대들은 자신의 분야에서 지적성취를 추구한 결과로 자신을 현명한 사람으로 믿게 될 것입니다.

젊은이에 비해 현명한 것은 사실이나 공감능력이나 융통성이 부족한 고집불통의 어른으로 보일 가능성이 높습니다. 정년퇴임으로 직장 동료와는 멀어져가고 주변의 사람들마저 고집불통으로 등을 돌린다면 차갑고 외로운 동굴에 홀로 버려진 신세가 될 수 있습니다. 그러나 생각을 바꾸면 동굴에서 탈출하여 인간 세계로 돌아 올 수 있습니다. '수'의 성격을 활용하면 가능합니다. 공감능력을 일깨우고 융통성을 발휘하여 친화력을 높이면 인간관계를 회복할 수 있습니다. '금'과 '수'의 성격은 상생관계로 에너지를 적게 들여도 '수'의 성격 특징인 공감능력, 융통성 그리고 친화성을 쉽게 받아들여 활용할 수 있습니다. 동양에서는 생각이나 행동의 기준을 중용에 둡니다. 남음과 모자람보다 알맞은 정도를 선호합니다. 공감, 융통성과 친화성의 정도도 중간이 사람들에게 유리한 것으로 생각되고 있습니다.

장년기 전반은 욕망과 야망을 가지치기하는 것이 필요하지만 후반기에 오히려 욕망을 유지하려고 해야 삶의 의욕이 감소되지 않습니다. '목'과 '금'은 상극관계입니다(상극은 넘치는 것을 덜어내고, 모자라는 것은 채워 조절하는 관계입니다). 욕망이 강한 성격을 가진 사람은 삶의 의욕도 강해서 활동적인 생활을 즐겨 체력과 건강을 유지하여 행복한 늙음을 맞이할 수가 있습니다.

노년기의 성격

노년기는 겨울철에 해당합니다. 장년기는 가을철로 표현합니다. 가을을 시작하는 절기는 입추(8월7~8일경)입니다. 더위가 절정에 이르는 말복 바로 앞에 가을이 시작됩니다. 이와 비슷하게 인생의 절정기인 중년기 말에 장년기가 시작됩니다. 가을이 시작되면서 사과나무와 매화나무는 이듬해 봄 꽃눈(꽃이 피고 열매를 맺게 하는 눈)과 잎눈을 분화시켜 생장합니다. 가을에 벼와 고추는 씨를 남기고 일생을 바칩니다. 국화는 꽃을 피워 씨를 남기고 꽃을 피운 줄기는 마르지만 새잎을 만들어 내년의 삶을 준비합니다.

노년기는 자연의 법칙에 따라 다음 세대를 양육하고 지원하며 자신을 성숙시켜가는 과정으로 생각됩니다. 개인은 집단을 구성하고 있는 여러 사람의 하나로써 생활할 수 있게 되는 과정에서 청년기에는 비록 그들의 능력이 제대로 개발되지 않고 그들이 기여하는 바가 미미하다 할지라도 그 집단의 일에 성실히 참여하는 본격적인 주변 참여(Legitimate Peripheral participation)를 하게 됩니다. 중년기에는 그 집단 내 주변 참여에서 중심 참여로 자연스럽게 옮겨지게 됩니다. 장년기에 접어들면서는 변두리 참여로 바뀌게 되고 노년기는 집단에서 또는 사회에서 변두리 밖으로 밀려나게 됩니다. 노인은 자기가 소속된 사회에서 할 일이 없어진 필요 없는 사람이 되었고, 오히려 짐이 된다고 느낄 때 인생의 허무와 좌절을 맛볼 수 있습니다.

노년기는 사회적 활동에서 물러나 자신의 인생에서 자신이 한일에 잘못과 모자람이 없는가를 스스로 돌이켜 살펴볼 줄 압니다. 성공과 실패도 모두 자신의 것으로 받아들입니다. 이것을 밑바탕으로 청년기에서 장년기까지 자신의 생존과 안전, 사회의 소속과 자기의 특성, 능력, 행동들의 가치적 결핍욕구를 만족시키는데 최선을 다했지만 노년기는 지적성취, 아름다움에 대한 연속되는 새롭고 산뜻한 이해, 자신의 잠재력 실현에 대한 존재욕구(또는 성장욕구)를 충족시키고 실현시키려는 단계입니다. (Maslow의 욕구의 위계 인용) 청년기에서 장년기까지는 외적인 자기초상을 만들어가는 과정이라면 노년기는 자기의 내적 초상을 완성해가는 자기실현과정으로 볼 수 있습니다. 또한 미래가 있어야 살 수 있는 것이 인간의 특성인데, 이 특성에 따라 자기 밖의 문제에 대해서도 마음이 늘 걸리며 잊지 못해, 다음세대를 만족시키고 지원하는 방법을 찾는 것을 자신이 해야 한다고 느끼고 그 일에 사명의식을 가지며 노년의 마지막 남은 열정을 쏟아 성숙한 인간이 되려고 합니다.

노년기는 삶의 과정에 가장 드라마틱(dramatic)한 변화와 위기를 마주하는 시기입니다. 사회중심 참여에서 변두리 밖으로 밀려 나는 정년퇴임으로 일할 수 있는 기회(삶의 의미가 됨)가 사라지는 뼈아픈 첫 경험을 시작하고, 규칙적인 생활 습관이 무너지면서 생활리듬도 깨져 신체건강에 하나 둘 이상 징후가 나타납니다. 또한 배우자나 친족들을 잃는 참기 어려운 슬픔을 경험하면서 자신에게도 다가오는 죽음의 그림자를 느끼게 됩니다.

노년기의 위기를 해결해 가는 과정은 대체로 자연의 순리에 따릅니다. 노년기에 접어들면 음식에 대한 욕구와 성적 욕구도 줄어들고 시들해집니다. 겨울철 햇빛에너지는 여름철 평균의 ⅓에 지나지 않습니다. 노년기를 겨울철로 생각한 것도 여러 가지 현상 중에 에너지에 대한 것이 중심이 되는 것으로 보입니다. 노년기는 청·중년기 때 에너지 생산력의 50%이하로 뚝 떨어집니다. 식이요법을 게을리 하면 신체를 유지하는 에너지가 급격하게 줄어들어 여러 가지 신체기능이 약화되어 노화는 촉진됩니다. 농업사회에서는 노인이 농사일과 손자, 손녀 돌보기 등 해야 할 일이 많았지만 산업, 정보화 사회로 환경이 변화 되면서 할 일 없는 노인이 되어 사회 활동이 거의 없어지자 식욕도 자연스럽게 감퇴되고 삶의 의미도 약화되는 현상이 노년기에 찾아왔습니다.

　　인간은 만물의 영장입니다. 어떤 환경이나 변화에도 적응하여 삶을 이어갈 수 있는 능력이 있습니다. 노년기에도 자신의 삶에 유리하도록 새로운 변화에 적응해 나갑니다. 지나온 삶을 되돌아보고 평가하고 미래를 계획합니다. 평가와 계획은 자신이 삶에서 쌓아올린 지식과 경험을 바탕으로 주관적으로 판단하여 수행하게 됩니다. 주관적인 판단은 성격과 관련이 깊은 것으로 알려졌습니다. 리차드(Reichard) 등이 노년기의 성격을 5가지 유형으로 분류한 것이 노년기의 삶과 관련성이 상당한 것으로 보입니다.

　　첫째는 통합형입니다. 자기 과거의 모든 삶, 성공한 것이든 실패한 것이든 자기 것으로 받아들이고, 소중히 여기고 남은 생애 동안 자신을 성숙시켜 가는 아름다운 꿈을 가지게 됩니다. 이 성격은 '목'과 '금'의 성격특성과 비슷합니다. 생에 대한 욕망이 강하고 기대와 성장욕구가 강해서 삶의 목표를 실현하려는 의지가 강합니다. 자신의 능력과 잠재적인 재능을 믿고 자기실현 과정을 즐겨 성실하게 자기 목표에 집중하는 성격입니다. 환경 변화에 항상 능동적으로 대응하여 행복한 노년을 보낼 수 있습니다. '수'로부터 공감 능력과 융통성을 받아들여 사회참여로부터 변두리 밖에 밀려나더라도 소외감을 이겨 낼 수 있고, 조금도 부족함 없는 인간관계를 유지할 수 있습니다.

'토'로부터 세상의 모든 생명에게 차별 없는 사랑의 마음과 편안함을 받아들여 자유로움을 얻을 수 있기에 하고 싶은 대로 행동 하더라도 자신과 세상을 더럽히지 않는 성숙의 경지에 이를 수 있습니다. 또한 식어가는 열정을 '화'로부터 지원 받으면 절반이하로 줄어든 노년기의 열정을 유지 할 수 있습니다. 따라서 음양을 밑바탕으로 오행 각각의 특성들이 성격 전체와 통합되어 균형과 조화를 이루도록 활용할 수 있다면 어떤 환경변화에도 적응할 수 있어 여유롭고 만족스러운 노년기를 보낼 수 있습니다.

둘째는 안락의자형입니다. 자기의 재정적, 정서적 일들을 타인의 도움을 받아 해결하려는 의존적 생활태도를 가집니다. 장년기까지 열심히 사회일원으로써 일해 왔기 때문에 노년기에는 사회적인 책임이나 의무로부터 벗어나 자신을 위해 자유롭게 즐기며 삽니다. 현직에서 물러나는 스트레스 등을 가볍게 넘기고 일의 멍에를 내려놓는 것을 오히려 즐기고 행복한 늙음을 반기며 편안하게 살아가는 유형입니다.

퇴직 후 얼마동안 일의 굴레에서 벗어난 즐거움을 맛볼 수 있지만 하루 놀고 하루 쉬는 날들이 반복 되다보면 삶의 무의미를 느낄 수 있습니다. 일을 떠난 생활은 생명의 기본리듬인 활동과 휴식의 리듬이 깨어질 수 있습니다. 생체리듬이 깨어지면 건강한 삶을 유지하기가 어렵고 건강한 늙음을 유지하지 못하면 행복한 늙음을 기대할 수 없습니다. 작은 꿈을 가지게 되면 꿈을 이루기 위해서 작은 일을 시작할 수 있습니다. 안락의자형의 노인은 '수'의 성격을 많이 닮았습니다. '수'는 '목'의 목표를 이루어가는 욕망과 생장을 바라고 요구하는 의욕을 받아들이면 작은 꿈을 가질 수 있게 되어 생활의 활력소와 리듬을 유지할 수 있게 됩니다. 작은 꿈이 사회적 역할에 조금이라도 관련이 있다면 변두리 밖으로 밀려나 소외감을 느꼈던 것이 사회 변두리 참여를 할 수 있게 되어 소속된 사회에 필요 없는 존재가 아니라 이바지할 수 있는 존재로 유지될 수 있어 뿌듯한 마음으로 노년을 보낼 수 있습니다. 이것이 '목'과 '수'의 상생관계인 '목생수'입니다.

셋째는 장갑형입니다. 늙어가는 것, 노인의 질환, 그리고 죽음이 가까이 다가오고 있음이 자연의 순리임을 인정하려 하지 않습니다. 불안과 두려움에 짓눌려 이런 상황에 적응해 보려는 계획이나 행동을 적극적으로 노력하지 않고 노화, 죽음의 문제를 회피하거나 종교나 작은 신비적인 것에 의탁하려합니다. 실제로 불안의 근원은 눈앞의 위험에서 벗어나 살아남을 수 있도록 도와주는 생리적인 반응입니다. 불안은 무언가 이상이 있다는 신호에 대해서 예민합니다. 위험을 잘 알면 위험에 빠지지 않습니다.

노화, 노인질환 그리고 죽음에 대해서 누구나 피할 수 없는 자연의 섭리임을 적극적이고 긍정적으로 이해하고 받아들임으로서 극복할 수 있습니다. 노화와 늙음은 주관적인 감성으로 이해하지 않고 객관적인 이성으로 이해하면 행복하게 늙어갈 수 있습니다. '화'의 감성을 '금'의 이성과 조화시킨 해결책입니다. '화'와 '금'은 상극관계인 서로 조절하고 조화를 이룬 관계입니다. 행복한 늙음과 불안한 늙음 중에 어떤 것을 선택하시겠습니까? 행복은 우리가 느끼는 감정이 아니라 의식적(분별하여 생각하는 마음='금'의 성격)으로 내리는 선택입니다. 선택은 용기가 필요합니다. '목'으로부터 '용기'를 받아들여야 합니다. '목'과 '화'는 상생관계로 북돋아주는 관계입니다. '행복은 자유에서 오고, 자유는 용기에서 온다.'고 말한 그리스 정치가 페리클레스(Perikles, BC495~429)의 명언을 되새겨볼만 합니다.

넷째는 분개형입니다. 지난 자신의 삶이 성공하지 못했다는 주관적인 판단으로 실패를 규정하고 뉘우치고 분하게 여깁니다. 그 실패의 원인이 자신의 능력이 부족해서가 아니라 타인 때문이라 여기고 사회에 대한 적대감과 공격성을 가지고 있습니다. 분노는 생존기술입니다. 분노는 용기의 위장이며 핑계라고 심리학자들은 말합니다. 야생동물들이 이를 드러내고 으르렁거리며 금방 공격할 것처럼 행동하는 것은 적을 협박하는 것입니다. 분노는 높은 에너지를 가지고 있습니다. 청·장년기까지는 쉽게 드러나지만 노년기에는 드물게 드러났습니다. 노년기까지 분노를 쉽게 드러내는 사람은 젊음이 많이 남아 있다는 징조입니다. 자신의 늙음도 받아들이는데 머뭇거립니다. 분노의 에너지를 조절하여 긍정적인 방향으로 활용할 수 있다면 사회에 대한 적대감과 공격심이 사라지고 자신의 정서를 조절할 수 있게 되어 사회와 화목한 관계를 맺을 수 있습니다. 사회와 화목할 때 생활의 즐거움과 인생의 안락함을 느낄 수 있게 됩니다.

분노는 '화'성격의 특성입니다. '화'는 '수'로부터 정서조절 능력을 받아들일 수 있는 상극관계입니다. '수'는 '화'의 분노를 조절할 수 있습니다. 분노를 열정으로 방향을 전환시키면 노년기의 급격히 감소되는 열정을 현상유지 시킬 수 있어 오히려 생동감 있는 노후를 보낼 수 있습니다. '화'와 '목'은 상생관계입니다. '목'의 꺼져가는 욕망의 불씨를 살려 노년의 작은 꿈을 실현하는데 큰 도움이 됩니다. 희망의 날개를 펼 수 있습니다. 희망이 있는 노년은 행복한 늙음이 될 수 있습니다.

'화'와 '금'은 상극관계입니다. '금'으로부터 합리적인 사고와 절제력 그리고 인내심을 받아들여 분노의 원인을 찾아내 분노가 차오르는 것을 다른 방향으로 전환시키고 절제하는 노력을 하면 '화'를 누그러뜨릴 수 있습니다. 화가 날 때마다 산책하거나 땀 흘려 운동하면 분노의 에너지가 운동에너지로 전환될 수 있습니다. 노년기는 아름다운 숲길을 산책하는 것이 무리하지 않고 분노를 조절해가는 가장 좋은 방법이 될 것입니다. 인내심을 가지고 분노 조절을 계속하면 몸에 배어서 습관이 될 수 있습니다.

다섯째는 자책형입니다. 자신의 삶을 뒤돌아보고 자신은 성공하지 못한 사람이라 생각하며 삶을 후회합니다. 생각이 깊고 차분하며 신중합니다. 세상은 세련된 정글(Jungle)과 같은 곳입니다. 어느 직장이나 직장 내에 경쟁이 없는 곳은 없습니다. 그는 조심성이 많고 대담하지 못하고 겁이 많은 편이라 경쟁에서 항상 뒷전으로 밀립니다. 스스로 경쟁을 피하기도 하고, 우물쭈물하다가 기회를 놓치는 경험을 많이 합니다. 집에 와서는 후회하고 스스로 자신을 꾸짖어 보지만 소용없는 일이였습니다. 세익스피어(shakespeare, william 영국극작가, 시인 1564~1616)의 4대 비극작품 중 하나인 주인공 햄릿(Hamlet)과 비슷한 성격이고, 내향성(음의 기질)이 강한 '금'의 성격 소요자입니다.

'금'과 '목'은 상극관계입니다. '목'의 성공에 대한 강렬한 의욕과 의지, 그리고 출세욕, 명예욕, 도전정신을 받아들여 내향적인 '금'의 성격을 조절하면 그는 인생의 꿈을 이룰 수 있었을 것입니다. '금'과 '목'은 상극관계입니다. '화'로부터 열정을 받아들이면 자신의 목표달성에 씩씩하게 나아갈 수 있습니다(화생목).

셰익스피어와 동시대 작가인 세르반테스(CervantesSaavedra·Miguel de.1547~1616)의 돈키호테(DonQuixote)는 전형적인 '목'의 성격 소유자입니다. 음양오행의 성격 모델의 기본방향은 성격특성 간 상생과 상극관계의 활용입니다. 사람은 어느 성격 하나의 유형에 고정되어 있지 않습니다. 음양오행의 성격을 깊이 이해하면 누구나 상황과 환경에 알맞은 성격으로 현실 생활에서 대응할 수 있습니다. 햄릿형과 돈키호테형을 하나로 융합시켜 장점은 확대하고 단점은 보강할 수 있습니다. 자책형인 내향적 금의 성격을 외향적(양적기질)인 '목'의 성격으로 조절하고 보강할 수 있습니다(목극금).

건강한 성격은 성숙에서

노년기 생활에 자주 등장하는 말은 생활의 질(Quality of Life) 또는 행복한 삶(Well-being)이라는 용어입니다. '질'은 타고난 성질의 표현입니다. 인간의 성질은 정치, 경제 그리고 문화의 환경 조건 아래에서 사회적 성격이 형성되고 인간 행동에 영향을 준다고 합니다. 성숙한 성격이 건강한 성격이라고 여러 학자들은 말합니다. 개인의 잠재력을 실현하는 사람을 의미합니다.

칼융(Carl Gustav Jung.1875~1961)은 건강한 성격의 특성을 글이나 말로 나타내어 보인적은 없지만 그의 성격 연구에 상당부분 드러나 있습니다. 성격의 4가지 기능인 사고, 감정, 감각, 그리고 직관이 어느 한 쪽으로 쏠리지 않고 각각 기능들이 균형을 이루고 있어 상황과 환경변화에 적절하게 대응할 수 있는 성격을 건강한 성격으로 확신한 듯합니다. 그리고 4가지 기능들은 서로 간에 충돌이나 모순됨이 없이 서로 적당하게 잘 어울림을 가집니다. 성격의 4가지 각 기능 부분이 통합되고 균형과 조화를 이루어 개인의 성격으로 표현됩니다.

칼융의 건강한 성격은 오행의 성격과 많이 닮아 있습니다. 목(감각적인 특성), 화(감정적인 특성), 금(사고적인 특성), 토와수(직관적인 특성) 등 오행성격 특성들이 한쪽으로 치우치지 않고 균형 있게 분포되어 있는 성격을 가진 사람은 어느 상황이나 환경에도 어렵지 않게 적응할 수 있는 능력이 있습니다. 필요한 쪽은 서로 도와주는 상생, 넘치는 쪽은 서로 조절해 주는 상극으로 균형과 조화를 이루어 건강한 성격이 될 수 있습니다.

심리학 연구에 따르면, 동양인들과 서양인들의 성격 이론은 매우 유사한 것으로 알려졌습니다. 성격의 5대요인 특성엔 외향성은 '목'의 성격 특성, 신경성은 '화'의 성격 특성, 개방성은 '토'의 성격 특성, 성실성은 '금'의 성격 특성, 그리고 친화성은 '수'의 성격 특성과 매우 비슷합니다. 동양과 서양은 서로 다른 문화의 기원을 가지고 있어서 성격 이론을 활용하는데 큰 차이가 있습니다.

심리학자인 허만 윗킨스(Herman witkins)등이 제안한 '장-의존성(Field dependence)'은 어떤 사물을 지각할 때 주변의 사물이 맞닿아 있는 관계나 연관의 영향을 받는 정도를 지칭합니다. 이웃과의 관계가 중요한 농경사회 사람들은 수렵이나 사냥사회, 직장에 따라 이동이 잦은 현대 산업사회 사람들보다 더 '장-의존적'이라고 합니다. 반면, 수렵과 사냥하는 사람들과 현대 산업사회의 사람들은 거의 비슷한 정도로 '장-독립적'이라고 합니다.(리처드 니스벳의 『생각의 지도』에서 인용)

성격의 5대 요인 특성과 오행성격요인 특성은 비슷하지만 성격요인을 설명하고 활용하는데 있어서 서양학자들은 장-독립적 사고로 각 요인의 관계나 연관보다 각 특성의 범주에 주의를 기울이는 반면 동양 사람들은 각 요인의 특성과 특성 간의 서로 의존적 관계와 연관에 관심을 집중하여 상생과 상극으로 설명하고 활용하는 경향이 매우 높습니다. 건강한 성격은 음양오행성격을 넓고 깊게 이해하면 누구나 가질 수 있는 가능성이 매우 높습니다. 세상은 아는 것만큼 보이고 밀려오는 세상의 변화와 위기의 물결을 헤쳐 나갈 수 있는 능력을 키우고 방책을 수립할 수 있습니다.

심리학자들이 제시한 건강한 성격의 특성 중 비슷한 것들 9가지를 정리했습니다.

첫째, 자기를 알고 자신의 잠재력을 활용하여 자신답게 되는 것을 실현해 가는 성격입니다. 자신의 성장, 발달을 진행 시켜 가는 미래 지향적인 성격입니다. 삶을 지속하는 동력은 자신이 마땅히 해야 할 일, 즉 완수할 과업을 가지는 데에서 나옵니다.

둘째, 사회에 마음이 끌려 타인들과 적극적이고 확고한 인간관계를 가집니다.

셋째, 자신을 사회규범, 도덕 등의 외부적인 힘에 억제되지 않고 자유롭게 충동과 욕망을 표현할 수도 있습니다. 흥분해서 자극에 대해서 솔직하게 분노도 표현할 수 있는 사람은 건강한 성격을 가진 사람입니다.

넷째, 자신이 타고난 성질, 그리고 자신의 약점과 장점을 포함하여 자기 자신을 이해하고 불평이나 걱정 없이 있는 그대로 받아들입니다. 타인도 현재 있는 그대로 받아들입니다.

다섯째, 눈앞에 있는 자기의 모든 영역에서 혼자 힘으로 새롭고 독특한 것을 처음으로 만들어 내는 사고하는 능력과 재능으로 창조적인 삶을 스스로 표현합니다. 모든 사람은 사회적 제도의 굴레를 벗어나 특별한 창조적 가치를 표현할 수 있습니다. 이러한 사람은 건강한 성격의 소유자입니다.

여섯째, 미래 지향적인 삶을 목표로 세우고 흔들림 없이 목표성취를 위해 앞만 바라보고 나아가며 자기이해(自己利害)를 돌보지 않고 몸과 마음을 바쳐 힘을 다할 수 있는 대상에 처음 품었던 뜻을 끝까지 이루어 내는 성실함을 가지는 사람이 건강한 성격의 소유자입니다.

일곱째, 자기 행동 과정을 자유롭게 선택합니다. 자기 마음이 가는대로 하고 싶은 대로 행동합니다. 사고와 감정도 자아경계(자기 자신에 대한 의식이나 관념)에 의해 시들어지지 않습니다. 외부 규칙이나 관습으로부터 자유롭습니다. 삶의 과정에서 개방성과 융통성을 발휘하는 사람은 건강한 성격의 소유자입니다.

여덟째, 자신을 알고 받아들이면 자신에게 적합한 삶의 의미를 가질 수 있습니다. 어떻게 살아야 하는지를 알 수 있어 자기 생활을 통제할 수 있습니다. 자기 개성대로 삶을 이어가기 때문에 자신의 삶에 대하여 책임을 질 수 있습니다. 그는 상황과 환경변화에 의해 영향을 받을 수 있지만 그것을 어떻게 받아들이고, 일과 사태에 맞추어 태도와 행동을 취할 것인가를 객관적으로 알고 깨달아서 자신이 자유롭게 선택합니다. 자기답게 하는 행동 속에 자기의 근본적인 성질이 현실로 나타나 가치 있는 성숙한 인간이 되어 갑니다. 성숙한 인간은 건강한 성격의 소유자입니다.

아홉째, 사람이 본래 가진 성질은 타고난 것으로 본성(本性)이라고 합니다. 자기의 본성을 깨닫게 되면 무엇을 어떻게 해야 하는지를 알게 됩니다.(지천명知天命) 세상의 여러 가지 유혹과 고난에도 흔들리지 않고 자기에게 주어진 사명, 즉 천명을 실현 하는데 스스로 온 정열을 쏟아 붓고 몰입하는 사람, 원하는 일이 아니라 해야 한다고 느끼는 일을 하는 사람은 건강한 성격입니다. 주위의 무슨 이야기를 들어도 깊이 이해 할 수 있고 타인의 의견에 조용히 귀 기울이는 사람은 이순(耳順)에 도달한 사람입니다. 마음이 가는대로 행동을 해도 양심과 도덕성에 어긋나지 않은 성숙의 마지막 단계에 이른 원숙한 사람, 즉 성인의 경지에 오를 수 있습니다(종심소욕 불유구 從心所欲 不踰矩). 마음 내키는 대로 행동하여도 도덕에서 벗어나지 않는 경지는 인간 수양의 최고 단계입니다. 이 경지는 보통사람에게는 희망사항일 뿐입니다.

성숙한 성격은 로저스(C. R. Rogers1902~1987)가 주장한 자기실현 과정에서 '되어가는 과정'이라 주장한 것과 매슬로의 자기실현의 최고단계인 존재욕구는 '절대로 완전히 달성할 수 없다'고 말한 것과 생각이 서로 통하는 것 같습니다. 나이를 먹음에 따라 육체적 노화는 자연법칙에 따르지만 생각이나 감정의 작용을 지배하는 마음의 능력 성장은 계속되는 것으로 학자들은 보고 있습니다. 정신적으로 건강한 성격을 가진 사람은 앞일을 내다보며 자신 안에 있는 잠재력을 쉼 없이 실현해 나가는 사람입니다. 자기완성에 정신을 집중하는 사람입니다. 자기완성에 열중하는 사람은 행복한 생활을 하는 사람입니다.

중국 공자에 대한 이야기입니다.

섭공(葉公)이 공자의 제자인 자로에게 물었습니다. "공자는 어떤 분이십니까?" 자로는 뜻밖의 질문에 대답을 하지 못하고 멈칫거렸습니다. 이 말을 들은 공자는 자로에게 말했습니다. "자로야! 섭공의 질문이 너에게는 어려웠느냐? 나를 이렇게 평가했으면 좋았을 텐데, 「스승님은 학문이건 일이건 한번 열중하면 식사하는 것도 잊어버립니다. 즐거우면 근심걱정도 잊어버립니다. 그리고 나이가 들고 늙는 것도 모릅니다.」라고"(안병욱, 인생론에서 인용)

노년기에도 자아실현 또는 자아완성, 자아성숙에 매진하는 사람은 건강한 성격을 가진 사람으로 날마다 자기 내면에서 우러나오는 기쁨과 자기 외부, 즉 인간관계에서 얻어지는 즐거움을 함께 누리며 행복한 생활을 계속하여 유지해 나갈 수 있습니다.

부록 I
실용적 성격 활용

목의 성질 활용

화의 성질 활용

토의 성질 활용

금의 성질 활용

수의 성질 활용

목의 성질 활용

① 목이 1개일 때

목의 성질 근원은 자연생태계에 적응한 생물본능(자기생존본능과 자기종족본능)이 첫째이며 사람이 만들어낸 사회생태계(도덕·법률·문화 환경)에 적응한 사회본능이 둘째입니다. 또한 개인발달본능(성장과 성숙)도 근원이 됩니다.

목 1개는 오행성격특성 기능 활성화의 3단계 상·중·하 중의 중간단계(사주8÷오행5자=오행평균 분포수) 1.6개보다 낮습니다. 목의 밑바탕이 '양'이면 목의 성질 활성화가 중간단계 가까이 될 수 있는 가능성이 있습니다. '양'의 성질은 활동적이고 능동적이기 때문입니다. 상황과 환경에 맞게 밖으로 드러나는 목의 성질 횟수가 중간단계 정도가 될 수 있습니다.

목의 성질은 욕심이 있고 욕망과 야망도 있습니다. 흥미와 호기심이 많아서 새로운 것에 도전을 합니다. 그러나 때때로 머뭇거리기도 합니다. 화에게서 열정과 정열 그리고 에너지를 도움을 받아 도전을 하게 되면 머뭇거림이 감소될 수 있습니다(화생목). 삶의 기대와 성장욕이 있어 목표를 세우고 목표성취를 열망하고 에너지를 집중합니다. 목표를 수행하는데 필요한 에너지 도움을 화로부터 지속적으로 받을 수 있습니다(화생목). 출세욕과 명예의욕이 있어 목표를 세우고 미래지향적인 삶을 선호하며 희망을 가지는 성격입니다. 그의 꿈을 펼칠 수 있는 터전을 토가 마련해 줄 수 있습니다(토극목).

자신의 능력을 높게 평가해서 고집스럽고 비협조적인 모습을 보입니다. 수에게서 유연함과 지혜의 도움을 받아 고집을 융통성 있게 바꿀 수 있고 비협조적인 면을 감소시킬 수 있습니다(수생목). 더불어 토에게서 포용과 열린 마음을 도움을 받을 수 있어 제 의견만을 굳게 내세워 우기는 것을 완화시킬 가능성이 있습니다(토극목). 객관적인 판단으로 일을 실용적으로 처리합니다. 외향적이고 활동적이며 사교적이어서 타인의 기대와 감정에 민감하여 눈치가 빠릅니다. 상황과 환경변화에 민감하게 행동하며 주변 상황에 따라 카멜레온처럼 전략적으로 자신에게 유리하도록 행동합니다. 이러한 전략적인 행동이 정도에 벗어나지 않도록 금에게서 성실성을 도움을 받아 조절될 수 있습니다(금극목).

② 목이 2개일 때

목의 성질 근원은 자연생태계에 적응한 생물본능(자기생존본능과 자기종족본능)이 첫째이며 사람이 만들어낸 사회생태계(도덕·법률·문화 환경)에 적응한 사회본능이 둘째입니다. 또한 개인발달본능(성장과 성숙)도 근원이 됩니다.

목 2개는 오행성격특성 기능 활성화의 3단계 상·중·하 중의 중간단계(사주8÷오행5자=오행 평균 분포수) 1.6개보다 높습니다. 목의 성질 활성화가 3단계 상·중·하 중 중간단계보다 높아 상황과 환경에 맞게 다양한 목의 성질이 밖의 행동으로 드러나는 횟수가 많습니다.

목의 성질은 욕심이 많고 욕망과 야망이 강렬합니다. 삶의 기대와 성취를 향한 매우 맹렬한 마음으로 바라고 에너지를 집중합니다. 목표를 수행하는 데 필요한 에너지와 열정은 화에게서 도움을 받을 수 있습니다(화생목). 흥미와 호기심이 강해서 새로운 것에 머뭇거림 없이 도전합니다. 출세욕과 명예욕이 강렬하여 목표를 세우고 미래지향적인 삶을 선호하여 항상 희망을 품고 생활합니다. 토에게서 열린 마음을 도움을 받을 수 있어 일상생활을 즐겁게 할 가능성이 있습니다(토극목).

자신의 능력을 높게 평가해서 고집스럽고 비협조적인 모습을 보입니다.

수에게서 유연함과 지혜의 도움을 받아 고집을 융통성 있게 바꿀 수 있고 비협조적인 면을 감소시킬 수 있습니다(수생목).

토에게서 포용과 열린 마음을 도움을 받을 수 있어 제 의견만을 굳게 내세워 우기는 것을 완화시킬 가능성이 있습니다(토극목). 객관적인 판단으로 일을 실용적으로 처리합니다. 외향적이고 활동적이며 사교적이어서 타인의 기대와 감정에 민감하여 눈치가 빠릅니다. 상황과 환경변화에 민감하게 행동하며 주변 상황에 따라 카멜레온처럼 전략적으로 자신에게 유리하도록 행동합니다. 이러한 전략적인 행동이 정도에 벗어나지 않도록 금에게서 성실성을 도움을 받아 조절될 수 있습니다(금극목). 욕구가 강렬하여 여러 개의 목표를 세울 가능성이 있습니다. 금에게서 이성적이고 합리적인 판단을 도움 받아 하나 혹은 2개정도로 목표를 조절할 수 있습니다(금극목). 하나의 목표만 세우면 성취 가능성이 높습니다.

③ 목이 3개일 때

목의 성질 근원은 자연생태계에 적응한 생물본능(자기생존본능과 자기종족본능)이 첫째이며 사람이 만들어낸 사회생태계(도덕·법률·문화 환경)에 적응한 사회본능이 둘째입니다. 또한 개인발달본능(성장과 성숙)도 근원이 됩니다. 목 3개는 오행성격특성 기능 활성화의 3단계 상·중·하 중의 중간단계(사주8÷오행5자=오행 평균 분포수) 1.6개보다 매우 높습니다. 목의 성질이 상황과 환경에 맞게 다양한 목의 성질이 밖의 행동으로 드러나는 횟수가 많습니다.

목이 3개 이상이면 오행성격특성의 분포평균치 1.6개인 중간단계보다 매우 높습니다. 욕심이 너무 많고 욕구가 강렬하여 하고 싶은 일이 많아 여러 개의 꿈을 세우고 한꺼번에 실행하려고 덤벼듭니다. 화가 하나이면 시작할 열정이나 에너지가 부족하여 꿈만 꾸다가 주저앉습니다. 화가 2개이면 열정이 강렬하여 여러 개의 목표를 실행하려고 시작은 하지만 오래가지 않아 에너지가 바닥을 드러내면 열정이 줄어들어 중도에 포기하게 됩니다. 흥미와 호기심이 강렬하여 새로운 것에 그때그때 그 자리에서 도전합니다. 출세욕과 명예욕이 강렬하여 목표를 높게 세우고 미래지향적인 삶을 선호하며 항상 희망을 품고 생활합니다. 자신의 능력을 높게 평가해서 고집스럽고 비협조적인 모습을 보입니다.

수에게서 유연함과 융통성을 도움 받아 고집을 융통성 있게 바꿀 수 있고 비협조적인 면도 감소시킬 수 있습니다(수생목). 그리고 토에게서 포용과 열린 마음을 도움 받을 수 있어 제 의견만을 굳게 내세워 우기는 것을 완화시킬 가능성이 있습니다(토극목). 객관적인 판단으로 일을 실용적으로 처리합니다. 외향적이고 활동적이며 사교적이어서 타인의 기대와 감정에 민감하여 눈치가 빠릅니다. 주변 상황에 따라 민감하게 행동하며 때로는 정도에 넘치는 행동이 나타날 수 있으며 말이나 몸가짐이 가볍고 생각 없이 행동할 가능성이 있습니다.

금에게서 신중함과 절제력을 도움 받아 경솔한 행동 조절이 가능합니다(금극목). 상황과 환경변화에 카멜레온처럼 전략적으로 자신에게 유리하도록 행동합니다. 이러한 전략적인 행동이 정도에 벗어나지 않도록 금에게서 성실성을 도움을 받아 조절될 수 있습니다(금극목) 욕심과 욕구가 강렬하여 여러 개의 목표를 세울 가능성이 있습니다. 금에게서 이성적이고 합리적인 판단을 도움을 받아 하나 혹은 2개정도로 목표를 조절할 수 있습니다(금극목) 하나의 목표만 세우면 성취 가능성이 있습니다.

화의 성질 활용

① 화가 1개일 때

화의 성질 근원 자연 생태계에 적응한 생물본능(자기보존본능과 자기종족보존본능)이 첫째이며 사람이 만들어낸 사회 생태계(도덕·법률·문화 환경)에 적응한 사회본능이 둘째입니다. 또한 개인발달본능(성장과 성숙)도 근원이 됩니다. 화 1개는 오행성격특성 기능 활성화의 3단계 상·중·하 중의 중간단계(사주8÷오행5자=오행평균 분포수) 1.6개보다 낮습니다.

화의 밑바탕이 '양'이면 화의 성질 활성화가 중간단계 가까이 될 수 있는 가능성이 있습니다. '양'의 성질은 활동적이고 능동적이기 때문입니다. 상황과 환경에 맞게 밖으로 드러나는 화의 성질 횟수가 중간단계 정도가 될 수 있습니다. 그러나 화의 밑바탕이 '음'이면 음속의 양 씨앗 활성화 방법(p165~168)을 참고 하십시오.

화의 성질은 열정적이고 정열적이며 에너지가 있습니다. 따뜻함, 돌봄 연민과 같은 감정의 본바탕입니다. 성질이 예민하여 감정이 쉽게 오르내립니다. 겨울 물처럼 차가운 수의 도움을 받아 감정의 높낮이를 조절할 수 있습니다(수극화). 신경이 예민하고 직감력도 발달되어 있습니다. 화를 내거나 분노를 쉽게 밖으로 드러냅니다. 적당하고도 적절한 때에 올바른 목적과 방법으로 화를 내거나 잠재우는 것은 금에게서 차가운 이성적 생각과 절제력의 도움을 받아 조절할 수 있습니다(금극화). 눈앞에 위험과 삶의 과정에서 위기를 직면할 때 즉흥적인 결단이 빠른 순발력으로 위험을 벗어나고 위기를 해결하며 때로는 위기를 기회를 바꾸는 능력이 있습니다.

미래에 대한 불확실성과 위험에 대한 걱정과 불안감을 감소시킬 수 있습니다(토생화). 목표지향성과 성취에 대한 동기(motivation)열정이 있습니다. 목에게서 강한 동기와 의지력을 도움 받아 목표지향성에 대한 동기와 열정이 더욱 강화될 수 있습니다(목생화). 침착하지 못하고 인내심이 부족하여 일을 수행하는 과정에서 쉽게 좌절할 수 있습니다. 금에게서 인내심과 신중함을 도움 받아 좌절을 극복할 수 있습니다(금극화).

② 화가 2개일 때

화의 성질 근원 자연 생태계에 적응한 생물본능(자기보존본능과 자기종족보존본능)이 첫째이며 사람이 만들어낸 사회 생태계(도덕·법률·문화 환경)에 적응한 사회본능이 둘째입니다. 또한 개인발달본능(성장과 성숙)도 근원이 됩니다. 화 2개는 오행성격특성 기능 활성화의 3단계 상·중·하 중 중간단계(사주8÷오행5자=오행평균 분포수) 1.6개보다 높습니다. 화의 성질 활성화가 중간단계보다 높아 다양한 화의 성질이 상황과 환경에 알맞게 외부행동으로 드러나는 횟수가 많습니다.

화의 성질은 열정과 정열이 중간단계보다 높고 에너지 넘치는 여름의 성질을 닮았습니다. 화는 마음이 따뜻하고 불쌍하고 가련함을 돌보는 사랑이 넘칩니다. 화가 2개여서 사랑이 넘칩니다. 일에 열정적이고 사람에 정열이 불타오릅니다. 타오르는 정열은 자신을 불사를 수 있습니다. 수에게서 겨울의 찬물과 같은 성질을 도움 받아 불타는 정열을 중간단계로 낮추어 안정시킬 수 있습니다(수극화). 신경이 예민하여 주변의 작은 자극에도 감정이 쉽게 흔들리고 화를 내거나 분노를 쉽게 밖으로 드러냅니다. 적당하고도 적절한 때에 올바른 목적과 방법으로 화를 내거나 잠재우는 것은 금에게서 차가운 이성적 생각과 절제력을 도움을 받아 조절할 수 있습니다(금극화).

눈앞에 위험과 삶의 과정에서 위기를 직면할 때 즉흥적인 결단이 빠른 순발력으로 위험을 벗어나고 위기를 해결하며 때로는 위기를 기회로 바꾸는 능력을 발휘할 가능성이 높습니다.

미래에 대한 불확실성과 주변의 곱지 않은 눈치에 걱정과 불안감에 쉽게 젖어듭니다. 토에게서 화평한 마음을 도움을 받아 걱정과 불안감을 감소시킬 수 있습니다(토생화). 목표지향성과 성취에 대한 동기와 열정이 있습니다. 목에게서 성취에 대한 강한 동기와 의욕을 도움 받아 목표지향성과 성취에 대한 동기와 열정이 더욱 강화될 수 있습니다(목생화). 침착하지 못하고 인내심이 부족하여 일을 수행하는 과정에서 쉽게 좌절할 가능성이 큽니다. 금에게서 인내심과 신중함을 도움 받아 좌절을 극복할 수 있습니다(금극화).

③ 화가 3개일 때

화의 성질 근원 자연 생태계에 적응한 생물본능(자기보존본능과 자기종족보존본능)이 첫째이며 사람이 만들어낸 사회 생태계(도덕·법률·문화 환경)에 적응한 사회본능이 둘째입니다. 또한 개인발달본능(성장과 성숙)도 근원이 됩니다. 화 3개는 오행성격특성 기능 활성화의 3단계 상·중·하 중 중간단계(사주8÷오행5자=오행평균 분포수) 1.6개보다 매우 높습니다. 화의 성질 활성화가 중간단계보다 매우 높아 다양한 성질이 상황과 환경에 알맞게 외부행동으로 드러나는 횟수가 매우 많습니다.

화의 성질은 열정과 정열이 매우 높은 편이며 에너지 넘치는 여름의 성질을 닮았습니다. 인정이 많은 마음이어서 불쌍하고 가련함을 돌보는 사랑이 매우 강렬합니다. 화가 3개여서 사랑이 강렬하고 넘칩니다. 일과 사랑에도 열정과 정열이 강렬하게 불타오릅니다. 강렬하게 타오르는 정열은 자신마저 불사를 수 있습니다. 수에게서 차가운 물과 같은 성질을 도움을 받아 강렬한 정열을 중간단계 가까이 낮출 가능성이 있습니다(수극화). 신경이 지나치게 예민하여 생활 주위의 작은 자극에도 감정이 크게 흔들리고 화를 내거나 분노가 폭발할 가능성이 높습니다. 적당하고도 적절한 때에 올바른 목적과 방향으로 화를 내거나 잠재우는 것은 금에게서 차가운 이성과 절제력, 인내심을 도움 받아 조절이 가능합니다(금극화).

눈앞에 위험과 삶의 과정에서 위기를 직면할 때 즉흥적인 결단이 빠른 순발력으로 위험을 벗어나고 위기를 해결하며 때로는 위기를 기회로 바꾸는 능력을 발휘할 가능성이 매우 높습니다. 화가 4개인 다산 정약용은 귀양살이 위기를 집필하는 기회로 삼아 역사에 빛나는 저서들을 남겼습니다. 미래에 대한 불확실성과 위험을 예민하게 느끼어 걱정과 불안감에 쉽게 젖어 듭니다. 토에게서 화평한 마음을 도움 받고(토생화) 금의 강한 의지력을 도움 받아 걱정과 불안감을 감소시킬 수 있습니다(금극화).

목표지향성과 성취에 대한 동기와 열정이 있습니다. 목에게서 성취에 강한 의지와 의욕을 도움 받아 목표지향성에 대한 동기와 열정이 강화될 가능성이 높습니다(목생화). 침착하지 못하고 인내심이 부족하여 일을 수행하는 과정에서 쉽게 좌절할 가능성이 매우 큽니다. 금에게서 인내심과 신중함을 도움 받아 좌절을 감소시킬 가능성이 있습니다(금극화). 정신적 육체적 고통을 참고 견디는 인내심은 교육과 훈련으로 극복할 수 있습니다.

토의 성질 활용

①토가 1개일 때

토의 성질은 자연 생태계에 적응한 생물본능(자기보존본능과 자기종족보존본능)과 사람이 만들어낸 사회 생태계(도덕·법률·문화 환경)에 적응한 사회본능과 개인발달본능(성장과 성숙)이 근원입니다.

토 1개는 오행성격특성 기능 활성화의 3단계 상·중·하 중 중간단계(사주8÷오행5자=목, 화, 토, 금, 수 각각에 평균 분포수) 1.6개보다 낮습니다. 토의 밑바탕이 '양'이면 토의 성질 활성화가 중간단계 가까이 될 수 있는 가능성이 있습니다. '양'의 성질은 활동적이고 능동적이기 때문에 낮은 토의 기능 활성화를 도울 수 있습니다. 상황과 환경에 알맞게 밖으로 드러나는 토의 성질 횟수가 중간단계 정도가 될 수 있습니다. 그러나 토의 밑바탕이 '음'이면 음속의 '양' 씨앗 활성화 방법(p165~168)을 참고 하십시오.

토의 성질은 만물을 넓은 품안에 감싸는 포용력이 있습니다. 봄과 여름 사이, 여름이 가을로 들어서는 길목에서, 가을이 겨울로 향하는 사이, 그리고 겨울이 봄을 맞이하는 봄과 겨울의 날씨가 뒤섞인 기간에 계절의 변화에 쉽게 적응하도록 도움을 주는 협력자 역할이 토의 근본 성질입니다. 그리고 목, 화, 금, 수 성질을 상당부분 공유합니다.

토의 성질은 사계절처럼 환경이 달라져도 변함없는 정직함을 보입니다. 정직하고 진실하여 상대방에게 신뢰감을 줍니다. 안정성을 중요하게 생각하고 변화와 모험을 싫어하여 위기 상황 대처 능력이 떨어집니다. 화에게서 순발력을 도움 받으면 위기 대처 능력을 높일 가능성이 있습니다(화생토). 토의 성질은 인간관계를 중요하게 생각하여 친구와 소통이 원활합니다. 믿음과 의리 그리고 포용력이 있으며 활동적이고(목의 성질) 부드러움(수의 성질)과 열정(화의 성질)이 있어 리더쉽이 있습니다. 인내력이 강하고 고집이 세며(금의 성질) 성취욕이 강해서(목의 성질) 주어진 일을 끝까지 해냅니다. 수에게서 융통성을 도움 받으면 고집 센 성질을 완화시킬 가능성이 있습니다(수극토).

토의 성질은 영리하고 재주가 있습니다. 총명함과 지혜로 세상변화에 슬기롭게 대처해 나갑니다.

총명함과 지혜는 위험이 없고 무사하여 마음에 걱정이 없는 것을 선호하여 위험한 도전을 피합니다. 목에게서 적극적인 도전적인 정신을 도움 받으면 위험한 도전을 피하지 않을 가능성이 있습니다(목극토). 땅(토)은 동물과 식물에게 삶의 터전을 차별하지 않고 개방합니다. 토의 성질은 땅처럼 생각과 행동이 포용적이고 개방적이어서 타인의 생각과 행동을 옳고 그름, 아름다움과 추함에 비추어 판단하지 않고 받아들여 자신의 생각이 없는 것처럼 보일 가능성이 있습니다. 금에게서 냉철한 판단정신을 도움을 받으면 적절한 때에 적당하게 자신의 생각이 다름을 주장할 수 있습니다(금생토).

② 토가 2개일 때

토의 성질은 자연 생태계에 적응한 생물본능(자기보존본능과 자기종족보존본능)과 사람이 만들어낸 사회 생태계(도덕·법률·문화 환경)에 적응한 사회본능과 개인발달본능(성장과 성숙)이 근원입니다.

토 2개는 오행성격특성 기능 활성화의 3단계 상·중·하 중 중간단계(사주8÷오행5자=목, 화, 토, 금, 수 각각에 평균 분포수) 1.6개보다 높습니다. 토의 성질 활성화가 강렬합니다. 상황과 환경에 적절하게 외부 행동으로 드러나는 횟수가 많습니다.

토의 성질은 만물을 넓은 품안에 감싸는 포용력이 있습니다. 봄과 여름 사이, 여름이 가을로 들어서는 길목에서, 가을이 겨울로 향하는 사이, 그리고 겨울이 봄을 맞이하는 봄과 겨울의 날씨가 뒤섞인 기간에 계절의 변화에 쉽게 적응하도록 도움을 주는 협력자 역할이 토의 근본 성질입니다. 그리고 목, 화, 금, 수의 성질을 상당부분 공유합니다.

　토의 성질은 사계절처럼 환경이 달라져도 변함없는 정직함을 보입니다. 정직하고 진실하여 상대방에게 신뢰감을 줍니다. 안정성을 중요하게 생각하고 변화와 모험을 꽤 싫어하여 위기 상황 대처 능력이 떨어집니다. 화에게서 순발력의 도움을 받으면 위기 대처 능력을 높일 가능성이 있습니다(화생토). 토의 성질은 인간관계를 상당히 중요하게 생각하여 친구와 소통이 원활합니다.

　믿음과 의리 그리고 포용력이 있으며 활동적이고(목의 성질) 부드러움(수의 성질)과 열정(화의 성질)이 있어 리더쉽이 강합니다. 인내력이 강하고 고집이 세며(금의 성질) 성취욕이 강해서(목의 성질) 주어진 일을 끝까지 해냅니다. 수에게서 융통성을 도움 받으면 고집 센 성질을 완화시킬 가능성이 있습니다(수극토).

　토의 성질은 영리하고 재주가 많습니다. 총명함과 지혜로 세상 변화에 슬기롭게 대처해 나갑니다. 총명함과 지혜는 위험이 없고 무사하여 마음에 걱정이 없는 것을 선호하여 위험한 도전을 피합니다. 목에게서 적극적인 도전적인 정신을 도움 받으면 위험한 도전을 피하지 않을 가능성이 있습니다(목극토).

　땅(토)은 동물과 식물에게 삶의 터전을 차별하지 않고 개방합니다. 토의 성질은 땅처럼 생각과 행동이 포용적이고 개방적이어서 타인의 생각과 행동을 옳고 그름, 아름다움과 추함에 비추어 판단하지 않고 받아들여 자신의 생각이 없는 것처럼 보일 가능성이 있습니다. 금에게서 냉철한 판단정신을 도움을 받으면 적절한 때에 적당하게 자신의 생각이 다름을 주장할 가능성이 큽니다(금생토).

③ 토가 3개와 3개 이상일 때 참고

토의 성질은 자연 생태계에 적응한 생물본능(자기보존본능과 자기종족보존본능)과 사람이 만들어낸 사회 생태계(도덕·법률·문화 환경)에 적응한 사회본능과 개인발달본능(성장과 성숙)이 근원입니다.

토 3개는 오행성격특성 기능 활성화의 3단계 상·중·하 중의 중간단계(사주 8÷오행5자=목, 화, 토, 금, 수 각각에 평균 분포수) 1.6개보다 매우 높습니다. 토의 성질 활성화가 매우 강렬합니다. 상황과 환경에 적절하게 외부 행동으로 드러나는 횟수가 매우 많습니다.

토의 성질은 만물을 넓은 품안에 감싸는 포용력이 매우 큽니다. 봄과 여름사이, 여름이 가을로 들어서는 길목에서, 가을이 겨울로 향하는 사이, 그리고 겨울이 봄을 맞이하는 봄과 겨울의 날씨가 뒤섞인 기간에 계절의 변화에 쉽게 적응하도록 도움을 주는 협력자 역할이 토의 근본 성질입니다. 그리고 목, 화, 금, 수의 성질을 상당부분 공유합니다.

토의 성질은 사계절처럼 환경이 달라져도 변함없는 정직함을 매우 많이 보입니다. 정직하고 진실하여 상대방에게 매우 높은 신뢰감을 줍니다. 안정성을 매우 중요하게 생각하고 변화와 모험을 아주 싫어하여 위기 상황 대처 능력이 떨어집니다. 화에게서 순발력의 도움을 받으면 위기 대처 능력을 높일 가능성이 있습니다(화생토).

토의 성질은 인간관계를 상당히 중요하게 생각하여 친구와 소통이 아주 원활합니다. 믿음과 의리 그리고 포용력이 매우 강렬하여(토의성질) 꽤 활동적이고(목의 성질) 아주 부드러움(수의 성질)과 열정(화의 성질)이 높아 리더쉽이 매우 강합니다. 인내력이 강하고 고집이 세며(금의 성질) 성취욕이 강해서(목의 성질)이 주어진 일을 끝까지 해냅니다. 수에게서 융통성을 도움 받으면 고집 센 성질을 완화시킬 가능성이 있습니다(수극토).

　토의 성질은 영리하고 재주가 많습니다. 총명함과 지혜로 세상변화에 매우 슬기롭게 대처해 나갑니다. 총명함과 지혜는 위험이 없고 무사하여 마음에 걱정이 없는 것을 선호하여 위험한 도전을 피합니다. 목에게서 적극적이고 도전적인 정신을 도움 받으면 위험한 도전을 피하지 않을 가능성이 높습니다(목극토).

　땅(토)은 동물과 식물에게 삶의 터전을 차별하지 않고 개방합니다. 토의 성질은 땅처럼 생각과 행동이 포용적이고 개방적이어서 타인의 생각과 행동을 옳고 그름, 아름다움과 추함에 비추어 판단하지 않고 받아들여 자신의 생각이 없는 것처럼 보일 가능성이 있습니다. 금에게서 냉철한 판단정신을 도움을 받으면 적절한 때에 적당하게 자신의 생각이 다름을 주장할 가능성이 큽니다(금생토).

금의 성질 활용

① 금이 1개일 때

금의 성질 근원은 사람이 만들어낸 사회생태계(도덕·법률·문화 환경)에 적응한 사회본능이 첫째이며 자연생태계에 적응한 생물본능(자기생존본능과 자기종족본능)이 둘째입니다. 또한 개인발달본능(성장과 성숙)도 근원이 됩니다.

금 1개는 오행성격특성 기능 활성화의 3단계 상·중·하 중의 중간단계(사주 8÷오행5자=오행평균 분포수) 1.6개보다 낮습니다.

금의 밑바탕이 '양'이면 금의 성질 활성화가 중간단계 가까이 될 수 있는 가능성이 있습니다. '양'의 성질은 활동적이고 능동적이기 때문입니다. 상황과 환경에 맞게 밖으로 드러나는 금의 성질 횟수가 중간단계 정도가 될 가능성이 있습니다. 그러나 금의 밑바탕이 '음'이면 음속의 양의 씨앗 활성화 방법(p165~168)을 참고 하여 활용하십시오.

금의 성질은 이성적이고 합리적이며 감정에 치우치지 않고 싸늘하게 행동합니다. 화에게서 사랑하는 마음을 도움 받아 사랑이 있는 마음씨를 회복할 가능성이 있습니다(화극금). 외부의 제약이나 구속을 받지 아니하고 목표를 실행할 수 있는 의지력이 있습니다. 감성적인 욕구를 이성적으로 제어하는 절제력이 있습니다(금극화). 차근차근하며 조심성이 있고 신중하여 도전을 꺼리고 안전을 선호합니다. 목에게 도전 정신을 도움 받아 도전정신을 마음에 품게 할 가능성이 있습니다(목극금).

정성스럽고 참되며 거짓이 없고 실속 있으며 성실합니다. 일관성과 직설적 솔직함에 충실하고 일에 집착하는 집중력은 있지만 고집불통이 정도에 지나쳐 융통성과 유연성은 부족합니다. 수에게서 융통성과 유연성을 도움을 받아 고집불통을 완화시킬 가능성이 있습니다(수생금).

세상에서 쌓은 경험과 배운 지식이 융합되어 나오는 생각으로 정확하게 판단하는 능력이 있어 남을 비판할 가능성이 있습니다. 토에게서 남을 이해하고 있는 그대로 받아들이는 포용력을 도움을 받아 비판을 줄일 가능성이 있습니다(토생금).

② 금이 2개일 때

금의 성질 근원은 사람이 만들어낸 사회생태계(도덕·법률·문화 환경)에 적응한 사회본능이 첫째이며 자연생태계에 적응한 생물본능(자기생존본능과 자기종족본능)이 둘째입니다. 또한 개인발달본능(성장과 성숙)도 근원이 됩니다.

금 2개는 오행성격특성 기능 활성화의 3단계 상·중·하 중 중간단계(사주8÷오행5자=오행평균 분포수) 1.6개보다 높습니다. 금의 성질 활성화가 강렬합니다. 금의 성질이 상황과 환경에 적절하게 외부 행동으로 드러나는 횟수가 많습니다.

금의 성질은 이성적이고 합리적이며 인정이 메마르고 쌀쌀하게 행동합니다. 화에게서 사랑하는 마음을 도움 받아 인정이 있고 따뜻한 마음씨를 회복할 가능성이 있습니다(화극금). 외부의 제약이나 구속을 받지 아니하고 목표를 실행할 수 있는 의지력이 강렬합니다. 감성적인 욕구를 이성적으로 제어하는 절제력이 있습니다(금극화). 차근차근하며 조심성이 있고 도전을 꺼리고 안전을 선호합니다. 목에게서 도전정신을 도움 받아 도전하는 마음을 품게 할 가능성이 있습니다(목극금).

정성스럽고 참되며 거짓 없고 실속 있으며 매우 성실합니다. 일관성과 직설적 솔직함에 충설하고 일에 집착하며 집중력은 있지만, 고집불통이 되어 융통성과 유연성이 부족합니다. 수에게서 융통성과 유연성을 도움을 받아 고집불통을 완화시킬 가능성이 있습니다(수생금).

세상에서 얻은 경험과 쌓은 지식에서 나오는 생각으로 정확하게 판단하는 능력이 있어 남을 비판할 가능성이 높습니다. 토에게서 남을 이해하고 있는 그대로 받아들이는 포용정신을 도움을 받아 비판을 줄일 가능성이 있습니다(토생금).

③ 금이 3개일 때

금의 성질 근원은 사람이 만들어낸 사회생태계(도덕·법률·문화 환경)에 적응한 사회본능이 첫째이며 자연생태계에 적응한 생물본능(자기생존본능과 자기종족본능)이 둘째입니다. 또한 개인발달본능(성장과 성숙)도 근원이 됩니다.

금 3개는 오행성격특성 기능 활성화의 3단계 상·중·하 중의 중간단계(사주 8÷오행5자=오행평균 분포수) 1.6개보다 매우 높습니다. 금의 성질 활성화가 매우 강렬합니다. 금의 성질이 상황과 환경에 적절하게 외부 행동으로 드러나는 횟수가 매우 많습니다.

금의 성질은 이성적이고 합리적이며 사랑을 느끼는 마음이 거의 없습니다. 화에게서 사랑하는 마음을 도움을 받아 인정이 있고 따뜻한 마음씨를 회복할 가능성이 있습니다(화극금).

외부의 제약이나 구속을 받지 아니하고 목표를 실행할 수 있는 의지력이 매우 강렬합니다. 정신적 육체적 고통을 참고 견디는 인내심이 대단히 큽니다. 감성적인 욕구를 이성적으로 제어하는 절제력이 매우 강합니다(금극화). 차근차근하며 조심성이 있고 도전을 꺼리고 안전을 선호합니다. 목에게서 도전정신을 도움을 받아 도전하는 마음을 품게 할 가능성이 있습니다(목극금).

　정성스럽고 참되며 거짓 없고 실속 있으며 지극히 성실합니다. 일관성과 직설적 솔직함에 충설하고 일에 집착하며 집중력은 있지만, 고집불통이 되어 융통성과 유연성이 부족합니다. 수에게서 융통성과 유연성을 도움을 받아 고집불통을 완화시킬 가능성이 있습니다(수생금).

　세상에서 얻은 경험과 쌓은 지식에서 정확하게 판단하는 능력이 있어 남을 비판할 가능성이 매우 높습니다. 토에게서 남을 이해하고 있는 그대로 받아들이는 포용정신을 도움을 받아 비판을 줄일 가능성이 있습니다(토생금).

수의 성질 활용

① 수가 1개일 때

수의 성질 근원은 사람이 만들어낸 사회생태계(도덕·법률·문화 환경)에 적응한 사회본능이 첫째이며 자연생태계에 적응한 생물본능(자기생존본능과 자기종족본능)이 둘째입니다. 또한 개인발달본능(성장과 성숙)도 근원이 됩니다. 수 1개는 오행성격특성 기능 활성화의 3단계 상·중·하 중 중간단계(사주8÷오행5자=오행평균 분포수) 1.6개보다 낮습니다. 수의 밑바탕이 '양'이면 수의 성질 활성화가 중간단계 가까이 될 수 있는 가능성이 있습니다. '양'의 성질은 활동적이고 능동적이기 때문입니다. 상황과 환경에 알맞게 밖으로 드러나는 수의 성질 횟수가 중간단계 정도가 될 가능성이 있습니다. 그러나 수의 밑바탕이 '음'이면 음속의 '양의 씨앗' 활성화 방법(p165~168)을 참고하여 활용하십시오.

수의 성질은 주위로부터 마음에 충동과 자극을 받아도 흔들리지 않고 물처럼 천연스럽고 미지근한 행동을 하는 유연성이 있습니다. 화에게서 화끈한 성질을 도움을 받을 수 있어 미지근한 성질을 때로는 화끈한 성질로 조절이 가능합니다(화극수). 예절바르고 정직하고 자신을 드러내지 않은 겸손함이 있어 자기의견을 군이 내세우지 않아 친구가 많습니다. 남을 높이고 제 몸을 낮추고 자기 의견을 내세우지 않은 행동이 남의 비위만 맞추는 사람으로 잘못 보일 수 있습니다. 목에게서 자기주장을 도움 받아 때때로 겸손함과 자기주장을 적절하게 조절해서 행동할 수 있습니다(목극수).

수의 성질은 현실적인 감각이 뛰어나고 사물에 대하여 객관적으로 판단하여 상황과 환경 변화에 적응력이 강합니다. 머리회전이 빠르고, 깨달음을 바탕으로 인식이 이루어지는 정신적 기능이 높아 학자로 성공할 가능성이 있습니다. 더불어 금에게서 성실함과 인내심을 도움 받으면 학자로 성공할 가능성이 더 높아집니다. 깊은 물처럼 생각이 깊어 실행할 수 없는 헛생각에 시간을 보낼 때가 많습니다. 금에게서 실제로 자기에게 이익이 되는 생각을 하는 태도를 도움 받으면 헛생각에 빠지는 횟수를 감소시킬 가능성이 있습니다(금생수).

모험보다 현실의 안전을 중요하게 생각하여 머뭇거리는 성질이 있습니다. 목에게서 도전정신을 도움 받아 머뭇거리는 횟수를 줄일 가능성이 있습니다(목생수). 친화력과 포용력이 있어 인간관계가 물 흐르듯 막힘없이 원활합니다. 연민과 동정심이 있어 남을 돕는데 적극적이어서 타인에게 이용당할 가능성이 있고 자신과 가족에게 경제적 피해를 줄 수 있습니다. 흙으로 제방을 쌓아 흘러가 버리는 물을 모아 두어 필요할 때만 물을 사용하는 지혜가 토에게 있습니다. 토에게서 물(재물)을 절약하는 지혜를 받아들여 가족에게 경제적 피해를 줄일 수 있습니다(토극수). 남을 배려하고 있는 그대로 받아들이는 융통성이 있고 그때그때 상황에 맞추어 적절하게 일을 처리하는 재주가 있습니다.

② 수가 2개일 때

수의 성질 근원은 사람이 만들어낸 사회생태계(도덕·법률·문화 환경)에 적응한 사회본능이 첫째이며 자연생태계에 적응한 생물본능(자기생존본능과 자기종족본능)이 둘째입니다. 또한 개인발달본능(성장과 성숙)도 근원이 됩니다. 수 2개는 오행성격특성 기능 활성화의 3단계 상·중·하 중의 중간단계(사주8÷오행5자=오행평균 분포수) 1.6개보다 높습니다. 수의 성질 활성화가 강렬합니다. 수의 성질이 상황과 환경에 적절하게 외부행동으로 드러나는 횟수가 많습니다.

　수의 성질은 주위로부터 마음에 충동과 자극을 받아도 흔들리지 않고 물처럼 천연스럽고 미지근한 행동을 하는 유연성이 높습니다. 화에게서 화끈한 성질을 도움 받을 수 있어 미지근한 성질을 때로는 화끈한 성질로 조절할 가능성이 있습니다(화극수). 예절바르고 정직하고 자신을 드러내지 않은 겸손함이 있어 자기의견을 굳이 내세우지 않아 친구가 많습니다.

　겸손함이 중간단계보다 높아 남의 비위만 맞추는 사람으로 보일 수 있습니다. 목에게서 자존심과 자기주장을 도움 받아 때때로 겸손함과 자기주장을 적절하게 조절해서 행동하면 타인들이 진정한 겸손함을 볼 수 있는 가능성이 높습니다(목생수). 수의 성질은 현실적인 감각이 뛰어나고 사물에 대하여 객관적으로 판단하여 상황과 환경 변화에 적응력이 높습니다. 머리회전이 빠르고, 깨달음을 바탕으로 인식이 이루어지는 정신적 기능이 높아 학자로 성공할 가능성이 높지만 금에게서 성실함과 인내심을 도움 받아야 학자는 성공할 가능성이 높아집니다(금생수). 깊은 물처럼 생각이 깊어 실행할 수 없는 헛생각에 시간을 보낼 때가 많습니다. 금에게서 실제로 자기에게 이익이 되는 생각을 하는 태도를 도움 받으면 헛생각에 빠지는 횟수를 감소시킬 가능성이 높습니다(금생수).

　모험보다 현실의 안전을 중요하게 생각하여 머뭇거리는 성질이 있습니다. 목에게서 도전정신을 도움 받아 머뭇거리는 횟수를 줄일 가능성이 높습니다(목생수). 친화력과 포용력이 중간단계보다 높아 인간관계가 물 흐르듯 막힘없이 원활합니다. 연민과 동정심이 중간단계보다 높아 남을 돕는데 적극적이어서 타인에게 이용당할 가능성이 높아 자신과 가족에게 경제적 피해를 줄 가능성이 높습니다. 흙으로 제방을 쌓아 흘러가 버리는 물을 모아 두어 필요할 때만 물을 사용하는 지혜가 토에게 있습니다. 토에게서 물(재물)을 절약하는 지혜를 받아들여 가족에게 경제적 피해를 줄일 가능성이 높습니다(토극수).

남을 배려하고 상황에 따라 있는 그대로 받아들이는 융통성이 있고 그때그때 상황에 맞추어 적절하게 일을 처리하는 재주가 많습니다.

③ 수가 3개일 때

수의 성질 근원은 사람이 만들어낸 사회생태계(도덕·법률·문화 환경)에 적응한 사회본능이 첫째이며 자연생태계에 적응한 생물본능(자기생존본능과 자기종족본능)이 둘째입니다. 또한 개인발달본능(성장과 성숙)도 근원이 됩니다.

수 3개는 오행성격특성 기능 활성화의 3단계 상·중·하 중 중간단계(사주8÷오행5자=오행평균 분포수) 1.6개보다 매우 높습니다. 수의 성질 활성화가 아주 강렬합니다. 수의 성질이 상황과 환경에 적절하게 외부행동으로 드러나는 횟수가 매우 많습니다.

수의 성질은 주위로부터 마음에 충동과 자극을 받아도 흔들리지 않고 물처럼 천연스럽고 미지근한 행동을 하는 유연성이 매우 높습니다. 화에게서 화끈한 성질을 도움을 받을 수 있어 미지근한 성질을 때로는 적절하게 화끈한 성질로 조절이 가능합니다(화극수). 예절이 바르고 정직하고 자신을 드러내지 않은 겸손함이 정도에 지나치고 자기의견을 굳이 내세우지 않아 친구가 많습니다. 겸손함이 정도에 지나치고 자기주장이 거의 없어 남의 비위만 맞추는 사람으로 보일 수 있습니다. 목에게서 자존심과 자기주장을 도움 받아 가끔 겸손함과 자기주장을 적절하게 조절해서 행동하면 타인들이 진정한 겸손함을 볼 수 있는 가능성이 높습니다(목생수). 수의 성질은 현실적인 감각이 뛰어나고 사물에 대하여 객관적으로 판단하여 상황과 환경 변화에 적응력이 높습니다. 머리회전이 빠르고, 깨달음을 바탕으로 인식이 이루어지는 정신적 기능이 매우 높아 학자로 성공할 가능성이 매우 높습니다. 더불어 금에게서 성실함과 인내심을 도움 받아야 학자로 성공할 가능성이 매우 높아집니다(금생수). 깊은 물처럼 생각이 깊어 실행할 수 없는 헛생각에 시간을 보낼 때가 많습니다. 금에게서 실제로 자기에게 이익이 되는 생각을 하는 태도를 도움 받으면 헛생각에 빠지는 횟수를 감소시킬 가능성이 매우 높습니다(금생수).

모험보다 현실의 안전을 중요하게 생각하여 머뭇거리는 성질이 있습니다. 목에게서 도전정신을 도움 받아 머뭇거리는 횟수를 줄일 가능성이 높습니다(목생수). 친화력과 포용력이 매우 높아 인간관계가 물 흐르듯 막힘없이 원활합니다. 연민과 동정심이 매우 높아 남을 돕는데 적극적이어서 타인에게 이용당할 가능성이 매우 높아 자신과 가족에게 경제적 피해를 줄 가능성이 높습니다. 흙으로 제방을 쌓아 흘러가 버리는 물을 모아 두어 필요할 때만 물을 사용하는 지혜가 토에게 있습니다. 토에게서 물(재물)을 절약하는 지혜를 받아들이면 자신과 가족에게 경제적 피해를 줄일 가능성이 높습니다(토극수). 남을 친절하게 배려하고 있는 그대로 받아들이는 융통성이 있고 그때그때 상황에 맞추어 적절하게 일을 처리하는 재주가 많습니다.

부록 Ⅱ
사주의 4기둥을 세우는 법

사주의 4기둥을 세우는 법

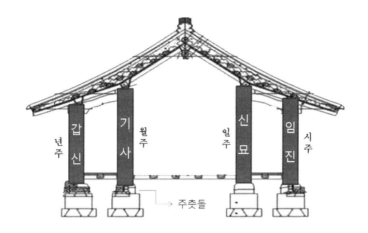

집을 지을 때 최소한 4기둥이 필요합니다.

사주를 구체적인 집의 모양을 비유해서 쉽게 표현하였습니다. 태어난 해(年, year)·달(月, month)·날(日, day)·시(時, hour)를 년 기둥(년주), 월 기둥(월주), 일 기둥(일주), 시 기둥(시주)등 4개 기둥(사주,四柱)으로 표현하였습니다. 지붕을 하늘로 생각해서 하늘을 받치고 있는 기둥의 윗부분을 하늘 기둥 즉 천간(天干, 갑, 을, 병, 정, 무, 기, 경, 신, 임, 계 10개)으로, 기둥이 땅위의 주춧돌위에 세워진 아랫부분 기둥을 지지(地支, 자, 축, 인, 묘, 진, 사, 오, 미, 신, 유, 술, 해 12개)로 표현하였습니다. 태양력은 연대를 서기(西記 : 서력기원-西曆紀元의 줄인 말)로 표현하지만 동양에서 쓰였던 연대 기록은 음력을 간지(干支, 천간의 간과 지지의 지를 합성한 것)로 표현하였습니다. 양력은 100년 단위로 기록하지만 간지는 60년 단위로 반복됩니다. 천간 10개, 지지 12개의 결합 방법은 천간 홀수와 지지 홀수, 그리고 천간짝수는 지지의 짝수로만 결합됩니다. 천간10×6=60, 지지의 12×5=60 순환법칙으로 중복되지 않게 결합됩니다. 환갑 또는 회갑을 맞이하는 것은 자신이 태어난 후 61년째가 되는 생일입니다.

아래 표의 천간 열 개 문자와 지지 열두 개 문자 결합을 보면, 10진법 순환의 법칙이 적용된 것임을 알 수 있습니다.

1 갑	2 을	3 병	4 정	5 무	6 기	7 경	8 신	9 임	10 계
자 1	축 2	인 3	묘 4	진 5	사 6	오 7	미 8	신 9	유 10
1 갑	2 을	3 병	4 정	5 무	6 기	7 경	8 신	9 임	10 계→
술 11	해 12	자 1	축 2	인 3	묘 4	진 5	사 6	오 7	미→ 8→

천간 10×6회 반복=60

지지 12×5회 반복=60

사주의 4기둥 즉, 년주(기둥1), 월주(기둥2), 일주(기둥3), 시주(기둥4)를 세우는 법은 한국천문연구원(www.kasi.re.kr)에 접속하여 월별 음양력 검색에서 본인이 태어난 해의 양력 년, 월을 입력하면 음력 간지에서 년주, 월주, 일주를 찾을 수 있다. 그러나 한국천문연구원에서는 시주가 나타나 있지 않기 때문에 시주를 세우는 방법을 설명하면 다음과 같습니다.

시주는 일주의 천간을 기준으로 구성하였으며, 천간은 아래의 표와 같습니다.

1조	2조	3조	4조	5조
갑(1)	을(2)	병(3)	정(4)	무(5)
기(6)	경(7)	신(8)	임(9)	계(10)

여기에서 갑기일(1,6), 을경일(2,7), 병신일(3,8), 정임일(4,9), 무계일(5,10)이 각각 짝을 이루었습니다. 예를 들어보면 일주의 첫 글자는 천간이고 두 번째 글자는 지지(자, 축, 인, 묘, 진, 사, 오, 미, 신, 유, 술, 해)입니다. 첫 글자인 천간을 중심으로 시주를 결정합니다. 일주의 천간이 '갑'이나 '기'로 시작하면 1조에서 태어난 시간대에 있는 지지의 시간과 만나는 00:00시가 시주가 된다. 일주의 천간이 '을'이나 '경'으로 시작되면 2조에서, '병'이나 '신'으로 시작하면 3조의 시간대의 지지의 시간과 만나는 00:00시가 시주가 됩니다. 4조, 5조도 같은 방법으로 시주를 결정합니다.

하루 24시간은 12개의 간지로 나누는데, 하루 첫 시작을 새벽 0~2시 또는 23:30~01:30분까지로 시간대를 결정하는 2가지 방법이 쓰이고 있습니다. 시계가 없었던 시절에 정확한 시간대를 결정하는 것은 거의 불가능 하였을 것입니다.

아래의 표는 시주를 세우는데 있어 하루 첫 시작을 23:30~01:30분으로 시간대를 구분한 시조견표입니다. 이표를 기준으로 하여 시주를 세우는 방법을 예제를 들어 알아보도록 하겠습니다.

【시조견표】

지지	천간조편성 / 시간대분류	갑·기일 (1조)	을·경일 (2조)	병·신일 (3조)	정·임일 (4조)	무·계일 (5조)
자	23:30~01:30	갑자시	병자시	무자시	경자시	임자시
축	01:30~03:30	을축시	정축시	기축시	신축시	•계축시
인	03:30~05:30	병인시	무인시	경인시	임인시	갑인시
묘	05:30~07:30	정묘시	기묘시	신묘시	계묘시	을묘시
진	07:30~09:30	무진시	경진시	임진시	갑진시	병진시
사	09:30~11:30	기사시	신사시	계사시	을사시	정사시
오	11:30~13:30	경오시	임오시	갑오시	병오시	무오시
미	13:30~15:30	신미시	계미시	을미시	정미시	기미시
신	15:30~17:30	임신시	갑신시	병신시	무신시	경신시
유	17:30~19:30	계유시	을유시	정유시	기유시	신유시
술	19:30~21:30	갑술시	병술시	무술시	경술시	임술시
해	21:30~23:30	을해시	정해시	기해시	신해시	계해시

예제1)

음력 1944년 4월 6일, 오전 8시 30분에 태어난 사주는 갑신(甲申)년, 기사(己巳)월, 신묘(辛卯)일입니다. 일주(생일)가 시주(태어난 시간)를 결정하므로 일주가 신묘일인 천간은 신입니다. 따라서 5개 조로 분류한 천간일의 3조인 병·신일 조합에, 태어난 시간인 07:30~09:30분의 시간대와 만나는 지점의 시주는 임진(壬辰)시입니다.

예제2)

박지원의 년주는 정사(丁巳), 월주는 계묘(癸卯), 일주는 계해(癸亥)입니다.

태어난 시간은 01:30~03:30분입니다. 일주 계해는 천간이 계이므로 5조인 무·계일에 해당합니다. 시간대를 보면 계축(癸丑)이 시주가 됩니다.

예제3)

정약용의 년주는 임오, 월주는 정미, 일주는 정미(丁未)입니다. 태어난 시간은 09:30~11:30분입니다. 일주 정미는 4조인 정·임일에 해당합니다. 시간대를 보면 을사(乙巳)가 시주가 됩니다.

예제4)

정치가 A의 년주는 무진, 월주는 을축, 일주는 기미(己未)입니다. 태어난 시간은 19:30~21~:30분입니다. 일주 기미는 1조인 갑·기일에 해당합니다. 일주의 천간이 기이기 때문입니다. 태어난 시간대를 보면 갑술이 시주가 됩니다.

예제5)

정치가 B의 년주는 병술, 월주는 병신, 일주는 무인(戊寅)입니다. 태어난 시간은 07:30~09:30분입니다. 일주가 무인이므로 5조 무·계일에 해당합니다. 태어난 시간대로 시 조견표를 보면 병진이 시주가 됩니다.

시주를 결정하는 것은 일주의 천간(갑, 을, 병, 정, 무, 기, 경, 신, 임, 계)을 2개씩 짝지어 5개로 분류한 조 편성 중에 일주의 천간 10개 중 각각 하나를 기준으로 삼아야 함을 반드시 기억해야 합니다. 사주로 성격을 보는 방법은 음양(내향적, 외향적)과 오행(상생=협력, 상극=조절)으로 분석하는 것이 가장 쉽고 이해하기도 편리합니다.

【천간과 지지를 음양오행으로 표시하는 법】

천간 天干	음양		오행
	갑(甲)	양(陽)	목(木)
	을(乙)	음(陰)	목(木)
	병(丙)	양(陽)	화(火)
	정(丁)	음(陰)	화(火)
	무(戊)	양(陽)	토(土)
	기(己)	음(陰)	토(土)
	경(庚)	양(陽)	금(金)
	신(辛)	음(陰)	금(金)
	임(壬)	양(陽)	수(水)
	계(癸)	음(陰)	수(水)

지지 地支		
자(自)	음(陰)	수(水)
축(丑)	음(陰)	토(土)
인(寅)	양(陽)	목(木)
묘(卯)	음(陰)	목(木)
진(辰)	양(陽)	토(土)
사(巳)	양(陽)	화(火)
오(午)	음(陰)	화(火)
미(未)	음(陰)	토(土)
신(申)	양(陽)	금(金)
유(酉)	음(陰)	금(金)
술(戊)	양(陽)	토(土)
해(亥)	양(陽)	수(水)

아래의 표를 이용하여 4주 8자를 써 넣고 그 수를 세어서 적어보면 편리합니다.

구분	년			월			일			시		
		음양	오행		음양	오행		음양	오행		음양	오행
천간												
지지												

4주8자 중에 음○개, 양○개, 목○개, 화○개, 토○개, 금○개, 수○개 (105쪽 참조)

★김재철 홈페이지(http://www.김재철.net)의 「인생내비게이션 활용법」을 이용하면 쉽게 4주 8자와 음양오행으로 표기된 것을 알 수 있습니다.

운명의 열쇠는 성격, 성격의 열쇠는 사주

초판 1쇄 발행 2020년 3월 2일
지은이 | 김재철
펴낸이 | 이의성
펴낸곳 | 지혜의나무
등록번호 | 제1-2492호
주소 | 서울시 종로구 관훈동 198-16 남도빌딩 3층
전화 | (02)730-2211 팩스 | (02)730-2210
ⓒ김재철
ISBN 979-11-85062-31-0 03180